本书受中国人民大学科学研究基金项目暨中央高校基本科研业务费专项资金支持

百家廊文丛
BAIJIALANG WENCONG

公民道德新论

现代化进程中的中国公民道德研究

李　萍◎著

中国人民大学出版社
·北京·

编委会名单

序　言

中国人民大学建校八十年，也是中国共产党创办新型高等教育的八十年。从1937年到2017年，从延安的陕北公学，到晋察冀边区的华北联合大学、正定的华北大学，再到北京的中国人民大学，八十年历史沧桑，斗转星移，中国人民大学始终与党和国家同呼吸、共命运。八十年来，几代学人进行了殚精竭虑的学术探索，在治学方面取得了令人瞩目的杰出成就。

改革开放以来，中国人民大学的学者在马克思主义指导下，努力继承中华传统文化精粹，发扬老一辈学者的笃实学风，同时借鉴了西方学术研究的新方法、新成果，解放思想，大胆创新，有力推动了我国人文社会科学的深入发展。经过数十年的建设与积淀，中国人民大学在人文社会科学各领域内学科门类建设齐全，研究领域日渐拓展，研究水准不断提升，呈现出人才辈出、欣欣向荣的学术繁荣景象。

2017年9月，经国务院批准，教育部等部门下发了《关于公布世界一流大学和一流学科建设高校及建设学科名单的通知》，中国人民大学入选A类一流大学建设名单，哲学、理论经济学、应用经济学、法学、政治学、社会学、马克思主义理论、新闻传播学、中国史、统计学、工商管理、农林经济管理、公共管理、图书情报与档案管理等14个一级学科入选一流学科建设名单。入选学科除统计学为理学学科外，其余全部为人文社会学科。

中国人民大学入选“双一流”建设高校和14个学科入选“双一流”

建设学科，既体现了党和国家对人文社会科学的重视，同时也是对中国人民大学八十年发展成就的充分肯定，是鼓励和认可，更是鞭策和期许。我们感觉肩上的担子更重了。

习近平总书记指出："人类社会每一次重大跃进，人类文明每一次重大发展，都离不开哲学社会科学的知识变革和思想先导。"如果我们将"双一流"的入选视为中国高等教育在新的历史阶段开启新的征程的信号，那么当前，中国人民大学已经站在新的历史坐标点上。我们需要总结历史，更需要开拓未来。

2016 年，学校科研处的同志与我们谈起，他们准备在校庆年启动一项名为"百家廊文丛"的持续支持工程，希望通过多年连续性的资助，把学校各学科卓有成就的学者所撰写的代表性学术成果择优出版，系统性地展示中国人民大学近年来的整体学术水平。科研处作为管理和服务教师科学研究的机构，一直把提升科研品质、打造学术精品作为部门的责任。但是，客观讲，中国高校的文科科研经费投入还是有限的，怎样把有限的资源配置到最需要、最出成效的地方，是中国人民大学多年来认真思考的问题。为了把"好钢用在刀刃上"，科研处也做了许多有益的谋划，推动了学校科研事业的蓬勃发展。

在校庆年首度推出"百家廊文丛"，具有几层特殊的意义。首先，"百家廊文丛"反映了中国人民大学在人文社会科学方面的深厚学术实力。本年入选的多部著作各具特色，有的资料翔实，有的论述细密，有的条理畅达，有的富有文采，足以彰显中国人民大学近年来的学术实绩。其次，体现出中国人民大学学者群体持续关注和深入研究我国发展面临的重大理论和实践问题的深沉人文情怀。有的学者耐得住寂寞，苦坐书斋；有的学者读万卷书行万里路，遍寻一手数据。最后，丛书是一个对外交流的窗口，在人大学者与国内外的学者之间架起了一个交流的平台。"百家廊文丛"如能持续坚持下去，就是一项规模较大的学术文化工程，值得期待。

大学因学术而显厚重，因学者而富气象。"百家廊文丛"首批推出的著作，选题丰富多元，特别是对基础学科和学科基础中的一些重要问题进行了专题研讨。对于"基础学科和学科基础"的强调和看重，一直以来也是我校科研工作的指导方针。"百家廊文丛"如果能做到叫得响、传得开、留得住，就成功了。好的学术成果一定要能沉淀下来，而非过眼云烟。

习近平总书记《在哲学社会科学工作座谈会上的讲话》指出："这是一个需要理论而且一定能够产生理论的时代，这是一个需要思想而且一定能够产生思想的时代。我们不能辜负了这个时代。自古以来，我国知识分子就有'为天地立心，为生民立命，为往圣继绝学，为万世开太平'的志向和传统。一切有理想、有抱负的哲学社会科学工作者都应该立时代之潮头、通古今之变化、发思想之先声，积极为党和人民述学立论、建言献策，担负起历史赋予的光荣使命。"中国人民大学长期秉持立学为民、治学报国的优良传统，始终践行着实事求是的学术良知。不论是在抗战烽火中，还是在新中国成立伊始；不论是遭受了"文革"的磨难，还是在改革开放中凤凰涅槃，中国人民大学的学者一方面坚守书斋、甘于清贫，另一方面又关心国家、民族的命运，关心社会的进步。中国人民大学的命运从来与党和国家的命运休戚相关，而人大学者从来志向远大，他们为构建具有中国特色、中国风格、中国气派的哲学社会科学做出了积极贡献。今天，我们推出这套文丛，正是传承中国人民大学八十年文脉，弘扬砥砺奋进、实事求是精神的有益之举。

"百家廊文丛"的名字，非常契合中国人民大学的实际。因为"百家廊"是中国人民大学校内的著名风景，在李东东同志创作的《人民大学赋》中有云："百家廊，檐飞七曜，柱立八荒，凝古今正气，汇中外学术。"我们认为，这几句话就是对即将面世的"百家廊文丛"首批的最好诠释。"百家廊中百家争鸣"，这套文丛是献给历经岁月沧桑、培育桃李芬芳的中国人民大学八十年校庆的一份心意，祝愿这所伟大的学校在新的历史征程中继往开来、再续辉煌。

是为序。

靳诺　刘伟

目　录

导论　公民是现代社会的主体 ………………………………………………… 1

第一章　现代化之必然性及其反思 ……………………………………………… 22

一、现代化模式分析 ………………………………………………………… 22

（一）现代化的源起 ………………………………………………………… 23

（二）现代化模式 …………………………………………………………… 25

（三）现代性及其思考 ……………………………………………………… 29

二、人的现代化：公民地位 ………………………………………………… 32

（一）人的发现 ……………………………………………………………… 32

（二）法治在人的现代化中的意义 ………………………………………… 35

（三）落实公民地位是现代政府的责任 …………………………………… 39

三、宏大叙事下的身份转换：公民资格 …………………………………… 43

（一）公民资格的多样性 …………………………………………………… 44

（二）世界公民问题 ………………………………………………………… 46

（三）群体公民的兴起 ……………………………………………………… 49

第二章　经济现代化与公民经济道德 …………………………………………… 53

一、市场经济的道德基础 …………………………………………………… 53

（一）现代经济活动的总体特征 …………………………………………… 54

（二）市场的自由性和道德性 ……………………………………………… 59

（三）市场道德与公民道德的关系 ………………………………………… 63

二、公民个体的经济美德 …… 69
（一）劳动创造财富 …… 69
（二）坚持职业操守 …… 72
（三）理性消费 …… 76
三、经济组织的公民规范 …… 79
（一）经济行政组织的公民规范 …… 79
（二）经济行业组织的公民规范 …… 84
（三）经济实体组织的公民规范 …… 88
第三章　政治-法律现代化与公民政治道德 …… 94
一、现代政治结构 …… 95
（一）现代政治乃众人之事 …… 95
（二）现代政治主体及其地位 …… 100
（三）现代政治与行政的分合 …… 103
二、共和国的公民道德理念 …… 107
（一）政治-法律制度对公民角色的规定 …… 108
（二）共和政体下的公民角色及其道德 …… 111
（三）人民共和国与中国当代公民道德建设的主题 …… 115
三、公民参与中的道德精神 …… 119
（一）公民参与的发展 …… 120
（二）公民参与中的政治认同问题 …… 124
（三）公民参与中的自由及责任 …… 127
第四章　社会-文化现代化与公民道德意识 …… 133
一、现代社会-文化转型的艰难历程 …… 133
（一）传统的社会-文化之特点 …… 134
（二）公民文化的生成 …… 139
（三）社会资本的演变 …… 144
二、现代公民的社会-文化身份 …… 148
（一）族群归属与公民身份问题 …… 149
（二）家乡观念与地方共同体问题 …… 153
（三）中华文化传统与“我们”的社会-文化身份 …… 157

三、现代化中的社会-文化主题 …………………………………………… 163
（一）社会开放与文化守成的关系……………………………………… 164
（二）公民个性与国民共性的关系……………………………………… 170
（三）文化价值观的一元与多元的关系………………………………… 173
第五章　公民不服从的道德思考……………………………………………… 179
一、公民不服从的理据 ………………………………………………… 179
（一）公民日常生活的先在性…………………………………………… 180
（二）人类智力的局限…………………………………………………… 184
（三）制约政治权力机构的和平抗争…………………………………… 186
二、公民不服从的限制条件 …………………………………………… 191
（一）诉诸社会共识……………………………………………………… 192
（二）可以追问的真实意图……………………………………………… 195
（三）非暴力不合作的手段……………………………………………… 199
三、公民不服从的道德意志 …………………………………………… 202
（一）责任：可以申辩的个体意志……………………………………… 202
（二）敬畏：对支撑政体基本价值的确信……………………………… 206
（三）宽容：求同存异，容忍渐进性变革……………………………… 208
第六章　我国当代公民道德的实证研究……………………………………… 213
一、公民认知的现状及其道德审视……………………………………… 213
（一）何谓公民认知……………………………………………………… 214
（二）我国公民认知现状………………………………………………… 223
（三）公民认知中的道德………………………………………………… 231
二、公民交往的现状及其道德拷问……………………………………… 238
（一）日常行为与公民交往……………………………………………… 238
（二）我国公民交往现状………………………………………………… 240
（三）公民交往相关的道德……………………………………………… 250
三、公民教育的现状及其道德警示……………………………………… 257
（一）公民教育的核心任务……………………………………………… 258
（二）我国公民教育现状………………………………………………… 269
（三）重申共和国精神是最好的公民教育……………………………… 280

第七章　公民道德问题的比较研究 …… 287
一、香港公民道德发展的经验 …… 287
（一）香港公民道德的产生 …… 288
（二）香港公民道德的主题 …… 294
（三）香港公民道德的走向 …… 301
二、新加坡公民道德培育的回顾 …… 307
（一）新加坡的建国及其执政党 …… 308
（二）新加坡公民道德培育的主体 …… 316
（三）当代新加坡公民道德的新挑战 …… 328
三、日本公民道德变革的借鉴 …… 337
（一）公德与国民道德的提出 …… 338
（二）公民道德教育的相关问题 …… 347
（三）当代日本公民道德的重要议题 …… 359

参考文献 …… 371
后　记 …… 379

导论　公民是现代社会的主体

本书的主题在于结合中国的实践，同时借鉴西方发达国家的思想成果，反思具有参照意义的其他国家或地区在公民道德建设方面走过的路程，全面分析公民在现代社会的地位以及好公民的形成特点，证成公民道德与发展中国家现代化进程的高度正相关性。

在展开本书的论述之前，有必要对若干重要概念做出明确的限定。首先，笔者对“现代社会”这一个概念的基本设定是：它是一个以公民为国家意志的现实主体，并为公民个体的自主活动保留适当空间，因此国家与其公民之间存在相互作用之有效通道的开放性社会。维持国家与公民关系的正式成文制度是法律（法治成为社会秩序的主要实现方式），非正式不成文的制度则是试错性的、生成中的市场（包括财产自由、雇佣自由在内的经济自由是公民间合作的前提）。现代市场将人类的好斗、竞争天性引向了具有积极意义的商业冒险或企业创新，由此极大加速了人类社会变革的进程。现代社会可能具有多种不同的具体组织形态，如政治体制上或者是共和制或者是民主制或者是君主立宪制等，社会主导价值体系也会呈现出多元状态，可能是个人主义或集团主义或社群主义等。其次，笔者将“现代社会”与“传统社会”严格区分开来。传统社会建立在农业的自然经济基础上，由少数精英分子以人治的方式进行社会控制。传统社会在有文字记载以来的人类历史上持续了很长时间，人类告别传统社会的努力不过是近三四百年的事情。传统社会之所以表现出超稳定的持续性，主要是因为传统社会中的绝大多数社会成员被排除在国家政治生活之外同时又被牢固限定在礼俗世界之中，礼俗世界的日常性解释了传统社会的超稳定性，但这种超稳定性无非低水平的重复，因为它既缺少成员个体的个性，也缺乏整个社会层面的变迁。再次，笔者认为，“公民”指独立的个体，包含了多重身份内容，在与国家的关系上表现为“国民”，在介入市场活动时扮演了“市民”的角色，而在社会文化生活领域又是公共事务的参与者，换句话说，只有“公民”才能全方位地投身于现代社会所形成的经济、政治-法律、社会-文化三位一体的复杂结构之中。公民是现代社会的主体。最后，在本书中，“公民道德”是指彼此间存在一定社会信任的公民在互动、交往的过程中积累、沉淀下来的若干基本社会共识，公民道德的源头就是这些彼此约束且相互受益的共享习俗、惯例，它依托于公民的不断在场和持续显身。个体公民基于自身角色的认可和对其他公民的尊重，将上述社会共识内化于心，就形成了不同水平的公民道德。

一、“公民”的指称

“公民”概念在西方有两个不同的来源，因此，包含了多种含义，围绕“公民”概念而产生的不同流派也与此有关。

古希腊的“公民”概念源于“城邦”一词，原义是“属于城邦的人”。因此，古代的“公民”指一个城邦的居民，这样的居民具有完全的自由民权利，所以，是城邦的主体。居住在城邦却无上述权利的人，例如外国侨民、妇女、儿童、奴隶等，都不是“公民”。动词性“公民”的含义即“成为公民”，其起源比名词性“公民”更早，该词的希腊文原义为“开始分神物”，由于最初的城邦民（或“公民”）是由血缘纽带联系在一起的，本族人和外族人之间的界限非常严格，只有本部落的人才能进入神坛、参与佳节庆典、享受公餐等，当时公民身份的确立是由参与部落宗教活动的资格而来的。虽然最终的城邦公民（名词性“公民”）脱离了血亲氏族，但公民身份的获得（动词性“公民”概念）仍然主要受制于出生，少部分来自战功，因此它的范围比较有限，只限于成年男性自由民。不过，城邦公民已经不同于“自然人”，他们的言行体现的是城邦这一共同体的公共性要求，公民之间具有平等的身份，易言之，“公民”这一角色为他们提供了不同于家庭生活的、外在于私人营利活动的政治事务的责任担当。城邦内实行直接民主制度，全体公民直接参与城邦重大事务的讨论与决策，城邦的统治权属于全体公民。公民地位是通过赋予所有公民最基本的政治权利，即参加公民大会、法庭陪审、参战、选举等权利来实现的。

由于古希腊“公民”概念的狭隘性以及后续发生的重大历史变迁，西方并未延续上述“公民”概念，换句话说，古希腊“公民”概念未被后人完整继承。这主要是因为持续了千余年的中世纪完全中断了与古希腊罗马的联系，建立起了行会-教会-贵族制的政治统治格局，取代公民的是臣民，公民间的平等社会关系消失了，参与政治活动仅仅是少数贵族或教阶人士的特权。近代以来，首先在意大利、荷兰、英国等工业发达地区诞生了工商业城市，城市居民的自治斗争换来了城市独立发展的自由，许多早期城市都通过设定“城市宪章”等来规范市民间、市民与贵族（国王）间的关系。这样的城市主体被称为“市民”，其实，就是我们今天所说的“公民”的前身，它起源于在近代欧洲自治城市生长起来的“工商业人士”。公民间的相互关系及对待方式的要求逐渐演变为公民道德，因此，欧洲的公民乃至公民道德问题主要与近代资产者的生活方式和城市商业文明的兴起有关。随着资本主义政权的确立，“公民”的主体性得到延续，并扩展为政权的主体性的基础，“公民”概念的内涵发生了很大变化，开始指“一个民族国家的成员身份或国民”，公民的法律性而非政治性、庶众性而非精英性、个体性而非集体性得到了凸显。

实际上，近代以来西方社会的“公民道德”概念也有两个来源：一个是英国宪章运动所产生的公民意识，催生了公民权利观念，导致了公民身份、公民人格的落实，这是自由主义公民道德的源头；另一个是法国启蒙思想家所倡导的公民教育，注重培养民族归属感、爱国主义、公共精神等公民品性，这成为共和主义公民道德的起源。上述差异所导致的“公民”概念和公民道德问题上的分歧至今仍然存在，并直接影响到当代公民道德研究的取向。

在当代民主政治话语体系中，人们至少在这样一点上达成了共识：公民是自然人个体的一种身份或资格。“公民身份”概念揭示了公民之间的平等关系，意味着所有公民在人格上完全平等。自然人依自然出生而成为人，自然人是公民原初的属性，政治属性是附加的（由法律赋予的）。在法律中，公民指区别于法人的存在。法人——如船舶、公司等——虽然可以有国籍，但却不能享有完整的公民权利和义务。就法律地位而言，公民远远高于法人。

在西方，公民问题的研究具有极强的政治性，公民道德实质是一种政治道德，或者是民主政治的道德基础，所以，西方公民道德研究主要关注两个层面：微观层面是协调个体公民的权利与义务关系，宏观层面是落实对国家权力的监督、国家政治资源的分配、国家与社会的制衡关系等。虽然有各种不同的观点，但不同派别的人们都坚持了一个基本底线，那就是对公民权利的信守。洛齐克（Roberk Nozick）与罗尔斯（John Rawls）之间的分歧并不在于一方张扬权利而另一方否认权利，他们二人都力主维护权利。不过，洛齐克相信只要权利获得了保障就足矣，因此，对政府的积极作为因其可能伤害公民权利而大加反对；罗尔斯则相信仅仅有权利是不够的，因为法律上平等的人在实际生活中未必平等，为了使“最少受惠者”的境遇有所改善从而落实民主的承诺，平等就比自由更重要。同样，多数社群主义者并未简单地无视权利，但更加关注义务，特别是在权利被过度使用了的今天，漠视义务成为“公害”，严重削弱了公民道德的基础，所以他们也在不危及权利的前提下倡导公民义务。

严格说来，“公民”（citizen）概念并非现代西方学者经常讨论的对象，他们主要的关注点是“公民权”（citizenship，又译“公民资格”或“公民身份”）①。“公民权”或“公民身份”表示个人在一个国家中正式的和负有责任的成员资格，而且它表示的是一个民族国家中单个成员的资格②。“公民权”并非现代的产物，它一直是众多西方思想家关心的话题，但不同时期被赋予的内涵明显不同。亚里士多德认为，政治权威属于一种由担任官职者依据宪法性规则施之于公民的权威，因此，广泛地扩大公民权的范围是明智的，它可以依法确保稳定的统治，只要那些获得公民权的人家道殷实，并且不会因受诱惑而利用其政治权利去掠夺财富。10 世纪

---

① 在本书中，若不做特别说明，通常将“公民”与“公民权”混用，因为二者的细微区别在汉语中难以觉察，二词混用并不影响对后续公民道德问题的分析，故不做特意区分。

② 戴维·米勒，韦农·波格丹诺. 布莱克维尔政治学百科全书：修订版. 邓正来，译. 北京：中国政法大学出版社，2002：121-122.

的贡斯当（Benjamin Constant）在《论古代人的自由与现代人的自由》一书中指出：现代的自由不同于古代的公民身份和自由，它是私人的自由而不是公民的自由，现代人失去了一些东西，但同时得到了更多，如繁荣、个性与和平等。1949年马歇尔在“公民权与社会阶级”演讲中分析到，英国公民权的发展经历了如下阶段：18世纪是个体性公民权（civil citizenship），对应的机构是法院；19世纪是政治性公民权（political citizenship），对应的机构是国会和地方议会；20世纪是社会性公民权（social citizenship），对应的机构是教育体制和社会公共服务体系。最近美国社会学家托比·米勒（Toby Miller）面对全球化导致的人员流动和社会治理的多元化，提出应从三个维度立体地考察公民权，这三个维度分别是：政治性公民权（如选举权、居住权）、经济性公民权（如工作权、发展权）、文化性公民权（如知情权、表达权）。他将公民的文化诉求纳入视野，这极大扩展了公民权的领域，兼容了不同族群、民族传统和国家体制等背景条件，但同时也带来了公民权认识上的不确定性和非中心主义。

一个非常棘手的问题是：“公民”或“公民权”是不是一个普遍性的概念，它指明了人类社会形态或政治发展的普遍性特征；或者，它仅仅是对西方政治思想和制度形式的总结，是一个特殊概念？布赖恩·特纳（Bryan S. Turner，又译“布雷恩·特纳”）认真思考了这一问题，然后指出，“公民身份起源于西方特殊的文化和结构条件下，因此，它或许并非一个普遍性的概念。但是，西方之外的许多社会，或者是由于曾经被西方社会征服过，或者是由于现代化的结果，或者是由于以上两种情况，都采用了西方的宪法和宪政原则。作为结果，公民身份话语越来越为各种不同的政治传统所熟悉”①。诚然，“公民”或“公民权”论题源于西方，并且很大程度上带有西方思想的烙印，但随着近现代以来西方文明的重要成果逐渐成为人类现代生活的重要衡量尺度，曾经被视为西方土产或特产的东西也被非西方国家移植、改造、嫁接，完全拒绝向西方学习任何东西，正像仅仅固守自身已有的历史传统一样，已经变得根本不可能。在全球化

① 布赖恩·特纳. 公民身份与社会理论. 郭忠华，蒋红军，译. 长春：吉林出版集团有限责任公司，2007：前言2.

时代，西方也在接受来自非西方的影响，刻意区分何者是西方的、何者是非西方的，已经成为毫无意义的举动，更加现实而可取的态度是，充分审查自身的处境和当下问题，打开向西方学习的大门，无数次试错、反复碰撞和进退总是必不可少的。总之，“公民”或“公民道德”并非西方社会的专利品，对非西方世界同样具有启示意义，非西方社会所面临的迫切问题是如何将之本土化，而非一概排斥。

从某种意义上说，现代公民是商业社会的产物。近代以来的“公民”（citizen）起源于“市民”（civics），它与庄园制下乡村社会的村民（villagers）形成了鲜明的对立。村民们生活在熟人社会之中，彼此相知，几乎没有任何个人隐私或个人空间，每个人都被赤裸裸地暴露在他人目光之下，受到家长、族长、牧师等的监督，人们之间的关系缔结等沿袭着世代传承下来的习惯。然而，现代城市出现了发达的职业分工，每个人的日常生活时刻离不开他人的劳动，交换——平等而自愿的——成为生活的常态。现代城市出现了人口的高速流动，每个人每天都不得不与许多素昧平生的其他人打交道，身处“陌生人社会”之中。与陌生人社会相适应的主体及其行为规范显然不同于传统熟人社会的村民及其行为规范。

在绝大多数现代国家，一个人无须特别努力就获得了（或者严格地说“被赋予了”）公民权，但拥有公民权的公民很可能还只是潜在的公民（或者说隐性的公民）。在今天，几乎所有文明国家都分别依据出生地原则或血缘原则，将公民权给予了每一个普通人。一个婴儿一出生通常就自动成为一国的公民，但还只是法律意义上的公民，不能行使任何有效的权利或履行相应的义务；同样，即便一个成年人，他若不跟实际的政治组织发生联系，拒绝有广泛内涵的社会交往，逃避相应的义务和权利，也不能被视为真正意义上的公民。现实的公民要有实际的作为，因此，许多公民权利或义务就被附加了种种条件，如我国法律规定年满 18 周岁的公民才有选举权，不满 8 周岁的未成年人为无民事行为能力人，8 周岁以上的未成年人为限制民事行为能力人，显然，只有在年龄、受教育程度、认知水平、自主能力等方面达到一定要求，才可以实际地行使公民的权利和履行相应的义务，满足了上述条件并实际地行使权利和履行义务的公民才是现实的公民。现实的公民不仅在心智、能力等方面有了相应准备和成熟起来，而且切实地参与到社会事务中，如结社、投票、纳税等。如果说现行的民主制度和文明社会已使所有人成为潜在的公民，那么，现实的公民就只有通过行使权利、履行义务、积极参与社会事务等有为的行动，才可以全面实现公民身份或公民地位。

二、“公民”的传入

对于古老的中华文明而言，“公民”是舶来品，它伴随西风东渐而传入。公民这样的主体在中国传统政治文化和社会生活中都是完全不具有的，同样，传统思想史中也鲜有理论上的相关思考。可以说，现代意义的“公民”在中国历史上完全阙如，中国本土的文化传统并没有提供公民或公民道德自发生长的土壤。但这并不意味着今日的我们开展公民道德研究、推进公民道德养成事业可以完全无视自身的历史文化传统，恰恰相反，中国传统思想所提供的有益启示将令当代中国公民道德建设具有自身的丰富内容。

中国古代的国家属于宗法制国家，这早在西周时代就被确定下来了。西周立国之初，即“兼制天下，立七十一国，姬姓独居五十三人”（《荀子・儒效》）。此时的“国”只是家族的扩大，是血缘关系的政治化。中国传统社会中能够有政治影响力的关系是君臣关系，但臣并非一般的“民”，而是指被纳入统治阶层的官员。中国历史上“民”“生民”“草民”的地位及政治倾向非常不同于西方历史上的臣民和奴隶。美国汉学家费正清（John King Fairbank）从传统政治、法律与民的实际生活相隔绝的方面分析过这一问题，他认为，中国的“法制是政体的一部分，它始终是高高地超越农村日常生活水平的、表面上的东西。所以，大部分纠纷是通过法律以外的调停以及根据旧风俗和地方上的意见来解决的”①。这种重礼俗不重法制的观念致使中国传统社会中的普通人或者说没有被纳入统治阶层的无数“草民”对参与政治活动不感兴趣，也阻碍了他们从“族民”“村民”向“公民”的转变。

如果将中国的春秋时代与西方的古希腊、中国的汉朝与西方的古罗马

① 费正清．美国与中国．张理京，译．北京：商务印书馆，1987：88.

进行对比，就不难发现，经济、政治、文化等诸多方面的根本不同导致了中国历史上公民或公民道德的“难产”。春秋时代，中国经历了社会发展的重大转变，分封而治的政治格局逐渐瓦解，各地诸侯率兵而起，陷入连年征战之中。此时的经济虽然有了极大发展，特别是铁器农具的使用提高了农业生产率，个体经营变得普遍，但农业仍然是立国之本，战争也主要围绕争夺富饶物产之地而展开。政治上些许开放的制度安排（如战功受赏、举孝廉等）虽然为贫寒之士提供了升迁的机会，但这只是极其鲜见的特例，常态的格局是明确划分出君与臣、官与民之间的界限，各种政治理念都没有对君权本身做出根本的质疑，制度创新也无非谋略之计，广大民众被排除在外。西汉王朝开疆拓土，并为中国社会的走势奠定了基础，但同样没有培养民主政治的根基，特别是它在文化上确认了“罢黜百家，独尊儒术”的原则，连曾经有过的百家争鸣也消失殆尽。

清政府在鸦片战争中的惨败惊醒了一些开明人士，他们开始重新思考“民”的地位、“民”与国的关系等重大国事问题。康有为认为，“国之为国，聚民而成之。天生民而利乐之，民聚则谋公共安全之事，故一切礼乐政法皆以为民也。但民事众多，不能人人自以为公共之事，必公举人任之。所谓君者，代众民任此公共保全安乐之事，为众民之所公举，即为众民之所公用”①。梁启超也认为，“民为政”是世界潮流，中国若不开放民权，必将导致亡国灭种。梁启超提出的“新民”就被翻译为“New Citizen”，不过他主编的《新民丛报》却被译为“*New People's Journal*”，概因前者为个体的人，故为“公民”，后者为种族、民族意义上的集体，故为“人民”“国民”。以后，梁启超高举“以群为体，以变为用”的维新纲领，“群”的主体是开明知识分子和民族资产阶级人士，用他们的力量反抗封建专制，以达到“群治”。19 世纪末以降，受到西方和日本明治维新的影响，“国民”作为国家权力之主体以与君主相抗衡的观念，逐渐被中国立宪派和革命派共同接受。

笔者认为，关于“公民”的认识，近代中国知识分子更多受到了日本

---

① 康有为. 孟子微//康有为全集：第 5 集. 增订本. 北京：中国人民大学出版社，2020：413.

的影响而非西方的影响。然而，日本早期的现代化经历了若干曲折和反复，激进的社会主义和开放的自由主义遭到沉重打击，主要采纳的是德国国家主义学说，“公民”的主体性在日本早期的现代化中未能得到充分展开。中国早期围绕“公民”的讨论主要停留在公民的公共性、道德性和民族性等内容上，对公民的权利、自由等方面关注不多，这显然与日本现代化早期的公民培育状况是合拍的。例如，康有为在1902年写的《公民自治篇》一文中对“公民”做出了如下理解：“人人有议政之权，人人有忧国之责，故命之曰公民。人人皆视其国为己之家，其得失肥瘠皆有关焉。夫家人虽有长幼贵贱，而有事则必聚而谋之，以同利而共其患”①。梁启超流亡日本后接受了“公德”“私德”概念，将公德视为新德，公德的主要内容包括爱国、牺牲、利他等义务性的规定。跟日本一样，当时的中国鲜有思想家将公民身份（公民资格）看作公民的本质予以强调。

中国宪法文献最早使用“国民”一语是宣统三年（1911）的《宪法重大信条十九条》，其中第七条规定：“上院议员，由国民于有法定特别资格者公选之。”中华民国成立后，“国民”一语在民国时期的所有宪法文献中一直被作为主权者使用，民国政府确实做了一些有益的探索，例如颁布了一些法案，采取了一些改善国民地位和处境的措施。

1954年通过的新中国第一部宪法开始将“公民”作为国家权力的主体，并且规定只要具有中国国籍，就是中国公民，就有权享受并行使宪法和法律赋予的权利及自由，也必须履行宪法和法律规定的义务。1982年修改宪法，把“公民基本权利和义务”一章提到“国家机构”一章的前面，强调国家机构的设置要为保障公民的权利服务，政府存在的意义就在于保障公民的权利。这被视为公民的法律地位得到了优先保护，表明公民的权利和自由是对国家权力的限制，政府不得忽视，更不能任意践踏。

然而，新中国成立以来，公民的现实地位未能得到充分落实。“人民”这一具有强烈阶级色彩的集合名词事实上取代了“公民”这一个体色彩较浓的名词。在计划经济时代，由于政府是公有经济的执行者，是社会和人

① 明夷．公民自治篇//张楠，王忍之．辛亥革命前十年间时论选集：第1卷上册．北京：三联书店，1977：173．

民整体利益的代表者，故而其政治主张自然就被认为是“人民”的主张，是为了社会和大众的整体利益。在这种情况下，公民个人的政治权利、自由不可能得到充分的尊重和保障。改革开放之后，这种状况有所改善。伴随着市场经济体制改革的深入，公民的政治权利开始唤醒并有所表达。市场经济体制带来的自由交换、纳税、缔结契约等行为或意识深刻改变了公民与国家的关系，越来越多的公民通过现实的生活场景切身感受到：国家政治权力的合法性建立在公民政治权利部分让渡的基础上，政治权力的行使者不是施恩于选民，而是履行他们在被选举时所承诺的义务。公民看到了自己在国家中的作用，从而可以理直气壮地享有权利，并要求国家机关和国家工作人员提供相应的救助或服务。在市场经济条件下，公民作为纳税人，出资支撑国家的运转和国家工作人员的活动，应该说，国家的一切都是公民赋予的。中国现代意义上的公民开始出现。

三、公民道德的实质

虽然“公民”可以被一般性地视为某国的国民（身份），但这样的定义过于宽泛，本书将“公民”具体理解为“一个政治共同体中完全独立并且平等的成员”。这样的定义强调了公民的政治-法律属性以及镶嵌于共同体中的个体地位等方面的内容，公民这一主体具有完整的、不可剥夺的政治权利，公民权的本质是作为政治人参与国家公共事务的权利。与此相应，“公民道德”概念就可以被定义为“公民在民主制度内活动所必需的道德品性”。虽然不同的政体都会提出相应的公民道德要求，但符合时代精神的公民道德应与民主政治、法治体系等相适应，公民道德不仅是民主政治、法治体系的产物，而且可以作为其原因，直接促成民主政治、法治体系的进一步完善。

亚里士多德对古希腊城邦的公民道德做了深入研究。他提出，公民是这样的人：他参与政治活动，参与对城邦的治理。他把城邦比作一个有机整体，个人是其有机组成部分。城邦的公共生活是人类完善自身必不可少的前提，那些享有这种公共生活的公民才是真正意义上的人。作为政治共同体的成员，“亚里士多德把公民资格限制在很小的范围（内），他认为从事‘贱业’的工匠和商贩，忙于田畴的农民，他们无暇从事政治活动，其工作又有碍善德的培养，易养成奴性，故不应享受公民权。公民是‘参加司法事务和治权机构的人’，是城邦中的少数”①。亚里士多德主张公民之德性表现为公共善，公民道德不只是公民个人的道德，更是城邦政体的道德。公民应是积极的而非消极的，团结起来组成一个政治共同体的人相互间有一种联系，分享是这种联系最重要的部分，政治权利必须建立在对组成国家的各要素的贡献之上。一个好的政体就是能保证所有公民可以不断地对公共善持有兴趣，而不是利用政治权力强化某些特殊群体如富人的利益。

亚里士多德的主张成为西方公民道德理论的一个重要思想资源，并被发展为共和主义公民道德模式。亚里士多德强调一个公民就是这样的一个人：他或者做决定，或者服从决定；他必须融入政治共同体，只有在共同的传统网络和已知的政治组织中，公民才能发挥自己的特性。由亚里士多德开创的共和主义公民道德理论特别强调公共善，认为公共善是任何形式的社会道德或好社会所必不可少的。每个公民都应保持对国家及其法律的忠诚，做“好公民”，并且通过合作促成国家目标的实现。此外，与公共善相关的公共财富必须均分化，至少在平等的贡献者中平等分配，以促使形成共享的美德和相应的责任意识。法国大革命的领袖、欧洲左翼分子、哈贝马斯等都是这一模式的追随者。

深入考察就不难发现，现代西方公民道德理论具有如下特点：(1) 公民道德实质是一种政治道德，或者说是民主政治的道德基础，所以，它主要关注两个层面，微观层面是协调个体公民的权利与义务关系，宏观层面是落实对国家权力的监督、国家政治资源的分配、国家与社会的制衡等。(2) 公民道德关注的焦点正在由公民与国家的关系逐渐转向为公民间的关系。早期公民道德理论主要关心公民与国家的关系，亚里士多德曾指出，公民道德“在于既能出色地统治，又能体面地受制于人”②。近代民族国家的兴起沿袭并强化了这一方面的内容。但是，20 世纪 90 年代以来，随

---

① 丛日云. 西方政治文化传统. 大连：大连出版社，1996：114.

② 亚里士多德. 亚里士多德全集：第 9 卷. 苗力田，等译. 北京：中国人民大学出版社，1994：80.

着经济全球化的不断发展，跨国公司、国际组织、各国间联盟等新的组织形态的出现不断冲击着民族国家的权威和传统的公民道德，“地球公民”“世界公民”的兴起、合法移民的自由流动等都为公民道德领域注入了新的变数。(3) 公民道德的建立是一个自然形成与人为塑造相统一的过程。一方面，公民道德被日常化和生活化；另一方面，公民道德又广泛地、明确体现在各种社区、教会、政党、新闻讨论等之中。(4) 在当代，治安、环境、就业、福利等议题越来越成为公民关心的话题，普通公民在这些话题上的态度直接影响到人们对公共事务的投入。福利国家的出现使公民与国家的关系不再只是政治-法律关系，还扩大到了就业、医疗、教育、住房、环境等诸多方面，这些问题使得当代西方公民道德研究充满了挑战。

现代社会是一个公共生活领域与私人生活领域日趋分化且公共化趋势日益加强的社会。现代经济的发展实际地带来了人们互动的增加，大大减弱了社会生活的集权特征。社会整体的扁平化、多中心化，使得社会中个人的生存方式由整齐划一转变为非整体化。个人不再被设定为整个社会组织中的固定分子，而是具有自主权利的独立个体。个人可以自由地选择自己的生活方式和行为方式，自由地决定与其他个体结成怎样的社会性关系，个人不再被固定在整体组织的某个环节上或上下链中，而可以自主地与所有其他个体平等地进行交换。然而，处在极度发达的现代社会制度之中的个体，在分享制度化建构所带来的日益扩展的公共生活空间及其稳定秩序的同时，不得不承受某种制度（秩序）依赖和自主能动性的缺失；作为现代社会发展之政治基础的法制体系，在催生现代社会和现代人的独立个性的同时，却使得人类曾经拥有的美德追求和关怀、友爱的人际关系不断丧失，以至于造成了以法制秩序代替“底线伦理”的尴尬；“政治正确”掩盖了“道德善良”的心灵生长阳光，现代人不再拥有甚至不屑于热情追求崇高价值。呼吁公民道德是对此种社会性道德溃败的拯救。

在此，我们对公民道德的本质内涵做出如下进一步的阐释。

第一，公民道德属于社会道德，具有公共性、广泛性，而非个人私德。虽然道德都具有一定的社会性，单纯的私德是非常鲜见的，但是不同类型的道德所表现出的社会性程度存在极大差别，如婚姻道德只适合于成家了的成年人，职业道德主要针对职业劳动者，公民道德则具有最大范围的社会性，任何人，只要进入公共生活或介入政治事务之中，不论长幼、性别、种族等，都应以公民道德来要求和约束自己。正如我们在前文所指出的，现代市场经济、法治社会的现实参与者都只能是具有独立意志和公共道德意识的公民个体，意味着要在心理和意识上走出“小我”，融入“大我”，所以，公民道德是复数的公民行为要求叠加后的抽象与集中，体现的是高度的“共性”。

第二，公民道德是一种基础性道德要求，具有最充分的可行性，而非高尚、理想的道德要求。一般而言，道德的主体包括个人以及人的群体或组织，他或它们只要有意识地做出某个行为，就可能被划入道德视域之下。与此相对，公民道德的主体——公民——具有更受限定的内容。公民泛指政治共同体中的成员，公民的范围远远大于我们通常所能认识到的其他法律主体和政治主体的范围。“‘公民’对于当今社会每一个个体而言已然成了摆脱各种社会关系后反映着某种共同价值的一个最基本的身份标志，即元身份”①。与之相应，对公民这样的行为主体的道德要求必然是基础性的、普遍性的，从这一意义上说，公民道德的内容居于简单、起码的层次，它是所有公民都可以也应当做到的要求。

第三，公民道德研究的问题意识是公民身份的落实。公民是独立且具有平等身份的人，是被纳入特定国家共同体之中的成员，公民的主要角色是国家权力的监督者和公共义务的履行者，而绝非国家权力的单方面的接受者或自我牺牲的奉献者，公民道德的核心存在于公民的主体性和先在性这一前提之中。有学者指出，“公民道德是政府机构在社会道德方面所最应该承担的任务。促使公民以道德的方式尊严地生活，在任何时候都是公共权力的义务”②。现代社会的进步在于消除了妨碍人们成为公民的种种限制，如性别、肤色、财富多寡、身份等级等。然而，仅仅拥有法律所赋予之公民权的公民还只能说是潜在的公民。在中国，公民道德方面的现实困境在于公民的主体地位、角色意识尚不到位，这些都受困于制度安排、法律体系等深层因素。与其他主体的形成不同，公民这一主体的形成高度

---

① 杨明. 当代中国公民道德发展的历史与逻辑. 道德与文明，2014（2）：9.

② 江雪莲. 西方公民道德研究. 伦理学研究，2003（4）：65.

仰赖政治、经济等方面的社会制度设计，所以，只有让公民实际地在个人生活中感受到公民式的地位、角色，体验到公民式的思想、意识，才会形成较稳定、较合理的公民道德。

第四，公民道德的落脚点在于公民的日常生活。“生活空间所表示的乃是人们默知的传统的存储器，以及根植于语言和文化之中的，由个人在日常生活中提炼出来的背景性预设……因此，个人既不能跨出他们的生活空间，也不能从整体上对它提出质疑”①。日常行为及其所建立的规则保证了社会生活的稳定秩序，提供了成员间相互信任的背景性预设。凡事多采取习以为常的方式，总会更便利些，比如，每天上班都重新思考走哪条路更快，显然是烦琐而不必要的，习惯——这本身就是人们耗费了时间和智力才习得的东西——可以有效地保证日常行为的进行，使日常行为变得经济而有效率。“公民之间在权利与义务问题上的相互作用，是由亲戚朋友小圈子逐渐向外扩展到联系不密的较大群体。比方说，对于福利制度的意见，就是先在小群体中议论，再到较大群体中讨论而形成，这些群体包括工作中的同事、志愿团体、教会、民族群体等等”②。公民日常行为表现在职业活动、消费活动、政治参与、家庭关系等领域之中，一个人作为公民在这些领域所表现出的观念意识与其作为非公民所表现出的观念意识是有所不同的。公民道德就是要通过这些领域来培养公民意识。例如，在家庭关系中，普通道德的要求是夫妻恩爱、和睦邻里、敬老爱幼等，但对公民来说，在家庭关系中重要的品德是独立、平等，夫妻平等、父子平等，尊重彼此的隐私权；在职业劳动中也是这样，一般的职业道德要求是爱岗敬业、服务顾客、精益求精等，但公民在职业活动中更侧重职业劳动的公共性，树立明确的公私界限，不将职务或岗位私有化、特殊化，对所有顾客一视同仁，尊重顾客的个人偏好。在日常生活和交往中，公民道德的要求实则来自多数公民的日常习惯和常识。

毫无疑问，公民道德跟其他任何道德一样，是一个社会的正外部性，

---

① 简·科恩，安德鲁·阿雷托．社会理论与市民社会．时和兴，译//邓正来，亚历山大．国家与市民社会：增订版．上海：上海人民出版社，2006：174.

② 托马斯·雅诺斯基．公民与文明社会——自由主义政体、传统政体和社会民主政体下的权利与义务框架．柯雄，译．沈阳：辽宁教育出版社，2000：123.

同样也具有相对稀缺性。正因为如此，有不少人对公民道德做无限扩展。虽然一旦公民道德在某个社会广为传布，就有望促成具有普遍约束性的社会共识和社会信仰的形成，从而提高互动效率、减少失信风险，但这只是功能意义上的公民道德被推行后的可能社会后果，并不能直接等同于公民道德就是全部的社会要求或规范性要求，更不是禁止性要求。不用说，公民个体的所有高尚品质都是社会所推崇的，但社会不可能要求所有成员都具备同样高度和纯度的理想品质，当多数公民具备了基本的公民道德，社会的政治秩序就有了切实的保障，人们的交往和互动就有望获得彼此信赖的平台。

四、解决中国公民道德问题的基本思路

新中国成立以来，“公民”（身份）在法理上被平等地赋予全体国民，确立了“公民”的主体地位。不过，由于缺少相应的行政救济措施，宪法中的诸多公民权利未能得到有效落实，这不仅严重削弱了包括宪法在内的法律的权威，而且致使无数普通公民之地位被架空。

在计划经济时代，有不少“公民”其实只是潜在的公民，他们极度缺乏公民现实化活动和公民日常行为的环节。改革开放后，“公民”开始复苏，公民道德也逐渐成为人们关注的焦点，根本原因在于：第一，市场主体的成熟，如民营资本、自由职业者的大量出现。市场主体的特性是自由与平等，随着市场主体在社会中逐渐变得活跃，政治参与、分享社会治理权力等方面的要求被相应地提了出来，公民身份的自觉日益显著。第二，法律权利意识的兴起，具体公民的维权行动所产生的示范效应增强了人们对法律保护自身权益的诉求。传统中国人大多视法院为衙门，诉讼是丢脸的事，以为法律只是惩治恶人，但一部分公民的维权活动正在改变上述陈旧观念，使人们的利益伸张有了更加理性的渠道，权利观念凸显。第三，社会空间的出现。各种非政府组织、志愿者活动、民间协会等不少是由公民自发结成的，反映了公民参与政治的强烈愿望，也满足了多种社会需要。此外，压力集团的出现也在逐渐改变政治游戏的规则，使政治事务不再被限制在意识形态领域，转而变成多个社会阶层之间权利较量、利益协调的场所，政治生活日益公共化和社会化，20 世纪 90 年代中期以来出现

的“社会治理”概念，进一步提出了对国家权力、政府资源再分配的要求。

中共中央2001年9月20日颁布了《公民道德建设实施纲要》，这是新中国成立后首次以党中央文件的形式提起对公民道德问题的关注。这可以说是对改革开放以来中国总体社会层面市场经济发展、民主政治建设以及执政社会基础扩展等新时期的重大问题进行深入反思后所做的总结与回答。2003年9月11日中央精神文明建设指导委员会决定将中央印发《公民道德建设实施纲要》的9月20日定为“公民道德宣传日”，2004年9月18日举行了首届中国公民道德论坛，自此，每年的9、10月间由中宣部牵头举办一次，总结公民道德的理论研究和建设实践方面的成果。不仅如此，中央文明办联合国家旅游局还于2006年10月1日公布了《中国公民出国（境）旅游文明行为指南》，同年10月2日公布了《中国公民国内旅游文明行为公约》。官方对公民道德在中国的推广和普及倾注了极大热情。中国设置的有关公民道德建设方面的机构也许是世界上最多的，包括中共中央精神文明建设指导委员会、国务院纠风办、全国职工职业道德建设指导协调小组，以及各地政府的精神文明办公室等。上述努力确实产生了一些积极成效，但存在的问题同样无法忽视。

开放的市场环境和流动的都市生活加速了当代中国社会向“陌生人社会”的转变进程。中国目前的状况可以归结为社会转型，即正经历着从熟人社会向陌生人社会的转变，并由此带来了从封闭的社会、政治格局向开放多元的社会状况的转变，从身份、职业劳动的固定化向高度流动、身份和职业多样化的局面转变，这些都为各种文化活动的兴起提供了机会，使不同文化形式都可以获得表达、展示的空间，与此同时，也对社会道德建设提出了新的要求。正确理解的公民道德正是我们社会亟须的黏合剂。

笔者认为，解决中国公民道德问题的基本思路包括如下四个重要方面。

其一，澄清公民道德的本质内涵。伦理学所理解的公民是与公民道德相联系的，主要强调的是公民在拥有公权力的过程中所应具有的一致态度、相似的行为方式和可以互换的权益观念等内容。公民道德主要是一种德性要求，而非单纯的规范要求。在西方，由于主要呈现为自生自发秩序演变的结果，公民道德主要与公民个人的德性相关，它被视为公民社会的维系力量，构成了独立个体间合作、信任的基础性价值。美国政治学家哈特（Hart）指出品德崇高的公民具有四个特征：（1）能够理解立国的重要文件；（2）坚信美国政体的价值是真实的和正确的；（3）能够承担超个人的道德责任；（4）具有良好的个人操守，对政体而言，公民的个人操守主要包括容忍和宽容。但在中国，公民道德是由政府“看得见的手”设计、创设出来的，表现为人为建构式形态，因此易于形成强调政府优先、行为规范导向、义务为主等方面的内容，公民个人的德性内容容易被严重忽视。与此相应，公民道德的工具价值被夸大，公民道德本身所包含的权利、参与、公正等内在价值存在被置换的风险。

“公民”“公民道德”概念都是从西方传入的，由于中国缺乏与之对应的思想、文化资源，许多人对这两个概念存在不少误解甚至曲解，例如，不少人把公民道德理解为“citizen moral”或“citizen's moral”。其实，进入国家图书馆图书检索系统（截至 2021 年 5 月 31 搜索的结果）输入关键词“citizen”，出现了 1 800 本外文书，内容涉及经济、政治、社会、教育等各个方面，十分庞杂。但输入“citizen moral”一词则无一本与之匹配的书，输入类似的词，如“ moral of citizen”则有 11 本，“good citizen”有 17 本，“citizen virtue”仅有 3 本。若输入“civil society”，则出现了 1 100 本外文书名，输入“civic virtues”，也出现了 58 条书目信息。事实上，在英语世界，citizen 只作为名词使用，即表示一个人的政治或法律地位，与之紧密相关甚至直接等同的词是 citizenship。论述公民道德之类问题时，常用形容词性的词 civil 或 civic，讲的是公民德性或公民品质的问题，所以，与中文“公民道德”对应的是“civic virtue”①。civil 或 civic 均来自 city 一词，公民的问题是与公民所处的环境状况相联系的，研究公民道德问题也必须从公民的日常行为入手。这表明在英语世界，“公民道德”主要指公民个体在面对包括政治活动等在内的公共事务时所

① 在英、美等国，学校开设的与公民培养相关的课程统称为 civics，译成汉语就是“公民学”。公民道德问题是公民学的一个部分，完整的公民学还要阐述国家权力的依据、政体的原理、现代社会的结构、公民交往等诸多内容。

应具有的道德品质，规范性、义务性的内容并未被置于优先地位。

冯友兰认为社会的道德大致可分为两类：一类属于一切社会的道德，另一类属于特定社会的道德。前者是开放的、不可改变的、为一切社会所必需；后者是封闭的、可更换的，仅为某一特定社会所需要，在该社会消失后便随之失去正当性①。我们也可以据此主张：公民道德中有些内容是全人类性的，有些内容是特殊民族性、时代性的。我们不能因前者而忽视后者，忘掉自身的历史传统，更不能片面强调后者而否认前者，无视公民道德中有些内容的全人类性。

其二，确认公民道德的边界。公民道德并非无所不包的宏大领域，“公民”之“公”体现了人的本质，即人的社会性（日常生活）、公共性（政治、法律世界），“民”体现了人的现实性，但并不包含公先民后、公主民从的意思。这就意味着在开放、互动的社会中，一个人同时具有双重角色（市民社会的人与公民社会的人），这就使得他兼具双重身份（俗世的生活性与政治的公共性）。这二者并不自动保持一致，甚至常常发生冲突，具体的公民有时也会出现两种极端的状况：一些人只突出世俗性（他们患上了远离政治的冷淡症），另一些人只突出政治性（他们陷入了政治至上的狂热症）。防止这两种极端的一个有效途径就是维持适度的、有限性的公民道德，克服利己主义与自我牺牲的片面，将公民道德的实施项目主要划定在公民与国家之间、公民与公民之间具有法律性、政治性的事务上。

西方传统的伦理学大多采用“道德形上学”的方法来建构公民道德体系，从柏拉图的伦理学到康德、黑格尔的伦理学，莫不如此。但近代以来的西方伦理学却越来越倚重社会契约论的方法来证成社会基本伦理原则的普遍有效性和理论正当性。当代，以罗尔斯正义论为先导的普遍理性主义规范伦理学，更是越来越仰仗“新社会契约论”和公共理性的证明方法，甚至是纯程序正义（哈贝马斯）的方法，以证成社会公共伦理原则的普遍有效性和正当性。这也为我们研究公民道德提供了全新的时代场景和理论资源。那些可以协商的事项、培养平等对话的成员才是公民道德的作

① 冯友兰. 新理学//三松堂全集：卷一. 开封：河南人民出版社，1986：114-118.

用领域。理性对话而生成共识，共识重叠以形成决议，这些都是值得赞赏的、具有公民道德意义的行为。

其三，增大公民自我教育和自我管理的空间。这意味着必须在行政政策上努力减少公民结社的阻力，大力扶持公民的自主结盟，从而培养公民的归属感，并从中确认公民自我。在我国，公民道德问题所面临的历史情境与西方近代既有相似又有不同：相似的是，我们也是在政治改革、经济发展、个人权利观念兴起的大背景下提出公民道德的，公民道德的倡导将完成中国近代未竟的思想启蒙事业；不同的是，我们不仅要解决从农业时代的自然状态向工业时代的社会状态过渡的问题，还要解决从以割裂、对抗为主的阶级状态向以有序竞争、和谐均衡为主的公民状态过渡的问题。前一个方面是共性的问题，反映了公民道德的普遍性；后一个方面则是个性的问题，反映了中国公民道德的特殊性。实际上，从经济发展和社会形态演进的角度来看，中国公民道德形成的条件至今仍然不完全成熟，例如作为制衡性因素的社会组织、社会权力相对羸弱，总体动员式的任务超过了理性生活和民主政治的筹划，官方的公民道德话语与广大公民日常行为严重脱节等。这些都应当在发展中着力寻求解决。

公共参与是公众介入公共事务的一种主要方式，包括讨论、对话、选举、投书、请愿、结社等各种形式，是追求公共利益和实现不同群体间利益均衡的主要途径。但是，普通公民并不先天地自愿参与公共事务，他们更倾向于关心自己身边的利益，也主要通过私人性的“互惠”行为来求得利益的落实。此外，公共参与还受到公民个人所掌握的资源、技巧和知识等方面的具体限制，这些限制构成了“参与成本”，从而经常地制约公众实际地参与到公共事务之中。各级国家机关和国家工作人员都应在减少与降低参与成本中做出积极回应，“参与成本必须降低至让全部人群都有机会参与。这不仅具有现实的必要性，同时也是个伦理关怀问题”①。

其四，改善政府行为，消除阻碍公民道德形成的不良因素。公民道德的核心价值是公正。公正是一种人为美德，或者说是一种人为制度的德

---

① 特里·L. 库珀. 行政伦理学——实现行政责任的途径：第4版. 张秀琴，译. 北京：中国人民大学出版社，2001：53.

性。落实公正的前提和重要方面首先关联的是制度设计。要解决公民道德形成的基本制度性安排，合理、合法的行政力量的适当介入就必不可少。此外，城乡分割、单位制等不良制度设计也会导致社会断裂，冲击公民道德的完整性。这些都应在公正价值的检视下得到矫正。现代社会的人们已经基本接受法治是一种善治的观念，但守法并非只是公民个体的义务，相反，首先是政府的责任。一方面，政府要充分意识到法治已经日益成为处理急剧变化中人际利益、权利之争的和平、理性设计；另一方面，政府每一次守法的行政都是对社会法治理念的敬重，向公众传达了政府的公信力。

2019 年 10 月 30 日，中共中央、国务院印发了《新时代公民道德建设实施纲要》，对公民道德建设提出了新要求和新展望，提出“中国特色社会主义进入新时代，加强公民道德建设、提高全社会道德水平，是全面建成小康社会、全面建设社会主义现代化强国的战略任务，是适应社会主要矛盾变化、满足人民对美好生活向往的迫切要求，是促进社会全面进步、人的全面发展的必然要求”。虽然“公民道德”概念迟至 2001 年才首次出现在党中央颁布的《公民道德建设实施纲要》之中，但是，公民道德作为一种具有鲜明的现时代精神的社会道德，一经提出就受到了社会各界的高度关注，多个国家部委联合组织了多项大型活动，召开了高规格的理论研讨会，“公民”“公民道德”概念短时间内就获得了极大普及，变得家喻户晓，这成为当代中国公民道德建设的重要推手。毫无疑问，我们要做正确的事情，但更重要的是，要以正确的方式做正确的事情。公民道德建设固然重要，但必须以科学、合理的方式推进，这样才能实现预期的目标。

众所周知，公民道德具有思想启蒙的意义，在我国这样公民文化尚不发达、民主政治有待加强的国度开展公民道德建设将可以起到“助产术”的作用。倡导公民道德，重中之重在于要使全体政府工作人员成为公民道德的模范，这就必须端正政府行为的导向，建立健全各种制度，保障政府行为始终被限制在法律许可的范围内。公民主体地位的恢复和公民道德的提倡，有助于我国社会道德建设。正如马克思所曾指出的：“只有当现实的个人把抽象的公民复归于自身，并且作为个人，在自己的经验生活、自己的个体劳动、自己的个体关系中间，成为**类存在物**的时候，只有当人认识到自身‘固有的力量’是**社会**力量，并把这种力量组织起来因而不再把社会力量以**政治**力量的形式同自身分离的时候，只有到了那个时候，人的解放才能完成”①。公民道德的推进是中国现代化事业的重要组成部分，不仅如此，它也作为一个重要变量，对现代化的各个领域产生着积极的影响。

① 马克思恩格斯全集：第3卷．中文2版．北京：人民出版社，2002：189.

第一章　现代化之必然性及其反思

“现代化”在构词上是个动名词形式，其本义是“使之现代化”（becoming modern 或者 modernization），此处的“现代”或“现代的”并非时间意义上的“当下”“现时代”，而是指具有特定实质内涵的“现代性”。作为一般抽象概念，“现代性”揭示出了某种具有普遍性的人类存在方式的规定，“现代性”的定在即“现代化”，不仅是一个漫长的过程，而且包含多重维度，在理论上侧重或强调现代化的不同含义，就形成了不同类型的现代化理论。目前的学界，无论是历史学、社会学、政治学还是哲学，大多主张将“现代化”视为复合型概念，现代化的具体面相包含经济、政治、社会、文化等多个方面。本书采纳学界这一具有广泛共识性的理解，从多个方面考察现代化的出现、迁移和转型，从而为阐述公民道德提供坚实的历史背景和丰富的时代主题。

一、现代化模式分析

现代化无疑缘起于西方，但西方各国的现代化动因和历程却各不相同，所以，西方各国呈现出不同的现代化形态，这就是通常所说的“现代化模式”。同样，由于受西方影响的方式和程度不同，非西方国家的现代化也出现了步调不一、形式各异、论题分歧的状况。用一个模子套用各国的现代化显然是不合适的。然而，既然都被冠以“现代化”之名，这些不同的努力就一定存在殊途同归的方面，这些共性的方面正显示了不同国家或不同时期的人们所进行的是现代化而非别的尝试或探索。有些国家被视为成功实现了现代化，另一些国家被断定在现代化进程中遇阻或失败，还有一些国家则被看作仍然处于现代化进程之中，这些大致被接受的判断依据来自人们对“现代化”这一人类伟大的自主革新运动所取得的基本共识。

(一) 现代化的源起

与现代社会对立的是古代社会或传统社会，后者建立在自给自足的自然经济基础之上，人们生活方式简单、重复，依循世代传承下来的经验、教训而行动，遵守祖训、按部就班、一成不变似乎是天经地义的，“传统”或保守也是古代社会思想界的主流和文化价值的基调。“现代”在作为形容词刚刚出现时，被加上了平庸、不可靠的贬义，例如生活于16、17世纪的英国剧作家莎士比亚在其剧本中从不掩饰对“现代”的作品和现象的不屑。中国先人也大抵如此。孔子“述而不作”，以恢复周礼、追寻传说中的“三代”为己任，在中国古代文献中，“今日”“现在”总是世风日下、人心不古的衰败世道。

“现代”被视为值得向往的正面价值，这一全新的认知立场首先在近代西方出现。学界通常认为现代史始于1500年前后，标志性事件是君士坦丁堡的衰落或者说欧洲主要民族国家的崛起。从全球视角来看，“现代”是以欧洲战胜了东方霸主（例如奥斯曼帝国），拓疆略地向外扩张之后开启的。伴随着欧洲在军事、经济、政治上的成功，“现代”成为西方社会的新图腾和传播到亚非世界的“新福音”。

从历史上看，现代化的先声来自意大利城市的商业文明。与农业时代的商业活动不同，意大利城市不仅具有经济职能，而且具有充分的自治，商人群体有了自己的组织，并且对城市公共事务拥有话语权，商人不再是农民或工匠的兼职性角色，相反，成为独立的阶层，与此同时，出现了商人自身的新的文化形式，即以世俗享乐为主的城市消费文化，包括歌舞、绘画、小说等，这些都使城市成为集生产、分配、交换、消费为一体的多功能集群。但意大利的城市和商人未能延续这一荣光，由于受到教权的强力打压，加之国内世俗政治力量分散，无法形成国内统一市场，故而无法将商业向制造业、工场手工业扩散，以贸易为主的商业缺少可持续的市场要素支撑，这些严重制约性因素的存在导致意大利最终没有成为西方现代化的领头羊。

英国接过了接力棒。英国在工业革命出现之前，已经开始了政治变革，不仅极大地限制了王权，巩固了资产者的地位，而且扫清了失地农民进入城市、成为雇佣工人的制度阻碍，几个重要行业如纺织业、造船业、运输业、航海等的技术发明和生产工艺改良都实现了向生产力的快速转化，从而推动了英国工业的繁荣。不断增加的商品总量要求更大的市场和更可靠的原料供应地，这又促成了向海外开拓市场的商业冒险和地理大发现等海外殖民扩张活动，英国最终成为率先实现现代化的国家。紧随其后，法国、美国、加拿大、澳大利亚等纷纷先后完成了市场化、议会政治和政教分离等现代化任务，步入现代化发达国家之列。

包括马克斯·韦伯在内的许多西方学者都主张，现代化是西方社会的独有现象。如果仅仅从现代化最早发生在西方而言，这个判断是合适的；但如果它的意思是只有西方才能现代化，现代化是西方的“专利”，那么，这个判断就经不起推敲了。一方面，即便是现代化了的西方各国，它们所走过的现代化路程、所达到的现代化程度也是非常不同的；另一方面，二战后许多非西方国家（如日本、新加坡、韩国等）先后迈入现代化，这在事实上已经证明现代化并非西方社会所独有。

从横向比较、考察那些实现了现代化主要目标的国家，不难发现，进入现代化的路径和现代化所呈现的实际样态可谓千姿百态。国家完成现代化可以采取不同的方式（或者由政府主导，或者由民间力量推动），也可以依托不同的社会价值观（或者是个人主义，或者是集团主义），还可以有不同的国家目标组合结构（或者经济发展优先，或者民主政治优先，或者国家统一优先），不过要达到完整的现代化，还必须在如下三个方面取得突破，适宜的土壤一旦成形，现代化之树就能生根发芽。这些内容包括：(1) 私人财产权的充分保障。私人财产权所体现的私权在公权力面前得到肯定，公民支配、处置私人财产权的自由得到落实，这就可以为经济竞争、市场冒险以及个人财富积累等提供制度诱因，经济繁荣持续、市场竞争充分、发明创造迭出等都离不开以法治为主的可靠保障。(2) 社会各个阶层的自由流动空间和各自利益的伸张平台的构建。这意味着增加社会领域的活力，将公民间的利益较量制度化。这样，既可以防止社会集团的固化，消除人身依附关系，化解严重的社会对抗，也可以将统一的公权力平等、合理地分解到社会不同群体、利益集团之中，防止国家权力的无限膨胀。形成了国家、社会、个人三者之间的稳固关系，三者相互制约，就可能有效减少社会动荡的幅度和烈度。(3) 司法体系的建立。司法不是王权的附庸，也不应是国家统治集团的打手，普通公民的人身安全、自由、权利只有借助独立的司法体系才能有切实的保证。若能真正做到司法系统独立判案，就可以将历史上的权力斗争转化成权利斗争，促成社会在维护基本价值的前提下稳定发展。

我们之所以将上述三点视为现代化的重要内容甚至前提，而非后果，是因为这三点是现代化社会和非现代化社会的最根本区别之所在，而且这三点制约了现代化的其他因素，例如，没有私人财产权，不仅不会有长期的经济发展和市场秩序，相反，社会将会持久陷入弱肉强食的丛林时代，没有任何人有可靠的安全感，社会的长治久安就无从谈起。现代化是一个复杂的系统工程，涉及无数相关的方面，而且每个国家的实际状况和历史遗产都非常不同，不可能有完全一样的现代化路径。然而，一旦确定了现代化目标，就必须在制度设置、国家机构安排以及行政管理等重要领域将上述三项作为首要的核心任务，矢志不渝地坚守下去，废除、取消一切与之对立的旧规定，设立、营造与之相适应的新规矩，这些新规矩就会在足够长的时间内发挥出“涓滴效应”(trickle-down effect)，逐渐辐射、影响到其他领域，不合时宜的观念终究被撬动，与现代化合拍的新价值最终切实地占据主导地位。一旦步入良性循环，现代化进程就会成为全体国民的新的意志，成为不可走回头路的历史性选择。现代化是一种复合的综合目标，单向度的现代化只是片面的现代化，因为它缺少内在诸种有机力量的相互支撑，一定是不可持续的。

(二) 现代化模式

今天，人们已经越来越倾向于放弃这样一个陈旧的观点，即现代化就是西化，现代化只有一种模式。即便发达国家也在不断改进和试错，没有哪个国家可以成为现代化的唯一样板。现代化仍在进行中，现代化的任务仍未完成，而且现代化的努力在各国采取了十分不同的方式，有许多不同方式都被证明是成功的。

巴林顿·穆尔（B. Moore）曾经指出，从世界史角度看，现代化途径有三种类型，即“资产阶级革命型”（英国、法国、美国）、“自上而下革命型”（德国、日本）、“共产主义革命型”（苏联、中国）。这种划分方式主要针对20世纪60年代之前的世界格局，显然，他只是对既定事实的认可而非理论的逻辑推演。

日本社会学家富永健一强调非西方世界的现代化与西方本土的现代化存在很大不同，“非西方国家取得现代化的成功是这样一种创造性行为：他们把本国文化与西方文化加以比较，有选择地学习优秀的内容，使学到的东西与自己的传统文化融合并加以改造，还要处理两者之间所发生的冲突”①。换言之，“对非西方世界来说，现代化是始于西方现代的文化传播，对本国的传统文化加以改造的过程”②。富永健一的思想值得高度关注。他站在后发国家的立场，不仅看到了现代化模式的多样性，而且指出这些模式源于对西方文明和自身文明的不同程度、不同形态的选取、融合、创造。

美国历史学家布莱克（C. E. Black）对“现代化”的定义受到了广泛关注，他说：“近几个世纪以来，由于知识的爆炸性增长导致源远流长的改革过程所呈现的动态形式，现代化的特殊意义在于它的动态特征以及它对人类事务影响的普遍性”③。布莱克突出强调了现代化的两个显著特点：一个是它不断改革所表现出来的动态性，即现代化是未完成的、始终进行中的过程；另一个是它波及人类生活的方方面面，即现代化是一系列现代社会事业相互联系、高度互动而形成的整体。布莱克在其专著中特别提及了现代化所造成的诸多影响，包括：理智方面（智力、知识等）、政治方面（涉及国内和国际不同方面）、经济方面（如储备、投资等）、社会方面（人口流动、核心家庭、城市化、普及国民教育）、心理方面（价值观的变

---

① 富永健一．日本的现代化与社会变迁．李国庆，刘畅，译．北京：商务印书馆，2004：30-31.

② 同①31.

③ C. E. 布莱克．现代化的动力．段小光，译．成都：四川人民出版社，1988：11.

动、个体意志的凸显、传统习俗地位的弱化等)。此外，布莱克还从政治现代化的角度将人类的全部现代化分成七种范型：第一范型只包括了英国（1649—1832）和法国（1789—1848），它们是现代化的肇始国，但它们开创了政治现代化的两种不同路径：改良主义和暴力革命。第二范型是第一范型在新世界的旁枝，包括美国、加拿大、澳大利亚、新西兰，这些新世界的政治力量主体来自宗主国的居民及其后代，而非土著。第三范型是法国革命后直接或间接受其影响而发生了现代化的欧洲国家，包括西班牙、葡萄牙、荷兰、匈牙利、德国、比利时、卢森堡、意大利、丹麦、挪威、瑞典等。第四范型是第三范型的欧洲各国在新世界的附属国所进行的现代化，包括拉丁美洲的 20 多个独立国家。第五范型是那些未直接受到外来的干涉，但受率先现代化的社会间接影响而进行现代化的社会，包括俄罗斯、日本、中国、伊朗、土耳其、阿富汗、埃塞俄比亚、泰国。那些经历过殖民统治的亚洲、美洲、大洋洲的 100 多个独立的和依附的社会则被划入第六或第七范型。其中，第六范型由 34 个独立国家和 29 个依附国家组成，它们自身原有的充分发展了的传统文化在适应现代功能的过程中能够与更现代的外来社会的文化相互作用；第七范型的社会包括次撒哈拉非洲和大洋洲的 31 个独立社会、将近 20 个依附社会，它们原本没有充分发展的宗教、语言、政治体制，不得不从更现代的社会照搬现代观念和体制。

先发国家虽然走在了前面，但它们走过的道路未必构成了唯一可取的路径选择。后发国家的现代化既有优势，例如，可以借鉴他国的经验、可以深思熟虑地从容选择适合自己的方式，还可以购买他国的现成技术、设备和引进其人员服务等，但也面临着严重的困难：不能完全脱离他国的影响、评价或干涉，也很难完全独立自主地进行现代化；不得不在诸大国间取得平衡；也没有新的海外殖民地用以推销本国商品或转嫁国内矛盾；不得不在国内公众日益提高的愿望面前做出安抚、排序，以确定多种现代化目标的恰当顺序。然而，最佳的选择时机和程序并不总是可以从容获得。第二次世界大战结束至今，现代化的部分条件更加充足了，但另一些条件却变得更加不稳定，从实际结果来看，除了所谓“亚洲四小龙”和极少数国家（如以色列），其他国家的现代化仍然未达到被公认的现代化水准。由此可见，实现全面的现代化何其难也！

现代化过程是一个系统结构的复杂的调整、适应、革新过程。首先是经济方面的现代化。这相对容易，开放市场、放松管制、增加个人分配的份额等，短时间内就可以取得显著成果。其次是政治方面的现代化。这就相对困难多了。如果说经济现代化会使全体国民受益，即便受益的程度有异，那么政治现代化则可能使部分国民受益、部分国民受损，这部分受损的国民恰恰属于既有的特权政治集团，他们通常不会轻易放弃独揽大权，更不会自愿接受公众的有效监督，所以，若非旧的政治集团抱有坚定的现代化信念并愿意承担失去特殊个人权益的风险，政治现代化就不得不部分牺牲和平、理性，诉诸激烈革命的方式。更令人沮丧的是，出于现代化目标而进行革命的国家未必都由此进入现代化的上升通道，相反，它们可能陷入日复一日的内乱之中或者乌托邦式的理想主义泥淖而无法自拔。总之，政治现代化要比经济现代化艰难、沉重和不确定得多。再次是社会方面的现代化。这主要是社会结构、社会职能、社会关系、社会组织方式等方面的现代化。一些国家的现代化较好完成了上述两个方面的内容，但因未能进行有效的社会现代化，缺少中间社会力量的稳定支持，现代化出现了倒退，经济上陷入权贵资本主义、政治上陷入政党独裁或寡头制，现代化丧失进一步发展的活力，长期处于停滞状态。最后是文化方面的现代转换。棘手的问题在于，除了非常显著的陈旧的文化传统，如中国历史上的女性裹脚等，这些显然都已不合时宜了，其他更多的文化传统的良莠不是如此泾渭分明的，如忠孝仁义的道德观、重家族血亲的关系主义、包含个人价值和伙伴认可的面子观等，很难说都是“糟粕”，用于恰当的场合可以产生积极的作用，用之不当则会带来灾难性后果。所以，现代化中的文化取舍、文化存废所产生的分歧最为持久和难以明辨。

现代化过程是如何开启的？这样的过程具有怎样的特点？瑞格斯（Fred W. Riggs）在《发展中国家的行政管理：棱镜社会理论》（*Administration in Developing Countries*：*The Theory of Prismatic Society*）一书中，从社会体制变革的角度看待现代化问题，他认为：传统农耕社会是“熔凝”的，社会体制是固化的、均质的；现代工业社会则是“扩散”的，社会体制充满了变数，边界不断扩展而带来社会领域的变动和社会成员的互动；二者的过渡阶段被看作“棱镜”的，即转变之前和转变之中社会领袖与政治集团所做的判断决定了该社会将采取怎样的现代化路径。这反映了现代化理论中的一个普遍共性：虽然没有统一的步调，但绝大多数国家的现代化都受制于统治阶层的意志。相当一部分的公众无疑会参与其中，但公众参与并非决定性的。这并不意味着统治阶层事先对现代化路径有了清晰的蓝图，现代化进程并非一种预先的周密安排。即便说有安排，也只不过是一些粗略的线条和方向不明的前景而已。但统治阶层推动现代化的决心保证了现代化进程不会停滞或倒退，公众的参与和不同集团利益的角逐，致使现代化充满了变数和计划之外的后果，但总体方向不会更改。

任何一个国家的现代化的结果都是不期而然的。自由主义者哈耶克（Friedrich August von Hayek）的"自发秩序"正是要揭示这一现代化的总体特点。实际上，现代化过程并非总是预先设计好的，很多时候非理性的偶然性也发挥了无法忽视的作用，这一点往往超出了现代化论者的理性主义论证，我们必须承认历史进程中充满了不确定性和偶然性。

（三）现代性及其思考

在政治哲学中，曾经围绕"经济发展是否会带来民主化"，即经济现代化是否会自动促成政治现代化的完成之问题，学者们展开了深入而广泛的讨论。李普塞特（Seymour Martin Lipset）1959 年首次在其论文《民主的一些社会条件：经济发展与政治合法性》（"Some Social Requisties of Democracy：Economic Development and Political Legitimacy"）中明确提出"经济发展促进政治民主"的观点。他用四个变量，即财富、工业化程度、教育和城市化程度来衡量经济发展的水准，他论证经济发展改变了阶级关系：底层民众因提高了的经济安全而无意参加极端主义政治活动；中产阶层因经济发展而壮大了队伍，促成政治上的稳健主义力量占据上风；上层民众受益于经济发展而减少了对底层的恐惧，也更有手段、更有动力去和下层做妥协；于是，整个国家的政治就趋向于民主化。这一观点受到了大量评论，赞成声和反对声不断。摩尔（Barrington Moore Jr.）在《民主与专制的社会起源：现代世界形成过程中的地主和农民》（*Social Origins of Dictatorship and Democracy*：*Lord and Peasant in the Making of the Modern World*）中指出，只有当资产阶级力量强大到形成独立的政治力量时，民主制才得以确立，否则，在经济发展的受益方是地主或农民时，未必走向政治现代化，民主政治甚至会难产。上述争论提出了一个非常有价值的问题：不同面相的现代化是否存在相互递进、不断增益的联系？笔者认为，不同面相的现代化之间确实存在一定的关系，但绝非单线式的一一对应关系，而是间接的关联关系，即必须要有各自独立的发展，只有同时开放、推动不同面相的现代化进程，完整的现代化才是可能的，否则，就只是跛足的现代化，以至最终陷入“现代化的陷阱”。不能幻想经济现代化可以一劳永逸地解决全部现代化问题，更不能迷信社会现代化、文化现代化可以脱离经济成就、政治建设而超前发展，四个面相的现代化既有分工，又有交叉，同时并进，才可以开出灿烂的现代化之花。

在本书中，我们将“现代性”（modernity）定义为“现代化达成后的状态或总体特征”。尽管各国的现代化过程形形色色，但在理论上，人们对现代化达成后的状态或总体特征还是存在一些共识的。现代性包括：经济自由化及其增长、城市中的人群流动、工业化大生产方式、市民社会的形成、专门知识日益增加等①。

许多学者从自己学科的立场对现代性做出了不同的、令人印象深刻的归结，例如，美国社会学家帕森斯（Talcott Parsons）认为，现代性就是社会分化为不同的自治领域加上价值配置的进化状态，在现代社会，个人根据普遍主义和功绩原则对社会产生普遍性忠诚。作为结构-功能主义的代表人物，帕森斯特别强调社会分层和社会成员的组织化，认为现代性的核心就是每个社会单元被赋予了独立的、有机的地位和作用。

在一定意义上说，现代性的实质是理性主义盛行。正如马克斯·韦伯所指出的，西方近代文明取代旧时代文明的关键在于理性化的“祛魅”（disenchantment），即人类以自身的理性精神征服自然和建构社会的过程，但这种理性主要是工具理性，而非传统的价值理性，因此，工具理性所带来的效率、专业化、客观性很可能同时伴生了现代人在价值信仰上的

① 有学者指出，“现代性在中国意味着实现三个梦想：强盛的国家、兴旺的民族和富裕的个人——其顺序不容颠倒。从而，社会进步的主要指标都是物质主义的，例如 GDP”（阎云翔．中国社会的个体化．陆洋，等译．上海：上海译文出版社，2012：373-374）。

迷失、无助。围绕理性、科学在现代化中的作用及其所产生的后果，不同学科的思想家们给出了各自的方案。承认理性、科学的合理性并从建构性立场予以修正完善的派别就是现代主义者；相反，否认理性、科学的合理性进而反对启蒙的谋划和现代设计的派别就被划入后现代主义。

社群主义者麦金泰尔曾无情地批判西方现代化的过失，认为它要为今日世界的德性丧失、社群消解、人的精神荒漠化负责，他将现代化的过失归结为早期启蒙思想家对理性的过度崇拜，这些思想家试图用理性规划出的蓝图来划定人类前行的方向。这被证明是失败的。麦金泰尔重申社群的地位，主张恢复文化传统的影响力，高扬德性而非规范的意义。

哈贝马斯则针锋相对地指出，现代化仍未终结，它是“一项未完成的规划”，现代化本身并非排他式的闭环，充分发挥现代化的潜力才能缓解现代化中的问题。笔者站在哈贝马斯一侧，相信现代化即便存在种种问题，但仍然不是致命性的，相对于其他解决方案，如后现代主义的解构、前现代主义的集权，现代化的路径仍然具有明显的优越性和充足的合法性。正视并承认现代化的问题，并不意味着就必须从根本上否认或推翻现代化的合理一面，这才是现实而可行的思路。

著名社会学家金耀基曾评论到，中国现代化的终极愿景是将来要构造一个中国的现代化，寻求一个中国的现代文明秩序。他抱着高度同情的态度肯定中国政府在现代化过程中所做出的种种努力。学者高兆明也指出，“尽管现代化（性）存在着诸多的问题，但是，首先，现代化社会较之传统社会仍然有着无法比拟的价值优越性，这种价值优越性集中体现为个人从宗法等级制中解放出来所获得的自由权利、独立自主精神、科学理性态度、民主政治生活的价值理念及其制度实践、经济生产活动的效率及对社会贫困现象的某种程度改善、多元的社会生活样式，等等”①。笔者同样坚信，尽管现代化并非人类文明的终极理想，现代化本身亦有内在的幽暗面和深层问题，但它仍然是值得向往的现时代的目标。当代中国的任务之一首先还是完成全面的现代化，例如：中国农民问题的焦点是农民权益问题，其实质就是落实农民平等公民权的问题；中国城市建设问题的焦点是

---

① 高兆明．政治正义——中国问题意识．北京：人民出版社，2014：111.

公民权益问题，即公民宪法权利的保障问题。同样，现代性所提供的重要价值，例如启蒙、理性、自由、民主等，可以构成中国新民——现代公民——的品德因素。

二、人的现代化：公民地位

现代化最现实的表征之一就是人的解放和人的主体性的提升。前者促使人从家族、宗族、封建君权、教会神权中脱离出来，人与它们的关系不再是先天注定的，而是可以自由选择的诸种社会力量之一；后者则使人自身的愿望、意志受到高度肯定，人的存在先于人的本质，其所作所为的意义大于其所属的集团或被粘贴的社会标签，人因自身而受到关注，在一定意义上可以说，现代化的实质就是人的现代化。这样的人的公共角色是公民，人的现代化的实质就是公民地位的兴起及落实。

（一）人的发现

中国古代思想家通常在人与其他物种相区别的意义上理解人，例如，在与低等动物的对比中，“人”被视为“万物之灵长”，在与自然的对比中，“人”被看作“人法天”的客体和“天人合一”的主体。对人自身的理解，先秦直至唐都是用“二人”去定义“人”，单个的人不叫人，顶多叫“身”，如《说文解字》云：“身，自谓也”。这是在社会关系（主要还是人伦关系）中认识人的思维定式使然。宋明时期兴起的理学、心学都强调人的精神性或实践理性，这是人的形而上学存在，在现实生活中，人仍然被定义为诸种关系的网络之节点。宋明学说对人的认识更加精细化，但并未取得实质性突破。中国古代有丰富的民本思想，但人本主义并不发达，因为中国传统思想家大多强调人的特定身份甚至特殊功能，人被理解为“臣”“民”“父”“师”，很少将人作为一个独立的思考对象给予特别的重视。换句话说，“人”在中国传统文化中隐身于或被淹没在人际、人伦、人情之中。

尊重人权的价值理念以及建立于其上的市民社会在中国传统文化中始终是缺乏的，个体的实际社会参与以及对政治事务的影响都是极其微弱的，这些都严重限制了中国民众之公民意识的觉醒，从而难以自下而上地产生限制君权、要求民权、主张自治的强有力的自发力量，所以，近代以来对封建政治的批判首先由开明士大夫发起就是不难理解的。不过，尽管中国的传统政治制度乏善可陈，但传统思想文化却有不少可资借鉴之处，例如，非暴力、宽容、团结、互助的行为原则仍然可以从以儒家思想为主体的中国传统思想中找到丰富的资源，从而为当代中国公民道德的形成提供民族性或地域化的解决方案。

西方近代文艺复兴重新倡导古典文明，肯定了个体人的价值，即对人的欲望、感性、精神等各个方面的独立意义予以张扬，力图冲破教会神权和封建势力所提倡的禁欲主义。人成为评价万物的尺度，人文主义者公开喊出“人所要求的一切都是合理的”“我作为人只向往人所向往的全部”等口号。与此同时，与满足人的感官欲望相关的活动，如绘画、雕塑、小说以及工艺品、奢侈品的生产，有了广大的市场而变得繁荣起来。文艺复兴运动虽有矫枉过正之嫌，而且必须为当时的个体道德和社会风俗方面的松弛负责，但它所带来的人的发现、人的解放之历史意义却是不可抹杀的。

与古希腊智者学派挣脱出自然主义哲学而首次引入人本主义哲学不同，西方近代文艺复兴运动所唤起的不只是对人的哲学思考和关注，紧随文艺复兴运动之后的是工业革命，这使得思想层面的突破和新价值观的出现开始与工商业活动、城市文明、海外贸易等世俗性的人的事务联系起来，此时的人本主义带来的是商业冒险、盈利正当化、消费光荣等全新的观念和相应的生活方式，这些生活方式充分反映了日常生活的经验性而收获了无数的拥趸者。文艺复兴运动最早由少数知识分子开启，逐渐波及全社会，最后成为普罗大众响应的口号，这得益于它不仅唤起了人的本性要求，并且注重经验的现实性，赢得了下至基层民众、上至达官显贵的理解，他们纷纷以参与其中、成为其中的一分子而自豪。文艺复兴成为全民狂欢，并因与工商业经济活动、城市新型文明相结合而巩固了成果。

近代城市在反抗封建王权的斗争中兴起，城市市民开始结成不同于乡村社会的人际关系，他们萌生了经济利益意识、个体观念和权利要求，市民成为现代公民的前身，他们的政治态度、法律诉求、行为观念等构成了现代公民道德的基础性要求。

对“人”的认识并未因文艺复兴的完成而终止，在思想界，“人”的本质仍然得到了不断的探寻，人的发现成为持续的思想探索。此外，对人的认识不只是思想家们的个人兴趣，它折射出时代主题的转换和人在其中具体地位的变迁。如果就人的解放程度而言，文艺复兴只是恢复了人的感性，承认世俗的人的真实性，19 世纪末尼采宣称“上帝死了”，开始重估价值，让人成为所有价值的裁决者，那么，20 世纪初精神分析大师弗洛伊德提出的“本我、自我、超我”概念则发掘了人的意识的不同层次，揭示了人的意识生成的特点。20 世纪上半叶，以萨特为代表的存在主义理论以“人生而自由”“人的存在先于人的本质”等口号解除了一切加在人身上的观念羁绊。如果从人的解放的具体范围来看，最先只是发现了成年男性（如法国大革命还只是赋予了有资产、有住所且纳税的成年男性公民权），20 世纪上半叶女性获得了与男性平等的政治权，20 世纪 60 年代以后有色人种逐渐获得了全部的公民权。今天仍然有很多族群或群体，如移民群体、同性恋者群体等，继续在争取融入主流社会的权利。

不难看出，文艺复兴只是开启了“人的发现”的历程，而今“人的发现”因人的越来越多重的角色、归属而打开了更多的大门，增添了无数的可能性，“人的发现”成为一个没有终极答案的开放性问题。这就是我们今天所处的现实情境：人是什么？我是谁？我有什么权利？这些问题仍然需要不断地重新思考。为了避免人们因“人的发现”而过分强调自己所属群体、阶层的特殊要求，却有意无意地侵害或无视其他群体、阶层的合理要求，人们需要合作、协商。对一个社会的秩序而言，还需要确认并维护居于各个群体、阶层之上且符合共同尊重的法律之公认权威。只有这样，才可以在一国之内的各个族群、群体之间建设性地协调相互的利益诉求。当我们发现自己身处这样的社会结构、理性文化和协商传统之中时，就意味着不仅“人”得到了承认和尊重，而且这样的人所处的社会可以被视为现代化社会。

“人的发现”也导致了社会道德与人的关系、社会道德的内容发生了巨大的变化。在现代社会，广泛存在的价值多元化使唯一、至上的行为标准越来越难以通行，人们的利益追求不再因为只是物质的、个体的就受到简单、粗暴的排斥或压制，每个人的个性、自由、权利诉求都应受到同等尊重，从而对人们的行为要求无法再以积极道德为主，而以消极道德为本。个人能否达到大公无私、舍己为人的境界完全归于个人的信仰或精神层面，社会不再普遍提倡。但要对每个人的行为划定最小边界，为此在公共领域需要且只能设定这样两个最基本的道德准则：一个是“勿伤害”，另一个是“知情同意”。前者体现了来自社会或他人的强制性要求，是对当事人行为的限制；后者体现了对社会或他人的告诫，是对当事人合法权益和自由特性的尊重。只要是人们知情同意并且没有产生伤害性后果的行为，社会就应当谅解、容许，法律就不应轻易介入、横加干涉。

（二）法治在人的现代化中的意义

现代社会的主要规则是由法来掌控的。从内容上看，法律肯定最基本的道德要求，禁止最严重的伤害，它比道德、习俗、惯例更明确、易行，从而有助于在全体社会成员中树立普遍的行为规则并促成合理的社会秩序，因此，法治是现代社会的一个重要特征。

法律在全体国民中受到广泛遵守，这一定来自人们关于法律神圣的信念，没有对法律本身（而非单纯的律条或刑律——它们是刻意引起人们畏惧的惩罚性条款）的敬畏，就不会有自觉的守法行为，更不会在破坏法律时产生不安的心理。法律与道德相似，需要人们出于内心的虔敬，法治的实现首先在于国民具有法律神圣、法律乃公器等之类的普遍价值观。

如果说前现代社会是奉献优先、整体优先，现代社会则是权利优先、自由优先，问题在于前现代社会所强调的“奉献”“整体”大多以神圣的祖训、皇权、神权为背书，任何越轨行为都会受到严厉惩罚，甚至越轨的念头、心思也被视为“奇思邪念”“心术不端”而受到抑制。现代社会确立了个体的独立性，维护个体意志的权利和自由被视为首要的社会德性，贯彻在立法、司法、行政、经济活动、社会交往等所有方面。这样的个体并非观念的抽象，他的现实定在就是他所处的家庭、社区、工作场所等，他与这些不同场所中的他人之相处之道建立在平等的契约之上，所以，个体既是一个守法者，同时也是一个立法者，他所遵守的是他投票赞成或明确表示了支持的法律，他并非单纯服从外在力量，毋宁说他服从的是他的自主意志，这样的个体正是现代化所催生的现代人，这样的人才是真正意义上的公民。

英国近代哲学家休谟看到现代社会出现了知识的分化，人的理性只可把握与事实真假值相关的实然性知识，对应然性价值判断则无能为力，只有诉诸情感才可确立应然性价值判断。他认为，人的道德绝不是真理性知识，而只是特定道德感作用的结果，好的道德源于“有限的同情心”，坏的道德源于自私心，由于同情和自私的交互作用，人的道德就有了个体差异和社会风气的区别。然而，情感的优势是外显的和强烈的，最大的缺点是没有通用的客观标准，不同人的情感出现冲突时无法做出合理的解释或裁决，于是，休谟提出了“明智的旁观者”（judicious spectator）的隐喻，认为在社会领域不可突出当事人各自的当下情感，而要想象有学识且无利益牵涉的人所可能持有的立场。休谟的理论揭示了这样一点：即便在缺少客观标准的道德领域，也力图引入具有尽可能少的主观性和争议的公共权威。这其实也是法治的思想基础。法律相对于道德的明显长处在于它的普遍适用和排除异见。

之后，亚当·斯密更加强调“陌生人的眼光”，提出了“公正的旁观者”（impartial spectator）的隐喻。与“明智的旁观者”相比，“公正的旁观者”更可能是普遍原则或客观标准的化身，因为它少了对旁观者之特殊社会地位等实质性内容的强调。休谟和斯密都深刻意识到了现代社会的一个显著特征：现代社会建立在客观的经济交换基础上，与陌生人的广泛交往组成了巨大的文明社会，在这样的社会中，通行的有效原则一定是一视同仁的原则，这样的原则首先体现在法律上，经过公共意志确定的立法才可保证司法的公正、执法的威望和守法的尊严。法治，即依法而治，就成为现代社会的首要社会价值。

亚里士多德曾围绕公民与国家的关系做出了如下判断：公民守法，但所守的是良法。法治首先是用法治法、用法治权。前者要求所有立法都应程序合格，符合法理，内容所限关乎广大民众的切身利益，法条之间逻辑一致，等等；后者要求行政、司法、立法等公权力的机关，都应受到法律的严格监督，在法律授权范围内活动，任何越权或不作为都要受到及时的制止。所以，法治的良好社会秩序来自良法、明法（使人明白知晓）、严格执法这三个条件。

各类司法工作人员——法官、律师、检察官、公安人员——组成了法律职业共同体，在维护法律、实现依法而治的社会理想方面有着共同的使命和责任，尽管他们的具体社会角色不同，甚至存在相互紧张的职业伦理要求，但他们都应发掘自身的智慧、发挥自身的功能，以便共同维护法律的权威。各类司法人员只能服从法律，他们之间的差别只是执行法律中的具体职责分工的不同，他们都应无条件地成为社会法律体系的维护者，而不能将各自委身其中的集团意志以及个体的特殊意志凌驾于法律之上。他们要尽可能保持专业化的工作水平，以合理、恰当的执法、释法来裁决或履行公务，让法律正义以看得见的形式得到专业展示。在此过程中，司法机关的铁面无私正是司法中立性的体现。

法治不仅为人的现代化提供了制度保障，同时也对人的现代化产生了不可替代的积极意义。这些都成为现代社会公民道德的表征。法治在人的现代化中的意义在于，它构成了现代公民道德的基石。具体说来，法治与公民道德在如下四个方面是同构互补的：第一，个人自我负责。每个人都要对自身权益有充分的了解，并主动维护自身权益。一旦自身权益受损，就应以建设性的方式向司法机关要求矫正或补偿。现代法律规定中有许多“民不告，官不纠”的规定，这也是对公民个体的自我责任要求。第二，诚实守信。这被视为民商法中的“帝王”条款。若当事人不是出于真实的意志表达进行交往，若没有相关人对法律的基本信任，那么就不会有可持续的社会生活，也无法让法律真正发挥效力，所以，在司法实践中对伪造、说谎、隐瞒等行为都有非常严厉的惩罚，就是为了促成人们在相关事务上做到诚实守信。第三，接受专家意见，服从专业性裁决。在法治社会中，司法制度建立在非常坚实、深厚的专门知识的基础上，法律条文的含义、法律精神的传统、法律判决的逻辑性等，都出自厚重的人类理性文化遗产，掌握这些知识需要进行长时间的专业训练，法律职业共同体的评价和个人声誉也会对具体司法工作人员的不当行为产生强烈的制约，可以相信，绝大多数司法工作人员在职业生涯中基于所掌握的专业知识、个人理解力以及具体事件的特殊因素而做出了合理、合法的判断，若非明显的违规（例如，程序上、援用法律条文上、量刑上等），当事人就应无条件地服从相应的判决。美国的辛普森案就是一例。尽管无数普通美国人都相信辛普森就是凶手，但当法院因证据不足而判其无罪时，人们也只能接受这个判决。第四，个案式解决的妥协信念。现代法治属于权利主体之间的利益协调机制，它主张维护既有的秩序、习俗和传统，强调协商的处理技巧，放弃了一揽子解决式的社会运动或革命的做法，所以，法治社会具有一定的保守性。在法治下，人们必须学会就事论事，一码归一码，不能连坐、陪绑，更不能株连无辜。

20 世纪 90 年代初始，当中国经济改革进入建立社会主义市场经济的新阶段时，出现了资源流动、社会分化、政府职能转变等各种新的趋势，如何实现社会整合、确立社会空间等新问题层出不穷，这些问题最后都被归结为"国家与社会间疆界的确立"或"国家与社会间关系的建构"，早先那种以国家本位为基础的传统解释框架受到全面挑战。社会空间开始出现，重要标志就是各种民间社团、协会的兴起，非政府组织广泛介入社会事务，并向政府有关部门建言，这些草根性民间组织充分吸收了公民意愿，有望成为中国公民实质性参与社会事务的重要载体。进入 21 世纪以来，政府和政府高层领导干部才开始正视民间力量的作用，一些重大社会决策开始倾听、征求民间组织的意见，这些都表明了政治民主化的进程和社会各种利益集团间的纷争被纳入政治协商、谈判、交涉的常规化轨道，新型合作式的社会治理局面日趋成形。中国驶入法治社会建设的快车道。

简单地说，"法治"就是依法而治，"法"包括成文法和各种通行的规则、习惯、习俗、传统，前者是狭义的法，后者是广义的法。从广义的"法"概念出发，对习惯、习俗、传统的遵守，正是最低限度同时也是最广泛意义上的"法治"。由于这些习惯、习俗、传统不会被任意修改，故而几乎所有人都要受到相应的约束。中国传统儒家所提倡的德治、文治，其实就建立在对古已形成的习惯、习俗、传统的维护上，是一种借助自律、自省而实现的法治，即天下共治。近代以来的中国走上了引入西学的革新之路，现代西方政治理念中的法治确实意指狭义的成文法，是以公民权利为基点、以三权分立为制度形式的独特体系。中国的现代化进程表明，政治-法律现代化仍未完成，如何继承中国自身的传统、移植哪些西方政治-法律成果的精华等，仍然是开放未决的重大问题。

《新时代公民道德建设实施纲要》在"总体要求"部分特别肯定了法

治建设对公民道德建设的促进作用，强调“坚持发挥社会主义法治的促进和保障作用，以法治承载道德理念、鲜明道德导向、弘扬美德义行，把社会主义道德要求体现到立法、执法、司法、守法之中，以法治的力量引导人们向上向善”。法治当然不能取代道德建设，但良好的法律秩序、合理的法律规定确实有助于社会层面总体道德水平的提升。就公民道德而言，公民个体的道德行为也体现在如何看待与国家、与其他公民的关系上，这些关系是否和谐实际上是受到现行法律的制约的，因此，模范守法并以追问法律条文背后之道德价值的方式理性守法，这是好公民的应有之义。

（三）落实公民地位是现代政府的责任

“公民”最通常的含义是“具有某国国籍的人”。但这样的公民很可能徒具公民的躯壳，却无公民的实质，与公民地位相关的公民界定应是“享有公权力之国民”。即便在前现代社会，臣民们也享有一定的私权利，但只有在现代法治社会，公民才成为公权力合法性的价值根据，公民成为事实上的公权力的参与者、监督者和评判者。公权力主要体现在与政府的关系及其权力界限的划定等事项上，落实公民地位，从而完整实现公民的公权力，是现代政府当仁不让的首要责任。

13世纪初，在英国发生了影响深远的大宪章运动。封建领主要求国王保护封建领主与教会的特权，以及骑士、市民的某些利益，最初国王百般推诿和阻挠，之后国王在为发动战争而要取得征税权时才不得不向贵族、封建领主妥协，最终不得不签字，承认并颁布了《大宪章》。这一宪章成为西方世界最重要的法律文件，这一事件及其法律成果直接引申出以法治国的理念，取代了赢者通吃式的独裁政治游戏规则，通过合约、协商的形式来表达最低限度的最广泛的共识。《大宪章》为王权（以后就扩展为行政权力和官员的权限等）的范围立下了界标，肯定了公民个人独立并受切实保护的法定权利。以后一有新的城市形成，市民主体大多会聚集协商并以契约的形式确认城市的地位、权力以及城市内部关系和事务的处理规则，这保证了城市的自治和自发秩序，市民由此获得了不受任意侵害的自由。上述新动向都鼓励人们在法律框架内以权利斗争的方式维护和争取自己的利益。权利斗争不同于权力斗争，它的目的不是取得统治他人的权力（power），而是保障与他人平等共处的权利（right）。权利斗争一般以法律为依据，采取合法的手段，即便有超出现有法律的行为，也常常是温和的、克制的。斗争的结果是纠正不法行为，或废止旧法律，或制定新法律。公民在争取自身权益的过程中逐渐习得了一些特定的行为方式和思想观念，这些构成了近代以来西方公民道德的主流源泉，具体包括：个人权利神圣不可侵犯、尊重他人的同等权利、所受的不当侵害应被矫正等。

与此相对，中国的传统国家不是公民国家，而是宗法制国家。在此种政治格局之下，国与家秉承相同的构成原理和行为原则，“邦”与“家”、“国”与“家”往往并称，“君子万年，保其家邦”（《小雅·瞻彼洛矣》）、“士之失位也，犹诸侯之失国家也”（《孟子·滕文公下》）。商朝亡国的教训即“殷鉴”，给西周奴隶主统治者上了重要的一课：“天命”原在殷人手中，怎么会被周人所得？于是，周人提出“天命靡常”的观念。“天命”转移的条件是“德”，有德者获“天命”，无德者失“天命”。“德”包括“敬天”、“孝祖”和“保民”等内容。前二者是商代天命论中已有的内容，“保民”则是周人提出的新观念，“天视自我民视，天听自我民听”“民之所欲，天必从之”（《尚书·周书》），开始出现了对“民”的重视，但这只是在政治观念和道德思想上有了“保民”意识，还没有转化为实际的政治制度和社会生活方式方面的变革性措施，“民”仍然被排斥在政治活动之外。即便是儒家的王道学说，主张良好的政治或国家治理也仅仅表现为不扰民、不伤民罢了。以后的历代君王也只是将“民”作为政治合法性的抽象依据，并未在具体制度设计上落实对民的权利、财产、人格等的切实保护。国家操纵一切政治权力并掌握了主要社会生活的话语权，因此，民间力量的生存空间极度受限，甚至经常受到无端打压和毁灭性摧残。

在中国传统政治思想中，“民”的地位很独特。一方面，“民”是上天生就的、自然存在的“生民”，没有被卷入盘踞其上的王朝即国家的命运之中。所以，他们像原子一样分散和各自为政。“草民”并不单指“民”的地位低下，还揭示了“民”的特性——顺其本性、自然而然、自生自灭。历代王朝的君权只达及县，广袤的农村和广大的农村人口都交由民的自然组织——家、宗族——来控制。另一方面，“民”又提供了约束君王任意行为的道义力量，“民为重，君为轻”的民本主张就是这一思想的体现。他们被置于天意的考验者的地位，似乎当作了主权意志的化身。但是，对“民”而言，没有“国”，只有天下，所以“人命关天”，却不关乎国。康有为说：“人人皆天生，故不曰国民而曰天民；人人既是天生，则直隶于天，人人皆独立而平等，人人皆同胞而相亲如兄弟”①。国的事务（政治）只是臣、肉食者谋之之事，天下（道德或立身之本）才与民有关。

要将“生民”改造成“国民”，除了民族危机的历史条件和“报国尽忠建国独立之大义”的精神感召力之外，更重要的还得有一系列制度性保障，如国民教育、国民产业、国民政治等。这些都是迟至 20 世纪 20 年代，即进入民国之后才开始在古老中国大地上着手进行的。中华民国成立后，“国民”一语在民国时期的所有宪法文献中一直被作为主权者使用，民国政府采取了一些措施改善国民的地位和处境。1929 年 4 月 20 日，国民党政府下了一道保障人权的命令。针对这一命令的内容和作用，许多知识分子展开了一场大讨论。他们自称“人权运动派”，主要代表人物有胡適、罗隆基、梁实秋等。如胡適批评了孙中山的“民主三阶段说”，认为“民治制度的本身便是一种教育。人民初参政的时期，错误总不能免的，但我们不可因人民程度不够便不许他们参政”②。他提出，宪法可与训政同时并立，“宪法之下正可以做训导人民的工作，而没有宪法或约法，则训政只是专制，决不能训练人民走上民主的路”③。

“公民”在我国第一次被正式承认是 1954 年颁布的宪法，公民成为政治主体，享有宪法和法律规定的权利，同时必须履行宪法和法律规定的义务，这标志着民主开始在有着千年封建传统的中国生根。然而，随后反复的政治运动冲击了这一民主实践，破坏了公民参政的进程。在计划经济体制下，人们生活中的一切都被事先安排好了，人们感觉不到自己的介入会对社会生活或正在发生的政治事务产生什么实际后果。虽然“人民当家做主”的口号喊了几十年，但这一口号并没有真正落到实处，许多老百姓缺乏主人翁意识，养成了一切事务由领导替自己做主的习性。

---

① 康有为. 孟子微. 楼宇烈，整理. 北京：中华书局，1987：13.

② 胡适. 我们什么时候才可有宪法？//邵建. 《新月》时论. 福州：福建教育出版社，2015：19.

③ 中国现代思想史资料简编：第 3 册. 杭州：浙江人民出版社，1986：142-143.

20世纪90年代以来，市场经济体制的确立逐步改变了公民与政府的关系性质，这也正是许多学者力主市场化并主张“国退民进”的市场主导原则的深层原因，开放的市场必将带来人们平等、公平、契约意识的形成与发展。市场经济常常被人们称为“法治经济”，因为市场经济必须要有一系列相应的法律作为保障，市场经济是法治的受益者，也是法治的极力鼓吹者。“法治的实现可以增加公民对政府的信赖。法治有助于提高民主政府的公开性和透明性，迫使政府在法律范围内活动，以法律的稳定性来维持政府施政的稳定性和连续性，因而增加了公民对民主政府的支持，唤起了公民参与民主政治的热情，法治还有助于提高公民与公民之间、公民与政府之间的相互协调，从而大大降低了政治家个人任意的、不负责任的行为和政府的专横行为”①。

在近一百年来的现代化进程中，中国社会在经济、政治等方面取得了令人瞩目的进步，然而却也存在许多不尽如人意的状况，在民间社会的形成、公民道德的培养上还存在不少前现代的现象。“熟人社会”的存在就是其中一例。在熟人社会，人际关系是温情脉脉的，熟人间守望相助，情义色彩较浓。但由于较少迁徙、流动，一个人从出生到死亡，终其一生在某乡镇生活，打交道的都是彼此知根知底的人，交往方式模仿家庭亲族关系进行，个体意识不明确，公私界限模糊，缺少普遍信守的共通行为准则，奉行的是相对性的、内外有别的规范或义务要求。这样的人际关系状态明显不适合开放的市场环境和流动的都市生活，后者被称为“陌生人社会”，因为面对的多是不相识的人，匿名性出现了，传统的信用或情感纽带正在失去作用，取而代之的是他人性。人与他人的利害关系不再通过情感、血缘来传达，而要借助程序化的理性手段。

相对滞后的政治改革也在一定程度上制约了中国社会的法治建设进程。在当代中国社会，从公民地位的角度看，一方面，熟人社会正在瓦解，个人独立、自负其责、自由意志等受到了肯定；另一方面，与陌生人社会相适应的普遍准则和公共秩序并未形成，公民权利受到侵害、公民地位被漠视的现象时有发生。一个突出的表现就是：本该由政府提供的公共

① 刘军宁．保守主义．北京：中国社会科学出版社，1998：114.

物品，例如义务教育、基本医疗服务、初级就业保障等十分短缺。公共物品具有这样一个特性：一旦提供了，所有的人都受益，即便自己没有任何付出。公共物品的提供者除了政府之外，还有公民团体或社会组织，但行政管理部门对社会组织或公民团体存有戒备和疑虑，至今也未完全放开。这其实涉及公民基本权利的落实问题。因为公民的结社权是受宪法明确保护的基本权利，任意限制实际上是违宪的。保障公民的结社权，不仅可以提供更多的公共物品，从而提升社会的总体福利水平，而且是政府兑现对其公民之责任的体现，是现代法治政府当仁不让的职责。

现代国家大都有意识地进行了公民道德建设，为什么呢？因为现代国家的主体是公民，现代国家的合法性建立在广大公民的授权和政府的有效回应的互动上，这就要求公民必须具备一定的参政议政能力，利用合法渠道公开表达自己的诉求，联合其他公民共同促成公共利益，以寻求有效的民意和共识。公民道德建设不仅将极力推动个人道德向社会道德、共识道德的转变，更有利于加速政治开放、国家进步的进程。因此，从成功实现了现代化的国家之经验来看，即便是国家主导的公民道德建设，也会逐渐过渡到开放公民参与、扩大政治平等的状态。

三、宏大叙事下的身份转换：公民资格

从人类历史进程来看，人从群体一员独立为个体、从家庭成员变身为国家公民，似乎体现了一种总体向上式的趋势。然而，这种趋势并非单线性的，更不是万国通用的，公民资格的获得和落实也不是一个简单明了的进化过程，其间充满了跌宕曲折。不仅各国之公民资格的形式各不相同，即便在一国之内（包括今日最发达的国家），公民资格的变化也呈现出多元特征，甚至在部分领域出现了交叉或倒退的迹象。宏大叙事下的身份转换，显示公民资格正变得日益复杂，具有更多的歧义和多重性。后现代主义者利奥塔（Jean-Francois Lyotard）认为现代性的本质就是宏大叙事，即具有合法化功能的叙事。然而，由于本质主义的破产，宏大叙事变得不可能，现代性面临着合法化危机。但笔者认为，宏大叙事反映的是现代性的历史主义立场和普遍联系的方法，确实体现了现代性对人类社会进程整体改变的历史意义，对此我们不能完全否认。我们谈公民、公民道德问

题，必须将焦点放在承认个体自由、权利和社会法治、市场秩序这样的双向维度之上。

（一）公民资格的多样性

自第二次世界大战结束以来，由于种种社会因素的变化和理论研究的推进，“公民”概念的内涵发生了十分显著的改变，外延也在不断扩大。马歇尔认为，从18世纪到20世纪的现代政治价值观来看，“公民”概念的进化是从民事公民、通过政治公民过渡到了社会公民。总的趋势是“公民”与“人”、“公民权”与“人权”越来越趋同，在今天的许多欧美国家，它们之间的界限已经变得十分模糊。

关于公民资格的属性，西方思想史上存在共和主义和自由主义两大理论传统所给出的迥异解释。共和主义突出了城邦、国家的重要性，将公民资格理解为国家的组成成员资格，公民资格的核心特征是追求公共善和公共利益。自由主义则强调了公民资格的独立性和个体性，认为它是与国家权力相对的个体力量，主张国家的首要功能是维护公民权利，小政府才是最好的政府。美国独立战争后所确立的“生命权、自由权和追求幸福的权利”、法国大革命所提倡的“自由、财产、安全和反抗压迫”的权利，都秉承了自由主义学说，使得自由主义学说在现实的西方政治制度设计中占据主导地位。简言之，“自由主义的公民是指由权利提供保护的自由和独立的个人，在社会生活中，他们彼此相互合作。然而，在共和主义公民身份学说中还有另一方面的内容，即公民被认为是共同体的官员。因此，公民个人的品质就成为整个共同体合法关注的问题”①。

二战期间国家权力的扩张以及战后福利国家的兴起，使得社会权利因素开始被纳入公民资格之中，而这一内容与传统的自由主义公民资格理论出现了难以协调的冲突。共和主义学说逐渐抬头，开始为民主社会主义、福利主义政治实践背书。20世纪六七十年代在发达国家风起云涌的新社会运动，如环保运动、女权运动、同性恋者运动等，则将具有群体责任色

---

① 巴里·辛德斯. 现代西方的公民身份//布赖恩·特纳. 公民身份与社会理论. 郭忠华，蒋红军，译. 长春：吉林出版集团有限责任公司，2007：36.

彩的“互助”“关爱”引入关于公民资格的讨论中。在上述新的社会思潮面前，无论国家还是原子式的个人，都变得难以招架，自由主义和共和主义都显得进退失据。不仅如此，在经济全球化的浪潮下，民族国家的边界也变得越来越模糊，甚至擅长以国家作为解释范本的经典政治哲学理论也受到了挑战。

公民资格的多样性还表现在不同类型公民资格的先后涌现。早先的积极公民和消极公民的划分体现了国家在公民资格问题上的强力意志，但同时也加剧了社会成员间的相互排斥。第二次世界大战后出现了原住公民资格、本土公民资格、归化公民资格的分歧。原住公民要求实现补偿正义，对他们的先祖所遭受的苦难给予矫正；本土公民力图保持自身的原有优势；归化公民要求实现与其他公民的完全平等，消除对他们的忠诚的怀疑。20 世纪 60 年代以后出现的族群抗争，又导致了民族公民资格方面新问题的出现。20 世纪 80 年代以后文化公民资格、性别公民资格等的出现，进一步加深了公民资格问题上的争议。

一些激进的民主论者拥护上述种种新的公民资格，认为这是对统一的权力的消解，只有消除普遍统一性的威压，公民自由、权利才会得到充分的保障。然而，这些激进的民主论者忘记了，这些主张各自特性（性别特性、民族特性或性取向特性等）的群体所提出要求的方式和力图达到的权利地位不正如其所反对的所谓强势集团或强势观念吗？更为致命的问题是，公民资格本是“公共”的身份，原本是超越于民族、性别、文化差异之上的，力图寻求的是一国内国民间的共性、共识，但激进的民主论者却用局部性的指标（如性别、性取向）和地方性的特征（如民族或地方文化）来取代公共性要素，这样，公民资格就极可能被肢解，成为一个非常怪诞的概念，用以指称与其本质并不符合的现象，最终将因此而变得毫无意义。

虽然基于日常生活的个人体验可以加深公民的现实感，公民可以借助在身边随处可见的小型组织或邻里网络习得公民常识，感受公民参与，但是这些活动和组织仍然不能替代国家或共同体的存在及活动。一方面，每日的邻里小组活动并不会自动提升一个人对国家、对更大范围的社会公共事务的兴趣，二者间并不能实现自动的直接跳跃；另一方面，国家或共同体的存在即便再抽象，在今日资讯发达、传媒无处不在的时代，普通公民仍然有很多渠道了解和参与国家或共同体的事务，仅仅停留在或满足于邻里互助、公民的自我结社层面是不够的，公民资格的内在规定性要求每个公民都应具有与其国家以及宏观共同体发生关联的具体形式和纽带。

有人可能认为：我只做自己想做的事情，总会有人关心他人，总会有人参与共同体事务。然而，自己不动手，只是期待他人出面来改善状况并从中受益，这就是“搭便车”心理。完全消除“搭便车”现象是不现实的，但一个社会中若多数人都持有“搭便车”心理，公共事务就无人关注了，结果只能是每个人的总体福利水平下降。怎样打破这样的恶性循环之符咒？答案是：唤起民众的公民意识，促成公民以各种方式参与公共事务，从而提高社会成员之间的互动，扩大社会成员之间的相互理解，减少对公共利益的漠不关心和各自利益的低级、粗暴对抗。每个个人虽然首先实际地关心自己的权益，但若也能时不时地关心身处其中的较大范围的共同体，有关公共福利的事务就不会被公然漠视了。面对利害相关的公共事务，未曾谋面的人们相互联络、商讨，经过争辩、妥协，在多数相关者中形成共识，在既有程序的引导下制定具有合法性并能够得到有效执行的决策。这表明充分落实了的公民资格正构成了公民道德建设的前提和先导。

（二）世界公民问题

希腊化时期和古罗马时代的斯多葛派代表人物曾经富有远见地提出了“世界国家的公民”或“宇宙公民”的概念。他们主张，由于所有人本性相同、精神平等、共同受自然法的支配，所以，人类就构成了一个情同手足的整体、一个世界国家。例如，克里西波斯（Chrysippus）曾指出，每个人一生下来既是城邦的公民，又是世界的公民；既要服从城邦的法律，又要服从世界的法律。世界的法律高于城邦的法律。斯多葛派的人类平等思想标志着人类观念的一个重大飞跃，即人类的思想意识可以超出现实的经济层面，人类全体可以在更高层面获得统一。这样的普遍主义思想为近代“人权”概念、近代公民理论的形成提供了重要的思想遗产。

早于斯多葛派的犬儒派也有类似的思想。例如犬儒派的代表人物、哲学家第欧根尼（Diogenēs）称自己是一个世界公民，因为他相信，他所生活于其中的城邦不再拥有对个人之政治忠诚的第一要求权。他拒绝当时社会通行的一切习俗，主张超越差别的友爱——不仅是人类之爱，还有人与动物的爱。与后世不同，第欧根尼主要用世界公民权的观念来批判城邦，揭穿世间的伪善，而不是用之构建某种普遍的人类共同体理想。

德国著名哲学家康德重新复活了“世界公民”概念，用以意指持有一种超出各个独立的主权国家成员意识的更强烈的道德整体意识的理性存在者。此后至今，对人类共同命运、人类达成有机的世界性合作机构等超国家间努力的愿望始终未绝，欧共体的产生、联合国的现实化、跨政府间的合作、跨国协调性组织的成立等，都是这种世界一家、人类一体观念的现实化成果。

与民族国家内的公民身份不同，世界公民并非实际的公民地位或公民资格，而主要是一种扩大了的道德连带意识，更准确地说，它是一种对自我定位和自身与世界人类同胞紧密关系的想象。持有世界公民观念的人在思考自己国家事务的同时，会出于对人类共同事务的关心而兼及人类同胞的立场，“个人应该将自己理解为是从属于两个共同体的：一是特定的城邦或国家，一是人类。他们认为，世界公民权在促使民族国家的公民更多地考虑到世界整体的利益上具有重要意义。他们之所以宣扬世界公民权，是因为，那些认为国民的利益必须放在首位的主权民族国家，不可能处理解决好日益上升的国际经济不平等、越来越升级的国内暴力和人权侵害、持续不断的环境衰退等问题”①。

任何一个人一定是多种社会身份和多重文化印记的复合体，因此，每个人都是特定且具体的。例如，一个日本人（或印度人、以色列人等），他同时可能还是佛教徒、自由主义者、女性主义者、素食主义者、无业者，所以，他并不仅仅具有日本性，同时还具有与其他佛教徒、自由主义者、女性主义者、素食主义者、无业者等更大范围人群（跨越国界和民族归属）的一致性，撇开他的时代性、社会性而只是突出他的“种族性”，

---

① 安德鲁·林克莱特. 世界公民权//恩靳·伊辛，布雷恩·特纳. 公民权研究手册. 王小章，译. 杭州：浙江人民出版社，2007：436.

这不仅是不现实的，而且是十分危险的。

世界公民或世界公民权在目前还主要是一种观念，这种观念反映了对人类的爱。在超越自己的国家和政治忠诚方面，这种观念的持有者是先行者，但他们无意鼓吹与民族国家的对抗，更不是要人们不切实际地抛弃国别界限，毋宁说，这些先行者给出的是道德示范，他们通过自己的行为描绘出一幅具有深厚人道主义关怀的、世界一家的图景，“世界公民权的作用就是确保道德共同体的意识不局限于同胞国民，而要包容整个人类。倡导世界公民权的目的，就是要在一个分化为各个独立的主权国家（这些国家强烈地倾向于将其自身的利益置于人类整体的福利之上）的世界上，保留一种普遍性的道德意识”①。

当然，也存在许多反对、质疑“世界公民”概念的人，反对阵营由持有不同立场的人组成，所依据的理由分别是：第一，“世界公民”概念基于一种并不存在的普遍主义原则，而普遍主义即便存在，也只是西方霸权的遮羞布，世界政治中的人道主义干预与其说是出于对人类共同事务的关心，不如说是帝国主义的复活，对南斯拉夫、阿富汗、伊拉克等国悍然进行的国际社会（其实主要是西方发达国家）的干预非但没有为这些国家带来和平、幸福，反而加重了这些国家的苦难，阻断了它们新生的道路。第二，世界公民只是强调了对外人的义务，并未提及传统的政治概念中对政治代表或政治参与权利的强调，而参与、权利等方面的内容才是公民一词的核心内涵，因此，“世界公民”是对“公民”概念的误用，它完全抽离了“公民”概念的真正意义。第三，人类任何时候都生活于具体的文化传统之中，没有脱离文化传统的孤立的人或人的抽象，世界公民由于没有这样的文化传统作为依托，故而就显得非常不可思议。

尽管有各种反对的声音，“世界公民”概念仍然得到了许多学者、政治家和民间人士的拥护，他们的吁求也日益落实到世界性组织或机构所颁布的公约中，开始具有越来越直接的、现实的指导意义。例如，1947 年的《纽伦堡法典》（*Nuremberg Code*），1948 年的《防止及惩治灭绝种族

---

① 安德鲁·林克莱特．世界公民权//恩靳·伊辛，布雷恩·特纳．公民权研究手册．王小章，译．杭州：浙江人民出版社，2007：438.

罪公约》(*Convention on the Prevention and Punishment of the Crime of Genocide*)《世界人权宣言》(*Universal Declaration of Human Rights*)，1966 年的《公民权利和政治权利国际公约》(*International Covenant on Civil and Political Rights*)，1984 年的《禁止酷刑和其他残忍、不人道或有辱人格的待遇或处罚公约》(*Convention against Torture and Other Cruel, Inhuman or Degrading Treatment or Punishment*) 等，都贯彻了与世界主义相一致的普适价值。体现世界公民观念的各种跨国性组织、非政府组织也不断涌现，如无国界医生组织、大赦国际、绿色和平、透明国际等，它们正在产生越来越重要的影响力。

(三) 群体公民的兴起

在经典意义上，“公民”主要指具有某种身份或特定地位的个体，无论是古希腊罗马时期的公民，还是近代西方城市中的公民或现代民主政治中的公民，都只是针对个体而言。公民间的联合，如组党、结社、讨论、投票等，也都是以个体为单位。但自第二次世界大战以来，特别是 20 世纪 80 年代以来，群体公民（不是个体公民的集合，而是各种组织、机构作为一个整体开始变身为“公民”）要求公民式权利，或者像公民一样尽义务，服务社会，这些群体公民正在成为无法忽视的重要现象。群体公民的主要形式有企业公民、环境公民、文化公民等。

企业公民或企业公民身份主要强调企业对社会事务和公众权利要求的回应，企业也应像公民一样扮演社会事务的承担者和公众权利（包括公权力和公民个体权利）的关注者。企业由于自身势力范围的扩大，开始与公众权利发生各种实际关系，企业所积聚的财富、技术、人力等所产生的巨大影响力也可能成为公众权利实现的双刃剑，企业无法仅仅扮演市场参与者的角色，依照权责对等原则，它既然对公众生活产生无处不在的影响，因为几乎全部的生活资料，如食品、医药品、日用品、饮用水、能源等，都仰仗企业的生产，企业就必须成为有所约束和节制的主体，必须为它的种种获利给予回报、为它所可能带来的危害预先做出防范。现代社会由于工业活动的渗透、工业组织的巨大化和工业行为方式无处不在的延伸，原本表现为“私人性”“私利性”的企业之边界日益模糊，企业存续和经营中"公域"与"私域"之间的界限不断被吞噬，企业难以"独善其身"，社会（包括政府和公众）也无法袖手旁观，一些曾经是或看似私人性质的问题很可能或事实上已经转化成公共事务。在此背景下，"当某个机构，包括企业、政府机构或非营利组织，实际做的事情与利益相关者预期应该做的事情不一致时，就会产生公共问题"①。企业被日益卷入公共性、公共事务乃至公共问题之中。在发达的大众传媒和公众知情权面前，不用说企业之间的事务，甚至企业的内部事务（如员工待遇、劳动保护等）都可能演变成公共事务，一旦出现冲突事件，就可能导致公共危机。

但企业公民的提法仍然存在许多模糊之处。企业作为一个整体担当公民角色，这究竟意指什么？企业原本只是法人，法人的属性表明它并不具有天然的权利，而是设立它的人（企业创始人）和允许它存在（许可或登记的政府部门）的人赋予了它类似人的部分属性，如独立财产权、经营自主权等，但它作为人造物，并不享有自然人所具有的独立身份或资格。说"企业公民"，很可能将政治问题扩大到工业领域，这虽然体现了工业民主运动的成就，但仍然难以摆脱企业干政、将市场失灵区引入公民事务或公民道德领域之虞。企业公民要成为一个有价值的概念，还有一段很长的路要走。

环境公民是由激进环境保护主义者提出的，非人类中心主义生态理论为其提供了理论依据。非人类中心主义反对过去仅仅以人类为尺度、以满足人类需要的程度来划分生态之必要性或物种之优劣的做法，认为这不仅导致了人类对自然生态肆无忌惮的破坏，而且暴露了人类狂妄自大、自以为是的极度自负。非人类中心主义指出，人类只是整个生态系统中的一员，人类并没有超出其他物种的特殊要求或更高利益，必须重新检视并抛弃人类文化传统和政治制度中漠视、诋毁自然生态的内容。鉴于人总是过于夸大自身的需要，完全不能胜任生态系统的合格代理人的角色，非人类中心主义提出要赋予所有物种、生态平等的公民权，这些物种、生态包括

① 詹姆斯·E. 波斯特，安妮·T. 劳伦斯，詹姆斯·韦伯. 企业与社会：公司战略、公共政策与伦理. 张志强，王春香，张彩玲，等译. 北京：中国人民大学出版社，2005：40.

所有动物、植物、河流、森林、大地等，让它们获得与人类同等的民事法权利。

环境公民是一种大胆的理论创举，它突破了“公民”的经典形式，将关注的视角投放到人类生活于其中的周遭环境——生态环境，生态环境既是人类存在的条件，同时也深刻受制于人类活动的后果。然而，“环境公民”概念也一直存在极大争议，环境公民更多强调的是人类应像有道德的公民一样平等、公正地对待环境，但这只是人类单向性地施加于环境，环境并不能同等地如此对待人类，所以，环境公民的本质是人类对待环境的自律、自省和友爱、关心等道德意识之展现，而非生态环境具有公民般的正义、平等要求。

文化公民具有两层含义：一层是指公民资格构成要素中的特定传统文化因素，如同政治、法律、经济因素与公民资格切近相关一样，文化因素也不例外。另一层是指特定群体因自身历史传统或文化习俗而要求得到尊重，并作为一类群体公民独立参与政治、法律事务，特别是多民族构成的国家以及移民大量涌入的国家，文化公民的问题比较突出。美国社会学家托比·米勒讨论了公民身份的三个维度，即政治公民身份（如选举权和居住权）、经济公民身份（如工作和发展权）、文化公民身份（如知情权和表达权）。不难看出，托比·米勒所讲的文化公民身份并非一个群体概念，而仍然指个体意义上的公民，只是突出了曾经较少受到关注的公民个体对文化的诉求。

“文化公民”概念的提出，意在提请人们关注国家或政治共同体中那些具有悠久历史文化传统的特定人群。然而，将这种关注上升为某种公民划分的标志，恐怕不仅无法解决这些群体融入主体政治共同体之中的问题，反而强化了分离势力，加剧了政治共同体内部的紧张。实际上，现存的民主制民族国家已经提供了一定的开放渠道和足够的交往平台接纳各个群体，如果一味脱离既有的程序和法律框架，就可能对民族国家在总体上向其全体公民要求的团结、合作、融入等积极努力产生极大的冲击。既然在一国之内宪法和各种合法授权的公权力是该国全体公民统一的象征，那么，超出特定民族文化、地方习俗、地区语言之上的国家公器就仍然是现代公民最基本的忠诚对象。如果不能维护这一经过合法程序获得了公民授权的国家统一权威，普通公民就会因此而丧失全体认可的普遍意志，就可能沦落为前现代社会各自为政的庄园诸侯、山大王。总之，笔者主张慎重对待群体意义上的“文化公民”概念。

第二章　经济现代化与公民经济道德

前文的分析表明，现代化既是一个持续的历史进程，也是一场巨大的社会变迁，其间涉及社会生活的全部领域，并对全体社会成员产生了深刻的影响。从本章开始，我们将从经济、政治-法律、社会-文化三个维度考察现代化视域下中国公民道德展开的具体形态和内容。首先是经济现代化，它无疑是其他领域现代化的基础，但经济现代化只是触动因或者起始因。经济活动是人在特定制度下进行的，人的经济素质和制度的正当性水平都会直接制约经济现代化的程度，因此，经济现代化的顺利进行和全面展开需要相应的公民道德的支撑，这包括公民个体必备的经济道德，以及与各种经济活动密切相关的各类组织必须遵守的基本公民规范。

一、市场经济的道德基础

亚当·斯密曾指出，任何市场经济都必须在全体市场主体中分享共有的道德观；新自由主义经济学的代表人物弗里德曼（Milton Friedman）也承认，市场经济对利润的追逐只有在遵循最基本的道德价值的情况下才可达到所预期的效率。市场经济绝不是无良、无德的经济体系，它不是在道德荒漠中建立起来的，相反，市场经济提出了自身的道德要求，涉及市场主体德性、市场活动特性和市场监管原则等多个方面，这些道德要求在本质上与现代公民道德具有相通性，因为现代公民同时也是市场参与者，市场经济是现代公民最重要的活动空间。不过，市场经济天然的竞争性和逐利性也会成为破坏或消解公民个体权利、公民间团结的因素。所以，既要看到市场经济对公民道德的积极催生作用，又要保持公民道德的独立主体性来冷静审视市场经济，谨防市场经济之负面作用肆意蔓延。

（一）现代经济活动的总体特征

第二次世界大战结束以来，世界经济版图和经济活动的规则都发生了今非昔比的显著变化。一个重要表现就是经济领域与非经济领域之互动、渗透的加强。过去经济部门常常以“商业秘密”或“交易规则”为托词阻挡外部势力的渗透，但第二次世界大战结束后特别是 20 世纪 60 年代以来这个状况被根本改写。经济领域与非经济领域的融合日益为人称道，以至于越来越难以看到唯我独尊、拒绝来自非经济领域要求的经济世界之独立王国，现代经济体系以及现代社会呈现出多元性、交叉性的特征。工业民主运动的深入和企业社会责任的兴起就是两个突出实例。

众所周知，“民主”曾是西方近代新兴资产阶级反对封建制度、反对教会神权的有力武器，也成为现代化的一个重要价值理念。然而，从其发生领域和作用方式来看，“民主”首先倡导的是政治上的平等、法律上的权利和经济上的私有财产权等。民主的主体主要停留在个人层面，要求的是每个人在政治、法律、经济等活动中的民主参与机会，争取民主的舞台是议会、法院、学校、新闻媒体等公共空间，而企业被排除在外。当时的人们大多以为企业活动是高度“理性化”的，它受技术、人力、资本占有者之偏好等因素的强烈影响，企业本身具有排他性的专有权，因此，企业中的个人（尤其是劳方、受雇者）的权益被排除在一般社会问题之外，获得了一定程度的豁免。从某种意义上说，企业本身形成了一道壁垒，它至少在一定范围内屏蔽掉了现代社会面向一般公共组织、公众乃至个体提出的普适价值的要求，而遵循自身的逻辑，自行其是，自负其责。可以说，近代以来的西方民主革命最初并未波及企业、产业系统和工业组织。易言之，“民主”并未成为现代经济组织的行为准则。

工业民主是迟至 20 世纪初才开始提出的，促成工业民主的势力来自开明的社会阶层以及社会生活进步所造成的向上愿望。从历史上看，工业民主的出现源于资方中的部分有识之士主动解决劳资冲突的新尝试，当然，这样的尝试也是对整个西方现代社会格局的变动和进步思潮风起云涌的积极回应。工业民主进程由社会向企业、由政治领域向经济领域的推广，主要不是仰赖政府之力，事实上，在20世纪六七十年代之前，许多国家的政府对来自民间的工业民主呼声总是反应相对迟缓。在西方各主要国家，工业民主的展开主要凭借另外两种力量：一种力量来自少数工业人士（包括开明的管理者、仁厚的所有者等）的热心，他们付出了具有开创精神的尝试，逐渐将工业民主观念带入企业，改变了人们对工业方式的传统认识，例如美国钢铁大王安德鲁·卡耐基（Andrew Carnegie）对公益事业的慷慨捐助、汽车王子亨利·福特（Henry Ford）对员工娱乐和健康保障等事项的关注，都成为有远见的企业人士的良好楷模，他们开风气之先，率先将一般社会价值引入自己的工业帝国；另一种力量来自部分民众（包括学者、社会活动家、普通消费者等）的监督，他们借助议会大厅、电视辩论、学术讨论、联合抵制等行为，重新确立了值得向往的“好管理”的规范，将符合民主的行为加之于企业，敦促企业追求更全面、更合理的绩效管理标准。可以说，在工业民主进程中社会因素比政治因素发挥了重要得多的作用。

工业民主是政治民主要求和社会民主运动向工业领域、经济部门的推进，是将政治和社会方面的民主要求具体到企业日常经营活动或工业组织的制度设计之中，它力图达成这样一种状态：尊重雇员，特别是努力满足雇员获得应享待遇的要求，改变雇员的传统形象和定位，让雇员在工作场所做雇主的合作者而不仅仅是实现雇主利润的工具，为此，要保证雇员的知情权和参与权，并且保证他们的利益以及工作机会等免于受到无端侵害。工业民主的立足点是开放的社会结构、积极的人性假设和健全的利益调整机制。事实上，工业民主并非一种静止的现象或少数人的良心发现，而是一个持续了几十年、风行于诸多发达工业国家的社会思潮及其运动，它反映了工业化所产生的重要社会成果，并进一步促成了社会文明、政治文明与工业文明的相互激荡。

不过，反映现代工业文明成果的工业民主不同于一般的社会民主。一般的社会民主以个体为本位，建立在每个人受到法律保障的正当权益基础上，并且每个人的民主要求是不可通约的，一个人的民主要求不能代替另一个人的民主主张，所以，社会民主又是与平等、自由等理念相联系的。但是，工业组织中的民主却不是这样，因为工业有一个最基本的限制，即通过有效竞争而实现营利目的，无视营利目的的工业组织无以生存，但追求利润的过程和方式都可能包含对社会民主或个人民主要求的一定程度的侵害。所以，工业民主需要取得具体参与者个人的民主诉求与企业组织的民主改善之统一或协调；在企业内，个人的民主并不具有优先性，相反，有时为了企业组织的民主还需要部分或暂时放弃个人的民主。例如，2005 年底美国法院对地铁工人和工会的罢工做出裁决，认为其违反了法律，并勒令尽快停止罢工、恢复工作，就是一个明证。工业民主是一种博弈过程，它超越了传统的工会运动或劳资协调范围，而以公众利益为旨归，并将活动范围限制在现存的法律秩序之内，主张的是有理、有利、有节地分享工业进步之成果。

从最一般的意义上说，企业社会责任就是企业组织主动承担起最大化其对社会的积极影响同时最小化其负面影响的义务之努力。因此，“企业社会责任”也经常被表述为企业与社会的良性健康关系。企业社会责任的具体内容通常指超出法定责任的义务，即超义务。那么，企业为什么需要承担超义务？公众为什么可以要求企业承担超义务？这两个问题直接关联到企业所拥有的支配或影响的权力之正当性及其根据是什么这样更具根本性的问题。按照权责对等的朴素公平观念，人们相信，那些不能对社会负责任的或权责分离的权力持有者最终会失去权力。企业必须承担对社会的更多、更大的责任，才能安享对资源、人才、财富的更多占用。扩展的企业社会责任观建立在对企业本质和功能的全新认识上，因此，重新全面考虑企业社会责任就将深刻改变企业的三个内在要素，即企业人员、企业利益和企业经营方式等的关系性质。重新梳理三者的关系，将企业利益置于恰当而非唯一重要的位置，同时发挥企业人员之所长，在经营方式上改进和融入广义的社会责任，这样的经营方式才充分显示并贯彻了企业社会责任。企业社会责任运动所提出的问题得到了管理学界的积极响应，发展出了战略企业社会责任这一全新的企业管理理论。

西方国家的企业社会责任运动①兴起于20世纪80年代，其背景是各种相关社会运动的风云际会，例如劳工运动、人权运动、消费者运动、环保运动的高涨。20世纪90年代中期，美国等西方国家掀起了反“血汗工厂”运动，这场由大学生发起的运动很快扩散到劳工组织、人权组织、女权组织和消费者团体之中，它加速了企业社会责任观念的传播，并得到了其他类似社会团体的大力支持。这些非政府组织要求跨国公司清洁其供应链，所提供的产品不得包含“血汗”成分。其结果是，跨国公司开始参照非政府组织提出的标准制定生产守则，并且向发展中国家的下游厂家推广。美国非政府组织“社会责任国际”（Social Accountability International，简称SAI）于1997年10月发布了企业社会责任国际标准认证（Social Accountability 8000 International Standard，简称SA8000）。SA8000是全球第一个针对企业的社会责任认证标准，其宗旨是“赋予市场经济人道主义”。该标准的依据来自国际劳工组织（International Labour Organization，简称ILO）的各项公约、《世界人权宣言》和《联合国儿童权利公约》（Convention on the Rights of the Child）。SA8000标准及其评价系统首先在美国的纽约、墨西哥、宾夕法尼亚等州以及中美洲的洪都拉斯进行了实验，1998年又在美国农业部门重新进行了实验，并做出修正，然后在世界范围内推广。此外，国际标准化组织（International Organization for Standardnization，简称ISO）于2010年11月1日在日内瓦发布了ISO26000《社会责任指南》（*ISO 26000：2010 Guidance on Social Responsibility*），将社会责任标准归纳为九个核心方面：组织治理、人权、劳工、环境、公平运营、消费者、社区参与、社会发展和利益相关方。ISO26000的推行极大强化了企业积极承担对员工、消费者、投资者、合作方、社区和环境等利益各方的社会责任，有助于保障企业利益各方的权益。目前ISO26000只是一种对订约国政府的倡导，并不用于第三方认证，也不直接用于个别的商业合同目的，但国际标准化组织自身所拥有的

① 在美国，早在19世纪末、20世纪初就出现了社会责任的观念，这主要源于慈善原理（社会中较富裕的成员应该对拥有较少财富的人进行慈善捐助）和管家原理（企业管理者应把自己视为管家或受托人，以公众利益为行为准则，虽然企业由私人拥有并且要努力为利益相关者赚取利润）。

权威使得很多国家在贸易往来时还是倾向于采纳该组织制定的有关标准规范①。

毫无疑问，早期经济领域现代化的追求是“市场的归市场，政府的归政府”，划清经济与政治、社会与国家的界限，还经济活动充分的自由，给予市场自由有效的保障，放任主义、经济自由主义成为风行一时的口号，达成的社会管理目标是“小政府，大市场”。这样的经济理念确实为经济发展提供了有利条件，与此同时也促使早期的市场体系带上了原罪般的血腥烙印。第二次世界大战后，公民权利的扩张和国家福利政策的出台，加大了政府资源再分配的职能，政府开始频繁干涉经济事务，凯恩斯主义、福利主义成为新的旗帜，造成了“大政府，大市场”的新格局，“市场失灵区”获得极大弥补。然而，就像“小政府，大市场”存在政府作为空间太小这一不足，“大政府，大市场”同样存在无法克服的矛盾：政府对经济的过度干预带来了效率损失，也为公职人员的腐败留下了寻租的空间，这就是人们通常所说的“政府失灵区”。人们至今仍在苦苦思索如何构建更加合理的政府与市场的关系。上述以社会组织为主体的工业民主运动和企业社会责任思潮给出了“第三条道路”——公民间自愿合作而结成的各类社会组织，它们正在成为企业、政府之外的第三方。这样，参与现代市场活动的就不再只是企业家个体，还包括行使监督职能的政府部门、提供各种社会激励的非政府组织，它们共同促成了现代市场体系的多层级、多主体的互动关系结构。

马克思主义经常谈及的经济规律其实就是市场自身运作的进程，或者更扩大地说，就是市场的经济理性、市场对效率的追求所直接带来的社会总体财富的增加，因为市场主体间的竞争提供了不断创新和技术不断升级的动力。但马克思主义经典作家没有看到的是，市场自身的活力并非只是资本家的贪婪所致，总体上说，是市场要素间的合理配置所带来的社会结构的调整和社会生活的革命性发展。“合理配置”正是一个可以容纳各种试错的开放空间，它包含了无限的可能性，例如，市场主体的扩大、市场

---

① 本段文字参考了拙著《企业伦理：理论与实践》（首都经贸大学出版社 2008 年版）第六章的部分内容。

因素间关系的改进等，都被证明是完善现代市场的有效努力。

中国的现代化进程比发达国家晚了至少百余年，遇到的问题与西方相比存在明显的时间差，我们不能以现代西方全面出现的大政府为口实而误以为这是解决自身问题的药方。对于今日中国而言，还经济主体充分的法定权利、明确市场和政府的界限仍然是首要目标，政企分离、民进国退仍然是保障经济活力、市场自由的必要条件。因为“国家的义务不是为公民提供食物，给他们房子住或者衣服穿。国家的义务是创造这样一些经济条件，使身心没有缺陷的正常人能通过有用的劳动使他自己和他的家庭有食物吃、有房子住和有衣服穿”①。试图以人为力量、用行政“看得见的手”去任意干预经济活动和市场行为，其实就是用主观任性取代经济规律，在方法论上就陷入了唯心主义泥潭。

（二）市场的自由性和道德性

“自由”有很多种。在近代资本主义出现之前，人类（主要是思想家们）所理解的“自由”主要是精神层面的，如印度教主张的“解脱”“涅槃”追求的就是超越世俗生死的精神极乐世界，中国儒学主张的“孔颜之乐”“浩然之气”是一种肯定道德自我、再现道德价值的精神自由，古希腊先贤苏格拉底的“美德即知识”在承认人的内在精神独立且高贵的意义上表现出对精神自由的肯定。一方面上述种种精神自由显示了人对于自然界、动物界而言的优越性；另一方面，在物质匮乏的时代，精神自由无疑只是极少数一部分人（如印度的高等种姓、中国传统的士大夫、古希腊罗马时期的贵族等）才可享有的“人的特性”，而不是所有人共享的一般特性，更严格地说，它是一种特权。

近代资产阶级革命的进步意义在于，它通过肯定市场活动并构建开放的市场体系，不仅重申了自由的价值，而且扩大了自由的范围，将自由落实到每个国民日常生活的方方面面。“自由”不再是高不可攀的精神享受，而是人人须臾不可离的存在特性，真正成为人的本质性规定。“自由”自此成为现代社会的日常价值根基。市场交换的前提就是交换者的独立人格

① 霍布豪斯. 自由主义. 朱曾汶，译. 北京：商务印书馆，2009：80.

和自主意愿，以及他对交换物明确无误的占有权和处置力量，即市场自由，故而不同的市场主体才可以完成询价、委托、转移、享有等各类相互关联着的交换行为。无论当事人出于何种动机进入市场，也无论具体的当事人在某个经济活动上的得失，市场本身是排除等级身份差序的，完全无视参与者的主观因素，它只要求参与者是自由的。现代市场经济及其创造的现代市场社会第一次将自由变成了每个人都可能享有的基本权利。

正因为自由有了现实意义，自由的消极性规定，即不受他人奴役的要求，才成为现代市场社会的第一要义，这正是资本主义最终战胜封建社会的道义力量之所在。前工业时代的社会状态往往陷于零和游戏之中，因为它主要通过战争、掠夺、欺诈等方式进行，一方的获利必定是另一方失利的结果。但市场社会的发展根源于每个主体内在的自由追求，借助发明、创新、公平交换等自利同时互利的活动，所有相关人不同程度地受益，最终整个社会也从中获利，这是多赢的游戏。消极自由切实保证了每个市场主体的独立性和自主性。与此不同，由传统的精神自由转换而来的积极自由，即每个市场主体都能利用自身的知识、技能、劳动等改善自己的生活，得到了保留，并成为市场社会发展的内在动力。不过，市场社会并不因它的积极主动性特质而过分抬高它，换句话说，在现代市场社会中消极自由和积极自由不可偏废。

在哲学史上，给予市场的自由性充分论证的是以洛克为代表的自由主义政治哲学学说。洛克认为，公民个体在逻辑上是先在于国家的，公民身份好比一个组织（国家）的细胞，而该组织的基础与合法性根据来自公民身份的授权。以后发展出来的自由主义经济理论继承了这一哲学立场，市场自由的倡导者们充分肯定实行小政府、公民自治等内容的公民理论。从理论脉络上考察，不难发现，自由主义模式起源于自然法理论，自由主义模式强调公民权利，尤其是公民的政治权利，将其视为公民身份最核心的内容，声明政治哲学的主旨是保护个人免受专制迫害，反对国家权力对公民私生活的干预。因此，自由主义者并不积极地主张公共善（common good），毋宁说他们更看重消极的善，即公民间彼此不伤害的责任。自由主义在西方有许多拥趸者，自由主义学说也成为西方思潮的重要代表。19世纪末英国的新自由主义者如格林（T. H. Green）、波萨奎特（Bernard

Bosanquet)，20 世纪 80 年代欧美地区和其他新兴工业化地区出现的众多新自由主义者，一些重要的当代政治家，如撒切尔（Margaret Hilda Thatcher)、科尔（Helmut Josef Michael Kohl)、里根（Ronald Wilson Reagan）等，都是这一思想的拥护者。

在农业时代，道德的规范性内容主要是约束性的，即限制人们的欲望并对人们下达种种禁止式指令，推崇自制、自足、随遇而安、自得其乐、安贫乐道等品质，同时对讲求名利、追求财富等行为嗤之以鼻，商业被视为“末业”，商人被打入另册，成为道德上有污点的群体。然而，这样的道德观与其说占据了道德的正当性，不如说只是短缺经济时代的一种思想解压器，是利用无欲来掩盖人们在经济发展和经济成就上的无力。一旦人类驶上经济高速增长的列车道，一旦人类发现了不断创造财富的密钥，上述道德要求就跟它所要论证的时代一道被无情地抛弃了。市场经济不仅不是无德的经济，相反，它与一些更加可取的道德要求是相伴而生的，同时也为许多合理道德要求的实现提供了土壤。例如，传统社会的信任大多只是私人信任，它是一种发生于熟人间的狭隘信任，同时对陌生人充满了敌意，但在市场经济中却发展出了高度的社会信任，这种信任建立在一系列相互衔接的制度基础上，确立起程序正当性的原则，即便素不相识、远隔千万里的人们之间，也可以依据对司法、银行业、公司治理等的信任而信任陌生的具体行为者。由于个人具有得到国家法律和社会习俗确认的基本权利，个人之间的相互交往就具有了可以期待的合理预设，行动的可行与不可行的界限就自动呈现出来，最终达到基本有序、合理的状态。这一切都源于市场经济对产权的呼吁和保护，产权的落实促使每个人对自己获得的财物充满了信心，他可以做出长期投资，有意愿追求新的具有不确定性的东西，因为每个成员的冒险才有了社会创新的可能。但成员的冒险是理性的，因为他是充分确认了他的冒险是值得的之后冷静做出决定的，市场的未来可能回报就是对他冒险行为的奖励。

市场道德性的核心是“企业家精神”。虽然这个概念提出较晚，它是由美籍奥地利经济学家熊彼特（Joseph Alois Schumpeter）率先提出的，但它绝不是现代才出现的现象。企业家精神是指对市场风险的敏锐判断以及承担可控风险的胆识，企业家精神是一种稀缺资源，对一个社会来说，并非人人都具有企业家精神，因此，那些已经被证明具有市场掌控力的人即企业家精神的化身就应成为这个社会的重要财富，市场的创新其实就是企业家精神的现实化。从这个意义上可以说，任何阻碍企业家精神发挥作用的政策都是反市场的。还应当注意到这样两点：一点是，具有企业家精神的人往往是特立独行、敢作敢为、说一不二的人，他们甚至恃才自傲，在私德上未必尽善尽美，有时还显得与常人格格不入；另一点是，具有企业家精神的人同时承担了巨大的风险和常人难以理解的孤独，只有高额的经济回报和充分的自行决策权才能令他们满足。社会就要给予他们足够的空间，同时忍受他们因此而拥有的、令常人无法企及的巨额财富占有。

既然市场本身兼具了自由性和道德性，那为什么还有政治自由主义和经济自由主义等不同主张要为此做出反复论证与强调呢？对市场属性的认识以及对市场道德地位的确认并非感性直观的结果，而是基于特定立场所做出的推理或论断。事实上，除了简单的器物或物品，人类一眼便可看出它的利弊优劣，不存在什么有意义的争论，围绕略微复杂及以上的事物或事件所产生的认识在人群中总是存在分歧甚至严重的对立，对“市场”这一超级复杂的现象，人类至今也未取得完全一致的见解。有人认为市场是万恶之源，一切罪恶都来自市场的逐利性；有人认为市场具有自我修复功能，市场化带来巨大收益的同时，可以逐渐解决自身存在的问题，自我修补、疗伤，无须外力介入；还有人主张要用人力去合理利用市场之善，矫正市场之偏；等等。

之所以存在上述分歧，一方面是因为认识对象即市场并非静止不变的，也不总是采取单一形式，市场自产生之日起就一直处于不断变化中，市场的具体表现与它所处的历史时代、社会制度、民族文化、社会心理、经济发展水平等多重因素高度相关，并不存在纯之又纯的市场，具体市场总是千差万别、千变万化的；另一方面是因为认识主体身在其中，无法脱身做完全客观的描述和研究，我们每个人都与市场发生着或深或浅的联系，市场影响着我们，我们也深刻地影响着市场。所以，人们在市场问题上的分歧不仅十分正常，而且还会继续下去。问题的关键是我们不能因分歧的存在而丧失对市场的总体把握和清楚定位，理论或决策的科学性恰恰来自排除纷杂的现象，依据首尾一贯的逻辑做出严密的推理，这样才能准确认识对象的根本特征。

人们不仅在对市场的认识上存在分歧，而且在对人在市场中的地位、利益关系、存在状态等的认识上也存在各种差异甚至对立，从结果上看，就是市场存在富者与贫者、获胜者与失败者，甚至存在两极分化。然而，开放且自由的市场也会让参与者深受洗礼。“既然现代社会是多元社会，既然现代多元良序社会构建过程是公民以‘持有者’身份平等参与的过程，那么，就应以历史主义的态度对待既有的利益格局或利益持有。这个历史主义态度就是在承认已经形成的利益持有格局基础之上各契约方的合理理性妥协。它所秉持的并不是‘推倒重来’的彻底否定立场，而是调整、矫正立场”①。

随着市场经济体制的逐步建立，中国发生了深刻的变革，在人与人、人与社会的关系层面出现了“原子化”倾向，它促成了个体个性的张扬和个体权利与利益意识的凸显，释放了个体权利、个体意识与精神自我的空间，但同时也导致了市场逐利性的极度高涨，这无疑都大大增加了个体失信的可能性和社会信任亏损的危险。可以说，今日中国，市场的利弊同时极端呈现，在许多领域市场的自由性和道德性都未得到充分展示。市场的自由性和道德性反映的是健全的市场与人的主体性存在之间的良性互动，这样的状态又受制于合理的政治制度安排和有活力的社会结构。顺势而为，才能成为现代经济社会的主人，才能充分发挥市场的积极作用。

（三）市场道德与公民道德的关系

笔者在本书中将“市场道德”界定为“市场主体所持有的关于市场行为方式内在呈现出的道德倾向的确认”。市场道德并非道德品质，而是道德规范，是多数市场主体在反复进出开放的市场之实践以及由此产生的、关于市场行为应当如何的思考过程中逐渐确定下来的有关市场之正当性和行为合理性等价值问题的共识。必须指出的是，市场道德具有一定的模

① 高兆明. 政治正义——中国问题意识. 北京：人民出版社，2014：242.

糊性和多义性，并非经典的传统道德那般泾渭分明、一目了然①。这也是在今日中国不断出现引起人们广泛讨论的社会现象或案例，而且它们的道德属性并非一清二楚的原因。

在不同的国家和不同的历史时期，因市场的发育水平、市场的性质不同，各自的市场道德存在明显的差异。体现市场发育水平的指标有很多，从市场展开的过程来看，主要表现为生产与消费关系的处理方式，即如何使生产、消费更有效率，以更少的成本获取最大的收益，等等。这类问题大多可以通过生产者之间或消费者之间的竞争来实现。但这类问题还包含了一个容易被忽视的关键点，那就是：虽然作为经济活动一部分的生产和消费具有同等的重要性与客观性，是不可分割而又相互独立的两个环节，但作为经济活动主体的生产者所具有的人格与消费者的人格却是非常不同的。消费者始终是自然人，具有完全的法律地位，生产者特别是被组织起来的、以群体或机构等形式出现的经济实体（例如企业、公司、集团等），就不再具有单个人的属性特征，在法律上的地位也有所下降，它的人格成为从属性的、依附性的，换句话说，任何经济实体（或者说生产者一方）本身并不具有天然的、独立的权利，它的权利派生于个体公民自出生就具有的天然权利。因为经济实体属于法人，它的权利只能是法律认可的那部分有限的、附加的权利，而不是与生俱来的，例如，它只有获得了工商营业执照，有了“准生证”，才被允许做某件事或从事某种经营活动。从这一意义上说，自然人的公民权利优先于法人的、集团的派生权利。这也是市场道德在处理消费者与生产者、顾客与厂商的关系时所依据的一个基本前提，由此可以引申出诸多市场社会通行的道德要求，如保障消费者的知情权、选择权，生产商或经销商的不加害义务，等等。同样，伴随近代市民运动而兴起的现代公民道德也首先表现为公民自主地维护自身权利并在此基础上平等地履行义务，所以，消费者的维权行为就具有与公民

① 因受众无限多、范围无限广，市场道德的内容不得不以广泛性要求为主。然而，尽管不向全体市场主体提出高尚性要求，但并不意味着市场道德就向无良、低俗投降。“好”与“坏”、“善”与“恶”的区分仍然存在，市场道德只能与好的、善的行为或规则为伍。当代中国的一个突出问题在于：由于缺乏深入的国民间讨论，基层社会活力不足，人们在市场相关的道德上的基本价值观仍未得到有效揭示。

道德同义的性质，那些依法维权者是在进行公民道德示范。

以个体为主体的道德体系（公民道德和市场道德都属于此种类型）的产生是时代变迁的必然趋势。从历史上看，个体的出现是现代公共生活的先决条件，但个体绝不是指生物意义上的个人，而是指具有自我意识和明确行为判断能力的人。这样的个体的产生除了经济、政治的因素，还有哲学的思想启蒙和法律的现实定位。在西方，这样的思想启蒙和法律革新历史上出现了数次。例如，古希腊哲学从自然主义经过智者学派的相对主义，达到“古希腊三杰”的理性主义的过程，就成功地实现了从对自然的惊异到对人、人的社会的关心的转向，这一过程正是人、个人的发现过程。古罗马完备的法律制度成为人类法律史上的奇迹，它将私法与公法分离开来，从法律上确立了“人格”，即人作为人在观念上先从家族、后从市民关系中独立出来，获得了个体性的尊严、价值，并使公共生活范围和行事方式有了确切的尺度与不可逾越的界限。持续了千余年的中世纪曾将个人转借为上帝的子民，个体在形式上被消灭了，但在内容上却因信念、虔诚等个体性内在德性的倡导而得以延续。资本主义文化的开启是以文艺复兴和启蒙运动为先导的，个性解放、个人自由等新时代思想又再次促成了个体意识的觉醒，有血有肉的个人自信满满地步入近代资产阶级革命所催生的公共生活。自此产生的公民道德和市场道德都以不可逆转的趋势大步向前推进，总之，明确的个体意识是全部现代道德活动的前提。

由于公民道德通常以个体公民为主体，这就使得公民与个体市场主体有着本质的相似之处，即他们都是具有独立人格、平等支配权和自由行为能力的个体。公民的德性（如自主、公正、平等、理性等）同样是适合个体市场主体的德性。事实上，公民道德和市场道德都以个体为本位，持某种形式的个体主义，即正确理解的个体主义（或者说开明互利的个体主义）是公民道德和市场道德相互通约的道德方面的主张。

同样，在具体内容上，公民道德和市场道德存在高度的内在关联，它们互为条件、互相促进。有学者指出，“民主制的公民资格来自工业化的演进，或来自民族国家中市民的进步。另一方面，晚近的历史编纂学（historiography）则强调利益竞争、斗争、妥协和遏制在将公民资格权利扩大到过去被排斥的群体（尤其是工人阶级）中的作用”①。可见，个体公民道德所表现出来的自主、理性的品质与力主协作、竞争、维权等行为的市场道德具有内在的契合性。

公民道德和市场道德相契合的再一个重要表现形式是，它们都与利益问题存在抽象一致、具体差异的关系。利益问题的提出及回答提供了公民道德和市场道德产生的内在动力，公民参与公共事务首先是出于自身利益同时兼顾他人的同等利益，同样，市场活动的产生也是源于主体的利益冲动和交换的现实需要，但公民道德和市场道德都不是利益关系的简单投射或直接反映，恰恰相反，无论公民道德的主体还是市场道德的主体，都要实现对这种利益关系的驾驭，易言之，它们与利益的关系是一种若即若离的关系。以前我们通常说，如何看待利益的问题是道德的核心问题，由此进一步主张不同利益集团由于经济地位的差别和对立必然具有道德上的分歧。这一主张失于粗略和简单，实证的社会调查结果显示，虽然不同收入的人群在许多有关道德的问题上的回答确实有差别，但差别并不十分显著，收入背后掩盖的其他因素（例如性别、居住地、工作单位性质等）也许更为根本。更为合理的解释在于：收入的多少并不直接影响公民个体的道德观念，而控制收入的能力（包括受教育程度、性别、社会地位等）才对个人具有怎样的道德倾向发生着更直接的作用②。这也表明有了公民不断的、日常化的合乎道德的行为及习惯，才有了公民道德，市场主体只有经常有意识地进行道德考量和选择，才会培育出符合市场道德的心性。

这还涉及如何理解道德本质的问题。道德之所以不同于法律、行政、宗教等，就在于道德是应然与实然的统一，它是基于实然、追求应然的价值评判，即“道德的真正特性就在于道德规范的原则性、道德选择的情境性、道德制裁的内在性、道德追求的超越性”③。所以，真正的道德，无论公民道德还是市场道德，都不能仅仅满足于公民现状或市场社会所发生的实景，相反，它要求当事人（公民或市场主体）以担当的精神履行自身

---

① 巴巴利特. 公民资格. 谈谷铮，译. 台北：桂冠图书股份有限公司，1991：42.

② 李萍. 中国道德调查. 北京：民主与建设出版社，2005：前言3-4.

③ 曹刚. 法律的道德批判. 南昌：江西人民出版社，2001：99.

的义务、实现所应展示的操守。

不过，公民道德和市场道德并非只是单一的正相关关系，它们之间也存在冲突。市场原则（principle of the market）的动因归根到底是逐利，即无限的利润增长，它张扬的只是经济自由和财产私有，这些要求与公民道德所内在包含的社会权利原则（principle of social right）存在明显的冲突。二者的基本对抗早就受到诸多思想家的关注，例如马克思主义经典作家的批判、当代西方学者（包括马歇尔、哈贝马斯等）的反思就充分揭示了二者间的紧张关系。

市场社会导致的贫富分化也在社会道德上产生了断裂，致使不再可能存在统一的社会群体，社会成员被分成了不同的阶层，同时在道德和价值观上呈现出不同的水平或观念差异，这就使实际表现出来的公民道德和市场道德之间产生了难以弥合的鸿沟。我们通过实证调查研究得知：在目前的中国，较低收入者（月平均收入 500 元以下者）在道德上相对消极，他们大多难以控制自身之外的事务，在公共生活中态度相对消极，常常表现出只是简单地服从和等待，对社会公德的理解也主要把它看成工具性的，仅仅强调自己不惹是生非、守秩序即可。另外，他们中有相当比例的人认为“我们社会不存在不公平现象”，对不公平现象的容忍度极高。与此相反，较高收入者（月平均收入 2 001 元以上者）倾向于持道德中立化立场，他们中的多数人一般不太愿意张扬自己的道德观，比较讲求实际，对道德和思想之类的问题并不热衷，在这类问题上不太愿意明确表达个人观点，在回答“在餐馆吃饭突然停电，有人趁黑不付钱就溜走，你会怎么办?”这一问题时，他们中有 92.4%的人选择“自己付了钱再走”，有洁身自好的倾向。那些中等收入者（月平均收入为 501～2 000 元者）则表现出了道德上的明确态度以及维护个人道德与社会道德一致的努力，他们在回答是否可以趁黑不付钱就溜走时，有最高比例的人选择“谴责那些不付钱就离开的人”。可见，这一人群（即中等收入人群）既具有一定的物质基础，也比较看重多样化的生活追求，在道德上的要求比较直接和明确，结果，这一人群中就有较多的人以积极的或有为的方式来看待道德①。这样

---

① 李萍．中国道德调查．北京：民主与建设出版社，2005：40，60，282.

的实证调查结果似乎也验证了自亚里士多德以来多数西方学者所主张的“中产阶级是最稳定的阶级”的观点。

黑格尔曾指出，“在市民社会中，每个人都以自身为目的，其他一切在他看来都是虚无”①，“个别的人，作为这种国家的市民来说，就是私人，他们都把本身利益作为自己的目的”②。在市场经济条件下，由于个人权利的张扬，私人利益和公共利益之间、个人的自我保存权利和人类的道德义务之间显示出深刻的既对立又统一的关系。在私人领域，个人以“经济人”面目出现，追逐个人利益的最大化，通过不断试错，实现个人的偏好。在公共领域，个人则被要求以“公共人”身份行动，要顾及他人，洞悉社会趋势，以普遍、中立的态度对待一切人，行为表现出谨慎、追求相互尊重、求同存异的一面。但这二者如何达到统一？有什么样的力量促成它们达到统一？对于这些问题，并没有一劳永逸的现成答案。西方学者从来没有停止过调和与解决二者关系的探索，在今日中国，解决这样的问题同样是迫切的重大理论难点和现实诉求。

公民道德和市场道德之间还存在一个令人担忧的方面。公民道德的展示领域主要是公共事务领域，即便个人利益也大多以公共讨论之类的准公共事务的形式出现，这就使得公民道德具有某种程度的利他色彩；而市场道德的展示空间是市场领域，虽然具有社会目标（如税收、新技术发明、新产品的开发等），但主要以当事人的个人目标（如投资、利润、成本等）为原点，所以，市场道德关注的是过程及过程之后的结果，这与公民道德看重意图及行动（程序）有所不同，在现实中就会出现合乎公民道德却不符合市场道德（如激进的环保行动）或者合乎市场道德却有悖公民道德（如技术专利或市场垄断）的情形。我们不能幻想单纯依靠公民道德或市场道德就可以解决二者之间的冲突；以为通过群众性运动或大场面的、公开的思想政治教育就可以一揽子地解决二者之间的冲突，这是非常不现实的。需要充分正视这一难题的不可解性，转变观念，学会容忍，才能有望现实地且建设性地以个案方式解决公民道德与市场道德之间的冲突。

---

① 黑格尔．法哲学原理．范扬，张企泰，译．北京：商务印书馆，1961：197.

② 同①201.

二、公民个体的经济美德

每个人都具有天然的经济要求，这些具有同样经济要求的人们会在开放的市场中经过长时间的磨合沉淀出若干值得肯定、受人尊敬的经济美德。不仅如此，每个市场体制都会借助司法、新闻、学校教育等渠道来传播这些经济美德，在健全的现代市场社会，每个具有公民道德的个体也应具有与之相适应的经济美德。一方面，经济活动、经济事务是现代公民最经常参与的领域，经济因素成为制约社会发展的重要作用力；另一方面，现代经济美德本身正是构成现代社会精神文明的重要内容。马克斯·韦伯所提出的“资本主义精神”其实质就是符合现代社会性质且具有政治意义的经济德性，它使得特定的商品生产区别于传统社会的小农经济，也使这种精神的实践者成为资本主义时代的先锋。市场中的人们，叫作“市民”。人们自从变成了“斤斤计较”的市民，就必须学会在交易中获得权益和成就，并在交易的锻炼中认清自己和他人的边界。市场使人们放弃了大公无私的道德理想，同时也使人们被迫意识到自由不等于自我中心，意识到个人的权利只能存在于个人与群体的关系当中。在现代，从家庭成员到公民的角色转换，需要经历市场、城市、工业分工中的“市民”这一环节的洗礼。那些关注具有普遍意义或公共利益相关事务的人们，当他们运用理性思考时，就扮演了公民的角色。处在公共领域中的人们，就被称作“公民”。

就与公民的关联程度而言，劳动观念、职业道德、适度消费三个方面是具有最广泛意义的公民经济美德。没有上述经济美德，个体的公民道德就是跛足的，甚至也不会有合理的市场道德，健全的公民道德必然充分肯定每个现实的公民培养和获得上述经济美德。

（一）劳动创造财富

“劳动创造财富”的观念兴起于工业革命之后。诚然，不少中国古代思想家都曾充分肯定劳动、经济生产活动的作用，因为儒学所设计的社会结构及其相应的社会组织原则是以自给自足的自耕农和其乐融融的大家庭为基础的，经济的自立自足是必不可少的前提。然而，儒家的理想社会总体秩序和终极价值却由天-道思想指导下的王权官僚机构控制，所以，社会成员就被分成劳力者和劳心者，前者要受到后者的指教和支配，从事经济生产、商业贸易的劳力者的地位是低人一等的。可见，传统儒家并未从道德层面对劳动本身做出正面、积极的褒扬。

同样，西方传统思想中长期存在着经济生活与政治生活无关，甚至将二者分离开的看法，例如，起源于古希腊的“经济”（oikonomia）一词原本是指家计（household management），属于私人领域的事务，它有别于事关公共事务的政治学。古希腊罗马时期之所以贬斥劳动，是因为与劳动相关的活动（与人进行物物交换等）在一定程度上受制于人，可能导致当事人丧失独立性，此外，劳动本身会占用太多时间，特别是商业性劳动还会激起亲历者无限的物欲，自然地，劳动就被视为低于实践活动（仅仅指政治活动、诗歌创作、理论思考等）。在基督教时代，人因原罪而受到上帝的惩罚，过上了“不辛苦劳动不得食”的生活，人们对劳动的评价开始具有双重性：一方面，劳动是上帝对人类的处罚，劳动是痛苦的、折磨人的，劳动并非人之所愿；另一方面，劳动体现的是人对上帝意愿的服从，人在劳动中完成上帝的诫命，持有坚定信仰的劳动受到了肯定。那些丧失信仰、仅仅为劳动成果所吸引的劳动则被否定。

近代文艺复兴运动在排斥封建教会权威的过程中，重新恢复了一切被教会反对、打击的思想性事物，劳动作为世俗的职业活动，去除了污名化，受到了充分肯定。同时，劳动也被当作创造了价值的经济后果而受到褒扬。这就是斯密等人的“劳动价值说”的核心。1776年斯密《国富论》的出版被公认为是经济学这门学科正式诞生的标志。斯密所创立的经济学，一方面明确主张商业与农业一样是财富的创造源泉，持有重商而非农本的立场；另一方面充分吸收了当时开始广为传播的个人权利和契约论的哲学观念，提出了“劳动乃财富之母”的观点，“劳动创造财富”与近代市场经济一道成为新的社会原则。

马克思进一步揭示了劳动与人的本质、人的解放的关系。他批判了将劳动视为动物式活动的传统劳动观，指出劳动是自我实现的人类活动，正是在劳动过程中完成了人的现实化，证成了人的本质。人的类本质是劳动的产物，人类通过劳动不仅作用于自然，而且相互结成了各种现实关系，其间展开了人的历史和自然的历史相统一的过程。人与自然、人与他人（社会）的关系是劳动的主要后果。人在劳动中克服了自然与人的对立，创造了“人化的世界”。马克思富有创见地强调，劳动是充满各种可能性的创造活动，人类将通过自由劳动完成从受制于自然的“必然王国”进入体现人的意志和精神价值的“自由王国”的历史进步。

人道主义观念、现代经济学以及马克思主义的社会批判理论等，都传播了新的劳动观，扭转了视劳动为肉体惩罚和苦痛折磨的传统劳动观。劳动不仅得到了全新的认可，而且被赋予了与人的存在相一致的意义，劳动神圣成为时代的最强音和现代社会道德的新坐标。经济现代化得益于广大公民深刻领会了劳动的意义，并身体力行。公民的首要经济美德就是接受并实践“劳动创造财富”的观念。

“劳动创造财富”对于公民社会中的成员而言，在道德上意味着：第一，树立劳动光荣的信念。任何形式的劳动都体现了人的独立意志对外在世界的作用，它是一种积极的人的自我实现方式，因此，是值得肯定的主体性活动。劳动促成了人的现实化和社会化，借助劳动，人完成了自身本质的外化和客观化。将劳动视作信念，就是肯定人的尊严来自劳动，人因劳动而有了自尊；没有人可以不劳而获，这相应地产生了最朴素的公平观念：不劳动者不得食。第二，善待劳动过程。劳动是一个持续的过程。劳动的具体形式多种多样，有简单劳动，有复杂劳动，有低附加值劳动，有高附加值劳动，劳动的成果以及劳动者的收入与其劳动的种类、实效息息相关，二者之间存在明确的因果关系，所谓“一分耕耘一分收获”。不必嫉妒他人因身强力壮而获得的更多劳动成果，也不必羡慕邻人因巧手能技而实现的事半功倍的劳动效率，只要是实实在在的付出，获取心安理得的收入，就是对劳动、对自身的认可。第三，坚持对劳动成果的要求权。没有人力作用的自然物对于人而言没有任何价值，例如，长在深山老林中的树根无声无息，但被人移出并雕琢成根雕，它就成为劳动成果。人的劳动绝不是单纯的主观臆想，而是一种有后果的意志活动，从有意识的动机出发，到运用人力物力完成对自然力的改造并取得特定的成果，其间每个环节都包含了人力的付出，劳动者就有权对此劳动过程及其结果享有权益。两极分化造成的劳动者与其劳动成果的分离也是导致传统社会不公正、生产效率低下的重要根源。现代市场经济的自由、公平原则主张劳动者对其劳动成果的要求权，拖欠工资就是违背这一基本要求的恶劣行为。知识产权也是对拥有者占有其复杂、独创的劳动成果的保护。尽管知识产权部分限制了知识的流动和广泛传播，但因对知识产权拥有者的充分褒奖而大大鼓励了人类的技术创新活动，成为现代社会快速发展的重要引擎之一。

传统社会由于缺少公平的制度设计，加之生产资料的私人占有，实际上许多劳动者不仅无法拥有自身的劳动成果，而且受到奴役，陷入绝对贫困。当然，造成贫困的原因并非只是社会性的，还有许多个人性的因素，例如懒惰、缺少学识、无工作技能、对市场机会不敏感、厌恶风险的性格等，这些纯粹个人因素的存在使得即便在同样的市场体系，个体的处境和财富地位也是千差万别，所以，在关注社会总体制度设计改进的同时必须高度注重个体的作用。每个人都要对自己负责，努力将知识、智慧、经验用于劳动中，不断改进劳动手段，改良劳动工艺，改善劳动管理，处理好付出与收获的关系，这样才会有积极、正向的劳动产出。

《新时代公民道德建设实施纲要》在第三部分“深化道德教育引导”中特别提出：“开展社会实践活动，强化劳动精神、劳动观念教育，引导学生热爱劳动、尊重劳动，懂得劳动最光荣、劳动最崇高、劳动最伟大、劳动最美丽的道理，更好认识社会、了解国情，增强社会责任感。”上述提法响亮地指出了劳动观念对一个人养成良好道德习惯、形成与社会的连带感所具有的重要意义。在当代中国社会，一些国民“未富先贵”，丢掉了勤俭持家的好传统，在孩子教育和个人消费上大手大脚，还有不少人视劳动为“吃苦”“受罪”，视体力劳动为“丢人”，在职业选择上拈轻怕重、挑肥拣瘦，忘记了自身作为社会一员所应承担的责任。每个人通过劳动创造财富、通过劳动与他人进行服务交换，这正是现代社会得以维持的要件。现代公民应当持有敬重劳动、以劳动为荣的观念。

（二）坚持职业操守

职业活动是成年人的主要活动方式之一。通过职业活动，人类不仅实现了全部社会需要的满足，而且结成了社会人际关系，形成了分工与合作相互交织的复杂社会结构。社会交往规则和职业的历史传统彼此作用，发展出了职业道德要求，职业操守正是职业工作者对这些职业道德要求的内化，即对通行的基本职业道德要求的内在服从和自主信奉。

众所周知，职业活动体现的是社会化的职能。现代社会是高度分工的社会，多数成年人以某种职业立世，他们从事的职业活动既是他们获得经济来源、保持个人独立的基本条件，也是他们社会存在、社会交往的重要方式，他们结成的社会网络往往与其职业类型密不可分，他们的主要社会关系呈现为与客户、同事、合作伙伴、投资人等人群的或深或浅的联系，这些人构成了他们的社会性联系的网节点。按照著名的“六度分割定律”，你通过随意的最多六个人就可以找到共同认识的熟人，这样的关系传递在现代社会主要是通过社会交往，特别是职业交换活动完成的。

职业的本质是服务，每种职业都以特定的服务内容完成社会分工，满足公众的各种需要，例如领导者提供管理服务、教师提供知识服务、工人和农民提供产品服务等。虽然具体的职业形式不同，但它们都是社会赖以维系的必要环节，因此，就对社会生活的作用而言，职业没有高低、贵贱的不同。每一个职业工作者只要在其岗位上，以诚实劳动交换他的产品和智力投入，就可以得到社会的尊重，他本人也会因参与了富有意义的社会性活动而备感自豪。例如，一名工人不因自己所做的工作简单而自暴自弃，相反，他坚定地相信这份工作是社会生活所必需的，并且认为自己只要好好干，就可以成为本职工作的能手，从而在业务上精益求精，工作时热情饱满、认真负责，可以肯定地说，这名工人是值得称赞的、具有良好职业操守的好工人。

不难看出，职业操守的核心是敬业精神，即对本职工作持有一种敬畏态度，接受本职业的基本规则，将自己融入职业共同体，努力成为本职工作的代言人，并为此承担起相应的责任。国人经常引用拿破仑的格言，“不想当将军的士兵不是好士兵”。这一方面是鼓励人们要有远大抱负和志向，另一方面则警示人们若没有对军人这一职业的认同、崇敬，就既当不好士兵，也当不好将军。无数士兵中只有少数佼佼者成为将军，这些人除了骁勇、睿智之外，还有一个共同之处，就是具备视军人为天职的敬业奉献意识。可以想象，没有对本职工作的极度热爱，就不会关心它的社会声誉，也不会忍受长久平凡而寂寞的单调生活。从个体角度来说，敬业精神可以转化为从业人员个体的职业良心，即通过长期、自觉的敬业实践，积极提高自己的业绩和技能，形成对本职工作的敬重，获得良好的职业品质。

一切职业活动的善恶标准都只能依据本职业的普遍标准，但职业道德又是社会道德的职业化，因此它在总体精神上和价值导向上不应违背社会道德。职业道德会因职业的特性而突出强调某个方面的社会道德要求，这个被置于首位的社会道德要求就可能成为该职业赢得公众理解、获取社会认可的核心价值，例如医生的救死扶伤、记者的报道真相、工人的诚实劳动等。

每一个职业工作者都身处于具体的单位、部门中，这些单位或部门会形成各自的组织文化，从而影响组织成员的组织行为。而且，组织文化所包含的道德观未必总是与社会道德一致，故而职业工作者就不得不面临实际的道德选择困境。此时，每一个职业工作者都必须清楚地意识到：职业道德最终应服从社会道德，而不是服从客户或雇主所给出的特定标准。例如，记者个体虽然属于某报社、电台，但他的工作关涉千家万户，对他的职业道德要求也主要是社会、职业共同体价值目标的体现，如客观、公正、中立地报道等，若他进行“有偿新闻”，将个人私情夹入报道中，或者完全屈服于上司或利益团体，就有违新闻职业道德。特别是当雇主或上司做出了明显有违社会公德的决定时，职业工作者就应有胆识地做出自己的独立判断，始终保持清醒的道德立场。有时当下无法据理力争，至少可以采取沉默的方式，以表达无声的抵抗。无力制止之下的沉默就是不参与，不成为帮凶。此时的沉默并不等于明哲保身，而只是以无奈的方式表明自己的态度，毕竟它胜于助纣为虐、仗势欺人之类的恶行。当然，对雇主或上司的服从也确实是职业道德要求的一个方面，如何协调二者之间的冲突取决于具体的情境和当事人得体的技巧。但应当始终顾及社会和本职业的整体利益，力求做出恰当的道德取舍。

当代西方的现代化得益于科学技术的进步，然而，不能由此忽视这样一个事实：西方的现代化是由人创造的，人的综合素质的提高才是现代化的深层原因。是什么给西方人注入了通向现代化的精神力量？马克斯·韦伯在分析西方资本主义发展的进程时指出，近代西方人的精神力量来自天职意识。所谓天职，原本指基督教的上帝为人发出的指令。16、17 世纪兴起的基督教内部改革即新教运动，一改过去把天职仅仅视为宗教敬奉活动的做法，主张人在现实生活中的活动，即履行世俗事务的义务，同样可以获得上帝的赞许，因此，认真做好现实工作、恪尽职守，就是忠于上帝。后来这种观念逐渐演变为敬业精神和劳动神圣的意识，这也成为西方人最为普及的社会道德观念之一。职业分工有不同，个人能力有大小，但只要尽力而为，只要全力以赴，都可以在自己的职业上有所收获。毫无疑问，这样的职业意识正是构成现代西方社会广大普通成员良好职业素质的思想根源。

在职业生活领域，职业工作者要严格做到公私分明。“公”有两层含义：一层含义是指公共、公众、公开，它与隐相对。这种“公”要求职业工作者具有可普遍化的意识，遵循普适性的行为规范。职业劳动是一种社会性的公共活动，职业工作者必须时刻认清个人行为（隐）与职业化的公共行为之间的界限，不要将个人的好恶情绪带入职业场所和职业劳动。另一层含义是整体、集体、社会，它与私相对。尽管私未必就是坏的、不道德的，但是在职业场所和职业劳动中，必须体现的是“公”的利益和需要，促成“公”的实现才是职业活动的目的，应将“公”置于显著的、突出的位置。从这个意义上说，职业操守内在地包含了社会连带感，合格的职业工作者通常具有一定的平等互助意识以及对社会公共利益的关心态度。

需要指出的是，公民角色并不完全等同于职业角色，因为职业角色主要反映的是特定职业的整体利益和价值追求，它是社会利益和社会价值追求的一部分，但公民角色则主要是在政治层面对国家公共事务的参与所反映出来的要求。二者的差别体现在两个方面：一方面是角色属性的不同，职业角色主要是经济-社会性的，公民角色则是政治-法律性的；另一方面是角色实现的载体不同，职业角色通过社会分工、职业劳动交换和本职工作来实现，主要载体是职业群体、同业公会、行业协会等，公民角色则通过个体公民的日常行为来实现，如公民的投票、投书、建言等。然而，从德性的完成角度看，职业角色与公民角色又存在高度一致性，它们都是对高度分工的现代社会中个体意识的担当。在与公民美德相关的问题上，我们提倡每个成年人首先做一名合格、称职的职业工作者，这是因为职业操守与公民美德具有深刻的内在关联。

随着二战后“社会权利”概念的兴起，充分就业开始被视为国家经济政策的首要目标，在发达资本主义国家，它甚至成为党派竞争的首要政治口号，即便在发展中国家，提高就业率，使更多成年国民获得基本工作机会，也正在成为政府努力的诸多目标之一。这一方面扩大了现代政治的民主基础和民生范围，但另一方面也在冲击久已形成的工作伦理和传统的职业道德。社会福利措施的全面推进，如失业救济、再就业支持计划、单身母亲救济和贫困线的划定等，导致了“自愿不工作”人群的产生，他们有能力、有体力，还正当壮年，却选择无所事事，靠领取救济金维生，他们的存在①极大消解了劳动光荣的观念，对努力工作的人们来说确实构成了极大的伤害，给公民经济美德也带来了负面影响。“福利依赖的一大问题是，它侵蚀了公民身份，因为它鼓励断绝（更准确地说是模糊）所谓的‘社会权利’与更广泛意义上包含了（公民的/政治的）权利、权力和责任在内的（公民的/政治的）公民地位之间的联系”②。如何权衡包括救济在内的社会权利与个体自立、自强的公民经济美德，还需要做出更加深入的探讨。正在全面推进公民道德建设的中国应当未雨绸缪，并引以为鉴。

（三）理性消费

随着改革开放政策的确定和市场经济体制的建立，全体中国人被迫纳入充满不确定性的巨大市场之中，需要了解市场、习惯市场并最终成为市场的主人。这一转变是历史性的，正如有学者指出的，“国家所倡导的建设社会主义新人的进程，逐渐演变成为国家和全球资本主义共同引导的制造后社会主义消费者的进程”③。

---

① 越来越多的新移民成为救济金的领取者，他们对移住国尚未或较少做出贡献，就分享公共财政的一杯羹，这对当地居民来讲有失公平。这也是西方国家掀起反移民者活动的一个根源。

② 莫里斯·罗奇．重新思考公民身份——现代社会中的福利、意识形态和变迁．郭忠华，黄冬娅，郭韵，等译．长春：吉林出版集团有限责任公司，2010：129.

③ 阎云翔．中国社会的个体化．陆洋，等译．上海：上海译文出版社，2012：18.

人们从事经济活动是为了更好地生存，生存是高于经济交换和营利活动的目的，那么，仅仅生存着就是值得肯定的吗？答案显然是否定的。对于人来说，生存或者活着并非最高目的，所谓“砍头不要紧，只要主义真”，“若为自由故，二者皆可抛”，对真理的追求、对自由的向往有时值得付出生命的代价。对多数中国人而言，要达到对公民道德的全面认同及习得，还需要克服既有的文化和行为方面的重重障碍，因为公民道德的养成首先是与公民角色相符的公民身份的获得，进一步讲，是与公民身份相伴随的公民地位在日常生活中的落实。在经济领域主要表现为自由、开放的市场体系的确立，唯有如此，公民才可以习得各种公民经济美德。

活着与尊严、苟且与自由的取舍，只有在将人置于极端情形时才会提出，事实上，普通人在其一生中很可能都不会遭遇这样的极端问题，他们更可能遇到的选择是怎样生存才是好的生存、眼下的经济活动如何让生存变得更有底气。在经济匮乏时代，为了保证少数特权者获得超额的经济利益，就必须让绝大多数人陷入赤贫并且让他们在观念上自愿接受贫穷的生活，将之视为道德上的试金石。所以，农业时代并存着人的等级身份差别和对财富或消费活动的道德鄙视。中国传统儒家提倡“节用”“制欲”美德，这虽然保持了自然主义合理性，减少了对物质的占有欲，但同时也遏止了人们对经济生产、财富创造和理性消费的追求。儒家一贯主张的义利之辩，特别是重义轻利的价值选择模式，在申明大义的同时，轻视了私利之正当。因为与儒家的“义”对应的范畴“利”主要指私利，“利益尤其是私利，具有道德的不正当性，道德成为礼法实施的最终根据和旨归”①。工业时代不仅唤起了人们对财富的追求，而且公开承认消费的正当性，消费为不断扩大的再生产提供了不竭的动力，并最终迎来了大众消费时代。

公民的日常经济行为通常体现在消费活动中。现代社会的成员首先是消费者，不仅在成人之前不得不进行单纯的消费活动，即便在成人之后，其所从事的生产活动也只是十分有限的社会活动，也只能满足自身的很少一部分生活需要，自身的绝大部分活动都是在消费中完成的。在市场社会，公民同样也是消费者，但从公民美德视角来看，公民绝不是一般意义

---

①　曹刚．法律的道德批判．南昌：江西人民出版社，2001：193．

上的消费者，而应是理性的消费者，此时的“理性”不只是个人的经济理性，还包括社会的综合理性，这表现在如下三个方面：

第一，基于需要（need）的消费，而非出于欲望（desire）的消费才是正当的。“需要”源于人的正常生理、心理反应，因此满足人的需要就天然地具有经济合理性。“欲望”却是一种过度，它无非一种缺少节制的刺激性反应，它不仅无益于人，而且还是造成财富浪费、人群攀比甚至滑向犯罪的始因。对欲望的控制正体现了人的自律，体现了人的意志对外在物质的把握。现代公民在经济上的成熟之主要表现就是基于需要的消费或者说理性的消费。

第二，合乎自然的消费，而非反自然的消费才是可取的。“合乎自然的”不仅指与自然环境友好，尽可能用天然有机的素材，尽可能减少垃圾量等方面的绿色行动，而且指以合乎常理的方式消费，包括少用一次性用品，节约不可再生能源，减少包装，重复使用物品，用手工、人力去做力所能及的事情，减少对机械、对电力的依赖。

第三，风险可控的消费。公民独立性的首要内容在于经济的自主。如果没有安身立命的技能和职业，就无以养活自己；如果在经济上不得不仰仗他人、依靠他人，就不可能很好地履行自身的责任。经济自立既是一种品质要求，更是一种能力要求。一个经济自立的公民不仅要靠自己的才识和劳动不断积累财富，获得财务方面的充分自由，而且要有一定的经济风险预测和掌控能力，例如，购买保险以减轻生命中不可测突发事件造成的负面影响，投资理财以抵御通胀、换取将来的更大收益，等等。即便提前消费，如贷款买房、买车等，也应充分考虑自己的还款能力和所购物品的未来升值潜力等多种因素。

公民理性消费，这一观念的前提是承认人的合理需要，并充分肯定人的正常消费活动，要有对个人私利的正确而公开的倡导。没有对个人财产权、个人自由选择权的充足信任，就断然不会有理性消费的要求。社会或他人不能超越当事人的自主，随意僭越当事人的自由意志，无论以什么名义，对当事人并不违反现行法律的消费加以剥夺、限制都是错误的。即便遇到紧急情况，例如发生重大灾难或遭遇外敌入侵，政府或有关部门要征用公民物品或对公民消费活动进行限制，也需要获得法律授权和具有正当程序后才可实施，但这些限制措施属于非正常情形，一旦紧急情况解除，就必须迅速恢复原状，归还公民应有的权利。应当承认，在今日中国消费领域和公民个人经济活动领域仍然存在忽视、践踏、剥夺公民权利的现象。这些现象的频繁发生不仅造成了对当事人个体的伤害，也直接破坏了国家与公民间的信任-托付关系。我们必须充分正视这些问题，从公民道德读出国家的责任和政府的义务，改进现实制度的设计，落实法定的公民权利，因为只有合理的制度才会传播合乎道德的各种观念，并持续地促成公众形成良好的行为方式。

三、经济组织的公民规范

工业化时代的西方社会伦理观念是由作为生活信念的新教伦理、作为政治制度的自由伦理和作为经济结构的市场伦理这三种力量相互结合、相互作用而形成的，信用、平等、自由这三种核心价值一道构成了评估社会进步与否的总体标准。然而，这三种核心价值并不总是相互匹配或协调一致。现代经济个人主义和现代工业文明既是一对孪生兄弟，同时也存在严重的内在矛盾：前者强烈要求宪法保护个人权利，并极其看重个人尊严和个人独立；后者更多要求组织活动的理性化和机械化，表现出法团主义倾向。在三权分立的制度架构中，政府和司法独立于工业实体之外，依据选民意志和既定法律进行居间调停，以避免市场各方之间的冲突导致社会分裂之严重后果。现代西方社会的成功治理经验之一就是经济行政组织、经济行业组织、经济实体组织相互独立，各司其职，同时遵守共同的法律和政治制度，在此共识基础上利用开放的对话平台调解和纾解不断出现的各种矛盾，矛盾的解决始终被有效地控制在权利斗争的领域内。

（一）经济行政组织的公民规范

经济行政组织主要指政府的经济监督部门。经济行政组织的职能是什么？是控制经济活动、服务经济活动，还是其他？对此的不同理解将极大影响政府经济政策的性质和走向，从而影响政府与企业的关系，并最终影响社会经济发展。毫无疑问，在中央集权制和计划经济体制下，经济行政组织的主要任务是控制、限制、防范企业和公民个人的经济活动，但这已经被大量实践充分证明是十分低效的。服务市场主体的经济活动，这是现代政府的经济职能之一，为此，现代政府首先要明确划分经济与行政、市场主体的自由与行政介入之间的边界，从而保障企业的经营自由权，鼓励经济活动的活跃和创新。第二次世界大战期间及其后，随着政府职能的扩张，政府对企业、市场活动的干预变得频繁起来，这对传统的工业民主、经济自由、市场理性等观念都提出了巨大挑战。由于政治体制的差别，各国之间的行政与经济的关系也呈现出显著的不同，例如，有市场化国家、非市场化国家，还有反市场化国家。从公民道德构建的角度看，并非现存的政经关系都是可取的，即便合乎基本市场秩序和民主政治观念的政经关系也需要不断调整。

学界有一个共识，即更准确和可信赖的企业信息将有利于市场信任关系的建立和交易的达成，这就是人们通常说到的征信系统。就各国的成功经验来看，征信系统大多由第三方——非政府组织、行业协会或专业机构——建立或维护，但在中国，政府由于掌握许多重要的社会资源和各类信息，所以应当当仁不让地承担起建设征信系统的责任。征信系统一旦建立，除了极少数个人隐私和核心商业机密之外，其他信用信息都应向公众开放，这将有利于减少欺诈行为的发生，从而降低交易成本。

在现代社会，经济行政组织最重要的工作目标（或者职能）是搭建社会信任的平台，维系社会资本。在传统的农业社会，家庭、宗族、血缘亲情等提供了熟人间的整体连带感和价值认同的人伦基础，但在现代的工业社会，城市生活和市场体系将人们拉进陌生人组成的世界，无论日常生活中每日打交道的人（如公交车司机、马路上的清洁工等），还是商业交往或工作关系中的人（如顾客、用户、供应商等），绝大多数都是完全不知根底的人，熟人社会中的邻里互助基本失效，许多人就可能“放纵”自己，骗一个算一个，急功近利的行为、坑蒙拐骗的行为就会层出不穷。所有国家在市场经济初期都经历了这样的丛林法则时期，此时，政府就要有所作为，通过立规矩、守规矩的行为树立自身的公信力，为社会信任背书，同时还要对不守规矩、因不守规矩而获利的行为予以严厉惩处，以儆效尤。市场自发秩序最终就过渡到市场社会的合理秩序。

服务经济活动就是要为市场主体提供便捷、有效的信息，而不是牢固控制市场的资源，那种随意设置市场准入门槛的行政规定完全违背了市场的本质，过滥且不承担责任的行政干预将导致市场竞争的扭曲。例如，过多的项目审批不仅会增加企业的负担，限制公民参与经济活动的热情，而且留下了寻租空间，加速了政府的腐败，这显然是双输的结局。一些人将项目审批美其名曰“宏观调控”，这是个极大的误解。政府掌握过多、过细的项目审批权，这是微观干预或者更直接地说是政府权力随意介入经济事务。政府的经济职能不应当体现在微观事项上，而只能体现在宏观社会发展和长远经济战略规划上，而且这样的宏观调控权是一个法定权力，只有获得授权的宏观经济管理机构才能行使，因此，必须尽可能减少、废除对具体项目的审批，政府部门应从对微观经济事务的干预中全身而退。

应当清楚的是，在市场经济主导的体制下，市场或市场领域的经济部门具有优先性，它们的活动构成了市场社会的基础，它们创造的财富支撑了整个社会的运作，因此，作为市场参与者的企业的诉求就比政府或政府机关的诉求具有优先性。从这一意义上说，“企业本来应该是主导力量，应该主导经济发展，主导社会进步。……企业应该自己去推动公共政策的改善，自己去推动制度环境的改善”①。这也就是工业民主或经济民主的本意之所在。在市场经济条件下，企业或一切合法存在的经济部门才是主角，政府或一切社会组织都只是配角。所谓建立服务型政府，就是通过改革、完善政府机制，使之能够较快、较好地为企业或市场的直接参与者提供各种有效服务。

有人对此很不以为然，他们会说：既然政府是公共利益的代言人，那么政府就是公共利益的化身，而企业只是追求集团利益，甚至只是追求企业主的一己私利，若要政府服务于企业，岂不是让公共利益服从于私人利益？这一看似言之凿凿的反驳至少存在如下三个明显的漏洞。

第一，“政府是公共利益的代言人”究竟是一个价值判断还是一个事实判断？毫无疑问，它只是一个价值判断。对于任何一个政府，我们都可

① 陈敏. 公共讨论是市场经济的清道夫：对话民营企业家倪捷. 南方周末，2006-05-04.

以用是否以及多大程度上代表了公共利益来评价它，并且可以借此评估政府的每一个具体决策、措施是否公正或者是否具有合法性。一方面，公共利益本身并非静止不变，不同时代、不同民族所理解的公共利益是不同的，每一届政府都必须运用政治智慧去不断追踪并适时地做出判断，以把握此时此地的公共利益之所在；另一方面，每一届政府都是由具体党派、人群构成的，这些党派或人群在执掌行政权力后并不仅仅以公共利益为旨归，也会自然地产生维护并扩大自身党派或所在集团之利益的冲动，这样，实际的执政党或领导群体（即现实的政府）就只在一定范围内、一定条件下才关心公共利益。这是一个非常显见的事实，在市场社会，这一点不是冲淡了，而是被强化了。

人类所发展出来的政治智慧和制度理性都反映了这样的努力，即要迫使政府将主要的关注点放在公共利益上，而不管政府是否有主动意愿或善良意图。这个方面的重要设计就是与市场经济相适应的政治民主化结构。“在民主政治上，国家的政治权力一方面来自人民，人民是权力的源泉；另一方面又被分解为公民的政治权利，这一‘分解’是保证国家权力依法运行，实现依法治国的重大发明”①。公民道德也主要体现在每一个普通公民参与、关心公共事务、公共利益的过程及方式上，此时，公民道德也可以成为推动政府承担责任的重要力量。

第二，这一反驳隐含了这样一个前提：公共利益大于私人利益。如果只是从现实的角度，特别是从数量关系上看，公共利益的外延和范围确实大于私人利益，但上述判断仍然经不起理论的推敲，它并没有正面回答理论上的逻辑关系是什么。从发生学意义上说，私人（或个人）利益无疑是先于公共利益的。如果从现实的存在层面说公共利益大于私人利益道出了部分真理的话，那么，从发生学层面说私人利益先于公共利益则揭示了更深刻的真理。若没有私人利益的存在，公共利益就无从谈起。公共利益与私人利益分别满足了人类不同层次、不同领域的需求，在道德上都是合理的。借公共利益之名否认私人利益是没有充足理由的。事实上，如果不是首先明确地给予私人利益充分尊重以及放弃公共利益在道德上的天然优

① 张文显．法学基本范畴研究．北京：中国政法大学出版社，1993：306.

越地位，真正的公共利益就无从建立。公民道德倡导自主、理性，就是对传统社会无视、抹杀个人利益的整体道德观念的抗争。即便在共同体内部，公民个体的道德觉悟和自主自愿的行为也是值得肯定的。

第三，虽然一般地说政府是单一的，而企业是多元的，但不能由此得出结论：公共利益是单一的，而私人利益是多样的，从而多样的私人利益可以而且应当被统一到单一的公共利益之中。其实，公共利益也并非单一的，即便存在某一时期相对集中的公共利益，它也无非只是众多私人利益的最小公约数，只是诸多私人利益的重合部分而已。因此，一切实际的公共利益都只能是部分（哪怕是绝大部分）私人利益的反映，这就意味着在任何时候都会有另一部分私人利益无法体现在已经表达出来的公共利益之中。对于这部分私人利益就必须有一个适当的渠道给予满足，而不是掩盖或否认这部分私人利益，从而造成对这部分人权利的严重侵害。公然漠视少数人的权利，这显然是违反基本的正义原则的。

任何公共资源都是公民共同拥有的，公共组织和公共设施都是公民承担个人或团体义务而建立的，简单地说，就是公民尽纳税义务而建立起来的。所以，以渐进、自愿的方式，即自下而上的草根方式，去发现并推动公共利益才是可取的。充分调动公民间的协调、对话，只有在多数个人都充分表达出自己的真实利益或联合其他持有与自己相似或相近利益的人来呼吁自身利益的条件下，真实的公共利益才能被发现。在这样的过程中，公共利益同私人利益会发生各种碰撞与融合、纷争与妥协，但这样的方式及其所提供的空间恰恰就是现代公民的演练场，公民道德也从中应运而生。

在新中国成立后的相当一段时期内，国家对社会的政策基本上是大包大揽，以至于“社会”逐渐压缩，形成国家统领社会的格局。这一格局造成了许多严重的问题：行政机构过于庞大臃肿；因为缺少中间地带，国民的任何事务都被纳入国家领域，一旦解决不好，就容易演变成国民与国家的对抗，国家处于高度危险的境地；民众的社会参与渠道过少，导致民众的社会参与度、社会效能感低下；等等。重新审视“社会”，将社会摆在恰当的位置，并承认它与国家不同且相对独立的重要性，这必然涉及国家职能的转变。国家要从意识形态控制者的角色转变为社会生活的组织者、社会利益的协调者和社会矛盾的化解者等更加中立、多样的角色。

当代中国改革是从经济体制改革入手的，1984 年的“有计划的商品经济”和 1992 年的“社会主义市场经济”的提出是两个重要的转折点，显示了中央政府在经济体制改革上的阶段性战略思想。现在的中国既存在市场化不足的问题，同时也存在某些领域内过度市场化的问题。在今天的中国，有些部门在制定相关法律和规定时为自己的任意行政行为留下了过大的余地，造成了许多现实中的尴尬，甚至成为企业、个人行使经济自由权的阻力。目前仍然未能得到妥善解决的问题之一就是政府与市场之间的边界问题。政府的行政权力需要限制，同样，市场运行也会带来诸多问题，如市场失灵区的存在，政府作为市场自发秩序的补充或矫正之合适的“度”并不好把握。从发达国家的经验来看，极端国家主义或极端市场主义都不是好的模式，不应成为追求正当性的政府的首选。合乎理性的方案是选择适合本国国情和经济发展阶段的政府公共服务与市场自主运行的恰当混合。然而，真正的挑战又出现了，因为这一恰当混合并非一个静止的点，而是一个动态的过程，需要不断应时顺势地做出调整。政府的政治智慧正体现在对这一动态过程的宏观预测和整体考察并适时做出行政行为的合理调整上。

（二）经济行业组织的公民规范

人是群居的动物，结社可以说是基于人的社会性这一本质特征的活动形式，因此，结社权在所有法治国家都成为公民的一种重要宪法权利。人类很早就形成了各类经济结社，如传统乡村社会的“会”“社”“门”等，传统工商业中的“同业公会”“组”等。近代以来，经济结社变得更加频繁和广泛，但由于历史传统和国家制度的差别，各国经济结社的发展情形十分不同。

行业协会的地位和职能受到所在国的国家-社会关系状态的约束。大体说来，在发达国家存在三种模式：英美模式行业协会的主要作用是为会员提供培训、会展、信息等互益性服务，并部分参与行业规划的起草、行业规范和标准的制定、行业资格初审等行业治理工作，有时也具有部分超出行业范围的公共治理功能。大陆模式严格区分了专业性行业协会与工商会，专业性行业协会属于私法人，不直接承担公共治理事务，工商会则属于公法人，需承担较多的公共治理事务。混合模式的行业协会区分了法人性与非法人性两种行业协会，法人性行业协会受政府资助和指导，同时承担大量政府授权或委托的行业治理事务，非法人性行业协会属于自由团体，不受政府资助和支配，也不参与公共治理，日本采纳了混合模式。

在现代社会，行业协会不仅在城市、在工业活动中发挥了重要作用，而且在农村，在农业生产、经营和农村文化生活建设等方面也发挥着积极作用。综合农协这样的农村社会经济组织首先兴起于日本，它在日本二战后经济复苏和农村社会的改革中起到了重要作用，被证明是卓有成效的，中国台湾地区和韩国纷纷效仿。我国大陆部分地区在20世纪90年代也开始了这种尝试，带来了显著的社会经济方面的成效，一些地区取得了比较成熟的经验，其中的佼佼者是山西永济市的蒲韩镇农民协会。

现代发达的民间社团将分散的个人聚集在功能性的社会组织之中，化解或分担了城市文明、现代工业生活方式中的种种社会矛盾。现代民间社团取代传统的家庭、村庄、行会、教会，承担了个人社会化的职能。民间社团的建立并非源于自上而下的正式授权和行政命令，也非唯利是图的斤斤计较和商业算计，相反，它以松散的组织形式借助共同的意愿提炼出特定的组织目标，通过“产出剩余”为成员创造参与现实感，满足人们的社会化需要，从而鼓励人们的自愿、自主参与，解决人们共同关心的议题或事项。正如管理学大师西蒙（Herbert Alexander Simon）所指出的，“组织目标是所有参与者的间接个人目标。它是组织参与者联合行动来实现各自不同的个人动机所采取的手段”①。各类社团组织的活跃存续可以极大满足现代社会中人们结社、合群同时又保留自我、个性、尊严等多重心理、精神层面的愿望。民间社团高度开放的进入和退出机制，肯定了人们的自主性，并维护了人们在自愿选择前提下的相对多样且自主的行为方式。

在当代中国，现存的行业组织大多兼具行政性和民间性双重属性，那些影响力大、能够动用广大社会资源的行业组织基本上都是官办的组织，

---

① 赫伯特·A. 西蒙. 管理行为. 詹正茂，译. 北京：机械工业出版社，2004：12.

例如，附属于国家行政机关的全国性行业协会等。由于缺少市场竞争和公众监督，这样的行业组织极易出现不规范乃至违法的行为，如2005年的“全国牙防组”事件、2010年的“新书禁折令”事件、2011年的“郭美美事件”等，导致行政性行业协会的公信力受到严重冲击。

2013年3月通过的《第十二届全国人民代表大会第一次会议关于国务院机构改革和职能转变方案决定（草案）》中提到，要对行业协会商会类、科技类、公益慈善类、城乡社区服务类社会组织实行民政部门直接登记制度，依法加强登记审查和监督管理。健全社会组织管理制度，推动社会组织完善内部治理机构。中央高层已经充分意识到各种民间社团对社会管理的积极作用，有意推动社团管理的改革，以释放社团的活力。鉴于经验不足和减少试错风险的考虑，有关部门正在尝试进行逐步、分层推进社团管理的改革，首先是放开非政治、非法律、非宗教类民间社团的注册、登记。这显然是非常值得肯定的重大改革。然而，我们不能止步于此，还要努力总结经验，尽快全面推进所有民间社团管理的改革，不能无期限地将政治、法律、宗教类民间社团排斥在合法、阳光的社会生活之外。“作为一个社会组织，非营利组织实际上就生活在社会之中。它的产生不依赖于政策的计划，也不需要政府的财政投入。它的坐标系或者说生命线是社会，而不是政府。因此，仅仅由政府一方掌握非营利组织的生杀予夺大权，可能有些片面了，也有些绝对了”①。

不容乐观的是，今日中国的行业协会在相应的法律规定上和政府部门的管理中仍然处于十分不利的地位：在法律规定上，我国的行业协会被规定为自由的社会团体法人，但同时法律又给予了行政部门过于宽泛的权力，形成了“归口登记”“双重管理”“一地一会”“一业一会”等相对僵化的行政管理体制，公民的自由结社权被严格限制在行政许可、行政管辖之下。此外，从中央到地方各级政府的政策也都赋予了现有行业协会过于繁重的行业治理功能，乃至社会服务、公众服务的义务，行业协会的行事内容完全脱离了会员的基本权益，造成协会在身份与功能之间的严重冲突。

---

① 吴玉章．民间组织的法理思考．北京：社会科学文献出版社，2010：41．

也有令人欣喜的变化。在一些经济发达地区或沿海开放地区，一些民营企业家开始表现出参与政治事务，并将自己的利益要求与其他同类群体的要求聚合起来的倾向。他们充分利用现有的政策和法律空间，极力争取自身的政治利益，并寻求制度创新，推进社会文明的进步。1994 年美国通过对中国打火机的“CR 法案”（Child Resistance Law，即儿童防护法规：售价在 2 欧元以下的打火机加装儿童保护装置），当时中国多数打火机企业选择了沉默并退出美国市场。1998 年欧洲也通知中国厂家 4 年后实施同样的方案，这个消息到表决前夕传到生产了全球 80%打火机的温州。相关企业迅速联合起来，选出负责人，聘请律师，约见记者等，在这些灵活而执着的温州人的努力下，欧盟提起的反倾销调查撤诉。历经“打火机之战”“家具之战”“胸衣之战”等一系列事件后，中国企业正在痛苦中成长，企业公民角色也在不断丰满。2006 年 2 月 8 日，8 家广东制鞋企业自发成立了“欧盟对华鞋产品反倾销应对联盟”，并推选出 15 家执行委员。它们筹资 300 万元联合聘请律师、经济分析师、公关公司为中国鞋业辩护、游说，并高调接受美国有线电视新闻网（Cable News Network，简称 CNN）、英国路透社等西方主流媒体的采访，以“向欧洲传递压力”。这标志着中国企业（特别是民营企业）开始跨入主动联合并设立代表自身利益的驻外组织以求自我保护的时代。

中国民营经济最发达的温州地区最早出现了真正意义上的民间行业协会，不同行业的企业主相约组建了代表自身利益的协会，协会的日常运作依靠会员按期缴纳的会费，因此，协会的主要职能就是为会员服务，包括向政府建言、提交“两会”议案，争取有利于本行业发展的经济政策，出现商业纠纷时出面联系律师打官司，等等。例如，1999 年成立的温州市中小企业发展促进会是我国最早以促进中小企业健康发展为己任的社会团体之一，已有 2 100 多家会员企业，选出的会长不仅同为中小企业主，而且具有极强的社会工作能力，与政府、媒体的关系好，对会员有很强的感召力。协会工作人员经常走访会员企业，及时、全面地掌握企业的经营状况，协会不定期地向有关政府部门提交调查报告和政策建议，将企业共性问题延伸为社会问题，并敦促上升到公共政策层面。

市场社会合理的经济结构是政府、企业、协会三者既相互独立，又相互合作的稳态三角结构。政府独大，就容易产生公权力腐败，也会极大抑制企业的活力；企业独大，结果是早期自由资本主义时代的“资本原始积累”，公众利益受到严重侵害。政府与企业都应在各种领域守住法律的边界，尽力尽责履行自身的使命。联系二者的桥梁就是各类经济协会，因为任何行政政策和现行法律都是利益博弈的结果，缺少了协会，二者的沟通和诉求就无法有效实现，这无论对政府还是对企业都会带来极其不利的后果。

（三）经济实体组织的公民规范

资本主义市场经济的生产方式是，通过市场机制将生产、流通、分配、消费等活动连为一体，这是它与封建社会手工业、家庭作坊的重要差别。最初的资本主义生产方式还只是在少数交通便利、人口稠密、货物充沛的城市被零星尝试，将这样的生产方式迅速推广开来的是 18、19 世纪的工业革命。工业革命催生了现代企业，将生产、经营、销售等分散性的活动有序地连接起来，带动了资本主义生产方式的扩张。从精神价值层面看，维系资本主义生产方式的动因是逐利动机，即无限利润增长的热望，它张扬的只是经济自由和财产私有，这些要求与政治民主和包含了道义诉求的社会公正的价值观存在明显的冲突，甚至与之存在相当程度的紧张对抗。直至 19 世纪末，西方的企业在扮演企业公民角色方面都是非常不积极的，因为当时的相关法律规定和企业人士的普遍意识都限制了企业或企业的管理者在日常经营活动之外的自主贡献社会行为。当时流行的观念及权威人士断言，企业没有权力做其业务范围之外的事情，否则，就是过度活跃①；一个处于“过度活跃”状态的企业可能会受到股东的起诉，法院也普遍支持股东的抱怨和诉求。

随着工业民主运动和企业社会责任理论的兴起，古典自由主义的企业观受到了挑战和质疑。今天的人们已经越来越主张：那种将企业人士设想成可以高度理性、冷漠地分离自己的角色与信念，在企业内仅仅以“企业

---

① 过度活跃（cultra vires），这个法律术语来自拉丁语，它所表明的意思是：企业的活动超出了企业的权限。

人”身份行事的观点是极其缺乏根据的。一个进入企业组织、担当管理职务的人并不会自动终止他作为一个人原本具有的社会意识，而仅仅以“企业人”面目出现在世人面前，如果某个企业组织的不道德氛围与他的既有道德观发生严重冲突，那么更可能的结果是：该管理者或者在经受了心理和价值观方面的重大伤害之后“同流合污”，不得不放弃自身的道德观；或者辞职离任，以维护自身的道德观。不仅如此，这样的道德困境若持续下去，还会极大损害管理效率和企业组织既有的社会资本，从而给企业组织以毁灭性的打击。现代组织行为学和代理理论都揭示出，不良的组织文化会产生让具体个人失去通常道德感的“团体压力”，导致“组织化错误”。

社会主义者批判工业化所造成的两极分化，共和主义者力陈工业化的革命性价值，自由主义者突出工业化所带来的活力。他们各执己见，都只是将工业化视为工具性的存在，都只看到通过工业活动后所达到的其他后果。所以，社会主义者要打破旧的国家机器，完成生产资料与劳动者的统一过程，消除劳动的异化。不过，这样的政治诉求也会带来其他棘手的难题。共和主义者主张工业对社会分配的意义，并不想从根本上冲击工业活动本身；自由主义者则进一步为工业活动提供“保护伞”，因为他们相信工业活动体现了有产者、投资者的权益。显然，共和主义者和自由主义者都只是从不同的侧面突出了工业活动的某些后果，并且都是从工业活动之外的社会立场来看待工业活动的，将工业活动视为纯粹受动的观照对象。由于对工业活动持工具化态度，人们普遍没有将工业活动纳入公共视野，这就可能使工业活动中的重大问题仍然被私人化或局部化，例如，工业组织的社会功能、企业的经营方式、员工在企业内的升迁等，常常被归结为企业家本人、管理者个人素质或员工自身因素等方面的问题。

不可否认，利益问题是制约企业道德产生的重要因素，企业的产生最早也源于投资人或股东的利益冲动和交易成本最小化的意愿，但企业公民行为并不是利益关系的简单投射或直接反映，而是企业人士（或企业主体）对这种利益关系的驾驭。企业是具有社会特征和拟人属性的复杂组织，所以，企业不仅是一种经济单位，还是一种社会存在，这就意味着企业要承担起相应的社会责任；企业不是物体，而是“法人”，这就表明企业并非经营者或投资者的囊中物，企业必须服从社会管理，遵循社会价值。美国波士顿学院企业公民研究中心提出，“企业公民是指一个公司整合社会基本价值与日常商业实践、运作和政策的行为方式”。

在资本主义市场经济通过自身进化超越了原始积累阶段之后，人们就开始正视经济实体或经济主体的内外利益关系冲突所导致的消极社会后果，并逐渐发展出一系列社会措施进行矫正。例如，在外部机制方面，形成了各种中立性的仲裁机构以规范市场行为，防止不公平竞争；立法限制员工的工作时间和强制采取各种劳动保护措施，减少对工人劳动力的过度压榨；通过行政力量建立起全民性基本健康保险和就业保障，以弱化企业经营周期性失效导致的社会震荡。在内部机制方面，则发展出了企业道德这样的自制、自律性规范体系。结果，将企业活动排除在道德考察之外的主张越来越不受欢迎。之所以提出企业公民行为，一个内部动力恰恰在于，多数企业界人士率先充分意识到与其因不当的企业组织错误而招致公众的谴责和政府的直接管制，不如企业以及行业同盟做出自律且负责任的行为，从而保护企业活动的自主空间。

随着法治精神的普及，法律所倡导的平等、权利、自由等观念深入人心，诉诸立法修正或司法实践等方式来改进工业化进程，保障工业界人士，特别是劳工的利益，成为当代社会的一个重要现象。今日的欧洲共同体通过各种决议敦促其成员国实行工人参与管理制。公共行政向“服务”“治理”的转型，也为企业公民的出现提供了有力的支撑。以前政府对劳资关系大多持放任自流的政策，现在转向积极干预，并创设各种沟通平台、对话渠道，员工的社会权利在企业内也得到了有效落实。

2003 年全球 CEO 聚首的世界经济论坛专门讨论了企业公民的具体实施问题，列明了企业公民的四条标准：第一，具有好的公司治理和道德价值，包括道德行为准则和商业原则问题，如遵守法律、通行的规则以及国际通用的标准，防范腐败贿赂，等等；第二，承担对人的责任，包括实施员工安全计划、就业机会均等、薪酬平等、消除歧视等项目；第三，承担对环境的责任，包括维护环境质量、使用清洁能源，以应对气候变化和保护生物多样性；第四，参与广义的对生活和经济福利的贡献式活动，例如传播国际标准，向贫困地区提供要素产品和服务，包括为其提供清洁的水、能源、医药、节育和信息技术等。不难看出，企业公民所担负的责任是多重的。需要指出的是，企业扮演企业公民角色就是在追求一种公共利益，企业不能借此满足自身利益，企业自身利益只能在市场领域内完成。严格区分二者，才能既保证企业公民不成为企业日常经营的负担，同时也避免其成为冠冕堂皇的借口或商业公关式的广告行为。

企业公民的展开程度与公众的普遍公民化行为水平有关。越是在公民意识强的社会结构中，企业越有压力和动力去扮演好企业公民角色。例如，那些“有责任感的消费者试图通过其购物决定来影响企业在生产、尊重人权或者环境保护方面的行为。诸如公民消费、消费参与者、负责任消费、为世界更美好而购物等很多反映消费义务的词汇频频出现并且还在发展”①。在一些西方发达国家，这些有责任感的消费获得了很大的舆论支持，这显示了一般社会成员经常表现出良好的公民行为倾向。目前他们大多采取了如下两种形式来对企业施压，以促使企业落实企业公民身份：一种是联合抵制（boycott），即统一不买某些与个人公民义务相违背的产品（例如来自“血汗工厂”的产品）；另一种是联合购买（buycott），即统一购买生产产地和生产条件都被证明符合消费者义务标准的产品（例如承诺对环境友好的产品）。企业公民角色改写了传统经济学理性观在企业中的运用。那些落实企业公民身份的企业不再奉守“自利理性”“个人理性”，而是引入了社会目标函数，包括社会性成就、道德声誉、企业形象、社会信任文化等内容，修正自发经济行为的无序后果，从而事先降低单个企业“自利理性”间的摩擦，由此减少行政部门的粗暴干预，从而获得自主发展、自我约束的空间。

不过，还是有一个无法忽视的理论难点，那就是：用一个无可争议的、客观的标准来定义企业公民角色是很困难的，对于不同企业的做法，甚至不能给出一种清晰的鉴别方法，所以，人们难以准确地描述哪些企业真正落实了企业公民角色。于是，许多政府部门以及公众就直接诉诸道德义愤，不顾任何程序和必要的过程，强制性地落实企业公民角色，这很可

① 热罗姆·巴莱，弗朗索瓦丝·德布里．企业与道德伦理．丽泉，侣程，译．天津：天津人民出版社，2006：364.

能带来对企业自主经营权、企业所有权的侵害。弗里德曼的警告仍然具有合理性，他提醒到：企业承担过多的社会责任会威胁到政治的自由，因为承担了过多社会责任的企业就是在扮演经济角色之外的政治角色，这种混合了政治因素和经济因素的力量由企业管理者来控制是很危险的。政治机制和市场机制各有其适用的场所，在稀缺资源的分配中市场机制可能更为有效，不能用亢奋的道德理想目标来抹杀企业组织奉守自行其是原则的合理性。

总体上看，中国企业目前的企业公民角色仍然不够清晰和充分，这是有深刻原因的。客观原因包括企业历史过短、企业发育不成熟、企业力量过于羸弱等，主观原因则来自企业界人士（特别是企业决策者和企业所有者）缺少扮演企业公民角色的意识。在今天的中国还存在这样一个迫切的问题，即企业自主权（企业自主经营的权利）尚未完全落实。一方面是政府的干预过多，另一方面是企业经营的独立性和存在的边界不能在公理法理两个方面得到明确的定义并获得充分的保障。这伤害了企业采取企业公民行为的积极性，就像一个有意识且独立的个体才能成为道德的主体一样，有独立经营权从而在社会中感受到自己存在价值的企业才会有采取企业公民行为的愿望和条件。很多时候企业会借助协会来表达自己的社会态度和道德主张，由企业自愿结成的行业协会可以成为企业的代理人，行业自律本身就在落实企业公民角色。这需要相关政府部门放手、放权，给予企业、行业自发生长、逐渐进化的足够空间，并用行业自律取代行政强制，例如在食品、医药等产品上，除了政府部门的必要指导和监督外，更应建立行业自我管理、自我监察的机制。企业公民在中国的推进是十分必要的，这将可能促成中国企业获得后发优势，避免走先破坏后恢复的老路，在企业公民的制高点上带动企业的可持续性发展。

笔者在此想特别强调的是：由于中国经济结构之特点，国有企业，特别是大型央企，应首先扮演好企业公民角色，这不仅因为它们在经济领域具有举足轻重的地位，更重要的是，它们被设立的初衷就是追求全民的根本利益；国有企业如果成为逐利的机器，仅仅以“经济人”面目出现，那就背离了其宗旨，就应该被淘汰。在欧美发达国家，国有企业都是公共产品的提供者，在经济中所占权重低，且不以营利为目的，处于市场体系之外，很少把触角深入竞争性领域，在国会的严格监督下活动。但在中国，央企还被赋予了一个重要职能，即它们经常代表国家参与国际市场的竞争，这使它们无法摆脱竞争者、“经济人”的特性，由此还获得了政府的特殊“关爱”，例如，它们具有通向资本市场的绿色通道，拥有资源独占权，等等。然而，这仍然不能变成它们全然放弃全民所有的公共属性之借口，它们必须明确区分对内“像羊”、对外“像狼”的双重角色。依据权利与责任对等原则，获得特别好处的国有企业就应承担更多的责任，像公民一样去关注恒久的社会利益和公共价值。

第三章　政治-法律现代化与公民政治道德

“公民”“公民道德”问题进入中国人的视野可以上溯到20世纪初期。伴随着西学东渐，许多西方学术流派和社会思潮陆续进入中国，其间，“公民”“国民”这样的政治主体也被译介进来，“政治”——不同于皇家私事和传统君臣对待关系——这一新事物开始影响中国的现代化进程，深刻改变了中国人的日常生活状态。1911年颁布的《宪法重大信条十九条》正式使用了“国民”一词，这大概可以算是最早且有案可查的“国民”登场的官方文本。但“公民”真正走入政治生活的全部领域并成为政治事务的主人则要晚得多。1954年颁布的《中华人民共和国宪法》第一次将“公民”作为国家权力与国家意志的主体，确定了公民独立而至上的地位。然而，不可否认，这仅仅在思想上解决了公民身份问题，公民地位的落实、公民道德①的推行等都远远没有继续深入，甚至步履维艰，几度搁浅。始于20世纪90年代的市场经济体制的确立以及与之相伴随的依法治国理念的初步形成等，才逐步为全面、深入回答公民道德问题提供了适宜的时代背景。换句话说，国家政治制度的安排，即政体与公民的关系、政治中的公民角色才是制约公民道德的核心内容，因为公民道德问题与民主体制、法治社会的形成及其维护存在相依相随、互促互进的深度勾连。

---

① 本书将公民道德界定为“公民在民主制度内活动所必需的道德品性”。虽然不同的政体都会提出相应的公民道德要求，但符合当代主流精神的公民道德之内容应与民主政治、法治体系等相适应。

一、现代政治结构

与经济现代化对公民道德的影响相比，政治现代化的影响更为深刻和持久，它是公民道德兴起和发展的近因、内因。不同的社会和政治体制对具体公民道德内容的规定有很大差别，好公民的标准在不同的国家和历史时期也存在极大差别。例如在英国，20世纪初，官方倡导的公民品质主要是温顺听话，强调公民对国家的忠诚和义务。1910年，英国国家教育委员会对“好公民”的定义是：具有正确的工作态度、恪守各种制度、行为无私、谦逊等。20世纪下半叶，移民潮的涌入迅速地将英国转变为一个多元文化的社会，公民教育的任务变得艰巨起来，“好公民”的品质扩大到在一个多人种的多元社会中正确认识自身的职责①。这种变化无疑与英国国内政治生活的主题变化有关。然而，即便存在显著的国情和文化传统的差异，在与现代政治的关系上，公民道德在内容上仍然存在许多重要的一致，与现代政治相适应的公民角色存在一定的共通性，这正是我们今日强调理顺政治结构由此培育与之相适应的现代公民道德的深意之所在。

（一）现代政治乃众人之事

在传统的农业社会，“政治”只是少数人的事情，甚至带有一定程度的神秘性。例如，日本的“政治”在语源上与“祭事”同义，主要指由皇室主持的祈求国家安宁和农业丰收的宗教仪式。在古代中国，“政治”由“政”和“治”两层含义组成：“政者，正也”，指官吏进行道德感化，对民众进行教化的过程；“治”则指用强硬手段、惩罚措施来矫正错误以恢复原状。合而言之，中国传统政治主要指以理想道德为观念、以劝善惩恶为主要手段的官方对地方事务的治理，它体现的是对“民”的单方面干预和强制。西方的政治（politics）一词源于古希腊的polis，原指“城邦”，后指城邦整体的共同事务，因此，“政治”具有一定的公共性。但是，当时古希腊城邦的主人只包括全体居民中的很少一部分人，甚至只占全部人口的十分之一，广大女性、儿童、外国侨民、奴隶等都被排除在外，古代

① 蒋一之．英国公民教育的历史变革与现状分析．外国教育研究，2003（11）．

政治的公共性是非常狭隘的。

由上不难看出，即便同处前工业时代，中国传统政治观念也与西方传统政治观念存在根本性的不同。这表现在对政治的公共性这一基本属性的不同认识上。“自从儒学成为官方意识形态后，以家庭道德规范为核心的‘礼’成为社会的普遍规范，必须指出，礼同时适用于公共和私人两个领域，于是，中国传统政治文化中，不同于私域的公共普遍之理长期处于被压抑的地位”①。换句话说，在中国传统社会“政治”并非一个独立的领域，它与其他领域共享完全类似的行为准则，这就意味着“公”与“私”未能得到清楚的划分。与此相对，“在西方政治思想中，‘公共’观念来自于公共事物（res publica），它由遵守共同法律并具有共同利益的社群（community）所规定，它不单具普遍性，更重要的是强调不等同于私领域的价值和规则”②。意大利政治思想家马基雅弗利（Niccolò Machiavelli）在其著述中以大量的篇幅区分了公共事务与个人事务、公共利益与个人利益，并在此基础上确立了国家与个人、公共与个人相对立的二元结构，现代政治就处于这样的二元结构之中。但必须指出的是，马基雅弗利并不是个人主义者，更非利己主义者，他在很大程度上继承了古希腊的共和理念，主张维护公共利益，他说：“是对公共利益，而不是对个人利益的追求，使城市变得伟大”③，“毫无疑问，只有在共和政体下，公共利益才被认为是重要的”④。

在现代社会这一语境下，“政治可以被简单地定义为一群在观点或利益方面本来很不一致的人们作出集体决策的过程，这些决策一般被认为对这个群体具有约束力，并作为公共政策加以实施”⑤。在排除武力恐吓、军事镇压等非常规手段后，政治已经被看作一种不同群体表达和追求各自利益的方式。政治是有分歧的人群用劝说、讨价还价等和平方式（不排除

---

① 金观涛．观念史研究：中国现代重要政治术语的形成．北京：法律出版社，2009：77.

② 同①76.

③ Machiavelli. Discourses on the First Ten Books of Titus Livy. James B. Atkinson, David Sices, trans. Dalab: Northern Illinois University Press, 2002: 165.

④ 同③166.

⑤ 戴维·米勒，韦农·波格丹诺．布莱克维尔政治学百科全书：修订版．邓正来，译．北京：中国政法大学出版社，2002：630.

有时也会采取不怎么体面的方式，如欺瞒、相互利用等）形成有约束力的观点、决策，那些用武力强迫他人服从自己意志的做法就不再被看作政治活动。将政治仅仅看作敌对者之间不可调和的矛盾，或者将政治视为你死我活的清洗，这些观念已经不适用于现代法治社会。现代政治活动被纳入法律框架内，成为不同的个人或人群利益表达的主要方式。

在现代，国家依然是主要的政治活动领域，也具有最完整的政治权威，但却并非唯一的政治主体，与国家的关系也不是唯一的政治关系发生的方式，公司、工会、大学、社区等各种机构中同样存在着真实的政治活动。要将全体国民统一在共同的宪法权威下，就得承认人们之间虽然有分歧、有对立，但都可以在法律框架内以和平、理性的方式寻求循序渐进的问题解决途径，公开、开放的政治就提供了这样的解决矛盾、化解冲突的空间。可以说，现代意义上的政治是一种和平的、相互妥协的集体行动。国家机关的权威并不都是预先给定的，毋宁说它是在政治过程中不断确认的，所以，设定合理、有效的集体行动机制才可以获得稳定的政治权威。

现代政治乃众人之事，这是一种描述性判断。现代政治寄身于现代社会，现代社会的一个重要特征是多中心主义，地方、社区事务的实体化，促成政治活动的日常展示空间不再局限在首都或省府，也发展到广大农村、城镇这样的基层组织。乡民（或市民）在经营各自私人生活中，不得不围绕共同相关的事务，例如防火、防盗、夜间照明、下水道设施、儿童看护等问题，相互协商或争执，进行各种政治活动，一些擅长政治事务的人脱颖而出，竞选为地方议员或地方行政官员，但更多普通居民仅仅满足于有人关心自己的问题，自己的切实利益不被侵害，较少深度介入无关自身的公共事务。因此，以什么方式解决上述问题，就反映着一个国家实际的政治事务展开的过程，身处其中的人们就会在家门口耳濡目染活生生的政治过程，习得规则，掌握程序，特别是在民主政治体系中，权利斗争、讨价还价、妥协等都是日常政治生活的内容。在政治现代化过程中，乡民与市民之间的差别在缩小以至于消失，因为他们都学会了讲理、倾听和游说。

关于中国这样的传统大国如何过渡到现代国家，进行现代政治建设，许多人先后做出了各种有益的探讨。梁漱溟认为，中国近现代面临的危机根源于中国传统文化，中国传统文化本身并不坏，但在与西方对阵时就一败涂地，因为中国古代的宗法体制和仁礼规范的文化体系无法抗衡西方的完整而具有内在一致性的现代文明。中国必须进行文化重建，其中一个重要内容就是政治共同体的重建。梁漱溟由此进一步断言，中国历史上并无政治，唯有统治，统治是统治者以人治的形式治理国家，不仅没有真正确立国家权力，更没有将臣民大众动员起来，所以，他提出知识分子要走向农村、启发农民，并将农村社会的传统礼俗力量与知识分子的现代理性力量结合起来，形成政教合一的政治信念，在全体国民中培养新的政治共识，最终有望达成中华民族在政治上的新统一和新力量。这是梁漱溟依据他（作为一个局外者）对西方政治生活的直观感受而提出的“以夷制夷”对策。不可否认，梁漱溟的上述思想包含了一个非常重要的洞见，即稳定的政治取决于是否在全体国民间培育出文化、信念上的共识。政治共同体的形成以及由此达成的政治文化共识才是一个国家独立、自强的前提，图谋政治现代化不能仅仅停留在武力、权力的执掌上，更应关注深层的政治共同体的构建、政治文化的培育这些更为根本性的问题。

然而，在包括中国在内的追赶型现代化国家，工业化的推进和城市化的加速产生了一个严重的社会问题：曾经社会生活的主战场——乡村——逐渐被边缘化，城乡的差距越来越大。在中国，这一城乡差距的出现始于民国初年。随着西方式政治的引入，传统的政治精英（如乡绅、商人、武士等）无法继续扮演传统的政治角色，他们要投身现代政治事业，如新式经济、教育、立宪等活动，就不得不向中心城市集中，传统政治精英悉数离开乡村，这不仅带走了人才和资金，而且带走了传统乡村的规则制定者和秩序维护者，城乡出现断裂，农村日益陷入无序的凋敝状态。更为严重的是，城乡分割而治在新中国成立后的一段时间内得到极端强化，造成了严重的社会分裂和社会成员间的对立。

新中国成立后，在相当一段时间内政治都被垄断性地控制在政府和国家手中，国民只能被动受到权力政治和官方政治的影响，不能自发提出自身的政治要求或建立自己的政治组织，以表达自己独特的政治意愿或参与到切身相关的政治活动之中。加之计划经济体制的推行，完全剥夺了民众的经济自由权，每个人都被纳入级别不等的“单位”之中，人们生活中的一切，包括就业、待遇、前途等，都被事先安排好了，没有风险，没有竞争，但也缺乏机会，仅凭个人的努力很难改变自己的命运。人们感觉不到自己的有限、被动式介入会产生什么实际后果，最终失去了政治参与的兴趣和动机。

20 世纪 80 年代以来，随着政治体制改革的深入，许多立法、司法和行政实践都不断传递出政治民主化、制度文明化的信号。例如，在 1999 年 3 月召开的九届人大二次会议通过的宪法修正案中，取消了“反革命活动”这一以政治术语代替刑罚名称的做法，这是极具政治进步意义的积极信号，它意味着政治斗争也可纳入法律程序，表现为政治竞争和权利斗争。由于具有各种不同经济利益和政治利益的公民都成为政治权利的合法主体，所以人们围绕国家政治权力的分配而开展的斗争不能再被视为阶级敌人之间你死我活的斗争。“政治”不再只是少数高层的游戏，它开始成为不同群体的普通国民争取各自利益的工具。“政治”向众人之事这一公共属性回归。但是，这一积极信号的释放并未自动带来相应的行政、司法、公安等部门行事风格和制度体系的根本改变，具体公民在日常生活中的政治活动，特别是具有潜力抗争和挑战政府权力的活动，即便是和平的、理性的，也常常受到非法的禁止和粗暴的干预，政治现代化仍然征途遥遥。在今日中国，“现代政治”还未成为具有正面价值内涵的定性判断，而只是一个时间性的判断，因为本应为现代政治保驾护航的法律未被充分尊重和落实，来自公民个体的自发政治活动仍未得到有效保护。

透明、公正的选举是现代政治的主要手段，无论政治领袖的诞生、民意代表的出现，还是公共事务或涉及广泛的公共事件的决策，都需要采取一人一票式的选举。它视所有成年公民为平等的主体，尊重每个人的自主判断，通过选举集中多数意志，寻找公意。虽然选举往往是低效的，因为它只能是一事一议，选举有时未必代表理性的精神，因为部分选民会被操纵或愚弄，但选举本身对公民当事人的信任体现了现代政治的基本理念，即对公民权利的尊重和公民平等地位的落实，而且，公民终究会在不断试错中成长、成熟，个别公民可能被操纵，但绝大多数公民不会被操纵，不能因选举的低效或偶尔的过失而完全弃之如敝屣。在没有发展出更好的民主手段之前，选举仍然具有无可置疑的合理性，关键是，某个选举是否做到了透明、公正，是否经得起公众的检验。真正做到了透明、公正的选举所体现出来的公意，才可以使公职机关政治权力的授权具有持久的合法性和权威性，也将由此保证国家行政、社会治理的长治久安。只有通过合法的程序，选民的意志获得充分的表达，政治权力才能成为广泛分布的政治力量平衡的居间调停者。

一个人是不可能通过精确计算、衡量而推导出诸如自由、正义、平等这样的道德概念的，这类具有普遍意义的道德概念先在于个人价值判断而形成，它们通过社会文化符号和历史记忆而被延续下来，个人在通过介入式观察和社会交往等习得这些道德概念的同时完成了自身的道德社会化。在工业时代，由于理性能力的提升、知识的普及以及社会互动的增加，基本道德概念得到了空前的普及。只有在社会中积淀、累积形成广泛的道德共识，才有望建立起现代社会的道德共同体。这样的道德共同体正是现代法治下的民主政治的观念基础。亚里士多德曾经提出，公民间的友爱是保证城邦公共利益实现和公民合作的道德要素，我们今日强调公民道德建设，也是为了夯实民主政治、法治社会的稳固基础。

（二）现代政治主体及其地位

我们在前文指出，国家仍然是现代政治最主要的组织者和行动者，国家是通过行政机关来贯彻自身意志的。在按照等级结构组成的政府部门，通常存在一个垂直的责任链条，根据这个责任链条，部门中的每个人应当向其上级承担职务范围内的责任。因此，行政组织中就经常存在这样的责任冲突：是服从上级的指令还是服从公众的利益？是服从所在组织、单位的利益还是服务社会的整体利益？这些问题既涉及政治责任，又与行政责任相关。

一般而言，政治主体为国家、政府、政党或其代理人（如公务员、委托事务的经办人等），但在现代民主社会，普通民众也直接或间接、主动或被动地参与到政治之中。为了更好地说明政治现象，我们将前者称为政治活动，而将后者称为政治行为，换句话说，政治活动是指“在共同体中并为共同体的利益而做出决策和将其付诸实施的活动”①，参与主体为国

---

① 戴维·米勒，韦农·波格丹诺．布莱克维尔政治学百科全书：修订版．邓正来，译．北京：中国政法大学出版社，2002：629.

家、政府、政党或其代理人及各种民间社团；而政治行为则指公民或自然人个体自主、直接进行的各种具有公众性并试图影响公共权力的过程，政治行为可以是个人独立进行的，如投诉、检举、上访等，也可以是相互串联、合作进行的，如游行、静坐等。

在今天，政治作为一种活动，从根本上说，就是某些影响众人或国家走向的决策或方案产生的过程，因此，政治活动最重要的内容就是制定各种社会性决策。为保证决策的出台和落实，就需要动员社会资源，并支配特定的权力及其意识形态。某一民族、政党在一系列政治活动中总会催生出具有各自特殊性的权力结构和意识形态内容。例如，拟要颁布增加教育经费的预算，为通过这一决策，除了依靠法定程序，由权力机关制定决策并由行政机关加以推行之外，还要利用各种大众传媒向民众宣传教育的必要性，并在社会上树立教育为本的价值导向，从而赢得公众在道义、舆论上的支持。这样，该政治活动就可以顺利进行，该预算的提出者（如执政党等）也会由此进一步赢取民心。否则，缺少任何一个环节，都可能功亏一篑。

现代政治活动的主体不仅包括政府，各种民间团体或组织、非政府机构、各种社会共同体，如工会、教会、行业协会、非营利组织等，也广泛地介入政治活动之中，并对现实的政治格局产生冲击。它们作为独立力量参与到政治活动中，整个国家的政治权力就被分散了，开始出现权威多样化、意识形态多元化，政治世界增添了更多变数，政治活动不再是服从与被服从的单向关系下，而是协商、讨价还价等多重关系共存下多层组织间的互动过程。

公民从产生之初就是一个政治概念，它指涉的对象是在一个政治共同体中享有政治权利的自由人。个体的政治行为有时体现在政治态度的表达上，即对现行政治体制、政治领袖的认同等方面。然而，个体的政治态度不仅在内容上而且在表达形式上受制于社会通行的政治文化。民主制度下的政治文化提倡保护公民的私有财产和基本法定权利（即人权），公民的自尊和人格受到广泛尊重，公民的政治态度倾向于自信、乐观；反之，专制制度下的政治文化抹杀公民的个性和自主性，公民的财产及人身常常受到无端侵害，个体是无力的、脆弱的，个人对政治容易持消极、恐惧的态度。此外，个体政治态度的形成也受到了文化传统的深刻影响。如中国传统社会主张民本和德治思想，在家-国-天下的政治理念指导下，民众形成了只反贪官不反皇帝的政治态度，认为皇帝体恤民情、皇恩浩荡，贪官污吏则欺上瞒下、鱼肉百姓。传统中国人相信现行的政治制度却怀疑政治制度的代理人，即各级官员，所以不主张严刑峻法，只需强调官员的德性修养即可，因为失职的官员终会受到皇帝的查处。但这样的“期待明主降临”的思想有碍于现代政治观念的形成。

实际上，每个个体都经常地与政治发生联系，但不是每个人都清楚地意识到自身与政治的关系。特别是在中国，由于过去极左思想的影响，将政治扩大化，一切社会生活都上升到政治的高度，使人们谈政治色变，唯恐躲闪不及。全民参与政治未必是好事，但全民政治冷漠也是政治的悲哀。政治现代化既包括理性、多元政治文化的建设，也包括对公民政治参与的动员。应通过各种合理制度的设计和有效方式的引导，促使公众采取理性行为，对政治保持适度的关心。

就个体而言，每个公民所表现出的政治行为是有差异的，这取决于诸多因素，如受教育程度、收入水平、工作性质、生活状况等。许多学者的研究和实证调查都表明：中等收入人群的政治行为更为主动和理性，受过教育的阶层具有更明确的政治态度。因此，普及国民教育、提高公众受教育水平，并大力发展经济，提高人们的生活水平，都将极大地促进人们的良性政治行为的形成。公民个体政治行为的水平也反映了个体政治社会化的程度。例如，人们在幼儿阶段受到了怎样的家庭教育，在学校接受了怎样的政治价值观念，通过什么方式了解到所在社会的制度，等等，这些都将对他们今后的政治态度和政治行为产生深远影响。个体的政治社会化不仅在青少年时期，而且在成人阶段还会不断受到各种社会影响，从而强化或修正他们的政治态度或政治行为方式，如他们的交往群体、他们的工作性质以及他们所参与的志愿团体的活动等。因此，国家或政府要通过各种方式，在各种层面对社会成员的政治态度和政治行为给予积极、有益的影响。

既然现代政治的主体不只是国家，还包括无数的公民个体和公民团体，那么，在政治资源的占有和掌握上就应促使公民与国家之间取得一定的平衡，彼此能够产生相互制约的作用，一方面公民会激发起关心自身地位的愿望，另一方面也可以对国家的行为进行有效的约束。这样的平衡并不取决于国家的善意或公民的牺牲，而取决于政治制度预先合理的设计和精巧的安排。政治资源通常指一个人或组织可用于影响其他人或组织之政治行为的手段，包括金钱、信息、职位、教育机会、社会地位、投票权等。在改革开放之前，中国的政治资源高度集中在政府手中，政府对公民具有极大的影响力，因为公民的生、老、病、死等全部个人事项的处理都必须依靠政府，但反过来，公民对政府的影响力却很小，因为公民手中几乎没有掌握什么政治资源，从而不能约束国家权力。对某级政府工作人员来说，能对其升迁黜罚发生影响的主要是上级政府和领导，至于普通公民的态度如何，那是无足轻重的。公民过弱、国家过强，公民的权利就可能常常受到有意无意、有形无形的漠视。

其实，一个国家的政治是否包含现代性，这个国家是否完成了政治现代化，通常就体现在这些有关国家权力限制、公民权利落实的制度设计中。例如，在解决公民之间的冲突、矛盾时，简单多数原则并非永远有效。出于对节约成本或提高效率等因素的考虑，对一些无关宏旨的事情可以采取多数原则，但这只是权宜之计。当涉及全体公民的利益或者公民个人的重大利益时，就必须采取全民公决或当事人充分表达其权益的方式，以保证每个公民的意志无一例外地得到体现。此外，即便采取了多数公民的意见，被否决的少数公民也并非有过错或有过失的一方，他们的利益同样需要受到尊重，特别是对他们可能或已经牺牲的利益要及时给予恰当的补偿。

（三）现代政治与行政的分合

广义的政治还包括了行政，但现代民主政治通常是与行政严格区分开的，事实上，政治与行政在近一百年来经历了一个分分合合的复杂过程。

现代政治与行政分离的提出，反映了国家领域与社会①领域的相对独

---

① 社会学对“社会”的定义通常采取广义式理解，将“社会”定义为人们以共同物质生产活动为基础、按照一定的行为规范相互联系而结成的有机总体。但这样的理解过于宽泛，不利于说明更加细致和深入的问题，故本书放弃此种尝试。

立这一现代性格局的出现。由此，政治事务主要限于国家领域，行政活动的空间则在社会领域。政治事务总是充满了意识形态的纷争和国家伦理价值的诉求，因此，是充满分歧、异议的世界；而行政产生的直接动力在于追求效率，行政事务力求明确无误、事半功倍、权责对等。早期行政的目标在远离政治事务的同时也将道德排除在外，认为道德因素是效率的大忌。据说第一个明确使用"行政"（administration）这个术语的人是威尔逊（Wilson）。他指出，与政治相比，行政具有四个显著特点：（1）它是一门科学；（2）它与商业活动相似：（3）它独立于文化变迁：（4）它对（民选的）政治官员负责。韦伯的现代官僚制理论则将脱离政治的行政科学化，这一设想成为第二次世界大战后主要发达国家行政实践的主流。现代官僚制强调了如下三个原则：（1）行政人员是拥有专业知识的技术专家；（2）行政体系以效率化为目标，行政活动表现为可以被准确认识、模仿和改进的客观程序；（3）行政机构独立于政治组织，不受政党斗争、意识形态等国家意志的重大冲击，这就要求行政活动保持价值中立的立场。

显然，前工业时代只有政治，没有行政。那时之所以没有提出"行政"的任务，是因为：在国家层面，政治就可以解决一切；在生活层面，传统文化提供了主要的行为范型；而且，前工业时代的基本宿命是"靠天吃饭"，与自然秩序保持高度一致，包含了道德教化、宗教启示和法律制裁等内容的泛政治统治足以涵盖全部的社会活动。但在工业时代，个体的横空出世使社会生活的变量增加到无穷大，各种公民结社促使社会统治平权化和扁平化，政治统领全社会的弊端也就暴露无遗：它的低效、不讲实际、不计后果、强调一元化的价值观等，都无法应对由独立个体及其结社所改写的现代社会结构。

行政机关行使权力的合法性及其工作人员行动的正当性都必须受到外部力量的检验，因此，二者的目标呈现出外在的、异己的特性，二者只有始终追求大众的利益，才能保证其权力的公共性。这就会使行政活动同时表现出非个人化的特征，会使行政机关及其工作人员在一定程度上是"冷酷无情"的。不过，这具有道德上的必要性：行政机关及其工作人员与二者所要对待的私人个体相比，没有类似的自我放纵或任意偏袒的权力。在手段上，公职的履行者会被允许依法使用强制性的措施，这些措施是不允许私人个体使用的，这一方面保证了公共权力的有效行使，另一方面却可能带来公权侵害私权的威胁。显然，行政权力的运用总是充满了各种争议和分歧。因此，公共行政组织的行为必须受到严格的法定程序的约束，以确保公共机构与公职人员公开、公平、公正地对待每个公民，防止公职人员利用职务之便“寻租”。

近年来的一个新趋势是：政府所代表的国家与公民所身处的社会之间的界限越来越模糊，各国的政府改革都在强化行政职能，很多社会空间被逐渐纳入政府辖下，成为政府的新职能。很多原本并不被认为属于政府权力或政府职能范围内的事务转化成政府权力或政府职能所及的事项，甚至一些自古以来一直被认为属于个人领域的事务，比如传统社会的子女教育就曾只是个人的事情，现在成了政府的事情，又如“退休”概念正式形成的时间不过 100 年，如今适龄退休正在成为一种基本权利。但是，公民的权利就意味着政府相应的责任，政府职能的扩大就相应地要求扩大行政权力。然而，把政府权力无限扩展同时就意味着强政府，政府可能僭越公民权利，这个风险是很可怕的。这一系列问题往往都被掩藏在公民权利伸张和团体压力诉求满足等纷繁现象的背后。另外，有时候政府为了急功近利的目标或安抚民心，就会做出没有长远安排、缺少足够理据的改变，随意扩大公民权利，以讨好部分公民，这显然也是不明智的。

行政与政治的分离所产生的直接益处是行政效率的极大提高，这是西方 20 世纪社会进步的一个重要原因。但是，过于强调行政与政治的分离或相互脱离，不仅是不现实的，也是十分有害的。行政伦理的提出就是对政治与行政二分的纠偏性努力。由行政向公共行政的转变以及公共行政伦理呼声的出现，显示出了 20 世纪 70 年代以来西方行政改革的方向和基本理念的变迁轨迹。由于突出的是公共性和公众性的要求，行政的社会本位问题日益受到关注。公共行政伦理的主体不只是传统的行政机关或政府官员，还扩展到公民团体、非政府组织以及公民个人等更大范围。它强调放弃以“统治”（government）为主的行政方式，转而采取“治理”（governance）型行政方式，这表明行政主体对行政相对人的控制受到削弱，突出了二者之间的双向互动。

20 世纪 80 年代以后出现的世界性范围的行政领域转型，也提出了行政的伦理化要求以及行政组织对公民的回应性目标。“传统的公共行政理论主张职业主义、行政专长和强有力的行政部门；相比较而言，当代公共行政则主张小政府、更直接的公共参与、政府服务的契约外包和民营化，以及市场化的激励机制”①。在过去的几十年间，许多西方学者在行政伦理研究方面做出了有益探索，提出了有关公共行政伦理基础的清晰而简明的主张。例如，沃斯雷（Worthley）和格鲁特（Grumet）建议公共服务系统的价值包括法治、义务、效率、自主、责任、能力、客观和公平。威尔伯（York Willbern）认为公共官员的道德水平可以划分出六个类型或六个层次，它们是：忠诚和服从法律、调节利益冲突、坚持服务取向和程序公平、履行民主责任、信守公共决策制定的伦理规范、维持各集体和社会协调的伦理规范。美国行政学家库珀（Terry Cooper）主张正义是公共行政实践中最核心的内在善，实现正义的过程伴随着广泛的自治、责任、正当程序、追求完善等道德要求。大体上说，西方学者的研究主要建立在对国家与社会、政治与行政相对分离这样的制度背景之下，即便肯定行政伦理的社会性，也并不因此而否认行政组织的独立存在。

要在政治集团和社会群体面前赢得自己的话语权，行政就必须恪尽组织管理的效率化追求这一使命；与此同时，又因为行政仅仅是一种社会代理机构，所以它还必须体现社会层面的道义价值。上述二者常常难以同时得到兑现。不过，必须明确的是，政治与行政的新的更高形式的融合趋势，实际上就根本否决了效率优先或效率至上这一早期政治与行政二分的理据，那种完全无视价值考量、一味追求效率的行政是不值得向往的行政，无论如何不能被称为好的行政。

当代中国政治与行政的关系显著区别于发达国家。我们不仅没有经历行政从政治中的分离和行政科学化的阶段，而且至今仍处于政治统领行政、行政与政治合一的制度环境中，也就是说，今日中国并未建构起具有充分解释力的政治与行政的合理关系。行政体系并没有获得独立的发展，社会对行政的制衡仍然没有得到有效的制度保障。笔者主张，必须在政治

---

① 乔治·弗雷德里克森. 公共行政的精神. 张成福，刘霞，张璋，等译. 北京：中国人民大学出版社，2003：39.

结构和职能上严格区分政治与行政，尽管它们存在终极价值和社会取向上的深度勾连与一致，否则，未经分离的政治与行政合体极易出现政治责任与行政责任的错位，社会冲突的性质也由此被随意改变，从而无限增大社会的不稳定。行政效率追求、行政与政治的适度分离、行政伦理的公众回应性等重要理论问题，都应成为当代中国必须面对和回答的政治议题。

尽管政治与行政完全二分不仅是不可能的，而且具有明显的缺陷，但政治与行政的适度分离、行政的相对独立仍然是必要的，这对正在追求政治现代化的中国来说依然是亟待完成的任务。例如，我们经常从报刊上或电视里发现，在某件曾引发了广泛关注的事件中受到处理的某位领导干部到异地担任了其他行政职务，这样的行政安排会令公众十分困惑：如果该领导干部受到处理的事由是清楚的，他本人在此事情上确实负有责任，那么对他的处理就不是冤枉或报复，他受到应得的处罚（或降级或不再提拔）就是正当的；如果对该领导干部的处理被证明是错误的，那么就应公开道歉，恢复其名誉，并向公众做出合理解释。造成此类现象频繁发生的一个根源就是，我们的制度体系并未严格区分政治与行政，一些领导干部以党纪取代行政责任。这种以政治使命取代行政专业化的做法无法适应现时代行政的独立性、开放性和责任性的要求，它与行政问责制的要求和公众回应性的呼声完全不合拍。

二、共和国的公民道德理念①

虽然公民道德在任何现代社会都是必要的，作为现代政治主体之一的公民都应具备基本的公民道德，但是不同政体所倡导并实际形成的公民道德理念存在显著差别。当然，得到高度动员、获得深度发展的公民道德也会推动国家的政体改进，换句话说，公民道德与政体之间可以保持良性互动。在我国，人民共和国不仅具有内在的价值理由，还可以创设出自身公民道德生长的制度条件，一句话，"人民共和国"作为我们的国名也应当成为当代中国公民道德建设的制度背景。

---

① 本节的部分观点请参见拙文《人民共和国：中国公民美德的制度背景》（《道德与文明》2008年第4期）。

（一）政治-法律制度对公民角色的规定

“角色”原指戏剧舞台上演员戴的面具，后指一个人在社会生活中所占据的位置及其相应的行为要求。“角色”包含了客观与主观双重内容：一方面是那个位置本身的要求，另一方面是他人对这个位置占有者的期待。因此，在一定意义上说，某个角色是当事人扮演并展示给他人的行为总和，而非当事人本人的真实意愿，但这不是道德上的虚伪，而是非自然的社会性要求。对角色的领悟和习得，反映了一个人对社会生活的介入深度，换句话说，合格的角色扮演者必须能够明确区分内与外、隐与显等不同方面，在公共生活领域、在公众面前能够恪尽义务、克己制欲，成为角色的化身。

每一个公民总是同时兼具多种社会角色，他的公民角色所提出的要求虽然有时也会与其他社会生活领域的角色重叠、一致，但有些时候是不同的，甚至有可能发生冲突。例如，留在家里照顾年迈母亲的为人子女角色就会与奔赴前线为国杀敌的军人角色相冲突，等等，这些真实的角色冲突都会令当事人痛苦、纠结。在当代社会，这种角色冲突更加频繁发生，因为社会分工的精细化、个体意识的独立以及人们社会生活的极大丰富等，都提升了更多角色冲突发生的频率。对公民角色的直接和权威的规定来自政治-法律制度，那些受到公众普遍拥护且具有程序合法性的政治-法律制度，不仅可以为公民的相互关系背书，还为公民个体的当为、何为等做出了现实性的规定。在以民主法治为核心价值的现代政治制度中，对公民角色最本质的要求是：守法。当然，不只是遵守成文的法律条款，还包括对立法权威的服从和对法律条文背后的根本精神的敬重，这就意味着合格的公民角色不是消极地遵守法律，还要能够依据法律精神、法律理念对不合适的法律要求或过时的法律条文提出质疑、修改建议并敦促实定法的进步。

毫无疑问，行政人员的行政角色是最具代表性和示范意义的公民角色。行政角色同样也受制于不同的政体，概括地说，在当代，行政角色主要有三种类型：（1）在党政一体的政体设计中，行政主要是政治的代言者；（2）在普遍民主的政体中，行政以全体选民的意志为依归；（3）在代议制的政体中，行政扮演的是各种利益的居间调停者。虽然后两种政体存在民意反映层级过多、行政机构设置臃肿的问题，但由于行政外的选民、公众利益起到了约束、制衡的作用，就可以有效避免行政的任意扩张，因此，后两种政体下的行政角色通常被认为更具有道德的合理性。但即便在同一政体下，行政角色也会产生无法忽视的道德冲突。例如，在代议制的政体中，行政扮演的是各种利益的居间调停者，那么行政的首要道德就是保持客观性和公正，但客观性很可能意味着在道德上不持任何特别的价值偏好，也就是说，很可能导致对一些现实问题的处理采取过于放纵或不作为的方式；同样，公正常常要求捍卫宪法或现行法规，这意味着要取缔一切未被成文法允许的行为，但这将可能给那些未必能被现行法规顾及的弱势群体带来极大的伤害。

在思想史上，亚里士多德是最早清楚地认识到政治-法律制度对公民角色具有规定性作用的人。他在《政治学》一书中详细考察了他所处时代的各种城邦体制，并在论证城邦怎样构成和如何维持的过程中将公民道德看作其中的一个重要因素。不过，亚里士多德所理解的公民道德要比今日人们的理解更为宽泛，他的“公民道德”还包含了通常道德之外的其他多重因素。因为在古希腊“德性”或“美德”原本的含义就是“出色地完成某个目的的属性”，它是一个中性词，例如马的德性是善跑、驴的德性是负重、刀的德性是锋利，总之，一切事物就达到它的目的而言都有其德性。公民的德性在于实现城邦的目的。亚里士多德曾言“人是政治动物”，其实际所指也正是这一层意思。以后的无数思想家承继了这一点。近代法国启蒙思想家孟德斯鸠是其中的一个突出代表。他明确肯定了特定的道德品质及信仰与特定的政治-法律制度之间的关系，他又把这些与政治-法律制度相关联的道德品质称作公共精神（public spirit）或公民风范（civility）。

公民正是在政治-法律制度的影响下尝试初步的政治行为的。不仅政治-法律制度设立了可行与不可行的准则，而且这些准则背后的道德价值和信念也传达给了广大公民。具体的公民道德要求离不开身处其中的政治-法律制度的引导。古罗马思想家西塞罗创设了“virtus”来指称“公民道德”概念，这一概念指公民形成的与政治制度相符合的言行习惯、思想意识和情感态度等方面的内容。在本书中，依据公民角色视角也可以将公民道德理解为“公民在参与社会生活以及探知与其他公民类似意愿之过程中所表现出的合理行为倾向”。所谓合理，有两层意思：一方面，它是被目前政治-法律制度所认可的，即可以采取现存政治-法律制度所提供的条件来实现这样的意愿；另一方面，它是可以公开讨论的，从而可以接受其他公民的质疑或争辩，并且也就可以被仿效和复制。

中国古代历史（特别是中国的古代政治史）与西方有所不同。在中国古代政治思想史中，并没有与公民对应的主体，也没有赋予这样的主体特定的政治地位，勉强相似的只能算“民”了，但仍然不可同日而语。直至明初，“民”的实际地位并没有太大改观。例如，朱元璋还在争夺天下的征战之际就开始“正纲纪、立法度”，于吴王元年（1367 年）颁布了律令。为了让百姓周知，他命人从律令中选出“民间所行事宜”，并用口语加以注解，编辑了《律令直解》。朱元璋读罢十分欣喜，说“吾民可以寡过矣”。在朱元璋看来，“民”仍然只是他手中的玩偶，是没有独立人格或政治地位的。不可否认，在中国全面推进公民道德还任重道远。

美国哲学家杜威（Dewey）曾指出，公共问题的产生是源于现代工业社会的异质成分的存在。这些异质成分的相互作用进一步促使现代社会内部包含了各种变动、分离、消解等离心力量，为此，需要在政治制度中创设出有效的释放机制来缓解冲突、减轻压力。在现代民主国家涌现出了各种非政府组织，它们作为第三部门有力地满足了公众的多种需求，有效地弥补了市场和政府的不足；同时国家应在现行的法律体系中设置相应的条款以保障社会成员扮演公民角色的权利，例如通过政治参与、议会改革以及公众讨论等方式来解决各种不时产生的、具有普遍性的争议问题。

作为一种社会美德，公民道德不同于个人私德。公民道德主要展示在公共领域，而个人私德则主要局限于私人领域。关于公共领域和私人领域的划分，学术界有许多争论，但有一点可以明确：公共领域是以陌生人之间的平等交往为主的，私人领域则表现为熟人之间的情感式交往。所以，汉娜·阿伦特（Hannah Arendt）认为，公共领域是人们通过言行有意识地表现自己的个性，是享有公民权的人们就整个国家事务表达自己的意见和看法、进行争论从而达成共识的界域。哈贝马斯也说出了类似的看法，他指出，公共领域是介于私人领域和公共权威之间由民间自发形成的非官方的自治领域，公众能够在这一领域对公共权威及其政策和其他共同关心的问题做出批判。

从政治的更迭来看，一种政治制度的建立并非全新的引入，它一定是内外多种因素的聚合，其中原有政治制度下的公众对即将建立的新政治制度的适应与接受就是一个不可忽视的因素。与此同时，新政治制度的建立过程也是对公众日常生活和价值观的引导过程。前者可以被称作社会资本的转接，后者可以被看作社会资本的形变。政治制度对社会生活和公众日常观念的影响必须以原有的社会资本为基础，否则，就将导致公民政治社会化的失序和紊乱。不可否认，新旧政治制度之间时有冲突，但若能将二者的冲突保持在适度范围内，就可以促使新政治制度扎根并不断获得自我创新的力量，最后取代旧政治制度，完成政治变革，实现整体层面的政治进步。

（二）共和政体下的公民角色及其道德

“共和国”一词的英文是 republic，它源于拉丁文 res publica，res publica 的字面含义是“共同的事业”或“共同的产业”，它还是共和时期的罗马国名。西塞罗在《国家篇》中对此有过精彩的论述，他说：“国家（res publica）乃人民之事业。但人民不是人们某种随意聚合的集合体，而是许多人基于法的一致和利益的共同而结合起来的集合体”①。显然，西塞罗的“国家”（即共和国）概念突破了古希腊“城邦”概念的狭隘性，因为共和国是“人民的集合体”，包含了多种差异人群的聚合，而非高度同质性的城邦公民之自治团体。

早期罗马共和国主要表现为某种形式的混合均衡政体，即由几个基本社会成分共同组成的、相互制衡的政体形式。“共和”的本质就是融会各种不同的利益诉求，求同存异，以集体方式参与国家事务。从西方政治思想史来看，完整的共和理念不仅是一种政治原则，同时也是一种生活方式，这种生活方式的主要特点就是尊重每个人的尊严和权利，容忍对权威

---

① 西塞罗．国家篇 法律篇．沈叔平，苏力，译．北京：商务印书馆，2002：39.

的怀疑并接受差异、多元观念的存在，重视平等参与，协商解决分歧以接近并实现被共同认可的目标。共和政体的基本制度设计原则有两条：法治和混合均衡。法治是依法而治，避免了人治的随意性；混合均衡避免了极端主义的纷争，以最大限度的包容性接受异见。

共和制是对立于君主制的，它指这样一种政权组织形式，即国家权力机关和国家元首定期由选举产生。在一个人口众多、领土广阔的国度，选举大多采取间接投票方式，先选出代表，由代表行使更高、更直接的选举，以表决产生国家权力的现实运用者。现实的共和政体并不都是按照共和主义的设想而创立的，甚至共和主义理论新的发展也未必自动刺激已有共和政体的相应改革。尽管如此，我们仍然需要重申“正名”的意义，既然是共和制或共和国形式，那么，就应在最基本的要素上维持名实相符，如同商鞅曾立木为信，政体的权威取决于它的名实一致，从而给公民可资凭据的稳定行为背书。否则，就容易在全体国民间造成政体与民众政治意识、政体与行政组织等多方面的错位，使众多社会问题的解决陷入“制度缺陷”的困局而无解。

同样，共和制也明显区别于专制、平民制、寡头制等，主要差别在于：共和制持有一个基本信念，即政治的重要任务是审议，审议的过程要符合价值标准。共和制推崇的价值标准包括共治、共享、温和、平衡等。由此引申出了共和国这一国家政权组织形式的道义信念，那就是：和平、共有、互利等。“共和主义的观点是，一个国家本身不能支配其公民，反而能够为他们提供一种独特的保护，以防止内部或外部的敌人基于私人权力的支配——只要它能够按照公共利益、共同的财富、共同的事业来追求唯一的目的，并使用唯一的手段”①。为此，古往今来的共和政府都热衷于塑造公民，以便他们相互包容、和平共处。与自由主义者、社群主义者、左翼的公民理论者相比，共和主义者更加强调公民的政治参与、社会协商、文化共识的价值，并强调政治事务在个人生活中的意义。政治动员、公民投票等成为他们常常使用的手段。而且，共和主义者非常注重学

① 菲利普·佩蒂特. 共和主义：一种关于自由与政府的理论. 刘训练，译. 南京：江苏人民出版社，2012：319.

校等公共机构在公民道德培养中所发挥的教育、演示作用，并在中小学设置了包含公民道德要求的一系列“公民课”课程。

共和制也有别于宪政制。虽然目前的绝大多数号称共和国的国家都采取了立宪的形式，或颁布了宪法，以约束与指导全部的社会生活和利益协调，但宪政制的精神却是贵族制和原始民主，来源于维持中央权力（君主）和地方贵族之间的政治平衡格局的愿望，并非自下而上的平民运动所推动，广大公民并非宪政制的原点。与之相反，共和制则以平民主义为原则，是要求分权、平权、共享政治力量和政治生活的广泛公众运动之结果。不过，今日的西方政治实践和政治哲学的研究都出现了共和制与宪政制在政治制度设置上部分合流的趋势。古典共和主义如果可以被称为民主共和主义或激进共和主义的话，那么，现代共和主义则可以被称为宪政共和主义或温和共和主义，共和制与宪政制的区别已经越来越不那么明显和重要。

与古典共和国相比，现代共和国采取颁布宪法以规定政府的职能和组织形式的方式，同时将基本人权视为最高原则，作为国家权力的最终依据，并构成宪法的重要内容。“共和主义历来以主张公共利益著称。但只有共和政府与宪法的结合才使得国家更好地成为‘共同的事业’‘共同的产业’”①。因此，坚持共和原则的现代共和国就包含了一系列牵制各方力量的平衡措施（即平权和分权性的制度设置），以便充分保证公民权利的落实，为少数群体或集团基于正义信念抗衡多数（哪怕是绝大多数）提供了制度性安排。

人们通常认为，共和主义公民身份理论更加强调公民角色中的参与、德性、责任等道德内容，阿伦特对古典共和主义的重新阐释开启了当代共和主义的复兴，一大批新共和主义者围绕如下议题展开了广泛而深入的讨论：自主性（autonomy）、平等（equality）、公民身份（citizenship）、公民德性（civic virtue）、公民义务（civic duty/obligation/public service）、政治共同体（political community）、自治（self-government）、公共善（common good）、对话（dialogue）等。可以看出，新共和主义吸收了许

① 天成．论共和国//王焱．宪政主义与现代国家．北京：三联书店，2003：212.

多其他政治学说的重要内容，并对传统共和主义的某些偏狭做了修正，但是，新共和主义仍然接续并推进了共和主义一以贯之的核心主张。因此，共和国这一国家政权组织形式下的公民角色之道德要求就包括热心公益、顾全大局、自我克制、勇于担当等积极行为倾向，提倡外向式的、主动付出的积极善。

由于共和制本身就凝聚了人们对政治、政治体制、国家权力的诸多道德理想，所以，孟德斯鸠曾精辟地指出，“品德，在共和国里，是很简单的东西。就是热爱共和国”①。当然，共和制所倡导的公民道德绝不是要求公民做消极的服从者或世故的忠诚者，相反，它鼓励公民的宽容心、批判力、公平竞争意识等。当代共和主义理论家昆廷·斯金纳（Quentin Skinner）相信，“公民道德”这一概念是指“我们每一个人作为公民最需要拥有的一系列能力，这些能力能够使我们自觉地服务于公共利益，从而自觉地捍卫我们共同体的自由，并最终确保共同体的强大和我们自己的个人自由”②。

相比于其他一般社会道德的要求而言，公民道德具有明确的指向性，它是公民自主地参与社会活动、关心公益、投身国家事务之中发挥出来的道德精神和品质。在公民道德中，因具体内容的不同也存在高低两个层次：一是广泛性水平，它是对所有公民的最低行为要求，如不违反法律、不恶意欺诈、维护社会秩序等；另一是理想性水平，它是对达到自觉、自主水平的公民提出的较高要求，如忠诚祖国、主动维权等。后者又可被称为积极的公民道德，它主要是对公务员、政党领袖、社会知名人士等的要求；前者又可被称为消极的公民道德，它主要面对广大普通公民。共和国这一国家政权组织形式更加鼓励积极的公民道德。政治学家霍布豪斯（Hobhouse）曾精辟地指出，“自由统治的首要条件是：不是由统治者独断独行，而是由明文规定的法律实行统治，统治者本人也必须遵守法律”③。

---

① 孟德斯鸠．论法的精神：上册．张雁深，译．北京：商务印书馆，1961：41.

② 许纪霖．共和、社群与公民．南京：江苏人民出版社，2004：74.

③ 霍布豪斯．自由主义．朱曾汶，译．北京：商务印书馆，2009：9.

（三）人民共和国与中国当代公民道德建设的主题

1911年推翻清朝统治后建立起来的南京临时政府定国号为“中华民国”，这是中国现代政治的新尝试。“民国”是在中华大地上最早明确宣示的现代共和制。中华民国的缔造者孙中山对共和国的理解不只是西方式的（主要是美国式的），同时还大量吸收了中国传统儒学“君臣共治”的治理理念和禅让的政治道德。例如，中山先生曾云：“人或云共和政体不适支那之野蛮国，此不谅情势之言耳。共和者，我国治世之神髓，先哲之遗业也”①。在他的脑海里可能浮现的是公元前841年周朝出现的“周召共和”的佳话，贤治、合治、共治这样一幅其乐融融的政治图景。考虑到当时国力羸弱、民智未启，孙中山提出共和三阶段，从军政到训政最后实现宪政，不同阶段代表不同的共和水平和政治文明程度。为什么不直接叫“中华共和国”，却非要叫“中华民国”？因为中山先生意图突出“民”的地位，在中华民国，“共和”只是国家的组织形式，“民”才是国家的主人。他在1917年发表的《民权初步》序言中做了如下解释：“何为民国？美国总统林肯氏有言曰：‘民之所有，民之所治，民之所享。’此之谓民国也。何谓民权？即近来瑞士国所行之制：民有选举官吏之权，民有罢免官吏之权，民有创制法案之权，民有复决法案之权，此之谓四大民权也。必具此四大民权，方得谓为纯粹之民国也”②。孙中山的共和思想深刻影响了当时的进步人士和革命者，他们不约而同地将实现真正的共和国当作自己的政治理想，这也是之后共产党掌权后继承了“共和国”这一国号的原因之一。

近代启蒙思想家严复设计的现代中国整体进化之路是：政治上以开明专制为过渡阶段，通过普及教育与地方自治而培育自由自治的公民，渐进地实现民主转型，建设一个富强的现代国家。这里包含了明显的父爱主义，但也寄托了当时的立宪党人、保皇派、改良派对贤人明主、政治精英的厚望。需要指出的是，开明专制、君主立宪制和邦联主义等都具有不同

---

① 孙中山著作选编：上．魏新柏，选编．北京：中华书局，2011：73.

② 孙文选集：上册．黄彦，编．广州：广东人民出版社，2006：306.

程度的精英主义色彩，自由主义与共和主义则具有平等主义色彩，后二者之间的差别是：自由主义坚持个人主义的本体论，共和主义则力主社群主义和共同体主义的学说。

新中国缔造者中的多位领袖都对共和理念有过深入的思考。例如，在新中国成立前后，一些民主党派领袖认为政治解放、民主革命的目标已经实现，故而要求自行解散，1949年12月，中国人民救国会在北京宣告解散。1956年因为社会主义改造完成，又有几个民主党派要求自行解散。在中国共产党内部也有人提出取消民主党派的意见。而且，当时的中国共产党完全有条件同意其他党派自行解散的要求，实行类似苏联共产党领导的单一政党体制。但毛泽东和中共中央两次都执意把民主党派保留下来①。当时中央高层领导之所以保留了民主党派、维持了政治协商制度，除了尊重历史传统、吸取兼听则明的政治经验以及对高度共识原则的重视等考虑之外，还有一个重要方面就是对共和主义信仰的坚守。

四十余年来市场经济体制的转型确定了新的权利与义务关系格局，为公民地位的落实奠定了新的经济基础。可以相信，伴随着经济体制改革的深入，相应的法治建设和政治文明的推进，公民的政治权利将会得到越来越充分的保障。

在公民当家做主得到一定程度保障的人民共和国的国家中，政治权力的合法性建立在公民政治权利让渡和授予的基础上，政治权力的承担者不是施恩于公民，恰恰相反，每一个普通公民才是国家的构成主体，公务员的公职活动只是履行他们在行使这一政治权力之初所承诺的义务罢了。新观念的确立具有革命性意义，公民只有看到了自己在国家中的作用，才能理直气壮地享有权利，并合理地要求国家和国家工作人员提供相应的救助或服务。“公民”取代人民、居民、群众等成为中国社会生活的主体，这必然对我国社会道德产生深刻而持久的影响。公民道德的思考必须联系中国的政治体制，不断追问人民共和国的立国目标，由此才可发现中国当代公民道德建设的主题。

---

① 金安平，姚传明．“协商民主”：在中国的误读、偶合以及创造性转换的可能．新视野，2007（5）：65－66.

西方政治哲学通常将共和主义分成古典共和主义和现代共和主义，前者以亚里士多德、西塞罗、马基雅弗利为代表，后者以阿伦特、波考克(J. G. A. Pocock)、斯金纳为代表。但中国共产党人所提出的“人民共和国”构想却完全不同于西方共和主义，它是马克思主义的平等、解放学说与中国传统政治的民本、德治思想的结合产物。根据新中国成立以来的执政理念和国家结构安排的具体实践，我们将不同理念支配下的中华人民共和国分成如下三个时期：革命共和国、绩效共和国、价值共和国。(1) 革命共和国时期（1949—1977)，“全国一盘棋”，地方服从中央，行政统揽全部政治事务和社会事务，民间组织和社会空间都被严重挤压。强调政治意志的纯粹性，不断革命、继续革命压倒了经济建设和社会发展的目标，个体被忽视，国家提倡的基本道德是“五爱”。(2) 绩效共和国时期(1978—2002)，转向了经济建设，从农村改革入手，开始全面放弃革命意识形态，大力推进企业改革、外贸进出口业务、城市发展，用“让一部分人先富起来”的口号冲击非经济主义的大锅饭，“贫穷不是社会主义”的新观念所鼓励的是对财富、利润、市场回报、GDP 增长的追求。发展，尤其是经济发展，成为压倒一切的国策，也成为最大的政治目标。经济发展的一个后果就是公民从匿名的群体身份中脱身，个人及其利益的观念开始复苏，此时也是国民之间、国民与国家之间矛盾、冲突最为激烈的阶段，国家提倡的基本道德是“四有”。(3) 价值共和国时期（2003—至今)，开始注意到片面发展经济的破坏性，科学发展观的提出正是对此的矫正，随后提出的“和谐社会”更是明确主张社会各个群体、利益集团间的相互协调、合作，民主协商、公众参与正在成为主要的政治行动方式。2010 年创新社会管理首次在最高层获得承认，各级政府开始深刻认识到“社会空间”的必要性。消解社会对抗、弱化社会分歧、加强社会的自我建设成为行政工作的重点。以后又陆续提出“社会主义核心价值观”“中国梦”的国家价值体系，总之，国家提倡的基本道德是“公民道德”。

从某种程度上说，中国的“公民”是人为创设出来的，而非自然演进的结果，不是先有了公民运动、公民生活方式的普及，从而产生了公民政治制度，相反，是立法理念优先，随着新政府的建立，几乎一夜之间就将许多进步观念推向公众。首先在法律（特别是宪法）上肯定了公民地位，集中在人大、政协、政府机关中的部分精英以超前的思维方式推进了某些合理思想的渗透。但由于缺乏相应的公民运动、公民生活方式现实化的积淀，公民意识始终未能广泛而牢固地确定下来。

实际上，人民共和国强调了共和的主体是广大基层民众，它应比其他形式的共和国更能体现国家构成成员的广泛性。作为多数的人民当家做主，这在价值观上的取向是十分积极的，它在本质上符合民主的核心精神，即人民统治。但这一价值还应通过一系列复杂而有效的制度体系来实现，从而使人民统治不仅体现在人民成为国家最高权力的依据，而且体现在人民对社会的日常管理以决定自己的事务上，人民共和就成为日常生活的常态，深入人心并且真切地得到实现。公民道德对人民与共和国而言具有多重积极意义，“对于当权者来说，由于受到社会的监督，言行不一的程度受到一定的限制。而对于民众来说，由于个人权利优先的原则，使其免于某种意识形态以理想主义的名义而要求的利他主义甚至献身精神的压力，无须带着虚假的道德面具生活”①。

公民的日常生活主要在社会领域，构建宽广的社会平台才能为公民道德的生长和成熟提供必要条件。正如布朗（Brown）所指出的，公园、广场、咖啡屋、博物馆、画廊等都是公共生活的领域，陌生人在此相遇，在相互的寒暄中消磨时间，分享共同的兴趣爱好。集会、论坛、听证、辩论等活动使得人们相互交往的机会成倍地增加。在此过程中，便出现了陌生人之间更为正式的互动。不难看出，公共生活的场所、空间越多样，公共事务被关注的概率就越大，由此生长出公民道德就越容易和经常。

不过，上述公共场所、公共空间的存在只是公民道德产生的必要条件，充分条件还在于公民的积极而广泛的参与。公民道德需要在公民的参与实践中展示，这也符合所有社会性美德养成的特点。正像亚里士多德所指出的，伦理德性是通过习惯获得的，勇敢的德性是在一个个勇敢的行为之后形成的，公民的一切美德都必须通过公民实际的日常行为来实现。

在我国这个人民共和国，人民意志是通过中国共产党领导的人民代表

---

① 陈少明．道德重构中的制度与修养问题//王焱．宪政主义与现代国家．北京：三联书店，2003：272．

大会制度体现的，这就意味着我国的公民道德必须体现共和理念与人民意志，要借助各种符合公意的法规、程序、章程，并使之成为现实社会生活和全部国家行动的基本规范。为此，要在内容上充分尊重公民的自由和权利，促使社会各个阶层和集团实行平等、公开、互利的对话，并在国家立法、人民代表大会审议、国务院工作目标等政治生活中不断重申，使之成为各级公务员公务活动的基本准则，最终成为裁断社会冲突和具体社会道德规范冲突的终极价值。

有别于其他类型的共和国的是，人民共和国中的公民道德不仅关注普通公民，而且更强调那些具有更大社会影响力的公民，即各级公务员。一方面是因为公务员的道德观念以及行政伦理都来自公民道德，正像库珀所指出的，公共行政管理的规范化伦理存在于公民的传统伦理习惯中，行政人员不过是忠诚的职业公民；另一方面是因为公民道德是在社会事务、公共领域中表现出来的，而公务员的公务活动就全部处于这一范畴之内，各级公务员必须首先模范地做到公民道德的全部要求。

三、公民参与中的道德精神

正如许多学者所强调指出的，要保持政治民主，就需要广大公民积极参与国家事务，为此，政府必须提供相应的制度安排，以保证有关公共事务之信息的正常流动。在一般情况下，大多数公民并不愿直接、个别地参与政治活动，因为对他们来说，有许多比政治重要得多的事，只有在保护切身相关的个人利益时，人们才有政治参与的一个有力理由。一个难以否认的事实是：不少个体公民主要是为了满足自己的个人需要而非公共善去参与政治事务的。国外的情形也类似。在今日美国，自越战始，先后发生的水门事件、伊朗门丑闻等，使许多美国人对政治家的诚实失去信心，开始质疑政治游戏的基本原则。他们对制度化程序的态度从习惯性服从转向习惯性怀疑，政治事务带来的凝聚力在下降，政治组织在国民中的号召力也有所减弱。在美国，二战后至今不断兴起的共同体主义、社群主义乃至企业社会责任运动等各种学说和集体行动，其实也是为了解决如何激活美国社会公民道德的问题。

（一）公民参与的发展

公民道德总是体现在公民处理公共事务所持有的合乎道德的观念或行为方式上。在“公民道德”这一复合概念中，公民优先于道德，先有公民的行为、意识并对其中有理的、建设性的部分加以提炼、予以肯定从而形成了公民道德。从这一意义上说，公民道德是一种角色道德，它意味着一个人落实公民身份或进入公民关系（包括公民与公民之间的、公民与国家之间的等多重关系）之中时才能逐渐习得与之相应的行为规范及品质要求。在我国，每个具有中国国籍的人都是中国公民，但这样的公民个体并不是时时处处都以公民身份出现。具体的公民本来就具有多重角色，若只是以私人身份进行私人交往，那么遵守一般的道德就足矣，将公民道德泛化或拔高都是不妥的。但人们不能只把自己当作无国家观念、无社会意识、无他人牵涉的纯粹私人，否则，就不再是真正意义上的公民，而只是潜在的公民或逃避现实的公民。

就现代政治结构而言，公民参与不仅反映了公民个体的活跃度，也反映了公民身处其中的国家的开放度。考察一国的公民参与水平的全部指标可以分为三级：一级指标是公民参与的有无，没有公民参与，或者多数公民毫无参与意愿，该国的政治世界就会是一潭死水。二级指标涉及的是公民参与是否与其自身利益存在关联，即是否只是出于自身利益或爱好才参与，如果仅仅参与与自己相关的事务，否则“事不关己，高高挂起”，那么此时的公民参与就是极度偏狭的。三级指标是公民参与的成熟度，即公民参与的组织化和自组织程度，这一指标的达成保证了公民参与总体上的稳定和持续。由于组织化，公民可以在付出较少代价的前提下完成社会学习，掌握政治参与经验，并建立起与国家机构和其他普通公民的有效联系。这种联系不是传统的上下垂直式联系，而是水平的横向联系，这显然具有重要的社会学表征。

在现代化过程中，任何国家的公民参与都经历了从无到有、从简单到复杂、从不成熟到成熟的过程。从参与的整体性质来看，公民参与最初是政治动员，然后是政治参与，最后是社会参与。

政治动员阶段主要是少数先觉者，如开明政治家、开社会风气之先者、有敏锐政治意识者，提出了政治理想和国家权力结构安排的新设计，他们通过各种舆论宣传工具和出版物来传播这些观念，并深入民间开展鼓动工作，在成文法和行政官僚制完备的国家，还会同时借助官方渠道，如学校教育、社区睦邻活动等。在现代行政理论中，不少学者都赋予了国家行政机关及其工作人员教育公众、引导社会价值观的职能。政治动员阶段存在明显的主动者和被动者这样的不同群体，普通公众是被动接受影响的一方，有时是针对特定的部分公众，如农村居民、少数族群或者家庭主妇等，展开政治动员。政治动员一般发生在民主政治体制初建时期以及民主政治国家遇到重大事项亟待充分利用公众力量之时，后者属于非常态表现，因为民主政治国家在体制设置上本有公众介入、参与的渠道，政治动员显然是十分特殊的手段。

消除顾虑、减少障碍、动员广大民众广泛参与，是民主政府的重要职责，在我国尤其具有特别重要的意义。因为传统的中国古代政治文化鼓励“礼不下庶人，刑不上大夫”式的分割而治的形式，广大民众普遍对政治事务不闻不问，并在价值观上高度认同“不在其位，不谋其政”式的冷眼旁观态度。在今天，仍然影响我国公民在公民参与上持消极态度的因素大致包括：(1) 参与的偶然性使公民丧失了参与的耐心；(2) 参与结果的不可预期性使公民降低了效能感；(3) 参与的非职业性和严重的信息不对称性使公民难以了解透明的程序，感到繁难而失去信心；(4) “搭便车”现象的存在造成相互观望，希望他人出头而自己坐享其成的局面，有不少人只想获得参与后果而不愿付出参与的过程；(5) 潜规则对显规则的破坏使公民无所适从。

政治参与阶段要比政治动员阶段更加开放，参与方式也平稳得多。与政治参与阶段相伴随的是以经济自由化为内容的经济现代化的全面展开。政治是经济的最高表现，公民不得不通过各种政治参与来谋求自身利益。每个公民都是千差万别的，人们之间的利益要求必然发生交错或冲突，合理、适度的政治参与就可以将冲突控制在社会不同群体间之和平、建设性的较量这一范围内。“民主的理想不是基于人民的所谓同意 (consent)，而是基于政府所作所为的可论辩性 (contestability)：重要的是保证政府行为必须经得住民众的论辩，而不是它们必须是民众意志的产物”①。政治参与已经达到现代政治的均衡水平，它主张政治是一种文明人解决分歧、纷争的理性方式，它可以避免武力对抗、流血冲突、部族分裂，和平的政治参与的前提是，任何一方都不具有诉诸武力或暴力机关的特权，否则，双方无法形成均势，强势者绝没有意愿主动向弱势或无势一方妥协。我国目前已有的公民政治参与制度有：(1) 人民代表大会制度；(2) 民族区域自治制度；(3) 基层群众自治制度；(4) 中国共产党领导下的多党合作和政治协商制度。公民可以充分利用人大、政协、信访这样的政治参与平台进行政治参与。

当绝大部分具有普遍性的政治事务，如选举、结社、投票、组党等，都被纳入现有的多种成文法和行政领域之内，有了成熟的程序与合理的防范机制之后，政治参与就不再是公民主要关心的话题，此时，社会事务、社会问题的重要性开始上升，公民的社会参与成为新的表现形式。社会参与的内容和方式都与公民的日常生活场景相关，因此，相比于政治参与，社会参与因其平常性而更加真切和现实，它显示了公民参与日臻成熟。公民通过参与社会事务而了解彼此共同依托的传统文化、民间社会、乡土生活、日常习俗，在此基础上生发出由衷的相互尊重，“同胞爱”和共同利益感开始充溢于公民之间，这将使他们相互的联系变得深厚而亲密。不过，社会参与也可能由此走向碎片化、零散化，因为公民的社会参与针对的大多是局部地区、少部分人群或者具体细微的利益，如帮助家庭暴力受害者、解救被拐卖的儿童、维护某条江河的生态、保护某个古建筑不被拆迁等。

虽然我们常说“人是社会关系的总和”，但每个人是否自主意识到并主动介入这样的社会关系则是完全不同的。有的人时刻意识到社会或他人的存在，并主动了解社会的状况，观察他人的言行，使自己保持与他人的适度沟通，并与他人建立互动关系。这样的人不仅客观地生活于社会关系之中，而且在主观上也接受、认同各种社会关系的事实，并积极地构建自

① 菲利普·佩蒂特. 共和主义：一种关于自由与政府的理论. 刘训练，译. 南京：江苏人民出版社，2012：308.

己的社会交往关系，他们才实际成为社会关系的主动结成者和社会生活的积极参与者。因此，结社是人的合群性的体现，结社自由就是对人的这一社会性本质的揭示，与此相应，结社权就是对结社自由的保障。在现实性上，结社自由是建立非政府组织的前提，结社自由是公民和社会组织存在的价值依据。然而，“结社自由不是绝对的权利，要受国家安全、公共秩序、道德和他人的权利自由所必需的限制。世界各国法律对公民结社自由的规定，最初采用‘预防制’，即必须预先向政府请求许可（批准）或登记备案。后来为便民而放宽限制，逐渐演变为‘追惩制’”①。然而，我们始终不能忘记的是，公民权利是国家权力的最终依据，对公民权利的限制必须师出有名、事出有因，并且是最低程度的限制。中央政府曾提出公民有序参与的目标，这一目标只有落实在日常可见的公民参与制度的建设和完善上才有望达成。

美国政治学家亨廷顿（Samuel P. Huntington）曾经提出过一个著名论断：社会参与的程度越高，公民参与的意愿越大，而参与的制度化程度越低，则政治越不稳定。从现状来看，中国公民的参与意识及参与行动已经越来越强烈，相比之下，参与的制度化程度却远远低于公民的参与意愿，这可能会带来社会动荡和政局的不稳定。大量事实表明，我国的社会结构正在出现分化，社会分层及其固化日益显著，社会生活的主体越来越多元化，他们各自的权利要求和参与呼声时有交错、冲突。此外，公共领域与私人领域相分的格局也对既有国家权力的合法性基础提出了挑战，在社会生活层面现行的交往规则、行为方式和道德意识等也在经历变形。公共资源的有限性和公共需求的无限性之间的矛盾使社会生活中的冲突日益复杂化。这些变化以及冲突、矛盾在大都市表现得尤为突出，大量流动人口的涌入、各种新兴行业的出现、发达资讯业每日传递着大量或真或假的信息、个人主体意识增强导致权利观念兴起等，都使社会生活在变得丰富多样的同时也增添了更多难以把握的变数。就公民道德层面而言，我们既要尊重每个公民在参与政治上的动机差别，又要通过有效的制度设计为公民在政治参与中获得各自利益满足提供空间，还要通过积极的社会教育

① 郭道晖. 社会权力与公民社会. 南京：译林出版社，2009：316.

引导公民道德水平的提高。

（二）公民参与中的政治认同问题

公民之所以首先在古希腊产生，是有其深刻原因的。从社会结构来看，古希腊人建立城邦时已经告别了血缘氏族制，开始了公共事务的社会化，促成了成年男性自由民平等地参与公共事务；从政治上说，执政官制度使得政治选举成为普遍的客观化行为，政治权威既非依靠个人魅力，也非仰仗暴力控制，而是公共意志的体现，即通过立法委员、陪审员等公共职位的集体决定来发挥作用；从经济上看，古希腊主要以商业特别是海外贸易为主，商业交换所培养起的自由、平等观念使古希腊人更加倾向民主制。需要指出的是，古希腊时期的公民只是少部分的城邦自由民，他们都是成年男性；而且，当时盛行的是城邦至上的整体主义义务观，并没有明确的个人、权利等现代观念。例如，亚里士多德所理解的公民就是指符合城邦利益的好公民，这样的公民可以自由参与政治活动，体现了人的全部最优特征，因此又是大写的人。

政治认同主要指在全体公民间存在着的、对政治领袖及国家政治活动持有的、高于各种立场分歧的共同观念，它体现了一整套的普遍社会态度，包括社会一体化行动意志、相近的政治观念、对传统文化的尊重以及对政治精英的信任。它表达的是一种公共认同（public identity），具体包括两个方面的内容：一方面，它承认由公民的合意组成的公共权威，如政府、公民自治组织等；另一方面，它指明了具有公民身份的个体实际享有的政治地位。是否具有明确的政治认同，决定了一个人是否现实地成为一名合格公民。例如，一个“好村民”相信应该交税并遵守法律，这样的村民“只有当个人以其家庭利益作为他追求的唯一目标，或者以家庭的关系来推断他在政治体制中的作用，他才仅仅是一个村民而不也是一个公民。只有当个人认为他与他的国家的关系，由于他作为臣民完全体现了，他才仅仅是臣民而不也是公民”①。

---

① 加布里埃尔·阿尔蒙德，西德尼·维巴. 公民文化：五个国家的政治态度和民主制度. 徐湘林，等译. 北京：华夏出版社，1989：186.

在人数众多、事项繁多的现代社会，国家要做到收放自如，既充分保障公民的法定权利又维护社会的秩序，一个前提条件就是促成并不断重申公民间广泛存在的政治认同。有了基本一致或相似的政治认同，才会在公民间形成行为或意识上的约束性限制。高度理性的政治认同可以在开放的民主政治体制、动态的社会生活以及公民的频繁互动中得到不断肯定。亨廷顿指出，政治权威的现代化就是“以单一的、世俗的、全国的政治权威来取代传统的、宗教的、家庭的和种族的等等五花八门的政治权威”①。这其实就是政治认同在全民范围内的普遍实现，这之所以可能，得益于现代社会广泛普及的义务教育、大众传播。

政治认同侧重的是不同公民间在社会生活层面的相互沟通，在态度、行为等方面所可能达成的理解。恰当的政治认同应建立在丰富的多样性而非单一的纯粹性基础上，从而充分保证每个公民都可以与其他公民相互联系，一道寻求在某些重要领域，如健康、社会服务、交通、环境、公共秩序等的共同点，这就要求对一国之内共存的、具有相互差异的其他文化和人群采取更宽容、更开放的态度。对话、协商的方式就非常可取，当然，前提是要树立妥协的观念，只要是公共事务、社会事务，涉及众多人的利益，就是可以讨论的。有分歧是正常的，不能对分歧、异议采取简单压制的方式。讨论、妥协可能要付出相当的时间、精力成本，似乎“不经济”，然而，它们是值得付出的成本。一次次无视民意的“上级决定”“领导拍板”会严重挫伤公民的参与热情，使他们逐渐对政治失去热情，政治认同也会涣散乃至消失。

对具体的公民而言，政治认同并非抽象观念，而是对合法程序的遵守。公民是通过互动而联系在一起的，虽然公民之间存在公共利益这样的目标，但公民个体却未必清晰、直接地关注到它，这就要求在公民间培养切身的共同感，这种共同感的基础就是公开、透明的程序。公民个体千差万别，实际的公共生活也是复杂纷繁，但有了一视同仁的程序，公民的行为就有了凭借，在公开、透明的程序面前的平等才体现了公民政治认同的真谛。

---

① 亨廷顿. 变化社会中的政治秩序. 王冠华，译. 北京：三联书店，1989：32.

通过公民参与达成政治认同，这一过程所体现的并非一种单线性的一元关系，而是一种耗散-聚合关系，即无数分散的节点（公民个体或公民组织都是这样的一个个节点）自发参与社会事务，公民们借此相互了解，习得社会规则，甚至进一步产生修正或维护国家治理的观念。在与政府部门、媒体的互动中感受到国家的存在，对政治形成真切的观念，政治认同就或深或浅地表现出来。国家治理体系如果是刚性的、封闭的，就不仅会极大地限制公民的实际参与，也会阻碍公民政治认同的形成。1998 年 7 月至 9 月，湖北省襄樊市展开了一场“谁养活谁”的大讨论①。这场讨论引起了人们的深刻思考，使许多人明白了一个道理：政府是靠纳税人的税款来运作的，政府运作的目的是给纳税人提供服务，没有纳税人，政府就会瘫痪，而没有政府提供的各种公共产品与服务，纳税人就会有许多事做不好或做不成。政府与一般公民的关系就在公开讨论中得到澄清。政治认同并非公民单向的付出，相反，它同时取决于国家对公民的信任、开放和服务。因此，仅仅有公民参与并不自动形成高水平的政治认同，国家层面的政治结构调整和组织原则的改进同样是必不可少的。

公民之间在诸多问题上的相互作用，是由亲戚、朋友、同事这样的小圈子逐渐向外扩展到联系不那么密切的较大群体。这些群体包括地方社区、志愿团体、教会、民族群体等。比方说，某个公民对于政府福利制度的意见，通常是先在小群体中议论，再到较大群体中讨论而形成的。某个公民的政治认同总是更直接地首先体现在对地方组织的信任或周围人群的认可上，他通过经常参加当地的或地区性的组织，感受到这个国家的整体制度和政治结构，从而对高层政治权威产生心理上的接纳，因此，地方公民组织比全国性或跨国性的组织更能唤起人们之间的相互认同。

政治参与的过程比起政治参与的结果来说，更应处于核心地位，因为政治认同的形成离不开各种政治参与的过程，其中就包括现代社会的政治教育。这样的政治教育是广义的、社会性的，既包括公民个人在态度和观念上的不断提升，也包括国家和地方政府在制度上的改进与教育上的投入，创造条件使公民认同得到普及和深入。J. S. 密尔（John Stuart

① 刘东仿，熊北涛. 襄樊强化为纳税人服务意识. 光明日报，1998-11-02.

Mill)、佩特曼（Carole Pateman）等人都曾指出，政治是一种教育活动，是发现、阐述和表达意义的场所。通过参与政治活动，个人得以完善自身及其所属的社区，并推进公共福利这一共同“善业”的实现。政治认同是可以通过有意识地培养加以确立和深化的。无数事实表明，政府政务公开和透明、各种社会教育机构的开放、基层地方组织的民主实践等，都有助于公民政治认同的深化。开发各种政治活动，提供与传播媒介的接触机会，这些都是有益的公民政治教育过程和方式。

在全球化时代，实现政治认同还有一个前提，就是持有健康、理性的国家心态。传统中国的国家观表现为自大的华夷观。在遭遇近代的挫折、屈辱之后，又转变为盲目仇外，这些都是消极的。我们要客观地评价自己的国家和国民，要了解他国的文化和政治，不因某个人的反华言论而发怒，也不因某个党派的亲华举动而感激涕零，在任何场合都要始终坚持国家的最大利益，力争做到不卑不亢，有理、有利地对待民族情绪和民族历史问题，采取克制、理性的态度，积极有为地步入国际社会。

（三）公民参与中的自由及责任

真正意义上的公民参与能否实现受制于多方面的因素，其中最关键的因素有两个：一个是外部因素，政治生活是否存在民主协商的空间和平台，公民参与渠道是否开放，从而使公民有意愿参与并且自如地参与到政治生活中，以减少长久“参与饥渴”后的骚乱事件发生；另一个则是内部因素，主要是公民道德的状况以及社会信任总体程度，一定水平的公民道德和社会信任广泛分布，将促使公民对参与保持理性态度，并对自身行动具有控制力。前者反映了有序参与的制度设计，后者体现了公民参与的实际水平。仅有良好的制度设计是不够的，较低下的公民道德或意识不明确的公民参与行为（例如动机不纯、方式不法等），都可能导致公民参与无序，甚至走向反面——多数人暴政。这其实就是要处理好公民参与过程中的自由及责任的问题。

一般说来，自由（freedom）是指没有外在强制并能按照自己的意志进行活动的状态，不自由则指因有外在强制而不能按照自己的意志进行活动的状态。时至今日，非但人类没有从物质匮乏中彻底解放出来，实现

“免于匮乏的自由”，而且霸权主义和强权政治的影响也使得公民自由难以真正实现。此外，消费主义的肆虐也使现代人受到精神不自由的威胁，不少公民在消费文化中放纵自己，逃避和放弃自身的公民角色。这些都严重侵害了公民自由，限制了公民通过交往实现的道德成长。

自由绝非随心所欲，“己所不欲，勿施于人”才是自由的真谛，合乎正义的平等是自由的道德基础。“所有的公民都是平等的，故他们都能平等地按其能力担任一切官职、公共职位和职务，除了德行和才能上的差别外，不得有其他差别。”这是1789年法国《人权宣言》庄严的宣告。落实公民自由，必须坚守人人平等的立场，必须切实维护交往主体间的公民平等地位。现实中，一些国家凭借着强大的政治、经济乃至军事实力肆意推行强权政治，结果“狼群的自由，往往就代表着绵羊的死亡”①。对此，密尔早有警示，他说：“自由，作为一条原则来说，在人类还未达到能够借助自由的和对等的讨论而获得改善的阶段以前的任何状态中，是无所适用的”②。

巴伯（Benjamin Barber）提出，“为了享有自由，我们必须实现自治；为了享有权利，我们必须成为公民”③。公民是权利的主体，自治是自由的实质，公民的自治就是落实公民自由的最重要的形式。“拥有自由的人才具有公民身份，而不是通过公民身份的取得，人才享有自由。所以个人自由和自主性就是展现在公民的活动之中，譬如：参与公共讨论和集体决策、超越私利而且追求公益等，就是公民自由的具体实现”④。公民参与的实质无非公民各种自由权的实现。公民的迁徙、结社、言论等都是公民自由权的基本内容。但在实现这些自由权的过程中同样需要承担相应的责任，对自己行为后果的责任、对他人同等权利的尊重，就是公民责任的最基本的方面。

公民参与中的自由及责任离不开政府权力的支持，甚至对应着政府某些方面的责任和义务。例如，公民的受教育权、健康权同时意味着政府所

① 以赛亚·伯林. 自由四论. 陈晓林，译. 台北：联经出版事业公司，1986：48.
② 约翰·密尔. 论自由. 程崇华，译. 北京：商务印书馆，1959：10-11.
③ 巴伯. 强势民主. 彭斌，吴润洲，译. 长春：吉林人民出版社，2006：6.
④ 林火旺. 正义与公民. 长春：吉林出版集团有限公司，2008：147.

应承担的教育、医疗方面的行政责任，公民的知情权对应着政府所应承担的政务信息公开的责任。当代中国社会已经进入各类社会矛盾的频发期，其中很多社会矛盾都根源于政府的不当行为，或者是不当为却为的乱作为，或者是当为不为的不作为。公民通过广泛的政治参与和社会参与，用权利主张来划定行政权力的边界，督促政府履行对公民的承诺，恪尽现代政府的责任。因此，自由及责任不只是对公民个人的单向度要求，同时也是对政府权力的约束。

现代政治文明既是制度文明的体现，也是精神文明的成果，因此，政治文明建设不能仅仅停留在政府、行政层面的制度或机构等的重组及改革上，还应同时关注全体社会成员，特别是普通公民的政治意识程度和实际参与状况。公民参与的质量和广度以及从中所体现的参与自由及责任的水平，都可以成为衡量国家政治文明的尺度。与此相应，共和政体中的公民道德要解决的核心问题正在于激发或促成广大公民对政治活动及公共事务的投入，并以理性、合法的方式解决政治参与中的诸种问题。

只有落实公民的表达权，才可以真正实现公民参与的自由。从法理上看，表达权属于精神自由权范畴，精神自由权又分为内在自由权和外在自由权两种，前者包括思想自由、良心自由、宗教信仰自由和学问自由，后者包括言论自由、出版自由、新闻自由、表达自由等。表达权就是表达自由的实体化，通过口头、书写或印刷及其他手段传递信息和交流信息的自由。就中国而言，经过清末无数思想先行者的呼吁、倡导，民国期间部分实现了表达自由，新中国成立后，1982年颁布新宪法，对表达自由的保护写入宪法，但表达权的落实仍然不足。

公民是具有平等人格和权利的个人。这样的公民所持有的道德，即公民道德，就主要表现为公民个体基于自身的理性对社会空间中的合法组织和他人的公共认同。这样的公共认同不是私人性的或情感性的，而是一种普遍性的、可合理解释的理性认知，如相互合作、彼此信任、理性参与、有节制地干预他人的不良行为等。具备了公民道德的人，就会有意识地顾及他人的感受，特别是顾及他人要求受到尊重的同等愿望，关注与他人相关的福祉，以积极的方式参与到公共事务中。一个公民在实际地承认他人具有与自己同等的尊严，表现出礼貌、谦逊、尊重他人、自我克制时，就充分体现了自身的公民性。在公共生活领域，人与人的关系多数是一种陌生关系，匿名效应高，但在交往过程中，往往涉及相互之间可以交叉的切身利益问题。不论是否与自己有关，能否直接给自己带来益处，只要是有益于公众的，就积极参与，这就达到了公民道德的较高水平。在市场经济条件下，既需要基本的公民道德，也需要理想的公民道德，因为只有无数具有公民道德的人才能推动市场经济持久、良性地发展。

公民参与的发展，并非只是公民参与态度的改变，同时还伴随着公民参与方式的改变，以及广泛的参与平台、生活化的参与经验以及可预见其后果且较少成本付出的参与途径之提供。现代意义的社会管理创新之实质就是回应公民参与意愿，将国家治理、公民权利、社会活力等加以通盘考虑之后所做出的制度创新。特别是在社会转型期，各项制度尚未定型以及新旧规范的承接不畅极易导致参与规范“真空”地带的出现，这就会催生为数不少的公民转而以观望、冷眼相看的方式来对待一切公共事务，表现出相当范围的参与冷漠。除了来自社会规则不明的原因，社会生活中的信任氛围稀薄同样也是难以忽视的原因。只有在社会信任度高、社会资本发达以及社会生活规则得到普遍遵守的环境中，公民才会被激发出较高水平的参与意愿，表现出主动参与的样态。

从公民参与的自由及责任的角度看，一味强调“公民有序参与”，甚至将“有序”凌驾于“公民参与”之上的做法是值得推敲的。在实践上，公民的无序参与，如违法乱纪、侵害他人权益等，也非正常的参与形式，本来就会受到法律制裁，不可能长期存在。公民不遵循宪法和法律的规定、不按照合法的程序参与政府决策和政治生活，这些都会受到有效制止。在现实生活中，很多自愿自发的公民参与未必都是有政治企图的，如个人的维权、个体的抗争，但只要基于法理、行为无害于他人，就都是合理的。重要的是政府部门如何及时地有效答复公民参与后所提出的要求。如果政府部门不是将重心放在改进行政作风上，而是过多简单地指责公民参与的“无序”，那么这显然是一种责任的逃避和推脱。很多时候，公民的无序参与恰恰是因为合法的渠道被堵塞，正当的诉求被漠视，从而不得不进行“弱者的抵抗”，此时有污点的公民参与就在所难免了。所以，公民参与的秩序绝非强制的结果，其间就离不开政府部门的公开示好。

在社会成员不再关心眼前利益之外的事业，不再愿为政治的、公共的事务花费精力时，社会的政治就走向了困境，社会发展也将受到侵害。例如2002年法国大选，许多法国公民主动放弃投票，导致右翼候选人获得第一轮选举的胜利，险些葬送法国的民主政治①。同样，2003年初美国攻打伊拉克时，为数不少的美国人也表现出了政治冷淡，以至纵容政府公然违反国际公约、悍然侵犯主权国家②。一些学者不无忧患地指出，“当日益私人化的生活导致人们对政治缺乏兴趣时，由于那种冷漠情绪加深私人化并由此产生更多的漠视情绪，政治反而从约束中解放出来”③。在公民身份被普遍给予了每个人并倡导尊重个性和自由的现代社会，如何在权利与义务、自由与责任、公共事务与个人利益之间取得平衡，这可以说是世界性的难题。我们的政治文明建设应放在这样的宏大视域之下，从公民道德养成入手，逐渐改变国人对政治的冷漠态度和私人性角色定位，使公民道德成为更多普通中国人的常识道德。只有这样，才能在政治文明建设中实现跨跃式发展，取西方之长，避西方之短，并为人类政治文明建设提供范例。

当代一些福利国家出现了另一个引人关注的现象：一些公民有序参与很可能是“受操纵”的或被少部分人支配的后果。福利国家扩大了政府的职能，使政府的角色发生了转变，于是，“社会福利接受者首先不是通过政治参与而是通过采取一般的要求姿态来与国家发生联系——他们期待着获得供给，但不想作出任何实际的决策”④。这是一种“伪公民参与”，我们应对福利国家正反两方面的经验给予高度警惕。

除了普通公民，现代政治的另一个重要主体——政府及其工作人员也要在其中确立起自身的职责，始终坚持正确的宏观方向，以各种公共利益

---

① https://www.the guardian.com/world/2002/apr/22/thefarright.france.

② https://www.thecrimson.com/article/2003/3/19/against_apathy_in_the_next_few.

③ 鲍曼．生活在碎片之中——论后现代道德．郁建兴，周俊，周莹，译．上海：学林出版社，2002：358.

④ 哈贝马斯．公共领域的结构转型．曹卫东，王晓珏，刘北城，等译．上海：学林出版社，1999：245.

的均衡发展为圭臬。例如，地方文化传统的延续与地方经济建设之间也会发生冲突，这可能会表现为文物保护与城市开发的对抗，地方文化的保存与当代经济扩张的冲突，群众休闲文化的需求与大企业集团利益之间的紧张关系，等等，这些问题的有效解决不能寄希望于“先经济，后文化”或“经济搭台，文化唱戏”之类的割裂式做法。

第四章　社会−文化现代化与公民道德意识

在一定意义上说，公民意识是公民道德的内核。公民意识大略指意欲包容进更大共同体的观念，具体而言，它指公民在理解自身权利和义务的基础上做出与他人合作或介入公共事务所持有的观念。这种观念主要体现为有意愿通晓并切实履行作为国家一员所享有的权利和应尽的义务，即公民的自觉自省。公民意识是以对国家的认可和对自身主体身份的接受为前提的。在价值观上，现代公民意识还包含了这样的观念内容，即维护保证人们平等地享受幸福的基本前提，如自由、民主、和平的社会目标等价值取向。虽然不同的人所表现出的公民意识水平是有差异的，这受制于诸多因素，如受教育程度、收入水平、工作性质、生活状况等，但许多学者的研究和实证调查都表明：中产阶级的政治行为更为主动和理性，受过教育的阶层具有更明确的政治态度。因此，伴随着社会−文化现代化，普及国民教育，提高公众受教育水平，提高社会资本的存量和增量，都将极大地促进整个社会的公民意识的普遍提高。

一、现代社会−文化转型的艰难历程

第二次世界大战结束以来，政治学研究的最新趋势是逐渐放弃了对国家及其权力的传统热情，代之以对政府政策问题的关注，在探讨政策制定、实施过程中，广义的文化现象进入政治学视野，政治学开始告别一百多年来力图科学化、价值中立化的倾向，转向注意政治体制运作与民众文化、社会历史传统所提供的思想资源之间的深刻关联。“公民文化”概念由此产生。这其实也意味着现代化进入了一个更新的阶段，即开始注重社会-文化的转型。这一转型相比于过去数百年的经济转型、政治转型，显得不那么激烈和令人瞩目，它主要通过日常生活世界的渐进性、点滴式改变而积累变革的力量和意义。这一转型在发达国家仍未完成，后发国家则几乎刚刚起步。

（一）传统的社会-文化之特点

从国家层面转向公民层面，“社会”随之变得重要起来，社会-文化的现代化大多是在社会领域发生的，尽管“社会”并非现代化的产物，但现代化的进程确实给“社会”带来了全新的内容，现代社会的结构、功能等都有了显著的变化。通过考察传统的社会-文化，就可以清楚地看到这一差别。

首先需要声明的是：在本书中，“社会”这一概念被理解为“集团行动的状态”，换句话说，一种社会形式就是一类集团行动所造成的状态，社会包含了复数人群的互动关系及其行为模式，因此，现实的社会是一个复合体，由诸多集团及其互动状态组成。但本书所讲的“社会”并不包括政治国家这样的主体，国家也是集团行动的某种结果，现实国家只是诸多集团行动间相对稳定的状态，造成国家的合力源于社会各分力的团结和重叠，国家内嵌于社会之中。国家的基础是权力，社会-文化结构是国家的生活内容，集团-权力结构是国家的形式表现。与此相对，社会的基础是个人，其产出是文化；政治国家是外在于社会的存在，尊重社会既有秩序的政治国家才能获得社会的首肯。

学界通常认为有三种类型的“社会”：第一种是以家庭和亲族为代表的血缘社会；第二种是以村庄和城市为代表的地缘社会；第三种是以现代组织为代表的目的社会，例如企业、政党等都以特定目标的达成为指导，达成目标遵循的是理性化、形式化原理。无论过去还是现代，三种类型的社会都有不同程度的存在，但在传统时期，血缘社会占据压倒性地位，不仅数量众多，而且它的运行原理也成为其他领域通用的法则。上述三种类型的社会所催生的文化也是十分不同的：以习惯、风俗、经验、禁忌为主导的行事原则及价值观念是血缘社会和地缘社会的主要文化形式，然而在现代，科学性、专门化、复杂性的思维方式和行为规范则是目的社会的主要文化基调。

在欧洲，国家产生于社会的自发发展，政治组织逐渐从影响整个民族的、经济的、人口统计的、道德的条件中孕育而成，这一历史过程是自下而上地渐次演变的。传统东方国家是以政治权力和权威为媒介而统一起来的政治结合体。在现代以前，国家被认为是唯一的、自足的社会全体。国家就是社会，社会组织完全是国家的创造物。先有国家，后有社会，国家的政治结构完全覆盖了社会的结构。但是，这样的国家对社会的影响与渗透究竟达到了怎样的广度和深度？很多迹象表明，国家的作用是表面的，没有达到根深蒂固的程度。因为政治组织并没有展示国民日常生活世界的真相，它也很难更深刻地穿透国民所实际持有的意识。

东方人经历了曲折的摸索过程，才认识到“社会”的独立性。例如，“社会”在中国的古语中最初主要指：（1）春秋社日迎赛土神的集会；（2）由志趣相投者结合而成的组织和团体。在1904年以前，国人同时用“群”和“社会”来翻译society，受西方思想的影响，此时“社会”概念在汉语中意指人们为了某种目的而自行组织的团体。另外，也出现了大量相关的词组，如“社会主义”“社会学”“社会科学”等。同样，在近代日本的明治初期，society的翻译语大多为“伙伴”“交际”“社中”“交往”“组合”等，指狭小规模的、面对面交往的集团，而不是欧洲人所理解的以个人为单位的大规模的、有组织和体系的自足生活集团。“社会”这一词，作为翻译语出现，并作为与“国家”相区别的概念被人们接受，是在明治中期，特别是中日甲午战争之后，一些有识之士开始讨论“社会问题”。但很长一段时间内，“国家”与“社会”这两个词常常被不加区分地混用。当时有个叫陆羯南（1857—1907）的知名记者力图从政治与文化两种意义上区分国家和社会，他认为“政治上的生活”指法律、制度、兵备、行政、租税、教育等以国家的权力而实施的内容，“文化上的生活”则是文学、宗教、美术、艺术、风俗、住宅、服装、仪式等在民间自然生长起来的方面。这一区分表明东亚国家的部分开明之士开始接受公民、社会、权利等现代观念。1915年以后，“社会”概念的使用变得频繁，开始指由一定的经济基础和上层建筑构成的整体。

社会的生长点是一群人的日常生活，所以，社会所形成的规则折射了人们日常生活的内容，它对具有共同经历的人们产生默认的约束力。然而，社会中的每个人都有自己的利益和偏好，这样的无数个人在组合成社会的过程中总是免不了产生各种摩擦和冲突。同时，每个人又离不开与他人的交换及合作，易言之，每个人的有限性本身就会形成必要的限制，但是，这样的限制只有在存在无数次重复交往的情景下才是有效的，而在一次或有限次数交往的场景中，例如公共场所、旅途、突发危难时刻等，基于长久交往而形成的合作就不会自动发挥作用。此时，就需要人们超出当下生活经验的直观感受，从理性的角度接受让彼此共同持续受益的规则。这样的规则是不会自动呈现在日常生活之中的，而是在无数次试错中被选择、淘汰从而积累或沉淀下来的，具有历史生成性和代际传承性①。这样的规则的提炼、教导和修正等工作，就可以被看作社会-文化系统的基本形态及功能。

近代人类从农业时代向工业时代转变中的一个重要变化就发生在社会结构的转型上。传统的农业社会结构以家庭为主，家庭集中了各种社会职能，由家庭聚合而成的家族、宗族构成了基本的地方社会，民众在家庭或地方社会中习得规范，获得认知，成为“社会人”。家族、庄园等都是高度自治的。此时，国家的结构却是模糊的：一方面，对外缺乏明确的疆界概念，农业时代征伐不断、江山易主是常有的事；另一方面，对内国家政治势力被排他性地掌握在官宦阶层手中，这个阶层的成员之间具有高度的关联性（在西方的中世纪，这个阶层始终是世袭的），他们所从事的政治活动非常有限，例如国家名义的祭祀、交战、征税等。

因此，农业时代存在严重的社会结构二元化现象，即上层人士与下层民众的分隔，精神生产与物质生产的脱离，政治世界与生活世界的隔绝，这些都造成了农业时代社会结构方面的身份差异和高度的不稳定性。不过，农业时代基本社会秩序的维持主要不是依靠社会结构的调整或改进，

① 虽然每一代人都对这样的规则的形成和完善做出了贡献，但不必每一个具体的人都重复从无规则到有规则的野蛮进化历程，相反，多数普通个体只需接受既定的、公认的规则就可以了。

而是依靠统一的或者一元的价值观念来整合全体社会成员，例如通过家庭亲情和地方社会的礼俗生活来构建共同体。从这一意义上说，中国儒家学说并非只为统治者所利用，也得到了广大民众的自觉服膺；西方教会的宣教和训谕同时约束了领主与平民。结果，农业时代所存在的社会结构的不平衡被统合的价值观遮蔽了，对社会结构的关注始终未被视为重要议题，即便出现了“民本”“人道”“契约观”等思想火花，也因缺乏可操作的社会结构方面的支撑而昙花一现。

中国古代历史就充分显示了农业时代社会的结构内容和文化属性。一般而言，“中国传统社会是由上、中、下三个层次结合而成：上层为以王权为核心的大一统政府，我们通常称其为国家组织；中层为绅士在乡村的自治，它将政府对乡村的管理职能放大；而下层为宗法家族组织”①。中国在隋唐之际废除乡官，州县官“以一人而治彼数百人之事，绝无佐理之人”。这一方面减少了行政成本，另一方面也给民众留下了广大的自治空间，在一定程度上为乡村社会及其文化的形成、发展创造了宽松的制度条件。与此同时，也弱化了国家对基层组织的动员力量，事实上，除了诉讼和纳税，“民”和“官”几乎没有关联，陈独秀就认为传统中国“上面是极专制的政府，下面是极放任的人民”，这是中国有别于其他诸国之处。“放任的人民”保有了许多自治团体的联合：乡村有宗祠、神社、团练，城镇有会馆、善堂、义学和各种工商业公所。这也是许多文化保守主义者（包括梁漱溟、章炳麟等）主张挖掘中国自身传统资源以迎接现代化挑战、反对西化或拿来主义的主要依据。但日后风起云涌的革命浪潮和日趋严峻的亡国灭种的政治危机淹没了文化保守主义者的深刻洞见。传统中国的“国家和个人之间因家族的隔离是难以相通的。甲午战争以后，士大夫普遍认识到中国之所以积弱，在社会组织上的问题是由于上下不通；政府动员能力的微弱，由‘家’组成‘国’的机制松散，促使士大夫思考把个人、家庭、国家三个层次紧密结合的办法”②。

以国民党为代表的革命党人用训政、军政来统一中国，将社会完全纳

---

① 金观涛．观念史研究：中国现代重要政治术语的形成．北京：法律出版社．2009：187．

② 同①188．

入国家控制之中，将文化看作国家意志的再现，中国社会开始进入构建“目的社会”的新时期。但中国的社会根基和民众日常生活世界并未因国民政府统一后党国原则的推行而迅速改变。社会学家费孝通在20世纪30年代的田野考察中得出结论：传统中国是乡土社会和熟人社会，与此相对的现代工业时代形成的是“陌生人社会”。到了20世纪90年代，农民问题研究专家贺雪峰通过实证调查和深刻思考，指出当时的中国农村已经进入“半熟人社会”，因为当时的中国农村受到工业文明的冲击，大量年轻人外出就业，农村文化生态和社会结构都发生了显著变化，但由于不能简单地用城镇化运动将农民集中于城市，现代中国农民既不可能退回到礼俗社会，也不能一步到位地进入法理社会。此时，信息对称程度在下降，地方性共识减弱并失去约束力，将不得不在情理、义利的平衡中确定新的行为逻辑，中国农村社会-文化的自我演化逻辑将会在很长时期内处于“半熟人社会”状态。

需要指出的是，现今存在的“传统文化”并非古已有之的旧纸堆，相反，“传统文化”是被刻意塑造出来的。在当代，经济的商业化冲动、政治的选民偏好、宗教的介入、大众传媒的猎奇报道等，都可以成为选择或改写传统文化的力量。在一定意义上可以说，并没有独立不变的、实体性的传统文化，存在的只是流动的、对传统的选择和塑造活动。一个有趣的现象是：越是在民主程度高的国家，有强烈表达愿望的保守主义者、复古主义者等一部分选民会成为党派利益集团的支持者而站出来，在抵抗大众“消费”的呼吁中维持或营造自身的“传统”。例如，日本20世纪70年代开始的民族文化复兴，印度20世纪80年代末出现的传统文化自觉，以色列自独立建国以来对“犹太性”的标榜，都是在创造传统，重新改写文化记忆，以形成吸引当代人的独特“传统”。

社会-文化系统因其与民众日常生活切近相关，保持了高度的自我复制和不断延续的特点，它通过代际传承和日常习惯而被强化、模仿与重演，短时间内难以破除与切割，即便引入外来的多重社会-文化因素或者采取激烈的政治革命，也不容易被完全根除。正因为如此，已有的和传统的社会-文化系统一旦遭到破坏或断裂，要重续或延续同样是困难重重的，甚至是几乎不可能的。因此，我们要以极其审慎的态度对待社会-文化系统，不可因短期的经济要求或迫切的政治愿望而随意否决或破除现存的社会-文化系统。

（二）公民文化的生成

早在20世纪50年代，阿尔蒙德（Gabriel A. Almond）等人就首次明确提出了"公民文化"概念。他们认为公民文化是人文文化和科技文化之外的第三种文化形态，但公民文化不是空穴来风，而是"现代与传统的混合文化"，"它是一种建立在沟通和说服基础上的多元文化，它是一致性和多样性共存的文化，它是允许变革，但必须有节制地进行的文化：这就是公民文化"①。公民文化是工业时代的产物，但是，公民文化在不同国家的发展历史和现状不尽相同，而且表现形式和内容也有许多差别。如果一个新兴国家要创造一种公民文化，那么它就既需要统一的国民象征和相同的公民情感，也需要人们对所存在的政治、社会具有认知和参与的技能。就个体而言，公民文化的水平还与受教育机会的增加、在工业环境中的经验，以及与传播媒介、政党和志愿者社团的接触等日常经验和社会机会有关。阿尔蒙德使用"公民文化"来解释不同政体的社会基础。公民文化也可被理解为广义的"社会文化"，它反映的是广泛散布于公众间的有关国家制度、公民地位、政体关系、司法体系等方面问题的看法或倾向。

阿尔蒙德等人还探讨了三种不同类型的公民文化及其特点②。（1）第一种是参与型公民文化。在这种公民文化中，人们对政治非常关心。他们对自己国家的政治体制感到自豪，通常也愿意讨论它。他们相信自己可以在某种程度上影响政治，并声称可以组织一个团体来防止不公正事件的发生。他们对选举制度及结果感到自豪，相信自己具有参与政治生活的权利。他们活跃于各种共同体之中，常常是一个或多个志愿者组织的成员。他们易于相信别人，时常回忆起儿时参与家庭讨论的情景。因此，他们表现出较高水平的"政治能力"（知道如何以政治方式达成自己的意愿）和

① 加布里埃尔·阿尔蒙德，西德尼·维巴．公民文化：五个国家的政治态度和民主制度．徐湘林，等译．北京：华夏出版社，1989：35.

② 迈克尔·罗斯金，等．政治学．林震，王锋，范贤睿，等译．北京：华夏出版社，2002：98-100.

“政治功效”（感到自己至少还有一点政治权利）。参与型公民文化是保持民主制的理想土壤。（2）第二种是臣属型公民文化，比参与型公民文化稍低一层。持有这一公民文化的人们也关注政治，但是以一种被动的方式被卷入了政治。他们听从政治新闻的宣传，对自己国家的政治体制并无自豪感，感到没有什么激情去表示忠诚。他们觉得政治是不舒服的话题。自己对政治的影响力仅限于谈谈当地的官员。自发组建团体的现象并不普遍。他们关于政治能力和政治功效的感觉是低层次的，有时感到没有什么权利。他们虽然参加选举，但是没有激情，较少相信别人。他们习惯于把自己视为驯服的客体而非积极的参与者，较少付出实际行动去关心和参与公共事务。（3）第三种是地区型公民文化，是更低一层的公民文化。生活于此种公民文化之中的人们从来没有感觉到自己是一个国家的公民，他们只在意身边的事物。他们对国家的政治体制没有什么自豪感，也没有什么尊敬之意。他们不关心政治，没有什么政治知识，极少谈论政治议题。他们也没有参与政治生活的可能性。他们对政治能力和政治功效毫无感觉，在既定的政治制度面前感到毫无权利。在这种公民文化中发展现代民主是非常困难的，因为稳健的民主不仅需要相应的制度，而且需要相应的公民情感。

然而，没有一个国家的公民文化是纯粹的参与型或臣属型或地区型公民文化，所有的国家都是三种公民文化的不同程度的混合体。“在公民文化中参与者的政治取向与臣民和村民的政治取向是结合在一起的，而不是前者取代后者。个人在政治过程中成为参与者，但是他们并不放弃他们作为臣民或村民的取向。……当这些被保留的较传统的态度和参与者取向相融合的时候，便导致了一种平衡的政治文化，在这种文化中，既存在着政治的积极性、政治卷入和理性，但又为消极性、传统性和对村民价值的责任心所平衡”①。在当今世界，纯粹的地区型公民文化已经不存在，如果一国中的任何人都对政治不感兴趣，那么该国的政体就会分崩离析，该国也将不存在。纯粹的参与型公民文化也不是完全可欲的，过于密集的政治

---

① 加布里埃尔·阿尔蒙德，西德尼·维巴．公民文化：五个国家的政治态度和民主制度．徐湘林，等译．北京：华夏出版社，1989：540.

参与会给国家造成颠覆性的后果。也许只有极少数人是真正的“政治动物”；大多数人只是阶段性地被卷入政治，平时则把自己的主要注意力投入个人事务之中。只有在三种公民文化的恰当平衡或适度结合中，现代民主才能找到稳定点：地区型公民文化关注于家庭、教会、个人的工作，臣属型公民文化给予政治体系必要的服从和支持，参与型公民文化则迫使领袖倍加小心，时刻注意选民的态度。

公民文化的确立需要一个制度性的前提，即国家与社会在职能上的明晰区分。只有划分了国家与社会的界限，才能保证公民文化的生存空间，从而为独立的公民文化的形成创造条件。公民文化的实质是，要对现代政治体制和公民地位具有相对成熟、理性的认识，并对反映民意的国家权力机关给予支持。因此，公民文化属于现代文化，它促使无数个体公民意识到自身的权利和义务，必要时通过合法、和平的渠道表达自身的诉求。这样的公民文化摆脱了传统农业时代原子化的利己性和排异性身份隔离，努力维持尊重个人意愿且稳定的制度形式，即现代民主制度，与之耦合的公民的政治态度、情感、信仰和价值取向就是上述公民文化，它正是支撑稳定的民主制度的隐结构。世界范围内的民主化历史也告诉我们，民主制度以及公民的民主生活经历构成了公民文化成熟的必要前提，换句话说，在逻辑上民主制度的设定和公民的民主参与经验先于公民文化的产生。在英、美以及北欧和部分英联邦国家，民主制属于原生型的制度形式，德国和日本等二战后在战胜国的管制下建立起了民主制度，其他国家迈向民主制也必须懂得只有在民主制度下才能学习民主的道理。

公民文化是通过一系列复杂的过程进行传递的。公民观念的培养起始于家庭，在青少年时期逐渐变得自觉。青少年在学校听取公民课，以及参加社区活动，会学到公民观念的许多内容。公民直接参与和影响决策的渠道的开放也有利于公民文化的培养，如利用设立“领导接待日”“市长电话”“市长专邮”等办法开放公民意见和建议的诉求渠道，增强普通公民的现实感和对政治事务的兴趣；建立“舆论调查所”等民意测验机构及时跟踪民意，据此调整相关政策，以拉近政府与公民的距离；通过网络、广播、电视、报刊等大众传媒来反映社会热点问题和公民呼声，使公民关注的话题成为政治主题，从而有效提升公民的存在意识；等等。上述渠道虽然还未制度化，但都可以有效地吸纳公民参与政治。

普及的公民文化也有利于培养公民间的信任。公民文化的基础是稳定的政治制度、公平的司法体系和开放的社会生活，这些条件不仅保证了公民间交往规则和平台的确切性，同时也促成了公民间合理预期的生成和行动的长期化，因为“公民文化的一个重要的组成部分，是一整套对其他人的信任态度——一种扩散的、部分不一致的模式，这种模式不容易适合于明确的教诲”①。鼓励公民互动的公民文化创生了高于无数个人之上的政治认同感和公民信任，并促成了有意义的社会合作。结果，“在公民文化之中，人际关系的规范、人们社会环境中普遍信任和信赖的规范，渗入政治态度之中并调节着这些态度”②。历史上，公民文化首先在西方产生，主要因为近代西方率先发展出了多种多样的公共生活形式，如市场、教会、学区、俱乐部等。但这不等于说公民文化只能在西方产生，一些后发国家借助革命、政治动员等方式重建了新的政治忠诚和公民主体，但只有那些随后逐步进行了持续的公民培育，并且与既有的传统组织如家庭、社区、教会、协会等联系起来，在实现新旧政治态度和行为方式的融合过程中确定政治的合法性，同时凝聚公民的相互团结的国家，才真正完成了社会-文化的现代化，最终在现代化进程中迈入成功者之列。

在公民文化的支撑下，公民间形成了一种心理和认知上的高度连接。身处其中的公民具有独立的自主意识、受到法律保障的基本权利，因而持有不同于他人乃至国家的特定信念。从这个意义上说，公民文化是对科学理性文化、市场经济文化、礼俗亲情文化的补充。公民文化具有双重属性：一方面，它对国家是自我限制的理性化的存在，倡导守法、结社、多元的观念；另一方面，它对其成员提供行动理由和动力，力主权利、平等以及公开的行为方式，对社会成员产生诸多影响。一种健康的公民文化，不仅是一种凸显公民价值与权利的社会文化，而且是一种倡导公民参与意识、责任意识的社会文化。独立而自主的公民个体，通过公民文化习得理

---

① 加布里埃尔·阿尔蒙德，西德尼·维巴. 公民文化：五个国家的政治态度和民主制度. 徐湘林，等译. 北京：华夏出版社，1989：546.

② 鲍曼. 生活在碎片之中——论后现代道德. 郁建兴，周俊，周莹，译. 上海：学林出版社，2002：358.

性行为方式、合作态度、批判意识，就可以直接成为现代社会-文化的推动者和实践者；并且，通过良性传递效应，单个人的理性和成熟的行为可以转化成整体社会多数成员的普遍和经常性的行为。

对照西方政治社会的历史，不难发现，“公民文化”概念的明确提出虽然相对较晚，但公民参与、公民结社以及政治生活的规则、程序、信念等的形成都已有了很长时间的充分积累，这些都为公民文化的形成奠定了坚实的基础。我们还可以发现，西方公民文化的核心不是解决政治与公民的关系问题，而是回答具体政府行为所引发的问题，例如政策制定过程中对公民要求的回应之类的问题。

公民文化在我国这样具有久远等级制传统的国家出现，有着特别的历史意义和现实价值。我国建立社会主义制度后，立即着手政治文化的推广，在加强教育、扩大社会福利的同时，强化了普通国民的各种实际参与、监督工作，政治文化得到了发展，但仍未明确发展出深层的公民文化。“文革”期间，政治文化受到极端破坏，公民身份也丧失殆尽，严重推迟了社会主义民主建设进程。一个严重的不良后果是我国的许多公民至今还缺乏应有的权利意识，还不知道拿起宪法和法律赋予的权利武器争取与维护自己的正当利益，还远远没有达到视个人权利为神圣并誓死捍卫的程度。与西方国家不同，我国的政治文化不是自发产生的，而是在政府等国家机构的支持下培植起来的，而且政治文化的传播和渗透主要不是依靠各类基层组织，而是依靠各种条块分割的“单位”，许多国有企业、事业单位同时也承担着政治功能，基层选举、政治学习等都是在“单位”中完成的。但这样的政治文化还很难被称为公民文化，而且，即便这样的政治文化，也不是自发累积的，由于缺乏公民参与意识，经常走向了形式主义，难以深入人心。在我国，公民文化开发的一个重要任务是，通过“政治再社会化”，建构与我们的基本政治制度相一致的政治观念和社会价值。例如，“热爱祖国”是共和国公民文化的基调，对具体的公民个人而言，这种热爱的情感或价值是要通过与国家、社会组织以及其他公民的持续不断的互动来体现的；对国家来说，则应努力践行以非暴力权力和公民理性为基本原则的共和治理。公民文化开发的另一个重要任务是，培育公民的政治参与意识。公民的政治参与程度既取决于公民的政治主体意识、政治效能感、政治安全感等主观方面的因素，也取决于政治体制所提供的政治参与的途径是否充分和有效。

（三）社会资本的演变

“社会资本”概念的提出相对较晚，国内有关社会资本的理论研究更是20世纪80年代以后的事情。但有关社会资本的构想却早在100多年前就被意识到，如马克思在对资本的精辟分析中就摆脱了古典政治经济学的局限，注意到资本不是物，而是“一种生产关系”，在他的视野中，“资本”不仅仅具有纯粹经济学的含义，如私人财物、物质利益、生产力要素等，更是扩大到资本主义社会的全部生产关系。社会学家涂尔干（Emile Durkheim）也曾指出，大规模的工业生产会导致原有社会关系的崩溃，同时工业活动的竞争原理又不足以构成维护新社会关系的共同规范。他提出的解决之策是建立一种职业行会体系，以便将工厂、劳动场所的经济需求与人们的其他社会需求贯通起来，从而减少工业时代的社会病。

一般认为，正式提出“社会资本”概念的是法国社会学家布迪厄（P. Bourdieu），他把资本分成经济资本、文化资本、符号资本和社会资本四种形式，认为社会资本指某个个人或群体所拥有的比较稳定，又在一定程度上制度化的相互交往和彼此熟悉的关系网。所谓社会资本，就是“实际的或潜在的资源的集合体，那些资源是同对某些持久的网络的占有密不可分的。这些网络是大家共同熟悉的、得到公认的，而且是一种体制化的网络，这些网络是同某团体的会员制相联系的，它们从集体性拥有资本的角度为每个会员提供支持，提供为他们赢得声望的凭证”①。与经济资本、文化资本不同，社会资本以关系网络的形式存在，体现了社会生活中人们之间共有的纽带。对社会资本理论研究贡献最大的首推美国社会学家科尔曼（James Coleman）。他主张从功能角度理解社会资本，社会资本主要存在于人际关系及组织之中，并为组织内的个人行动提供便利。科尔曼认为，每个自然人从一出生就拥有了三种资本：一是由遗传天赋形成的

---

① P. Bourdieu. The Forms of Capital//J. G. Richardson. Handbook of Theory and Research for the Sociology of Education. New York：Greenwood，1986：185.

人力资本，二是由物质条件构成的物质资本，三是自然人所处的社会环境所构成的社会资本。科尔曼对布迪厄的观点做了发展，指出“蕴含某些行动者利益的事件，部分或全部处于其他行动者的控制之下。行动者为了实现自身利益，相互进行各种交换……其结果，形成了持续存在的社会关系”①。

“社会资本”概念提出后很快就走出了社会学领域，迅速扩大到政治学（特别是比较政治学）、经济学（尤其是制度经济学）、管理学（跨国管理和组织文化变革理论）以及广泛的文化研究之中。在逐渐扩展的研究视野中，公民社会及公民间信任等问题凸显出来，成为社会资本的一个核心内容。这要归功于普特南（Robert D. Putnam）和福山（Francis Fukuyama）的贡献。

普特南于1993年出版了《使民主运转起来：现代意大利的公民传统》（*Making Democracy Work：Civic Traditions in Modern Italy*）一书。在这部书中，他使“社会资本”成为分析现代意大利社会的主题词。他对社会资本的定义是：“社会组织的特征，例如信任、规范和网络，它们能够通过推动协调的行动来提高社会的效率”。在普特南看来，社会资本的本质性组成要素是集体行动中人与人之间的相互信任，其实质性功用是促成自发的合作。普特南最重要的贡献是改变了人们以往的成见，以为只要推行新制度（如民主制等），就可以改变人们的行为方式和思想观念，从而产生与此新制度相适应的行为或意识，恰恰相反，一个社会或群体的既有社会资本状况和水平不仅会对制度的引入进行取舍，而且会修正这一新制度：或者与内源动力相聚合，实现向内在生长力的转换，新制度得以落地生根；或者将它视为单纯的外源动力，拒绝它的输入，最后使新制度瓦解，形同虚设。不难看出，社会资本不仅是公民社会的基础，而且是一切政治共同体、社会团体等的基础。

在以后的著述中，普特南反复强调了这样一个观点：社会资本促成了有利于各方利益协调与合作的社会信任。因为社会资本包括了公众参与的

---

① 詹姆斯·S. 科尔曼. 社会理论的基础. 邓方，译. 北京：社会科学文献出版社，1999：354.

网络。首先，政府不仅不是社会信任的提供者，相反，政府的不当行为经常会成为既有社会信任的破坏力量，所以，当我们考虑经济恢复对社群的影响时，我们必须权衡一下破坏社会资本的风险。社会资本不是静态的或一次性的，而是在不断互动、不断运用中增殖的，从这一意义上说，社会资本是公共资源，而非私人资源。其次，在公众参与和交往的过程中逐渐形成广泛互惠的准则，促进了社会信任。正是在参与和交往中，公众彼此结成各种自愿的、满足不同需求的团体或网络，通过这些团体或网络实现每个人之间的协调和沟通，为解决集体行动的困境创造了可能，在这些环节中，相互的信任逐渐滋长。最后，公共参与的经验、所结成的网络、人员间的相互信任以及集体行动的成功，都可以拓宽参与者的自我意识，将"我"发展为"我们"，并提升参与者对集体利益的兴趣。为此，普特南特别强调建设平行的而非纵向式的社会网络。因为纵向式的垂直网络可能维持一个集团内部的合作，其规则往往倾向于排他，难以跨越社会分层，建立起更广泛的社会信任与合作。正是基于这一考虑，普特南充分肯定了民间自发结社对产生社会信任所具有的重要意义。

普特南的结论也被一系列事实所证明。例如，1991 年世界价值调查的证据表明：在调查的 35 个国家中，社会信任与社会参与紧密相关；在一个社会，其社团成员的密度越大，公民的社会信任度越高。信任和参与是同一个因素——社会资本的两个方面。

福山于 1995 年出版了《信任：社会美德与创造经济繁荣》(*Trust: The Social Virtues and the Creation of Prosperity*)。他指出社会资本所提供的社会信任还会产生重要的经济结果，因为社会资本是持续积累、反复交流的产物，它与特定的社会文化传统紧密相关，人们的互动也会折射到经济活动上，例如开设、运营企业，企业规模大小和效率高低直接关联着一定社会或地区的经济发展。依据与现代企业经营的磨合度这一要素，福山把全部文化传统分成两种类型：一种是低信任度文化，另一种是高信任度文化。前者的代表性国家和地区是法国、意大利、韩国和中国台湾、中国香港等，后者的代表性国家是日本、德国、二战前的美国等。在低信任度文化中，社会结构以家庭、家族为主，社会资本成为"私人资本"，表现为个人的家庭关系、乡里关系、血亲关系，而对外部人持高度的不信任感。在高信任度文化中，社会结构以某种公开、开放的社会交往与社会关系为主，如早期的北美人以教会、教堂为合作基础，德国人以同业公会为中介，日本人则产生了拟制家庭关系。福山指出，通向社群生活的道路有三条：第一条是家庭和血亲关系；第二条是血亲关系之外的自发社团，诸如俱乐部和专业组织；第三条就是国家。但三条道路所产生的社会关系层次、社会资本的深度甚至社会性美德的内容都非常不同。福山通过分析美国黑人的状况发现，美国黑人不像白人大多有从旧大陆移植过来的宗教、工业、社群等传统，也不像亚洲人大多有家族、同乡会等联系，美国黑人在几百年间的受奴役的历史中，自身的文化印记和民族认同被完全毁灭，所以美国黑人就陷入了一个恶性循环：贫穷—不团结—更贫穷—更不团结。

福山最有价值的研究成果在于，他不只肯定社会资本中的信任因素，更看重它与美德的关联，他对信任的界定是："信任可以在一个行为规范、诚实而合作的群体中产生，它依赖于人们共同遵守的规则和群体成员的素质。这些规则不仅包含公正的本质这种深层次的'价值'问题，而且还包括世俗的实实在在的规则，如职业规则、行为准则等。"他说："一个人可以通过'投资'来获得普通的人力资本如大学教育或经过训练成为一名机械师或计算机编程专家，他所要做的仅仅是上一所合适的学校。与此相反，社会资本的获得要求人们习惯于群体的道德规范，并具有忠诚、诚实和可靠等美德"①。美德与社会资本的联系进一步说明了公民文化的社会伦理意义，同时也解释了社会资本的社会-文化价值，它分散于社会的各个角落，通过多数人群的日常行为体现出来，所以，社会资本的多少反映出社会-文化的总体性质和水平。

就与现代社会-文化的关系而言，社会资本是为公民文化提供了观念性背书。社会资本表现为社会成员间具有实际意义的网络关系和信任水平，社会资本形成的一个重要途径是民间组织、私人之间的自发、平等交往，民间、草根的横向组织是社会资本的孵化器。但在当代中国，政府的

---

① 弗朗西斯·福山. 信任：社会美德与创造经济繁荣. 彭志华，译. 海口：海南出版社，2001：30.

“催生婆”角色仍然不可缺少，由于“路径依赖”的缘故，中国民众仍然高度依从政府权力。许多普通中国人在政府及其工作人员面前首先就觉得矮了三分或理亏了一截，这种态度表明在中国建立高效而廉洁的政府非常必要。民众依赖政府权力，是因为相信它是正义、道德的根源，在现有的政治心理和政治制度条件下，中国的社会资本培养还不得不借助政府的引导。但政府必须明白，它只是“搭台”，“唱戏”的是每一个普通公民，必须要在制度设置、程序安排中为公民自主成长、独立自决留下充足空间。1982年全国人大修改宪法时，把“公民的基本权利和义务”一章提到“国家机构”一章的前面，其背后的政治考量十分在理，它强调国家机构的设置要为保障公民的权利服务。政府存在的意义就在于保障公民的权利和自由。如果政府违背了它的宗旨，就应当改选；如果改选的方式被证明无效，就应当改革政府的体制。

作为一个历史性的综合指数，公民意识不仅表现出作为个体的公民实有和应有的参与公共事务的能力及水平，而且反映了该公民所处社会的政治、道德、文化等的总体发展程度。仅仅通过设立一系列规范是无法自动促成公民意识的，只有将公民道德转化为公民日常生活的行为习惯，才能使之变成他们的基本意识，有了这样的公民意识，才能确立坚实的公民道德。在公民意识向公民道德的转换过程中，社会资本起到了催化剂的作用。公民意识、公民道德、社会资本都必须被植入社会-文化的宏观背景下才能发生深度勾连，从而形成符合人民共和国制度理念的实体内容。

二、现代公民的社会-文化身份

人们通常将现代社会视为“全球化时代的地球村社会”。由于通信、交通技术的发展，空间距离大为缩短，不同国家人群间的联系急剧增加。在这样的时代，人们的身份认同变得更加多样化，一方面是对科学、技术的推崇而呈现的理性化、普遍化追求，另一方面是对各自族群来源、文化传统、认祖归宗的地方化、差异化的需要，这二者之间存在张力，甚至会发生冲突。不仅在一国之内不同人群持有上述不同主张，同一个人在人生的不同境遇下也会改换自己的观点。现代公民的自我已经不再只是单纯法理意义上的个体，而是社会生活网络中的社会-文化身份的拥有者。超越国界的社会-文化身份可以成为具有相似出生地或相似共同历史记忆的人群（即归化、移民群体）的标识。“我们”的存在进一步具体化了“我”的存在定格，这也是社会-文化身份相比于政治归属、经济地位更为本质的原因。

（一）族群归属与公民身份问题

现代民族国家是一种以民族为载体，以人文传统为纽带而形成的享有独立主权的政治共同体，它包括明确的疆界、共同的文化传统、独立行使的最高司法权，以及不可剥夺的公民权等若干基本要素。“nation 指涉的是一种理想化的‘人民全体’或‘公民全体’的概念。在此意义上，它和‘国家’是非常不同的东西：nation 是理想化的人民群体，而‘国家’是这个人民群体自我实现的目标或工具”①。具有对国家抽象象征的共同记忆和普遍认可，才会产生全民族总体的集体归属感。同时，由于近代民族意识萌发于对基督教世界帝国观念和封建王朝观念的颠覆过程中，故民族国家生来就与“主权在民”的观念不可分割，从而具有如下规定性：民族国家必须是“主权在民”之国，公民、主权只有在民族国家的框架内才具有理论和现实意义；非民族国家则无公民、主权之说。

正如有学者所敏锐观察到的，以自由市场为基本结构的经济社会的出现将可能导致社会整合所必需的一般道德传统的分裂或瓦解，价值中立式的认识态度开始逐渐取代以应然为核心的规范态度，人们失去了道德目标的一致性，社会生活日益表现出“原子化状态”，即各自为政，结果，一般道德系统的解体造成了社会的整体行动能力的终结，许多公民也由此丧失“理解作为一个机体的社会整体”之能力。鲍曼（Zygmunt Bauman）称之为“道德碎片化”。道德失范不只是转型社会的困境，也成为全球化时代所有国家不得不面临的新问题，这极大地增加了现代公民社会-文化身份识别和拥有上的难度。

重建道德共识和社会信仰目标，以维持总体社会较高水平的共同性，

① 本尼迪克特·安德森．想象的共同体——民族主义的起源与散布．吴叡人，译．上海：上海人民出版社，2005：16.

就有望促成公民间适度水平的相互理解和预期的信任。族群归属是对相对自成一体的群体的认同，它在传统社会就表现为家园意识，但现代社会所确立起来的统一法律权威和政治合法性要求公民分享共同的、超出族群归属的身份意识。二者如何协调？二者能否一致？这些问题并没有一劳永逸的答案。法国社会学家涂尔干曾指出，文化具有无形性，它为多个个体所分享，被个体觉察到是外部于他们的，并且约束个体的行动。弥漫于公民日常生活世界的文化表现常常并不具有完整的形式、复杂的内容和艰深的道理，但因祖辈父辈之间的代代相传，家家户户的耳濡目染，文化所包含的价值观、审美观、世界观等都在潜移默化中于焉而形。无论如何，国家水平的共同体意识必须尊重国民间各个人群所持有的地方意识，这就是对水平面的地方社会的兴起和公民生活世界的重现，正是在地方的生活世界，公民的族群归属得以初步确定。

“族群”（group，race，nationality）在汉语中由两个字构成：“族”是指血缘群体，如宗族、亲族；“群”则指多数和个体的集合体。前者是一个文化概念，反映了中国传统宗法礼俗社会的特点；后者是一个政治概念，反映了儒家的政治理念，即“君者，善群也”（《荀子·王制》），“启超问治天下之道于南海先生。先生曰：以群为本，以变为用，斯二义立，虽治千万年之天下可已”①。儒家政治哲学大抵只谈群，鲜少论“族”，因为群与“公”相关，“族”则属于私人事务领域。但 19 世纪末以后，情况发生了很大变化。由于受到西方列强入侵，中国被瓜分，中国人被凌辱，“华人”或“我民”与外国人的区分得到凸显，“族”开始突破以往的血亲范围，用以指称全体汉族人，即华夏后裔，并逐渐获得了政治含义。

“族群”作为一个现代概念，与“民族”（nation）一样，是一个观念的构造物，换句话说，它是一个没有相对应的客观实体的文化产物，不过是具有某些共性的人群对自身的历史、文字、现实遭遇、未来使命等进行解读并赋予其特定意义从而强化相互间的纽带的观念产物。“族群”与“民族”具有相似性，但“民族”在近代成为西方主要国家的政治话语和

---

① 梁启超.《说群》自序//梁启超全集：第一集. 北京：中国人民大学出版社，2018：196.

殖民侵略的旗帜，被赋予了过多的污名和情绪化内容，在本书中，我们主要采纳“族群”这一相对政治中立、偏向文化因素的概念。“族群”被现代社会建构为一个虚拟实体，这一实体可以承担特定身份认同和组织化其成员的功能，在一定意义上，族群正在成为分解社会压力、将人的集合和归属进行意义建构的集团。

在此需要特别说明的是，今天我们所讲的“族群”“国族”“民族”等词汇都已是西学东渐后的产物，与中国的历史风土及文教主张相去甚远①。中国古代虽然也有“民族”的意识，占中国人口主体的汉族人从古代就表现出一种文化民族主义倾向，但它是一种流动型文明共同体的概念：一个人或者一个共同体或为“蛮夷”或为“华夏”，要看认同何种文化；而随着文化认同的变化，每个人或者每个共同体都可从夷变为华，亦可从华变为夷②。例如，贞观二十三年，唐太宗李世民曾经和兵部尚书李靖进行过这样一段有名的对话：“太宗曰：朕置瑶池都督以隶安西都护，蕃汉之兵，如何处置？靖曰：天之生人，本无蕃汉之别，然地远荒漠，必以射猎为生，由此常习战斗。若我恩信抚之，衣食周之，则皆汉人矣”③。因为承认个人或者集团的“民族”属性具有可变性，不以它为区别彼此的绝对标准，所以能够使具有不同文化的人们从淡漠隔阂走向自然融合。“中国”之所以能够在历史上绵延传承，在地理空间上蔓延扩展，正是这种认识和相应政治行动的结果。

马克思主义的基本原理之一是承认人的社会性，对人的本质的经典认识是：人是社会关系的总和。人结成社会关系并不是从人与国家的关系开始，也不会都上升、归结到人与国家的关系，家人间的亲密性提供了最稳定的动力去维护家人关系，与乡邻的相似性也提供了信任的基础从而产生维护这一关系的愿望。乡邻关系是最简单的族群关系，更为复杂的族群关

---

① 王柯. 中国で「民族」再考の機会と「国家」意識高まり、伝統文化を再評価. 読売新聞，1999-10-25.

② 王柯. 文明論の華夷観－中国における民族思想の起源//国際文化学研究：7号. 神戸：神戸大学国際文化學部紀要，1997.

③ 兵经百字 唐李问对. 戴庞海，周睿，周媛，注译. 郑州：中州古籍出版社，2010：138.

系是同一宗教信仰的人、同一行业的人、同一社会地位的人等结成的关系，因为这些关系包含了许多未曾谋面、不甚了解，仅仅依靠某一方面似是而非的共性而走近的抽象内容，它不是生活经验的常识，而是得自观念的启蒙和思想的移入，即在认知上向他人开放，认可和接纳，并成为他们中的一员，由此产生“我们”的心理契约。族群归属就其满足了人的社会性要求而言，它是合理和正当的，但就其超出生活经验的观念因素的植入而言，它可能包含了先入为主的偏见和排斥“非我族类”的偏执，容易陷入自我强化的极端倾向之中。所以，族群归属必须接受现代国家政治文明所培养的政治权威和普适价值的纠偏，即用统一、共同的公民身份来限制族群归属的分离倾向和破坏性影响。不过，在现代社会，这种限制应采取和平、协商的方式，由公民和自由结社的公民团体的日常化活动，如举办讲座、开展体验式活动、相互对话、合作兴办公益事业等来加强不同族群间的相互理解，消除误会，同时传达公民全体的真实存在感。经过反复、充分的对话与商谈，多数族群归属的团体有可能逐渐放弃令人反感的伤害性行动，向理性、成熟的方向发展。

在今天，族群归属在两种情况下变得尤为重要：其一与多民族国家中少数族群的地位相关，其二与移民和同胞、母国人所结成的关系之性质相关。在现代多数民主国家，由于确立了共同的政治权威、法治、市场体系，对本国内的少数族群在政治上大多采取同质化策略，但这并非同化政策，因为地方的相对自治为族群留下了自立的空间，各个不同族群的文化、语言、习俗等得到了保留。政治、法律、经济上的同质性、普遍性原则与社会-文化上的差异性、地方化处理的并存，使得族群问题有望得到相对较好的解决。不过，这种族群间的平衡取决于中央控制力的强弱以及特定族群内部成员认同的深浅程度。因此，一旦中央控制力减弱或者族群归属向种族主义、宗教激进主义发展，二者间的平衡就会被打破，继而出现族群冲突、族群骚乱等极端情形。移居他国的人大多会寻找自己的同胞，并通过同胞间的互助和信息交换而获得生活便利、社会交往和事业合作的网络等益处，他们还会进一步结成自己的组织，这些组织若向迁入国提出政治要求，通常是以自身族群特征为认同符号的，如美国的华裔选民、欧洲的外来劳工群体等。一旦入籍，他们有时将不得不面临对母国的忠诚与对客居国的归属的冲突。

从族群归属角度看待国家，国家不再是绝对至上的存在，而只能被视为一种公民合作所必要的联合体。公民与国家的合理关系建立在公民个体独立、国家权力受到约束这样的条件下，这其实就暗含了公民在逻辑上优先于国家，因为权利受到法律保障的公民们同时也是约束国家权力的主体。在公民社会，国家只能是没有自身的理想与事业的公民联合（civil association），而不应是特定目标的事业联合（enterprise association），即国家不能有自足的目标和事业，而只能为公民实现自己的目标、完成自己的事业提供一个良好的制度环境。实现这样的公民联合体的理想，其前提是充满活力、高度发达的族群无处不在。公民在族群归属中获得“我们”的初步感知，“我”成为“我们”的一员，实现自我的现实化。这样的族群归属也可以构成抵抗族群外势力之不当压制的精神力量。现代国家大多由无数个族群结合而成，国家观念并不天然排除族群归属，对具体公民而言，能够取得在族群归属与忠诚于更大共同体之间的平衡，这正是自身公民意识走向成熟的体现。

（二）家乡观念与地方共同体问题

每个人都有出生地，在此出生并成长的人们将此视为“家乡”（hometown），家乡不仅成为个体儿时的记忆，承载了个体生命的意义，而且成为家乡同胞——乡邻、同乡、乡亲——之间联系的纽带，斯土斯民的共同文化传承和时代诉求则构成了人们的家乡观念。

进入工业时代，工作场所和生活场所出现了分离，人们越来越远离出生地和家乡在异域他乡打拼。许多人自愿离开家乡外出求学、就业、成家，他们与家乡有了空间距离，很多时候因为忙碌，他们无法经常返回故园探望省亲，但家乡会一直留存在他们心中，成为挥之不去的烙印，他们与家乡的关系还会因他们的乡音、饮食习惯、生活方式等而被保留。即便在异域他乡，他们也经常会借助同乡关系，依托少时的伙伴，构筑起自己的“乡亲圈”，相互支撑、互通有无。

家乡观念包含了多重内容：最表层的是方言口音、饮食特产、自然景观等；更深层的是建筑服饰、历史传说、文化典故、乡土禁忌、礼仪风俗等；最里层的则是文化价值观，即家乡人共同分享的信念，例如，一些地方的人以读书受教育为人生使命的信念，还有一些地方的人以经商买卖为正当营生的信念，等等。这些文化价值观不仅深刻影响人们的言行，而且成为人们与家乡人血脉相连、情投意合的文化认同符号。上述内容的形成往往经历了一个十分复杂而缓慢的过程，共同居住在特定地域的人们长久相互交往，逐渐形成为大家约定俗成并习以为常的行为、仪式、规范等，这显然需要无数代人的积累。家乡就有了异于他乡的文化个性，这样的文化个性被包括自己在内的家乡人共享，“我”与家乡人的联系就有了文化意义，这种文化意义越深厚，家乡观念所带来的内心自豪和自信就越强，这就是对家乡的认同。所以，家乡观念可以脱离时间和空间而存在，人们通过在心理上、观念上接受家乡的共同文化历史和生活方式而受到洗染、获得相似性，即使遭到外力的强制破坏，在留有共同记忆的一代人中仍能顽强保持。然而，一旦家乡观念所依托的记忆载体和文化象征被永久破坏，就不仅会出现代与代之间文化传承的空白，而且家乡观念也会由此锐减乃至荡然无存。战争、政治动荡、市场经济都可能成为撕破家乡观念的可怕外力。

就其实质而言，现代民主政治是建立在地方活力及其相应的政治独立性基础上的，特别是幅员辽阔、人口众多的国度，要保证社会生活的公平，就必须尊重地方政治传统和地域差异显著的现实，中央政府和全国政治的最高权威不是表现为可以任意强加于地方的命令，相反，它是地方政治忠诚部分转移的结果。民众在地方政治中习得规则、了解同胞，整个国家也因不同的地方政治共存而具有丰富的多样性和生机。“地方政治历来与民主管理方式的生长和壮大相连，这在托克维尔对美国地方政治的著名论述中表达得最为明确。总之，自由政治哲学将自给自足的、自立自治的地方政治与高效合理的自我管理联系起来”①。

传统中国是乡土社会，中国传统文化的生长点和极力维护的“道统”都以自给自足的乡村生活为根据。正如梁漱溟所言，传统中国人在交往时

---

① 戴维·米勒，韦农·波格丹诺. 布莱克维尔政治学百科全书：修订版. 邓正来，译. 北京：中国政法大学出版社，2002：456.

"不把重点固定放在任何一方，而从乎其关系，彼此相交换；其重点实在放在关系上了"①。他认为，这正是中西方文化具有根本差别的原因之所在：由于中西方社会结构不同，中国人在中国的社会结构下形成了"伦理情厚"却"不知公德"的行为文化，西方人在西方的社会结构下形成了"讲究公德"却"不知尊亲敬长"的行为文化。他还进一步得出了不同于当时多数思想家（如梁启超、陈独秀等）的结论："中国人无所谓自私"。梁漱溟不无见地地指出，"维护名分"才是中国人在社会生活中所遵守的主要原则，每个人首先注意的不是维护自己或者他人的利益，而是努力"克己复礼"，避免"乱了名分""失了礼数"。传统中国乡村的舆论对"利己"的行为尚有宽容，但对非礼的行为则"是可忍，孰不可忍"。可见，中国传统社会推崇的是知礼守礼的"君子"，而非"公而忘私"的公民。

家乡观念的实体化就是对家乡利益的维护，但什么是家乡利益呢？过去的标准十分简单而明确，那就是修缮并定时敬拜家乡的宗祠、家庙、祖坟等。但在今天的中国就不同了。家乡利益开始分化，有政治利益——家乡的行政级别、国家荣誉称号，还有经济利益——招商引资、工业成就、国民收入、市政建设等，还有文化利益——古建筑的保存、传统生活方式的延续、山水田园的留存等。不同人群对上述利益的诉求权重十分不同，由于缺乏合理且公开的利益代表机制和利益表达机制，生活于一乡或从该乡走出的人们常常不能有效地对家乡正在发生的实际规划、决策进行参与、监督，他们与家乡的感情在无现实参与中迅速淡化，他们与家乡的关联也逐渐枯竭。今日为数不少的乡镇沦落为老人、儿童、残弱者的留守之地，这不得不说是因为家乡首先在人们心中已经丧失分量，不再是个体自信和希望的根源，家乡也因人们的离弃而日渐凋敝。

地方共同体（local community）有望成为家乡的现代转型，即在现代行政区划的基础上将传统的温情关系和地缘交往转换成具有共同利益诉求与文化价值的有机组织。与西方不同，中国的地方共同体首先不是经济性的，更非政治性的，而主要是生活性的，即守望相助、善恶相劝的"礼

---

① 梁漱溟全集：卷三. 济南：山东人民出版社，2005：94.

仪之邦”，乡邻的首要义务是守礼行规。今天的法治体系和市场交换原则都对传统的地方共同体产生了巨大冲击，有生命的地方共同体一方面要为成员个体的独立权利留出空间，同时要承认自利的合理性以及成员间的贫富差距，另一方面还要借助历史传承和现代政治的正确性在家乡人之间构建具有基本共识的信念。

近代以来，中国政治家和思想家大多对家乡观念持一种矛盾的态度：家乡是文化传统的根，但过重的家乡观念则会形成分离主义，对国家统一造成威胁。无论是政党领袖还是正直的文化界领袖，都反对由同乡关系发展而来的“朋党”“裙带关系”。“文革”批“四旧”甚至将家乡观念和敬祖观念统统当作封建遗毒清算。改革开放后，“家乡观念”的经济价值被深度以至过度开发，许多地方领导有意强调地方乡情，“乡情”成为招商引资的名片。地方领导很少真正从文化传承层面思考问题，更鲜有人从地方社会复兴、地方政治繁荣来理解地方共同体，家乡观念所包含的社会资本被掏空殆尽。

地方共同体的核心是共有的价值观和文化传统，它将家乡观念转化为对共有价值观和文化传统的分享，人们因此而消除陌生感和疏离感、获得相互信任。福山曾指出，“群体是以相互的信任为基础而产生的，没有这个条件，它不可能自发形成。……因为群体的形成依靠的是信任，而信任是由文化决定的，不同的文化有不同的自发群体，而且自发的程度也不尽相同”①。信任既可以成为家乡人们的心理纽带，也可以产生广泛的社会-政治后果。地方共同体一旦形成，其所包含的共同价值、一致行为方式和近似情感倾向等又会增进社会信任，二者的双向进程就可以为其内部成员之间的交往、沟通提供平台，所以，同一地方共同体之中的人们更容易达成思想意识的一致和情感判断的相似。

在当代中国，经历过频繁和重大挑战的乡土社会、家乡文化如何存续？在怎样的政治共识和文化价值观下构建地方共同体？这些确实是非常棘手的问题。无论人们对地方共同体的转型、延续开出怎样的药方，都有

---

① 弗朗西斯·福山. 信任：社会美德与创造经济繁荣. 彭志华，译. 海口：海南出版社，2001：29.

一个前提是不能忽视的，即中央与地方的关系。若没有中央的适度放权和明确的权力边界的设定，地方就不可能有真正的自主空间，地方共同体就无法有效形成并切实发挥作用。地方共同体的建设仍然离不开“顶层设计”，必须在宪法层面规定地方的自主权，同时在国务院的行政职责划分上加以落实。

（三）中华文化传统与“我们”的社会-文化身份

从历史上看，东方主要地区曾经先后出现了灿烂的古代文明，孕育了古埃及、巴比伦王国、古印度和中国四个文明古国，但在这些文明古国中，巴比伦王国湮没了，埃及和印度虽然犹存，但原生文化完全断裂，今日所延续的“传统”文明大多是外来的其他文明与本地土著文明融合后的变异形式。唯有中国，吾国吾民巍然屹立，中华文化常生常新，并通过中华儿女的迁居以及各种交流渠道而传播到世界各地。维系中华文化统一的精神支柱是对源远流长的传统文化的认同。

今天的中华民族是56个不同民族的总称，每个民族虽然在人口、语言、生活习俗、观念信仰等方面都存在诸多差异，但都是中华民族不可分割的组成部分，并为中华民族传统文化的延续和发展增添了新内容，使中华民族传统文化在多样性中获得了丰富养料。从文化类型上看，大致可以把全部现存的中华民族分成四类：一类是农业文化民族，包括汉族、壮族、苗族、土家族等，主要聚集在中原、华东、华中、华南一带。再一类是草原文化民族，包括蒙古族、维吾尔族、达斡尔族、鄂伦春族等。又一类是信仰文化民族，包括藏族、傣族、回族、哈萨克族等。虽然这些民族的具体信仰内容不同，但都表现出了全民信奉某种宗教的特征。最后一类是南方的部落民族，包括分布在云南、海南、贵州、四川等山地地区的少数民族，如黎族、哈尼族、基诺族等。

以农业文化为主的民族占了中华民族的绝大部分，所以，中华民族的总体特点可以说是以农业文明为本质特征的。农业文化表现出如下特点：血亲家庭构成了社会生活的基本单元，村庄成为家庭之外和家庭之间特定成员共同生活的形式，国家或行政的经济和政治的基础都是以农为本，安土重迁、重农轻商等成为人们最基本的生活观念，相互的交往及其规则保持了高度的熟人特性，所以在人际交往上存在明显的“内”与“外”、“自己人”与“局外人”之分，采取区别对待的相对主义行为方式。因此，这些民族的传统社会信任大多局限在乡邻、亲友的范围之内，对扩大的社会交往采取“同心圆放大”式的差别对待惯例。

草原文化民族主要生活在东北、西北等地势开阔、水草肥美的区域，其祖先以放牧、狩猎为主要生活方式，在饮食、人际交往、居住等方面都形成了自身的特点。例如，草原文化民族鲜有庞大的不动产，拥有的财富主要是各种可以移动的财产，即动产（如牛羊、枪械、服饰等），所以，他们的占有观念明显不同于定居下来的农民，以物权来划分权利的意识很不发达。他们长年风餐露宿，逐水草而不断迁徙，在长途跋涉中常常数日、数月不见一人，所以，他们会以全部的热情对待所遇之人，表现出豪爽、慷慨、坦诚等品质，但他们不太容易受定则的约束，人我观念的区分不明朗，与生活于农业文化中的人们经常发生观念和行为上的冲突。

虽然每个民族都有自己的信仰内容，但是，在一些民族身上信仰占据了非常突出的位置，甚至成为该民族精神生活乃至社会生活的核心内容，如藏传佛教对藏族、南传佛教对傣族、伊斯兰教对回族和维吾尔族等而言就是这样。当信仰构成了一个民族全部社会生活的重要内容时，该民族与信仰的关系就难分彼此了。信仰并非仅仅局限在思想、意识层面，它还广泛地渗透于民众的日常生活中，笃信某一宗教的传统就会世代相传，人们在孩童时代就开始参加与此种宗教相关的各种活动，耳濡目染。宗教信仰为本民族成员提供了相互认同的凭借，使他们之间保持着高度的凝聚力和向心力。

部落文化民族主要指那些迟至20世纪五六十年代仍然保留或停留在原始部落阶段的少数民族。在社会主义改造过程中，这些民族中的一部分一步跃过中间阶段，直接进入社会主义时期，但是，由于变迁前后在经济结构、政治形式和社会生活等各方面存在巨大的差异，这些民族仍然留存了自身的特点，例如，婚姻上的对偶婚制或走婚制，经济上的原始共产主义分配方式，生产上的刀耕火种、采摘采集等。不过，这些民族大多人数较少，而且生活于崇山峻岭之中，保持了高度的封闭性，社会生活的内容相对单一，对其他民族影响较小。

上述所列的四种主要的民族文化类型都是中华文化的组成部分，这样的文化多样性和民族多样性正构成了中华民族活力的源泉。中华民族的民族精神也凝练于此。我们将综合了各个民族共性的中华民族的民族精神归结为如下三点：第一，容纳百川、吐故纳新的开放态度。在今日中华民族的构成中，不仅有汉族，还有如回族、藏族、维吾尔族等少数民族，这样的恢宏气度维持了中华民族在漫长历史的无数变迁中的灵活性，这一点显然不同于犹太人和印度人。第二，求同存异、和平共处的行为方式。在中国历史上，汉族建立的朝廷常常是政治的中心，汉族创造的文化也成为当时的鼎盛文化形式，始终处于优势地位，与其他民族虽然有过交战、征服、兼并的经历，但更经常的做法是互相取法、取长补短、协同发展，这显然有别于近代以来西方各国对异民族的殖民侵略。第三，返本求真、崇古归祖的价值追求。在文化传承上，中华民族表现出对自身传统文化的高度尊重，在价值取向上过去重于今日，今日又重于未来，表现出朴素的现世主义倾向，对抽象、高远的来世不存幻想，关心的是日用人伦，缺少对冒险家式英雄或进取开拓者的崇敬风气。

就中华文化传统的内涵而言，由儒家为主体，融合道家、佛教而发展出来的“儒释道一体”的文化形态成为中华民族的共识基础，中国境内绝大多数民族的思想、意识、道德等都可以在“儒释道一体”的文化形态中找到自身的地位，这就为中华民族的广泛团结提供了最具包容性和解释力的文化符号。中国历史上并没有出现根本性的社会裂痕，社会成员间的阶级分化也不明显，像西方古代奴隶制或中世纪庄园农奴制、印度的种姓制等的人身依附制度都没有在中国生根，虽然也有身份等级差别，但士、农、工、商的差别主要是职业或社会功能上的划分，而且这样的划分并非一成不变，相反，它是可以改变的，也就是说，存在一定程度的社会流动和改变身份的机会，如科举制就为下层民众提供了晋身升阶的通道。中国传统政治冲突主要表现为以何种政治理念来立国安邦的冲突，例如，是以黄老的“无为之术”还是以儒学的牧民之策，是坚持法家的刑主还是主张儒学的德主，是兴佛还是废佛，等等。这些冲突都是在维护儒学正统、维护王权利益的前提下产生的，因此，朝廷的竞争甚至政权的更迭也不会带来政治理念的根本革新。中国传统社会的观念根基是对“天”“道”的信奉，而这些抽象且普遍的原则是不受世俗政权轮替影响的，所以，社会信任就可以长久而牢固地存在于社会成员之间，这一点甚至也影响到中央朝廷与周边少数民族的相互对待方式，以及民众对境外边民的态度。结果，形成了以文化正统为标准来一统天下的文野之分的立场，而非表现为以血缘、血统为标准来区分本族与外族的狭隘民族主义，这消除了主体民族即汉族对少数民族的歧视心态，为民族融合奠定了基础。

在今天，进行社会主义建设也不能从根本上抛弃这样的具有广泛共识的传统文化，要维护好各民族间最具共同性的观念基础。现代国家往往由多民族以及不同阶层的群体结合而成，这样的结合需要彼此间的共识和对国家、政治权威、法律体系等的高度认同。这些共识和认同依赖于各民族自治与民族融合的互动中的反复对话、沟通，以达成相互理解和尊重，最后形成文化交流、经济互动、政治协同的局面。

作为中国公民，统一的公民身份（参与国家或地方组织活动的成员资格）意味着要超越民族个性（对某一族群的所属和同一性），产生出相互一致的集体特性（collective identity），从而保证国家内各民族的平等和彼此信任。与此同时，每个中国公民又有各自的民族归属，他对自身民族的认同不仅要受到肯定，而且要被给予足够条件予以满足。能否处理好民族平等的关系，将直接影响到社会的安定与发展。民族问题常常也是地区问题，因为绝大多数民族都是聚族而居的，有一定的地理分布范围，特别是在中国，由于大部分少数民族都居住在山区、丘陵、高原等交通相对不便的地区，社会发展程度较低，文化教育水平也相对落后，于是产生了民族间的地区差别。不过，即便在汉族内部也存在地区差别问题。有社会调查数据显示①，对当前我们社会是否存在不公平现象，有77.9%的人认为“比较多”或“很多”，只有13.1%的人认为“很少”或“比较少”，认为“没有”不公平现象的仅为7.5%。而在那些相信或多或少存在不公平现象的人中，有11.7%的人认为不公平现象主要体现在“地区差别”上，还有18.7%的人认为主要体现在“城乡差别”。从中可以看出，人们对不

① 相关数据和分析，参见李萍．中国道德调查．北京：民主与建设出版社，2005。

公平的感受是十分明显而强烈的，地区方面（包括城乡）的不公平引起了人们的反感和不满。

通过中华文化传统的传承在多民族的全体中国人中维护“我们”的社会-文化身份，还要注意处理好如下三个问题。第一，民族区域自治与民族融合的关系问题。我国宪法规定：“国家保障各少数民族的合法的权利和利益，维护和发展各民族的平等、团结、互助关系……各少数民族聚居的地方实行区域自治，设立自治机关，行使自治权。”国家政治生活中体现了这一指导原则，如在选举人民代表大会代表、政协委员时都适当优先考虑少数民族的比例与人数。由于人员流动范围的增大，各民族间的通婚、通商等大多呈现出扩大之势，出现了各种形式的民族融合。能否清楚划分出民族区域自治与民族融合的不同领域，仍然是我们所面临的一个挑战。第二，民族间社会信任的自主性与自发性的问题。所谓自主性，是指自主选择吸收或排斥其他民族的文化内容，形成内生的信任机制；所谓自发性，是指民族内的成员在日常生活中无意识地接受或抵制其他民族的文化内容，缓慢生长出信任因素。前者有国家意志、民族意识的积极介入，后者则表现为国家、民族的不作为。在民族间的社会信任构建上，这两个层面都需要，难点是如何确定自主性与自发性最佳发生作用的领域和场所。我们至今也未能很好地解决这一问题，这就为公众的具体实践和基层组织的活动增添了许多不可知的因素。由于缺乏方法论的指导，一些地方政府处理具体问题时往往采取随机的、突发式的方式，但这些缺少可预期性的临时策略很可能削弱民族间的社会信任。第三，在生活世界中，不同民族间是否主动保持了良性互动关系。虽然一个人可以通过与其他民族的某个异性通婚而对对方所属的民族产生好感，并由此扩大为对该民族的普遍信任，但多数个体很难在本民族集中居住区域有较多机会在日常生活中接触到（更不用说深入了解）其他民族的某个人或某些人，对其他民族（如汉族对回族或回族对藏族等）的信任不可能建立在个体间的交往和生活层面的经验之上，而要诉诸基于理性和共识的社会信任，即对其他民族在心理上不排斥，在认知上有适度了解，在行为上给予必要尊重，等等，这样才能形成积极的民族融合状态。应当从国家层面果断地用统一的公民认同超越地区、民族认同。

毫无疑问，20世纪以来中国的现代国家思想，即国民国家思想，受到了西方的影响①。在欧洲作为近代现象出现的nation，既是民族，又是国民；nation state，既指民族国家，又指国民国家。这是由西欧甚至整个欧洲的历史决定的。西欧各国冲破罗马教廷的束缚，是为了建立起各自名副其实的主权国家，它们建设国民国家的基本前提是确立一个中央集权的、有着排他的统治地域的绝对主义国家。中华人民共和国属于一种国民国家，国家政治文化一直倡导培养具有特定内涵的“中国人”意识。然而，按照国民国家理论，国民国家要求同质的国民，所以一个国家只能有一个主体民族。采用“多元一体说”来解释各民族与“中华民族”“中国人”之间的关系，从法律上正式认定全体国民由56个“民族”平等组成，这虽然是一个创举，但似乎与国民国家思想相悖②。因为民族区域自治政策实际上从行政上规定了每个民族都有不同的立场，并且鼓励人们更加重视保持自己的民族属性。所以，在通过“中华民族”实现国家整合的实践中，民族区域自治政策也存在着一个如何定位的问题。如何处理这个问题，需要我们放开有关问题的学术讨论，并且拿出政治智慧做出新的设计。

中国政府一直关心以少数民族为主的西部、边疆等地区的建设，安排了一些发达地区，如北京、上海、浙江、广东、福建等对口地给予各种扶持，这样的做法用意端正，也收到了一定的成效，但要避免“长官意志”或“拉郎配”。因为即便是落后地区，也有相对成熟的地方文化或社会生态，当地人也大多形成了相对独立的经济模式、生活方式和价值观念等地方性知识，外来力量若不能首先与这些既存的文化传统相融合，是难以渗

---

① 清朝与境内各个民族，尤其是汉族之间的关系，显然不同于当时的罗马教廷与欧洲各国之间的关系，清朝已经是一个中央集权的主权国家。清末的革命首先是一场民族革命，因为它主要设定的是汉族与满族的敌对关系，却没有想到应该提出一种适合中国多民族国家传统的政治体制模式。结果，在清朝崩溃、现有主权国家的秩序被打破而新的具有权威性的中央政权未出现之前，非汉族的分裂主义思想和运动就蜂拥而起了。

② 实际上，民族区域自治制度从法律上规定了自治的民族可以具有自身的政治事务和诉求，并且鼓励人们重视自身的历史文化和保护民族属性。但如果认真思考如何借助“人民共和国”这一国家组织形式来实现“中华民族”的国家整合，就会发现民族区域自治制度这一多年来的政治实践也面临着重新认识或调整的挑战。

透的。必须在先地建立起各民族间的高度信任，当地人才会对其他民族人员、产品、技术等的进入抱有好感并最终接受，才能真正建立起各民族间自愿、互利的融合，这也将对我们社会的整体事业发展产生多方面的积极意义。

三、现代化中的社会-文化主题

在当代，公民理论与实践经历了三个发展时期。第一个时期始于20世纪60年代初，止于60年代中期此时有关公民身份的著述较多地侧重于经验主义式地考察公民个人，如公民认同、公民参与等。阿尔蒙德所提倡的公民文化修改了人们对公民身份的传统理解。他力图将公民理解为受到各自身处其中的文化、制度、受教育水平等复合因素的综合影响而直接或间接参与政治活动的主体，他所提出的“公民文化”概念肯定了公民与其身处的社会-文化系统的密切关系。第二个时期从20世纪60年代中期持续到20世纪80年代末。社区活动的兴起、公民团体的频繁活动等，使公民关心的问题从经济、政治方面转向了更广泛的社会方面，如犯罪、环保、核战争的威胁等。但在许多国家，不断增加的国家干涉和行政管理职能都扩大了政治事务的范围，同时也对公民权利的行使构成威胁，如何在二者间取得恰当平衡成为关注的焦点。第三个时期从20世纪90年代持续至今。东欧社会主义阵营的瓦解，意味着与之对立的西方社会的公民传统理论也不得不发生重大变化。冷战的结束，使苏联所刺激起来的西方政治社会的团结基础丧失了，这也导致了西方社会中公民相互认同的意识形态支撑物的毁灭。移民潮的出现和经济一体化的冲击，在动摇传统民族国家的公民身份的同时，也催生了一些地区保守主义势力的抬头。一些保守主义派别坚持排外性的公民归属，为公民身份增加了特定的“先天”因素，例如：在法国，有人根据地理所属来定义公民；在德国，公民被认为是具有相同血统的共同体。在保守主义、右翼势力冲击下，公民的共性受到了挑战，哈贝马斯和麦金泰尔都看到了当代社会内部所出现的严重分歧，并给出了不同的解决方案。哈贝马斯希望重新回到“共识”，通过交往和对话，重建共通的公民道德；麦金泰尔指出承认并正视人们在社会道德观点上的差异是解决现代社会道德问题的前提，公民身份及其道德应当与各自的文化传统和社会格局相适应。由上不难看出，人们关于公民、公民身份的理解一直处于变化之中，而且存在许多重要的观念分歧。尽管如此，人们还是越来越关注公民与社会-文化主题的联系，在诸多国家出现的公共政治议题都与此相关，这表明公民的社会-文化身份受到了高度重视，但对其内容仍然存在多样化的理解。

（一）社会开放与文化守成的关系

众所周知，西方工业时代是从社会结构的调整开始的。在西方，从封建领主、贵族手中获得自由的市民们建立了城市，并通过谈判、交涉而获得了自治，由此发展出了各种具有行动约束力的“城市宪章”，不仅巩固了城市市民的自治权，而且限制了君权、庄园贵族的领主权，这就在政治上出现了平权、分化的苗头。和平、改良型社会变迁又进一步促使权力向权利的倾斜成为可能①。

工业时代的社会结构单元不再是家庭，而是个人（最初主要是成年男性）。正如萨特所言，个体被抛入自由而孤独的境地。此外，工业时代打破了个人曾经所有的自成一体的生活知识系统，建立起了以逻辑推理、科学试验为基础的严密知识体系，个人为了维持生计不得不熟练掌握其中一种或有限的几种专门技术，这样的知识分化与生产活动中的精细分工相一致，使每个人所能获得的知识永远只是沧海一粟。但个体在无数次试错中发现，若只是单枪匹马地搏斗，自己将一无所获，自己可以通过放弃个人的部分自由权限来换取与他人的合作。事实上，人们也在日常生活中多次体会到总有与自己相同的人。于是，人们基于自愿组成松散的协会、社团，这些协会或社团在得到更多人的响应，并且形成相对稳定的组织关系和控制系统之后，就发展壮大，成为无数个体社会交往、社会联系的载体。工业时代所催生的现代社会，其结构的逻辑起点是个人，但现实起点是协会或社团等个人组成的集合体，正是通过无数协会或社团间的

---

① 对于晚近才开启工业化进程的发展中国家来说，由于系统的工业文明是由外部输入的，所以，若不同时进行社会结构的调整，就难以真正告别农业时代，建立起完整的现代化体系。但这些后起国家的工业化不是从陌生人组成的城市开始，而是始于熟人社会的大家庭解体，结果带来了比西方更为惨烈的社会阵痛。

团体交涉，置身其中之个人的利益才得到了有效的维护，“集团行动”这一社会结构状态在工业时代得到了彰显。现代社会无非一个包含了无数个细小网络的巨大网络。从结构上看，工业时代的个体不再是原子，整个社会呈现为无数个协会或社团的交往与互动。这就是开放社会的本义。

现代社会的另一个显著特征是：随着通信手段的不断更新，各种资讯技术被广泛运用于日常生活，人们获取、享有、接收的信息变得平均化和即时化，形成了所谓的大众化时代。我们可以将日常生活中经常接触到的各种媒体做一分类：把报纸、杂志当作纸质媒体形式，而把广播、电视当作形象媒体形式，网络则是虚拟媒体形式。总体上说，报纸、杂志给人的印象是严肃的、有文化品位的，广播、电视给人的印象是轻松的、有图有真相的，网络则是随意的、不成熟的。笔者于2003年所做的全国性社会调查的结果充分证实了这一点。表4-1显示：第一，与某种媒体接触越多、越频繁，对它的信任度越高。受访者中看过电视的人最多，与此相应，对电视的信任度也高；接触过网络的人最少，对网络的信任度也非常低。第二，人们更信任图像而非文字。第三，人们更信任有官方的、正规背景的媒体，所以，报纸、广播等更受到人们的信任。第四，人们对传统的、习惯的媒体形式更容易产生信任。综上所述，五种媒体依信任程度高低排序，分别为：电视、报纸、广播、杂志、网络。

表4-1　公众对媒体信任程度的总体情况①

信息渠道＼信息程度		非常信任	比较信任	一般	比较不信任	很不信任	说不清	拒绝回答	不适用	合计
电视	人数（人）	169	788	478	139	40	1			1615
	百分比（%）	10.5	48.8	29.6	8.6	2.5	0.1			100.0

①　数据取自国家哲学社会科学项目“公民日常行为的道德分析”的社会调查统计结果。调查实施时间为2003年1月至7月。

续表

信息渠道＼信息程度		非常信任	比较信任	一般	比较不信任	很不信任	说不清	拒绝回答	不适用	合计
广播	人数（人）	99	525	656	168	47	18	1	99	1613
	百分比（%）	6.1	32.5	40.7	10.4	2.9	1.1	0.1	6.1	100.0
报纸	人数（人）	114	569	576	234	44	8		69	1614
	百分比（%）	7.1	35.3	35.7	14.5	2.7	0.5		4.3	100.0
杂志	人数（人）	27	292	811	315	57	13	1	97	1613
	百分比（%）	1.7	18.1	50.3	19.5	3.5	0.8	0.1	6.0	100.0
网络	人数（人）	17	135	533	393	191	13	1	321	1604
	百分比（%）	1.1	8.4	33.2	24.5	11.9	0.8	0.1	20.0	100.0

深入分析得出的结论是：中国公民并不仅仅信任媒体，更多是信任媒体背后的“信息控制者”。在调查中，有许多受访者坦言，中央电视台、中央人民广播电台的东西比较可信，商人办的或商业化的媒体就不可靠。在现存的诸多媒体当中，官方渗透的程度非常不同。电视、报纸、广播、杂志、网络正好出现了逐渐降低的趋势。为什么官方的就可信、可靠呢？有受访者自问自答：“官方的要是假的，那就没有真的了。”这表明在许多普通中国公民的思维中并没有形成“我想要”与“我能要”的明确区分，也难以明确表达“事实”与“价值”的不同，结果，他们通常只是以经验事实的有效性来反推自己可以采取的行为。官方舆论应当是真的，不等于官方舆论事实上就是真的。广泛存在于中国公民之中的对政府部门及其工作人员的信任，也是中国政府的许多措施易于被接受和推行的重要社会心理基础。但这样的社会心理必须转化为切实的制度方可持续地发挥作用，否则，信任付出后的失望会带来更大的挫折感，从而激化官民冲突。

现代社会表现出高度的中介性和公共性。对其公民而言，社会是开放的，与国家和家庭不同，社会面向全体成员开放，这就意味着：只要不违背成文法和公序良俗，人们在社会中的所有活动都应得到起码的尊重，开放的社会为其成员提供了广泛的展示平台，人们也在互动中生成相互制约的力量和共同信守的惯例，从而获得自我调节、自我更新的机制。更重要的还在于，开放的社会向其成员传达了合作、尊重和自我负责的价值观念，鼓励了自主奋斗、积极进取的生活态度。无数相对独立的公民团体和资讯媒体的共存，是社会开放的一个重要标志。但这些公民团体和资讯媒体所坚守与表达的文化观念并非总是一致，若强求一致，只允许一种声音存在，社会开放就可能受到挑战。适度的文化守成是必不可少的，不过，哪些文化应得到保护、文化守成如何达成等，都不是事先给出的人为设计，而是公民和公民团体互动达成的妥协结果。所以，社会开放与文化守成的关系不能先入为主，或者画地为牢，而要置于社会发展这一宏观背景下，在增进社会发展这一总目标下去衡量、协调社会开放与文化守成的关系，无论社会开放还是文化守成，都应追求和体现合理的人文价值。

中国正处于社会变革时代，既有农业时代向工业时代的变革，又有传统政治观念向民主政治制度的转变，同时还伴随着熟人社会的瓦解和陌生人社会的兴起，西方发达国家在几百年间逐步经历的变革阵痛，在中国都被压缩在短短几十年间发生，其间造成的混乱和迷茫是多重的，也是深重的。我们的社会与文化都在经受考验，究竟是以市场取向来决定社会与文化的走势，还是以政府的意志来制约社会与文化的发展，抑或完全听任公民自发力量让社会与文化自生自灭？为回答这一问题，必须回到有关社会与文化的本质及存在合理性这样的原初问题上。只有以人文价值为导向，才能使现存的社会与文化不断获得正当理由，由此保证自身的新生力量，迎接各种挑战。政府应扶持那些与人类精神相符合、对民族整体价值最有益的社会组织及其文化，而对那些既有人文价值又有市场竞争力的社会组织及其文化，则可以为其创造舞台，任其自由发展，让市场决定其成败。

社会文化发展的水平可以用如下三项指标进行衡量：第一项指标是整个社会的文化形式是否多样。只有高雅文化存在的空间，民俗文化无立足之地，显然是不合理的；同样，到处是民俗文化的天下，高雅文化难以生存，也是有问题的。各种人群都可以轻松而方便地得到符合自己口味的文化形式，就大致可以说该社会的文化生活是多样且丰富的。第二项指标是各种文化形式之间的借鉴是否自如、充分。在各种文化形式可以相互充分借鉴的状况下，传统文化就不会像草芥一样被抛弃，少数民族文化也不会因受众较少而不被注意。各种文化元素，包括古代的和今日的、外国的和本国的、城市的和乡村的、主流的和非主流的等，可以争奇斗艳，获得各自的空间，在相对宽松的环境下得到发展。第三项指标是文化政策是否保持相对一贯和连续。文化政策朝令夕改，不仅会使文化领域从业者无所适从，而且不利于文化事业自身的发展，难以形成有效的积累，从而不能取得有重要影响力的文化成果，并且还会在广大民众心中散播文化虚无主义，降低文化事业对公众的吸引力，最终使文化事业无以维系。

社会的开放性当然有其自身的文化底蕴，也维护着与其相应的文化类型，但对传统文化的延续和传承来说，可能会构成一定的挑战。文化守成成为一个不得不面对的难题。然而，只要我们不将传统文化理解为僵化的教条，视为一概不许变更的“国粹”，那么，传统文化在现代化中就可以得到新生。文化守成与社会开放之间不一定是不可调和的零和对抗关系，相反，它们可以结成相互增益、相互促进的积极关系。正因为社会是开放的，成员可以自由结社，可以自愿表达对特定文化的偏好，所以民间会自动形成诸种保护、维护和发扬各种不同文化传统的组织。当然，也会产生与之诉求迥异的文化激进主义组织，但它们只要在合法的范围内活动，以民间自愿的力量展开角逐和对抗，最终就会趋向以理性的方式、和平的手段来表达自身的立场，争取公众的支持。公众则可以通过报刊文章、电视辩论、街头演说或者实际参加集会、讲座、体验营等活动，来确立自己的态度。人们对文化传统的不同取向成为摆在桌面公开讨论的公共话题乃至公共事件，有关文化传统的各种偏激观点和做法就会失去影响。无论支持者还是反对者，都会在这一过程中变得审慎、温和起来。政治激情、经济利益或各种不实的标签、噱头等，就会远离文化传统讨论的领域。少数几个人的头脑，哪怕最睿智的头脑，也抵不上无数大众集思广益所生成的智慧。更为根本的是，通过这样的公开讨论和公众参与，社会开放的价值得到认可，文化守成的合法性也获得保障，充分协商、对话后所形成的文化政策因有公众的理解而在推行中较少受阻，成为顺应民心的行动。

要建立并维护政府（包括全体公务员）与公民（包括所有文化事业参与者）之间的默契，就必须尊重相互间既有的规则，特别是政府部门，由于占据强势，更需主动做出表率，拿出有公信力的行为和举措，极力维护一整套具有普遍信任感的社会态度，创生出超越与高于具体文化形式和个别文化政策之上的共同体意识。从当代西方行政改革的趋势来看，政府的行政目标越来越表现出公众导向，而且振兴文化事业越来越成为考察政府行为绩效的指数。在20世纪60年代以前，公共话题的讨论主要集中在经济问题上，如失业、劳资关系和经济增长等；20世纪60年代以后，一些激进青年和富有热情的社会活动家在许多新的事务上达成了共识，如在美国有言论自由、反对越战的运动，在欧洲则有绿色环保运动。自20世纪90年代以来，宗教问题、文化问题上升到重要地位，引起了广泛关注，例如移民的族群与归属问题、不同文化价值的对抗与融合等。政府和民间组织在解决宗教冲突、文化冲突方面展开了既有合作又有抗衡的持续性努力。西方主要国家的上述实践显示，适度划分国家与社会的界限，保证文化事业的独立生存空间，给予文化事业参与者充分的信任，可以使政府部门从繁重的日常管理活动中解放出来。

虽然社会的结构是实体性的，但社会的功能却是非实体性的，它是通过各个社会单位的有效作用而达成的综合性效果，所以，社会并没有自身的特殊利益，它只是反映了生活于其中的各个社团或人群的利益，社会功能的有效发挥体现的是这些社团或人群的功能得到了充分展示。同样，行政也不能拥有自身的特殊利益，它要服务于社会成员交叉的共同利益或各自的个别利益。在这个方面，中国行政目前还面临许多需要改进的观念，其中一个根本的观念改变就是，要放弃行政本位以及在处理与社会及其文化关系问题上的级别本位做法。经过无数次改革试错和对西方理论的吸收消化后，不少有识之士深刻意识到：凡是公民、法人及其他组织能够自主解决的，市场竞争机制能够调节的，行业组织或者中介机构通过自律机制能够解决的事项，政府就不要再通过行政管理去解决。这对我们正确处理社会开放与文化守成的关系也可以起到指导作用。

（二）公民个性与国民共性的关系

国民总体是无数个体公民的聚合。在中国，由于地域辽阔、历史悠久，加之民族众多，国民共性的确认相对困难许多。虽然每个公民都体现了或多或少的国民共性，但很少有国家的国民共性是在穷尽无数个体公民后的总结或提升，相反，它是由各种代表性人物，即有个性的公民和占据显赫社会地位的精英公民这样两个群体来体现一般性特征的。有个性的公民是那些有表达愿望并以自己的方式勇于表达的个体，如王海等原本普通的公民就因自己的行动而成为个性鲜活的公民个体。占据显赫社会地位的公民又可被称为社会精英，社会精英通常包括高层官员、高级知识分子、财界大佬、文化名人等，他们或者从普通公民中走出，曾经是普通公民中的一员，或者是普通公民之外显贵阶层的人员。这些代表性人物的意见或观点也折射了公众的普遍要求。一个无法否认的事实是：许多普通公民是沉默的大多数中的一员，话语权实际上被上述代表性人物控制着，包括政治精英、政府高官、财界达人、意见领袖、文化名人、文体界明星等，他们有各种渠道发布自己的见解，他们的显赫地位也会让人误以为他们就代表了公众。如果存在良好的沟通、表达机制，二者之间的联系就会十分顺畅，普通公民与代表性人物之间就有可能建立起较好的意见反馈渠道。

公民个性主要是对活生生的公民个体的承认，不仅是在法律、政治上的认可，更重要的是通过社会生活的日常安排为公民个体留下现实的空间和位置，只有这样，法律地位或政治身份才会落到实处。“国民共性”寓于公民个性之中，只有充分张扬的公民个性，才能提供饱满的国民共性。国民共性如果不是落实于公民个体，就很可能蜕变为空泛的口号。因为“国民共性”在一定意义上只是一种抽象，是对无数公民个体在某些方面的近似性的描述，但这种描述不仅是模糊的，而且常常是以偏概全的，缺少客观实体的一一对照，即便被限定在局部领域的特定人群上，也只具有统计意义，而非现实的准确所指。所以，将所有的公民聚合在一起，好像他们组成了一个有机的整体，这显然是没有什么实质意义的。不仅如此，这种过于夸大“共性”的做法甚至会造成对个体的无视，最终用国民共性掩盖、遮蔽了公民个性。

在现代文明中，公民个体不可能脱离社会、国家而存在，因为公民并非孤立的原子，既有责任实现自己的个人利益，同时也要实现社群的利益。对于与自己相关的社群利益，更应具有契约性的责任和自制的意识。在各个不同公民与其群体、社会组织乃至国家频繁发生的互动关系中，才能充分显示国民共性。弥漫于公民中的社会信任正可以为公民个性与国民共性的联合做铺垫，致使二者向对方靠拢。由于有了对待公共事务和公共组织以及其他公众的广泛认可态度，就可以为全体成员的互动提供超越各自立场分歧或自身差异的共同观念，这些共同观念包括社会一体化意识、相似的政治观念、对合法权威的服从、对他人可预期行为的确认、对传统文化的信守等诸多方面。前文所谈到的公民文化、社会资本的建设都有利于社会信任的实现，以促成社会成员间高度的认同，产生思想和行动上的同质性，保证社会内的深度沟通，为公民个性与国民共性的平稳嫁接提供社会性支持。

公民个性与国民共性得以和平共处的空间正是无处不在的公共空间。公共空间既非国家的对立面，又非融入国家之中的附属领域，它是一种与经济（私营部门或企业）和国家（行政机关或政治实体）都有所区别的结构。这样的公共空间其实总是与法律、经济、政治、宗教等其他各种领域相互交涉，有所不同的是，公共空间更加强调其成员在互动过程中关注共通的准则并追求一致的利益，即突出行为或关系的公共性、普遍性和可替代性等特征。具体地说，公共空间中的活动主要是公开、平等和公众性的，包括职业行为、消费活动、政治参与（投票、选举、讨论等）。近代英国哲学家洛克曾将政治或公民的社会与父系社会或自然状况相对比，他指出，像自由市场一样，货币经济也提供了随时发生的交换活动，这带来了交换者的升华，人们经受自由市场的洗礼不仅变得聪颖，而且享受技术发展带来的舒适和体面，加之尊重法律的政治秩序这一要素，现代政治社会将促成一种臻于完善且日益基本的人类事务之状态。洛克进一步主张用公共空间对抗国家权力，从而保障个人合法权利的落实，促成政治问题能够获得相对合理、公平、和平的解决。

我们认为，公民个性与国民共性并非固定僵化的存在，而是经常处于调整之中。这就需要不断真切地关注公民个体，特别是公民自愿组织，后者因与公民日常生活高度相关，所以最能再现公民的存在状况和正在发生的变动，有时可以成为国民共性的代言人。其实，现代公共空间主要指当代社会秩序中的民间政治领域，它不是在国家权力支配下开展活动，而是由民间自发表达出对有关公共事务、公共利益的态度或主张，所以，公共空间是相对于市场社会的私人领域而言的。在私人领域，每个人都是主人，只要不违反法律和社会通行的风俗、惯例，每个人都可以自由地追逐自己的利益。但公共领域是为众多分歧的个体间进行有效的、创造性的活动提供具有公共意志的理念，这就要求在其间的人们相互交流和沟通，通过充分的辩论、争鸣，各自的特殊认识和情感相互融合、重新组合，最终形成的是一种总体上不同于任何个人或社群之单个意见的公共决定。充分保证民间力量参与社会治理、表达权利诉求，从而激活公共领域，这其实也是现代政府具体落实现代民主的政治责任之一。

现代公共空间之所以首先产生于西方，就在于公民权利、公民身份等在西方较早获得了充分落实，西方社会设置了一系列保护屏障，即个体公民在国家侵权、行政不当干预面前具有申诉、纠正和要求补偿的权利。西方学者大多将公民权分为形式的公民权（formal citizenship），重视的是国家认同，以及实质的公民权（substantive citizenship），强调的是政治社群之成员所具有的政治权利、社会权利。不仅如此，大众社会的兴起以及市场社会的渗透，对公民个性与国民共性的维护也会构成极大的挑战，因为“随着大众社会的兴起，社会领域在经历了几个世纪的发展滞后终于达到了这样一个水平：它毫无例外地并以相同的力度囊括和控制了一个特定共同体的所有成员。社会在一切情势下都实现了平均化，平等在现代世界里取得了胜利，而这种胜利仅仅从政治上和法律上表明了对如下事实的承认：社会已经征服了公共领域，区分和差异已经变成了个体的纯属私人的东西”①。对于原本经济落后国家的社会建设来说，一方面需要正视公民社会不发达的历史现实，大力发展市场经济关系，在全社会氛围内促成契约型人际关系和自治性的公共空间；另一方面又要防止市场经济关系的

---

① 汉娜·阿伦特. 公共领域和私人领域//汪晖，陈燕谷. 文化与公共性. 2版. 北京：三联书店，2005：73.

过分渗透，要在公平、平等原则指导下努力化解贫富差距、市场失灵等社会问题，充分肯定民主、自由、人权等价值所包含的普遍合理性，总之，后发国家在社会-文化建设上要着力实现形式权利向实质权利的过渡。

任何社会和文化的真实主体都是个体，现代社会通过法治、市场和民主政治将此加以落实。然而，也正是在现代社会，个体所处的环境和身心结构都日益处于极度紧张之中：一方面，现代化中的个体所经受的时代变迁和心理遭遇构成了社会变动与文化创造的源泉，他们以自己的方式去适应和迎接时代的转换，发生着千姿百态的故事，演绎出千差万别的鲜活的历史话剧，沉淀、积累下来厚重的成文型文化成果，形变、塑造出独一无二的社会结构；另一方面，这些个体因为有了更强的自主意识和权利诉求，他们变得更加敏感，甚至焦躁，个体的问题、个体与群体的关系问题也都变得更加复杂。总之，处理好公民个性与国民共性的关系，将为现代化过程中社会与个体的关系及其新文化生成开辟道路，在现代化的阵痛中为社会活力和文化新生提供不竭的动力。

（三）文化价值观的一元与多元的关系

从文化价值观层面看，风起云涌的全球化带来的不只是一体化，还有多极化，即实际上呈现的是普遍主义与各地对自身特性维护的特殊主义同时并存的过程。这就是德国学者罗兰·罗伯森（Roland Robertson）所提出的“全球在地化”。一方面，全球化提供了全球主义思维和全球层面的普遍认知结构与认知范式，人类的沟通变得更标准、更规范；另一方面，全球化一旦进入每一个民族国家的疆界，各国各地就会按照自己的方式去理解全球化，改造全球化，使全球化成为“全球的田野性”橱窗，各国各地的多样性、差异性并未消失。尽管这样，我们仍然要警惕“逆全球化”倾向。“逆全球化”不是对全球化的正向延伸和发展，而是反全球化，例如在世界各地不同程度出现的民粹主义、贸易保护主义、单极主义、排外主义等，这些潮流虽然部分表达了民众对全球化的不满，但所给出的解决方案却是不可行的，其背后的思想基础，例如种族主义等，违背了第二次世界大战以来人类所取得的积极的价值共识，应当遭到唾弃。

社会的稳定和发展需要一系列条件，经济成就、法治建设、教育普及等都不可缺少，但更为根本的是普遍的文化价值观的培育。社会成员超出个人联系、对完全陌生他人的接纳就在于他们在观念上分享共同的文化价值观。文化价值观如此重要，但它的建立却非一日之功，需要付出几十年以至上百年的持续努力。“持续努力”意味着不同届的政府共同维护这些文化价值观，政府出台的政策理念都出自这些文化价值观，解决社会问题、调节公民纠纷也都诉诸这些文化价值观，等等，文化价值观不断被重述、重申，最终成为刻印在全体国民脑中的核心原则，成为全体国民深信不疑的牢固观念。

随着物质生活水平的提高、经济条件的改善，相当部分的公民开始有了丰富文化生活、提高文化品位、参与文化事业的强烈愿望。有时公众所表现出的热情和创造文化的能力远远超出了人们的预期，文化事业管理部门必须及时、有效回应公众的要求。由于文化事业是多数人的事业，并且有多个集团参与其中，所以就难免产生矛盾和冲突。例如，企业参与文化事业时，就有对利润回报的要求，一些民间人士出于热心和兴趣而不图个人得失投身文化事业，他们的动机不同、手段有别，往往会在一些文化事业发展的重大问题上出现分歧；再比如，个人设立基金奖励振兴某项传统文化事业的活动，一些单位组织开展群众文化活动，主体不同，对什么是重要的工作内容就会产生不一致。政府要努力在诸多利益集团和社会阶层之间做出适度的调控，以推动文化事业发展、繁荣为工作宗旨，不能越俎代庖，更不能歧视对待，要起到平衡轮的作用。

在传统社会，人与世界的关系是直接的，没有任何中介，当然，对具体个体而言，人与世界的关系也十分有限，主要局限在个体的视力、听力、触觉等所能达到的范围内。自从近代新闻媒体产生以来，这种状况发生了巨大改变，人们逐渐地依赖新闻媒体来了解和认识世界，人们的工作、学习、娱乐、生活须臾不能离开各种新闻媒介。现代社会价值观的树立和传播已经不再依靠家庭或传统权威，而主要依靠大众传媒和个体的学习。大众传媒日益扮演着社会公器的角色，但大众传媒同时还受到商业利益的驱动，因此，对大众传媒机构和从业者来说，商业利益和公共利益的平衡就成为十分紧要的社会道德问题。

现代新闻媒介或大众传媒包含了多个平台。报纸、杂志是最经典的传统大众传播载体，它们承载思想、传播文明，将无数分散的公民联系成具有思想共性和文化认同的有机群体。但因以文字记述为主、接受方式是阅读，在快节奏生活方式为主的今天和信息爆炸的时代，读者略显力不从心。广播、电影、电视和网络视频则后来居上，因能够提供声音或图像创造出“第一现场”或“身临其境”的感受，迅速成为信息传输、公众沟通、形象塑造的重镇。后者被统称为“广播影视”。广播影视是高科技含量的现代传播媒介，是当代政治、经济、文化、艺术、娱乐、体育、教育等信息的重要传播载体。但广播影视要完成其公共服务功能，仅仅依赖技术手段是不够的，还必须全面重新界定广播影视的社会属性，在此新观念指导下更新广播影视介入生活、影响公众的途径。例如，不能将广大广播影视的接受者（即所谓“受众”）简单理解为被动的接受者，还应将其看作参与者和自我教育者，这意味着广播影视应当更加重视与受众的互动关联。从本质上说，广播影视公共服务职能的法理基础是它代表公众履行表达权，这是一种复合的、集团性的表达权，广播影视此时扮演的是公共信息提供者的角色①。立足于公共性的社会定位，广播影视应当提供客观、多元、全面的公众生活实景和社会现实状况。

大众传媒作为公共信息提供者，应对公民参与给予更多关注。国内一些先行者已经做出了这方面的尝试，例如，广播节目中的动态交流已经成为被广泛采纳、相对成熟的方式，即在电台广播节目中定期安排诸如《市民和公仆》之类的栏目，每次有一位政府领导与居民群众进行交流，了解社情民意，倾听群众呼声，集思广益，为修正、完善公共政府提供依据。20世纪90年代以来，各地广播电视相继开设了谈话性节目，比较知名的有中央电视台的《实话实说》，上海人民广播电台的《市民与社会》，上海东方广播电台的《今日新话题》，东方卫视的《东方直播室》，它们都在一定程度上起到了促进政府与公民之间沟通、互动的作用，同时也营造了民间的公共交往空间。另外，通过电视采访或电影人物塑造形成“关键公

---

① 从这一意义上说，广播影视的导向性是其附属功能，是因其较好地完成了再现现实、提供各方表达的平台而由公众做出选择、判断的结果，导向功能是在潜移默化中无声地实现的。

民”，不仅为普通公民的行动提供示范，也为政府制定公共政策提供新思路，那些工商界领袖、社会团体或非政府组织领导人、街道社区积极分子、公民权益争取者等都可能成为关键公民的原型。

普特南在一些论文中强调，在今日社会，越来越多的人过于依赖电视，行动意愿下降，生活变得被动，这可能极大地消解社会网络的吸引力，并将直接影响到社会资本的积累，导致社会成员之间相互了解水平的下降，社会凝聚力和联系纽带也会进一步受到侵蚀。相反，经常阅报会加深对社会和他人的认知，对自身行为的信心也会提高，阅报不仅是获得社会信息的一种途径，同时也是阅读者自我教育的一种重要方式。阿尔蒙德在《公民文化》（*The Civic Culture*）一书中指出，阅报能力和习惯可以反映一个人对社会的认知程度。在美国、英国、德国、意大利和墨西哥五国的比较研究中，他发现，前三个国家的公民阅报率较高，社会生活开放，公共信息传播直接而且迅速，公民之间容易形成有关公共事务的一致态度。而在后两个国家，由于许多公民没有经常阅报的习惯，公民与社会的关联度低，公民间的互动水平也较低，民主政治的基础相对不够充实。

在民主社会，各种大众传播媒体虽然在一定程度上受到党派、利益集团甚至宗教团体等组织的操纵，但同时也确实发挥了社会公器的作用，特别是在报道有关社会事务时力守“社会良知”的角色。一些世界知名的电视台、电台或报刊正是因始终坚持这样的原则而受到公众的尊重。中国的传播媒体业在此方面还有很大的发展空间，相对于公众的需求还远远不够，这需要给予它们更多的自由空间和更大的政策宽容度，在不违背基本法律规定和社会公序良俗的前提下，为各种传播媒体提供更加平等、公平的竞争环境。重要的是，无论何种形式的传播媒体，都应在既引导公众又适应公众的双向过程中，与公众建立起互动、对等的良性关系。

进入 21 世纪以来，计算机技术、通信技术的高速发展又为文化发展增添了机会。无处不在的计算机技术和网络世界打破了传统的区间分化，将工作单位、学校、家庭、社区无间隔地覆盖，人们的日常生活需求，如购物、交谈等，足不出户就可以得到满足，还可以通过网络实现精神追求，如由计算机作曲等，给生活带来了许多便利。但是，网络世界的全覆盖和无缝连接也带来了紧张感的增加及人与人面对面接触的锐减，也会使人身心疲惫。

就像其他人类思想意识现象一样，许多文化价值观中也包含了精华与糟粕，而且价值观意义上的精华与糟粕并非总是泾渭分明的，相反，经常是精华与糟粕彼此交错，撇开了糟粕，精华也失去了存在依据，若仅留下精华，脱离了糟粕的精华也变得寡然无味、面目可憎。当然不排除也有一些文化价值观几乎没有什么糟粕，如与环境友好、勤俭持家等观念，应发扬光大；也有一些文化价值观几乎全是糟粕，如男尊女卑、官尊民贱等落后的旧文化观念，就应全部弃之。更接近现实的状况是，现存的绝大多数文化价值观是精华与糟粕共存的，如忠孝爱国就有可取的方面，也不乏应审慎对待的内容。因此，对社会文化价值观要持辩证唯物主义的立场，做出客观的分析。

应当根据什么标准来确认精华与糟粕？笔者在此提出如下三个标准：其一是历史的标准。那些经得起历史考验，并历经波折而仍然顽强留存下来的社会文化价值观大多包含了较多的精华，而且那些愈久弥坚的社会文化价值观还可以逐渐沉积为民族传统文化的核心价值。其二是现实的标准。只有被人数众多的民众接受的社会文化价值观才具有生命力。其三是社会的标准。与社会通行观念相符合的社会文化价值观才可以被认为是可取的。社会的标准可以是具体的善恶标准，也可以是一般的正误标准，前者突出的是道义性（某种意义上是道德情感性的），后者强调的是正当性（某种意义上是政治原则性的）。在实际操作中，上述三个标准有时也会发生冲突，很难用某一个标准取代或超越其他标准，这时就只能静观其变，让公众对其冲突之所在进行充分争辩，经过一段时间，会逐渐地形成比较有代表性的倾向。这也是公众习得民主、宽容的过程，同时也是滋长、培育文化素养的重要方式。

对文化价值观中的精华与糟粕的分析不能混淆于对文化价值观的一元与多元问题的认识。文化价值观的一元与多元问题反映的是社会主流价值观与非主流价值观的关系，但主流价值观并非天然就是精华或合理的，非主流价值观也不一定就是糟粕或不合理的。社会价值观来自公众的普遍性价值倾向，主流价值观与非主流价值观经常会易位、更迭。虽然社会生活中公众确实受到了不同文化价值观的影响而且也持有不同的文化价值观，但并不等于人们能够在理论和政策指导上坦然承认这样的事实。一味强调文化价值观的一元性，甚至认为只有一元价值观才是值得追求的，不仅不合乎实际，而且会导致压制其他不同但同样重要的文化价值观的后果，这对社会生活的多样性、社会文化的丰富性以及社会创造力都是极大的伤害。

文化自身也在社会转型中经受挑战。文化的边界和内涵都在变动的世界中变得不确定，当今时代的人类实际上“生活在一个文化的万花筒之中”，现代社会的巨变几乎冲决了过去久已形成的生活方式和文化形式，每种文化都要经历一场严肃的自我反思才能保有不断新生的意涵。真正有生命力的文化是靠自身的竞争力与信服力吸引人，它允许自己的成员对它进行批判性的审视，允许他们与其他文化类型对话，允许他们在不同的文化之间做出选择①。这就意味着必须在国家文化政策和社会文化事业发展上持有更加开放、宽松的指导思想。现代化是一个永远未完结的过程，现代化的社会-文化也将是一个永不停息的创设和构建过程。

---

① 甘绍平．应用伦理学前沿问题研究．南昌：江西人民出版社，2002：223-224.

第五章　公民不服从的道德思考

“公民”是生活于国家之中的人，并构成了现代法治国家的主体。公民的存在及其现实化活动不仅提供了国家的物质基础，从而是抽象国家符号的具体展示者，而且还将自身的精神、价值、信仰投射到国家目标上，转化为国家合法性的道义根据。在与国家的关系上，公民绝非只能唯命是从，相反，由于公民的整体意志构成了国家权力合法性的来源，公民服从国家权威的前提是这个国家的权威确实是公民意志的体现，所以，公民服从不是至上的要求，基于正当理由并采取了合乎道德的方式的公民不服从（civil disobedience）同样可以得到道德上的证成。此外，承认公民不服从①还具有政治哲学意义，即它可以防止国家所体现的集体意志的任意妄为，无数公民个体的行为（即便是完全自利但无害于他人的行为）也可以形成足够的力量来消解国家的惰性及其权力的任性，让国家不至于实际上既控制强大的统治力量，又掌握全部的政治忠诚，成为实际的“利维坦”，构成对公民个体的极大危害。

一、公民不服从的理据

本书接受了罗尔斯②有关公民不服从的定义，他的定义是“一种公开

---

① 要说明的是：在中国，“对抗法律的行为”的范围或许更为宽泛，因为很多时候中国政府部门或某级政府部门颁布的条例、规则等也被统称为“法律法规”，行政规定与法律规定的界限十分模糊，以至于有时公民对行政规定的异议或抗议也被归为“对抗法律的行为”。

② 不过，罗尔斯曾声明公民不服从的问题“只产生于多少是正义的民主国家中，是对那些承认并接受这一宪法的合法性的公民而言的”（罗尔斯．正义论．何怀宏，何包钢，廖申白，译．北京：中国社会科学出版社，1988：352）。

的、非暴力的、既是按照良心的又是政治性的对抗法律的行为，其目的通常是为了使政府的法律或政策发生一种改变”①。由于存在人类智力的局限，没有哪个人从而也没有哪个机构或政党可以垄断智力发展的可能性，任何人类组织（包括国家）所给出的当下解决方案都只是局部合理的或者有限正当的。所以，就应在充分尊重每个公民内蕴着的理性之前提下，设置一定的渠道，允许他们对国家权力行使过程中存在的具体问题提出批评意见，甚至有反抗行为，从而避免国家权力在错误中一错再错。我们必须看到，这样的公民不服从正是维护国家权力正当性所必然要求的，对公民不服从的承认和保障也将构成人类社会持续发展的动力来源。

（一）公民日常生活的先在性

从经验上看，公民身份是由国家及其相应的政治、法律制度赋予的，因此，国家及其相应的政治、法律制度是在先的，公民个体必须无条件地服从后者；但从学理上看，公民是独立自存的，先有了无数个活生生的公民这样的生命体及其活动，才有了产生国家及其相应的政治、法律制度之要求，所以，在逻辑上是后者服从于公民。

公民的本位性决定了公民在与国家的关系上仍然保留了相当程度的自主和自决的空间，这就为公民表达独立且各异的个体意志确保了可能。从纯粹的理论（特别是政治哲学意义）上说，即便在具体公民出生之前就已经有了国家权力和法律体系，但他仍然可以在成人后依据自主判断和个人自由来决定如何与国家相处、如何看待国家的具体决策。公民可以这样做或那样做的选择自由，对于国家而言，就意味着公民的服从只是有限的要求，而且这样的有限要求并非优先、至上的，相反，是需要不断确证的，换句话说，公民可以自主决定“不服从”。公民不服从不是来自人定法或现有的国家权力的规定，而是来自公民的主体地位本身，其根据源于公民日常生活本身具有的优先于国家需要的合理性。

所谓的公民日常生活，就是指公民的每日常态生活，它体现了公民的

---

① 罗尔斯．正义论．何怀宏，何包钢，廖申白，译．北京：中国社会科学出版社，1988：353．

“日常性”（everydayness），即每日的在场。这些看似重复、单调的生活包含了丰富的文化蕴涵和深刻的政治意义。首先，这样的日常生活提供了熟悉的内容，构成了公民的定在。正是有了这些不断重复的日常生活，才可以肯定此时交往的就是昨日的友人，现在定居的社区就是与邻人共有的社区，否则，就无法把握身边的一切，甚至无法肯定某人是可以被认知、被确信的实体。公民个体对自身的确认、对他人的确信，乃至对更大范围的地方政府、国家权力的承认都基于此。这就意味着国家乃是观念的合成，只有依托并奠基于公民日常生活才能获得自身的现实化，国家才能现实地被纳入公民存在的有机组成部分之中。其次，这样的日常生活成为公民间往来、互动的“共同背景”，从而提供了公共性、共有性的基础。那些反映公民特征的共同、共有、公共并非只是理念性存在，也不是公民的自我呓语，而是借助日常生活得以构建起来的背景，这一背景因公民的深度嵌入而实际成为生活于此的所有公民相互分享的文化基础。公民区别于臣民之处正在于后者只是生活在自己狭隘、自然的世界中，而前者则走出了“小我”，获得了“我们”的共同认可，公民之间具有充分互动的愿望和实际交往的行动。最后，但并非最不重要的是，日常生活的持续展开提供了公民间的心理预期，正因为是在熟悉的生活场景之中，正因为分享了共同的背景，公民间才可以相互对他人的可能行为做出合理预期，并以此修正自身的行为，对他人的可能反应给予信任，可以说，长久和稳定的日常生活孕育了公民间的社会信任，确立起了公民间相互交往的心理纽带。

如果说公民与国家之间的关系是一种抽象的关联，那么，公民与日常生活之间的关系就是一种具体的关联。公民与日常生活之间的关系是一体两面的：公民在日常生活中才是现实和真实的，日常生活也因公民的介入和存在而显得丰富多彩，并具有了政治意义。众所周知，现代西方的公民起源于中世纪后期的“市民”，那些逃离庄园、获得了自由身份的人们在交通便利的地方聚集下来，以工贸为业，在不断试错中，他们发现必须有自己的利益代表性组织，以便保护自身的利益，减少贵族和国王的任意欺凌，他们在内部逐渐达成了“城市宪章”，相互约定共同信守，并以纳税的多少为筹码向贵族和国王提出交涉，最终获得了城市自治。城市主体就是这些工匠、商人、掮客等，城市生活成为他们的基本生活方式，基于交换而获利成为他们的主要日常生活内容。久而久之，他们学会了讨价还价、妥协、一报还一报等各种生活技巧和政治手段，他们驾驭政治事务的能力来自他们日常生活积累下来的各种经验。16 世纪开始的对外殖民使欧洲人将这样的城市生活扩大到非西方世界，在殖民地附属国，西方殖民者基本上生活在殖民地的大城市，这无非他们在母国所习得经验的重复。虽然 20 世纪中叶亚、非、拉等地的殖民地纷纷独立，许多国家走上了现代化道路，但鲜少国家取得全面的现代化成就，特别是在政治现代化方面仍然止步不前，其中一个重要原因就是，这些亚、非、拉国家的城市生活发育程度不足，社会成员缺少自主学习的公共空间，“公民日常生活”还未充分形成，实际的日常生活不仅在经济上面临物质短缺的匮乏窘境，而且在政治上绝大多数普通公民完全被排除在国家权力运作、社会事务发展之外，“公民”徒有纸上的法律名分，几乎不具有现实的参政议政空间，那些治理失败的国家，如索马里等，甚至国家权力和公民地位一样脆弱不堪。

同样，我们就不难理解为什么在农业时代、在东方多数国家，即便有悠久的古代文明，却未能产生公民这一主体了，其中一个重要原因就是，在东方多数国家，中央集权制（韦伯称之为家产官僚制）下，除了被纳入皇权政治中的极少数人，绝大多数成员是放任于家族血缘纽带之中，牢固的家族血缘限制了个体的交往范围和对象，全部社会关系都是家族关系，或者是模拟的家族关系，体现的是私己性的家长意志，人的生物特征被放大，转换成家族的自然生物性。生活于这一体制下的社会成员不仅是高度分散的，而且缺乏深刻的互动和共同识别的政治属性。

在我们的论坛中，“公民日常生活”本身被视为一个独立的概念，它强调公民存在的特性高度依赖于其所存在的多样的、常态的且不可替代的日常生活，从而与国家的意识形态性或政治强权的外在性区别开来。尽管我们说到国家时并不需要特别强调这些特性，因为国家会借助其无孔不入的强权和无处不在的触角而将自己的印记印刻在全体公民的脑海。与此相较而言，公民日常生活就显得无足轻重，甚至有被国家权力刻意淡化、在政治世界被无意义化的危险，所以，我们必须追溯到公民存在的根基，还原公民与国家关系的根本面貌。其实，国家的强权和意志往往是被塑造出来的，是人为构建的产物，它若不结合公民日常生活，或者无法真实反映公民日常生活的现实，就会被架空，国家权力就会失去真实的依据，此时所提出的任何形式的公民服从都会蜕变为对公民的虚假要求。

"公民"既指个体的行动者，也包含了群体的总称；同样，"公民不服从"也可以由公民个体和公民群体来承担。阿伦特强调，"我的看法是公民不服从是自愿结社的最新形式"①，"和良知拒绝者相比，公民不服从是某个群体的成员，这个群体，无论我们是否喜欢，它组建时所遵循的精神与渗透在自愿结社中的精神相一致"②。阿伦特认为一个人加入某个公民组织，也就表明了他有别于国家同时也有别于其他公民的鲜明立场。公民所表明的并不是人的生物学性状，而是人的政治属性，这样的政治属性是通过日常生活而生成、孕育和成熟的。所以，不能将"公民"等同于一般意义上的"人"，更不能从生物学意义上理解公民。没有任何个体仅凭自己的生物学性状就可以宣称自己是公民，只有通过与其他公民的开放式交往，获得同等人群的相似性，并不同程度地参与到国家权力的确证和行使的过程中，一个个体才成为公民。公民必须同时是个体和某个群体中的成员，这样的群体不是通过血缘联结起来的自然群体，如家庭、亲族、宗族等，而是摆脱了血亲束缚且具有政治性质的共同体（political community），如社团、协会、基金会、政党等具有共同社会理想并实际影响政治过程的自愿结合的目的性组织。

现代化促成了社会的成形和壮大，脱离家庭且相对独立于国家的社会（包括各种社会组织、公共空间、社会活动场所等）得以稳固，不仅作为日常生活的常识其存在合理性得到了确认，而且在国家层面通过立法将社会的存在方式、活动边界、行事规则等加以维护。每个人都可以借助身边的草根组织、邻里活动而获得社会参与的现实感，社会关联所产生的亲密性弱化了现代经济领域的个人主义、激烈市场竞争所造成的破坏，同时也缓解了官僚制支配下的巨大行政组织所产生的疏离感，构成了现代化时代

---

① 汉娜·阿伦特．公民不服从//何怀宏．西方公民不服从的传统．2版．长春：吉林人民出版社，2011：128.

② 同①129.

社会本身的自我修复、自我更新的内生力量。从这个意义上说，分散的、多中心的社会知识提供者（其实就是无数的个体公民）成为现代社会活力和公民文化的创造者。

（二）人类智力的局限

对于“人类智力有着怎样的程度和水平”这个问题，既可以做出事实判断，也可以给出价值判断。虽然一些自然科学学科如生物学、人种学等将对此做出定量分析，给出某些科学性判断，从而确立起关于人类智力的基本事实，但我们在此要讨论的并非人类已经取得的成就、人类自身进化是否真实（这些都是无可置疑的）。我们的论点是：我们不应陷入极端理性主义的狂热之中，而应对人类智力保持谦卑。人类已经取得的成就、人类即将不断取得的成就，仍然不能表明一切未知领域最终都将被攻破。人类智力是有限的，这一判断不是定量分析的结论，而是定性分析的假设。这一假设尽管不能被自然科学验证，但可以为我们的哲学讨论提供基本思路。当然，对人类智力局限的承认并非一定陷入怀疑主义或不可知论之中，而是体现了对不确定性的承认，主张谨慎的态度，摒弃盲目自信、狂妄自大的冲动。

人类智力是有限的，人类不可能掌握全部的信息，人类无法获知全部的可能性，因此，人类做出的每一个判断、每一个决策都可能是错误的，没有任何一个人可以站在全知全能的制高点俯视其他同类。不仅如此，人类所创造的组织机构，如国家、行政机关、政党等，同样也是一系列修正错误的产物，并不具有绝对至上的正确性。若没有各种力量的积极辅佐，缺少不断获取可靠合法性的依据，那么，一旦犯下无可修复的重大错误，上述组织机构就可能面临灭顶之灾，难逃被取代或消亡的命运。现存的人类组织机构之所以还能存续，只是因为所犯的错误还不够大，或者在内部设立了某些仍然有效的机制来发现错误并予以及时修正。总之，没有哪个组织机构或其代言人可以自傲地说：我永远正确，我从来没有错！

人所能做的就是充分意识到自身的这一根本性局限，并且未雨绸缪地设置必要的措施来预防可能的错误，修正或调整正在出现的错误。在公民与国家的关系上，必须放弃国家神圣的假象，国家的错误远比个人的错误可怕，它因自身的强权所产生的威慑力而放大了自身的错误，有时某个国家领导人未经深思熟虑的一句戏言或一个未经充分论证的突发奇想被不恰当地执行，就可能导致数以亿计的财产损失和无数个体人生轨迹的改写，所以，对国家的错误不可纵容，不可掉以轻心，必须时时警惕。面对国家的错误，公民基于良知和对人类共同价值的诉求而做出的和平、公开抵抗就是值得肯定的，同时也会产生积极的政治后果，这就是本书所予以合理化证明的公民不服从。

人类智力的有限性提供了人与人本应平等对待的又一个深层依据。人类智力并不会因人数增加而自动叠加，相反，还可能因从众心理或团体压力的存在而急剧下降乃至丧失。人类智力首先体现在个体生命力的自然条件和基本功能之中，它足以应付个人的日常生活，来自日常生活的常识才是人类智力的集合产物，违反常识的超人类智力是不存在的。

从公民身份角度看，中国传统儒学确实非常强调独立人格精神的培育，然而，它经常将理想人格视为唯一合理的存在而无视现实的人本有的实然状态，换句话说，它经常强调“做”（doing）一个人，却常常忽视“是”（being）一个人。由于缺乏对一个人“是”之类的事实了解，忽视“是”的那个人总是存在各种现实的不足或缺陷，对一个人“做”之类的价值分析就显得牵强和任意，极易沦为牺牲现实、人性而一味满足理想、神圣性的工具。相反，“是”一个人就是面对自己，即以自己的本来面目展示在世人面前，一方面在世俗关系中坚持自己的独立人格，另一方面就会相对客观地承认自己的不完美，从而变得谦逊；“做”一个人则是为了别人才去“做”一个人为的角色，暗示着社会公众对自己的看法比自己对自己的看法更重要，这显然是极其不利于个体自主性和权利意识的生长的。

公民道德是一种公共生活领域中的道德，其主体是参与公共生活的公民，他们尽管有各不相同的道德观点和参差不齐的个体道德修养，但都受到了一定的公共生活领域道德观念的教化和充分的日常生活传统、常识的熏陶，同样是道德判断上的独立个体，体现了社会伦理规范与个体德性的适度统一。为什么现代公民道德首先产生于西方诸国？因为民主政治体制产生、成熟于西方，仅仅做出这样的回答是不够的。事实上，公民道德还与社会生活的价值凸显有关。自近代以来，西方社会的伦理观念发生了重大分化：一方面是信念、良知、德性等道德现象向个人意志和心性的转移（内向化趋势），另一方面是伦理规范向普遍、公共化的发展（外向化趋势），换句话说，私人领域与公共领域的区分促使传统整体化的伦理道德出现了分野，家庭、择友、信仰等的私人道德与涉及他人、公共事务的社会伦理日益并列。随后出现的各种应用伦理研究，包括政治伦理、行政伦理、法伦理等，都广泛关注与深入剖析了日益复杂化和多样化的社会公共生活所涉及的深层问题。

保有公民不服从在社会价值上的地位并在政治事务处理上承认公民不服从的合理性，才可能真正落实公民与国家间的有效对话，并有望形成对国家权力的有效制约。这就要求必须把公民不服从视作公民服从的应有之义，具体化为不可剥夺的公民权利，并通过一系列制度建制加以落实，如公民可以在选举中弃权，公民可以自由结社，公民可以自由言论以评议国策，等等，这些都与现存宪法、法律中规定的公民相关权利，如言论自由权、结社自由权等紧密关联，也直接体现了个体公民基于自身的理性判断而对国家意志表达出的具体的不服从形式。“在我们的政治制度中确立公民不服从，或许最有可能治疗司法审查的最终失败”①。虽然公民个体会犯错，但无数公民个体的理性伸张和平等对话会有效抵消个体错误的影响范围，逐渐显现和构建出被众人认可的基本共识。只有获得公民基本共识的国家权力，才可有效地实施并得到公民的自觉服从。

（三）制约政治权力机构的和平抗争

罗尔斯有关公民不服从问题的探讨是放置于构建现代社会的正义体系之论域下的。他强调公民不服从是公民的一项权利，但这项权利的行使必须被严格定义在这样一个范围内：在一个民主、法治的社会，个别法律暂时偏离了正义，公民在尝试过其他所有方式都宣告无效之后，有权以不服从法律的方式提出使法律回归正义的诉求。罗尔斯指出，公民不服从与

---

① 汉娜·阿伦特．公民不服从//何怀宏．西方公民不服从的传统．2版．长春：吉林人民出版社，2011：131.

社会正义的实现并不冲突，甚至是检验社会正义的试金石。公民不服从是一种和平的公开抗争，抗争的动因是意图修正被判定为不正义的政策或法律条文，抗争的形式是诉诸公众共同的正义感，这一系列过程的前提是存在可以容纳不同异议者并与之共存的民主法治体系，暴力革命或单纯的私利要求都不属于公民不服从。罗尔斯同时也以排除的方式明确指出，在一个非民主、非法治的社会，不考虑公民不服从的可行性。可见，罗尔斯对公民不服从的限定是十分严苛的。

本书所理解的"公民不服从"概念，比罗尔斯所理解的范围有所扩大，笔者认为，只要是为了达至正义，以和平、公开的方式对现行的某个法律条文或政府决策表达不满，要求修正或废除，即便身处非民主、非法治的政体下，也可以被视为"公民不服从"。在中文语境中，"公民不服从"也被理解为"公民抗命""公民抗争"。这很容易与古代中国士大夫的冒死进谏、孟子的替天行道等思想联系起来，然而，我们所要表达的公民不服从并非中国古人的"死谏""忤逆"之类行为，因为现代意义上的"公民不服从"只是作为国家成员的公民基于自身的理性和良知而做出的自主行为。

公民不服从这一权利所体现的公民意志和国家权力的根本精神也与政治文化传统相关。不过，政治文化传统并非凝固不变的，它不仅受到公民代际变迁的影响，更主要的是受到国家正在采取的基本政体形式的影响。现存政治权力机构的建立都是历史生成的，因此，任何政治权力机构都曾获得并且仍然具有特定文化传统和民众心理的支撑。放眼世界不难发现，即便采取了君主立宪制的国家，具体政治权力机构的存在方式也是不一样的，同样，即便是民主体制的国家，政治权力机构被赋予的地位也具有极大的差异，这些都与各自所处的政治文化传统相关。政体的确立和基本理念的明示都会催生不同的政治文化传统，与公民不服从相一致的政体是建立在法治基础上并视民主、公民自由为基本政治原则的现代政体。

公民不服从又被称为"非暴力反抗"。美国黑人民权运动领袖马丁·路德·金（Martin Luther King Jr.）归纳出了非暴力反抗的六个特点：(1) 它并非消极，而是抵抗，是内心坚强、信念坚定的人即强者的手段；

(2) 它不寻求打败对方，而是要赢得对方的理解；(3) 抵抗的目标指向邪恶本身，而非行使邪恶的人；(4) 非暴力反抗者愿意接受因此而遭受的打击和困难，却不还手或报复；(5) 非暴力反抗者拒绝一切暴力方式，避免一切形式的物质暴力和精神暴力；(6) 非暴力反抗者是乐观主义者，他们对未来充满期待。

要在理论上说明政治权力机构至今存在的合法性以及如何存在下去的问题绝非易事。马克思主义的阶级斗争学说、西方近代思想家所提出的社会契约论以及当代各种正义理论都试图给出自圆其说的完美解释。我们承认，这些理论都部分地回答了政治权力机构之合法性来源及其存在的理由，而且在其所意欲解释的论域内确实较好地说明了这种政治权力机构延续或更迭的方式。但我们也必须承认，它们仍然留下了许多未决的问题，例如：一些理论只能解释特定政体的合法性，却不能被移植用于解释其他政体，理论的实用性相对不够广泛；一些理论可以解释特定历史时期的政治现象，对新的政治生态却缺乏解释力；等等。

无论有着怎样的理论假设，现代政治学说大都不会否认这样一个事实：政治权力机构并非神设，而是人为创设出来的，它并不具有天然的合法性，它只能通过自身的现实行动来不断说明自身并因此而赢得合法性，所以，判断它的合法性的主体不在于它自身，而在于公民的认可和主动服从。这就对政治实体提出了一个根本性限制：政治权力的边界在于公民基本权利的保障，因为现代政治权力的合法性并非一次性完成的“神授”，而要不断接受来自公民意愿的表达所体现的共同认可，所以，政治权力机构不可剥夺公民自愿表达服从或不服从的权利。公民不服从是外在于同时也是先在于政治权力机构的，不必经过它的受理或受权，相反，政治权力机构的存续却要诉诸公民的众意。当公民不服从成为频繁发生的政治事件或政治生活的常态时，政治权力机构就必须做出有效调整，如果它的调整无法满足多数公民的愿望，该政治权力机构就必须让出统治权，由更能代表民意和公共良知的人（群）接替。

这一出让、更迭的过程在历史上无数次发生，但历史上的多次政权更迭总是伴随着血腥镇压和生灵涂炭。近代以来，首先在西欧出现的改良主义取代了激进革命或暴力手段，所进行的部分政治变革开始力图避免上述历史悲剧，减少政治权力变换的阵痛，新的、占据主导地位的世俗政治学说也逐渐认为流血牺牲并非政治变革必然伴随的“代价”，最可行的方式就是赋权给每一个普通公民，使之获得可以依据自身的理性、道德推理和对人类共同体的忠诚来抗衡政治权力机构的力量，这一权利既是公民面对可能犯错的国家权力的护身符，同时也是以个人的勇敢和理性来阻止国家权力任意妄为、一意孤行的尚方宝剑。这一权利是公民之不可剥夺的神圣权利。只有当公民与国家之间基于公意、公利和人类信奉的道德价值而产生的对抗变成日常化的微小事件，国家权力才有了稳定的基础，公民才会油然生出对这样的国家权力所存在于其中的国家的自豪感。这就意味着持异议的公民之不满不必集聚或提升到颠覆现行政治并取而代之的极端程度。公民不服从就是如此和平抗争的主要方式：说它是抗争，因为它是异议、不满、不服从；说它是和平的，因为它充分利用了现有体制的程序和空间公开表达，并且以一个个公民自愿参与的方式进行。它不会破坏现有的政治秩序，不会造成对他人生活的根本妨害，这样的和平抗争也是公民不服从的本义之所在。

仍然有许多人反对公民不服从或非暴力反抗，因为他们担心不服从行为本身会对法律权威产生冲击，会在公民中传播亵渎法律的意识，而且不服从或反抗确实有可能演化为冲突性事件，更为棘手的是，脱离于成文法的“公共意志”或“理性判断”很难成为行为准则，却易于成为一部分人宣泄私愤的借口。“在立宪民主国家为人们所使用的各种手段中，非暴力反抗可以被看作是一种极端的，但在特定环境下可以接受的抗议形式。如果非暴力反抗意在说明，并且以一种严格的非暴力和公开的方式进行，那么就能较为容易地论证这种立场。然而，非暴力反抗也可能会成为一场全面抵抗现存政权的运动的先兆，或是可能导致暴力形式的抗议活动或暴乱”①。“仍有许多人怀疑，在能够找到其他合法的抗议形式或施加压力的形式时，违抗法律究竟有没有道理？他们担心非法行为会蔓延开来，担心会造成一种削弱人们对民主程序的尊重的政治气氛。这是一场不可能得到

---

① 戴维·米勒，韦农·波格丹诺. 布莱克维尔政治学百科全书：修订版. 邓正来，译. 北京：中国政法大学出版社，2002：127.

彻底解决的争论”①。笔者认为，公民不服从的根本理由来自公民在与国家关系中的主体性。在现代民主制体系下，国家是公民众意的集合，国家无非公民互动的产物，国家权力来自公民权利的部分让渡，因此，国家应无条件地为公民的自由发展和异议表达提供有效保障。即便现实中的某些公民因不服从的举动造成了令人不安的麻烦、骚乱，他们的行为触犯了相应的法律法规，也仍然有诸多可以约束和限制的手段，不必过于担忧。

在西方，公民不服从不仅是一个政体理念的问题，而且还有文化传统的支持，这主要源于基督教对世俗政权和物质利益的天然反感。古罗马基督教思想家奥古斯丁从教会立场出发审视了世俗政权与人间权威的合法性界限问题，提出了著名的“双城记”或“两个王国”的理论：一个是世上之城或地上王国，另一个是上帝之城或上帝的天上之国；前者是暂时的，充满了罪恶，后者是永恒的，是人类向往的理想去处；地上之国的合理性建立在对天上之国的服从上，人们对地上王国只要持“有限的忠诚”即可。这就鼓励了公民对世俗政权的批判意识，也为日后的公民不服从提供了思想资源。以色列现代思想家、社会活动家莱博维茨（Yeshayahu Leibowitz）反复重申了这样一个观点：无论政治服从多么重要，国家和它的政治权力机构都只有工具性作用，它们的价值不是绝对的，它们所提出的要求也不总是至上的，宗教人士基于宗教的理由以及人道主义者基于道德的理由都可以为他们对国家和政治权力机构的不服从提供充足的理由。

简言之，鉴于“理性不及”和防范国家权力的暴力冲动，现代民主、法治国家必须为公民不服从留下一定的空间，保证公民不服从所提出的要求有表达、对话、被接纳的正常渠道和机制，以便促成公民个体的理性行为和现行政府的合法性证成、现行法律的合理化改进等的有机结合。公民个体正是社会生活和社会文化的创造者、参与者、感受者，脱离公民个体，社会生活和社会文化都会陷入一潭死水的僵局。我们不仅要依据宪法精神和国家政体理念去给公民充分赋权，同时也要构建各种机制，让公民

---

① 戴维·米勒，韦农·波格丹诺. 布莱克维尔政治学百科全书：修订版. 邓正来，译. 北京：中国政法大学出版社，2002：127.

在日常生活中培育公民角色，确认自身与国家、自身与其他公民关系的恰当方式。公民个体所体现的并非只是自然人的生理、心理差异，更是公民这一主体的独立性、自主性，公民在不违背成文法和公序良俗的前提下，所言所行悉听尊便，这是国家机关、行政权力面对公民个性所奉行的基本原则。公民是自己事务的主人，他们以自己的方式行事，具有天然的合理性，以此来审视现有的行政权力、职能而不是相反，才能真正确立公民主权的政治属性。

二、公民不服从的限制条件

公民不服从是现代民主、法治国家中公民完整、独立存在的一种方式，也属于公民身份的重要内容，它体现了理性、审慎的公民对独立、自主意志的坚守，同时也体现了开放、民主的政治体系对上述核心政体理念的确认，这些都可以被视为现代民主政治之所以受到广泛民意支持的重要理由。但从公民道德角度看，公民不服从属于“双重效果”行为。既因表达了严重的异议或不满，诉诸了公共善和人类良知，同时又因当下的不服从而在行动上违法，具有了一定的消极性后果，这就违背了勿伤害和政治忠诚的基本道德要求，因此，公民应对自身的不服从行动做出必要的限制。换句话说，并非公民做出的任何形式的不服从（disobedience of citizen）都是正当的，即便公民不服从本身得到肯定，也只有符合一定条件、针对特定事项的公民不服从才是经得起公民道德之拷问的。作为一种审慎的政治行为，公民不服从需要某些条件才能保证其正当性。

罗尔斯认为，实施正当的公民不服从必须满足三个条件：第一，所不服从的事项存在明显的错误，必须加以制止；第二，服从的可能性已经用尽，不服从已是最后的选择；第三，该行为将具有广泛的公开性和重复性，即类似的人在类似的情景下可以同样行动。一句话，可以被公民道德接受的公民不服从必须满足实质性和程序性双重条件的考量。何怀宏也提出了公民不服从的三个条件：第一，公民不服从反抗的对象限于违反社会道德的不正义法律和政策；第二，公民不服从应是其他合法手段未奏效的情况下的最后手段；第三，公民不服从必须在宪法秩序内进行。何怀宏突出的是公民不服从的实质要义。笔者认为，罗尔斯的思路是欧美式的，何怀宏的思路则充分顾及了中国自身的经验，笔者在他们的基础上加以综合，主张：既要有形式原则，从而构成默会知识或背景知识，意会却不必明示；也要给出实质原则，这些实质原则需要具体揭示和阐发。笔者主要从实质内容出发讨论公民不服从的限制条件，提出诉诸社会共识、可以追问的真实意图、非暴力不合作的手段三个方面的条件。

（一）诉诸社会共识

一个社会之所以被称为社会，是因为它摆脱了单个人的原子状态，形成了超乎无数个人之上的整体目标。这样的整体目标聚合了无数个人，使他们成为共同体的成员，这样的整体目标还可以产生精神性力量，提供该社会成员共享的价值观、规范体系、评价系统等内容。一个充满活力的社会不仅存在多元关系、多元价值，而且社会内的不同成员始终保持有机的互动关系状态。社会成员相互之间在言行上接受相通的标准，在观念上持有相近的依据，在判断上就容易形成相似的取舍标准，这样的社会精神文化、价值因素又被视为共有的社会共识。这样的社会共识体现了社会成员在基本价值观念上达成的一致，它们将构成该社会之社会资本的核心内容。

有效的社会共识有两个基础：其一是人类普适价值，即全人类对某些基本价值的认可和尊重，包括诚实、和平、尊严、平等、勤劳等，具体到公民道德问题，人类迄今为止所共享的普适价值有平等、人道、自由、理性、责任等。这些普适价值不仅得到了政治哲学、法理学、伦理学的充分论证，而且被成功的民主体制不断检验，已经成为人们改进政治制度、评价当下的社会进程、修正目前的政府政策的重要价值支撑。其二是从特定共同体的文化传统和共有生活方式中引申出来的“地方知识”①，这类地方知识因反映了地域内民众长久生活的智慧，揭示了民众生存的共同信念，构成了成员间相互交往、平等对话的社会观念，并进一步构成了接受

① 需要指出的是，有些地方知识包含了狭隘的地方主义，甚至夹杂了与人类普适价值不一致的内容，例如印度的种姓制、中国古代社会的家长制、西方近代早期的黑奴制等都属于此类。

新成员、规范老成员的“规则系统”。这套规则系统虽然采取的是不成文规则的方式，但却是持续发生作用的、活的规则。不难看出，在社会共识的两个基础方面，人类普适价值是根本，地方知识必须经受人类普适价值的检验。但这不等于说地方知识就无足轻重，恰恰相反，任何一个具体公民都是首先通过地方知识才开始了解基本的社会生活、政治行为、公共事务的，并由此提升，最后获得对人类普适价值的认知。

在西方，关于社会与国家关系的理论分别存在洛克式“社会先于国家”或“社会外于国家”的传统和黑格尔式“国家高于社会”的传统这样两种不同的体系。从前一种传统大致可以推演出“社会对抗国家”的论点，它强调国家对于社会而言只是一种“必要的恶”，因此，对国家某些政令不服从或对抗都是必要之策；而从后一种传统则可导出“国家主宰社会”的观点，它强调国家塑造社会的功能，社会处于被支配的地位。洛克的观点可被归结为“弱国家，强社会”的模式，黑格尔的观点则可被归结为“强国家，弱社会”的模式。此外，还有“弱国家，弱社会”“强国家，强社会”的主张，但是，仅仅抽象地谈论社会与国家或者公民与国家谁强谁弱本身并无太大的现实价值，重要的是国家或权力机关和社会或个人公民能否在各自的领域内发生实质性作用，并为对方的存在留有余地，从而形成互补的格局。葛尔纳（Gellner）认为，一个理想状态的现代社会是一个独立于国家之外但又不同于家庭的社会组织的综合，黑社会和帮会都不是理想的社会组织，因为它们为成员的加入或退出设置了高额成本。许多拉美国家有民主但没有发达的社会空间，结果它们的民主基本上只是民粹主义式的，它们的国家领袖往往由擅长蛊惑人心的政客（demagogue）担任。

公民是一种公共性身份，谈论公民问题时，是不能从一般的人的角度或单纯个人私利立场出发的，公民必须在具有政治意义的活动中确定自身的角色，当然，这样具有政治意义的活动通常不能脱离日常行为，公民是通过持续的日常生活来习得政治行为和获知政治程序的。公民服从只能表现为对公共权威（如法律、政府机关、政治领袖等）的服从，而不能是私人立场的俯首称臣；同样，公民不服从也只能出于对公共权威的最终维护，不过，公民是以更复杂、更有难度的方式来维护公共权威的，即诉诸社会共识来表达自身的信念，力主重新恢复公共权威的正当性。

约丹（Bill Jordan）曾在他的书中这样描述今日美国乃至欧洲有关“好公民”的群体肖像：他们是独立的个人，住在城镇中，生活在小家庭内，他们的需要通过商业供应而获得满足，他们的道德行为界限是不越过自家花园的篱笆，他们希望邻居过得好，尽管他们并不采取积极方式去促成共同利益①。这被视为新正统的“理想公民”。如今，人们无论是否愿意，都必须做出更多的决定和选择，必须处理更多的信息。但与此同时，以往那些存在于家庭、社区、职业世界和文化中的社会安全都失去了稳定性与可靠性。这无意中就强化了政府或权力机构的职能，甚至可能提供了假借社会安全之名而无端限制公民自由的口实。我们必须在公民自由和社会安全之间寻找一个平衡点，否则，公民自由就成为空谈②。

社会的生命力在于对成员的持续影响（当然它也接受来自成员的反向影响），社会给予的影响不仅来自对实物层面之便利、舒适等的承诺，更主要的是来自社会因其长久历史所沉淀下来的核心价值以及社会组织、系统所力图维护的共同观念，这些超乎庸常生活的精神要素为成员带来了相互信任、彼此期待的文化记忆，借此构建出“车同轨、书同文、行同范”的文明交往状态。公民成长于这样有活力的社会之中，耳濡目染地深切感受到社会价值、社会文化的深刻影响，他们对法律、国家的服从首先出于对自己身处其中的共同体的尊重。在逻辑上，社会共同体及其社会共识先在于法律和国家并切实地影响着生活于其中的每个公民，所以，某个具体公民反对、抵抗某项法律条文或国家机构的某项规定，必须以共同体价值正在受到严重危害为前提，即便他的个人利益并不受损，甚至他还可能受益，但他仍然基于共同体价值诉诸社会共识对当下的法律或国家政策提出异议，明确表达不服从，这样的公民不服从才具有道德合理性，公民由此做出的行动才符合现代公民道德要求。

在当代中国，阻碍社会共识形成的一个因素就是血缘主义及其制约下

---

① Bill Jordon. The Common Good: Citizenship, Morality and Self-interest. Oxford: Basil Blackwell, 1989: 140.

② 沃尔夫冈·查普夫. 现代化与社会转型. 陆宏成，陈黎，译. 北京：社会科学文献出版社，1998：34-35.

的道德相对主义的盛行。无数实证研究表明，在华人为主的区域内人群的社会性表现得仍然不够充分，各种组织还存在高度的血缘关联性，人情、面子这样难以客观化和量化的因素仍然占据主导地位，导致了家长主义（paternalism）、关系主义（relafionalism），使许多中国人过多地依赖家族连带关系，普遍不信任家族外的其他成员，由此在社会生活中产生广泛的不安全感（对陌生人的排斥）和对政府的距离（对政府的不信任）等。在中国人的社会领域，建立可信赖关系的传统方式首先并主要来自私人之间的交情，这也是多数中国人在日常生活世界热衷于建立社交网络的动力。这种私交主义不仅在个人事务中而且在其他各种社会事务中具有巨大的影响力。与此相对，普遍的、客观的和中立的法则反而变成次要的、不重要的依据。这常常成为中国人难以适应国际化趋势（在海外，华人大多自成一体，很少融入当地社会），中国人群体难以有效且持续扩展的重大阻碍。

因此，在今日中国仍然需要不断重申建立社会共识、培育社会信任的必要性。然而，社会共识的形成不可能仅仅依靠国家之手、政府之力，这将是成本巨大、收效甚微的无功之劳。事实上，20 世纪 80 年代以来在世界范围内兴起的非政府组织、社群运动等，都开始关注具有社会普遍意义的共同话题，如各种公共事务等，体现了纠正个人主义之偏、力图促成整体与个人相融合的新趋势。从社会学意义上说，就是将工业发展定位在企业这一中间组织而非单个资本家之上；从伦理学意义上看，就是努力超越狭隘的个人权利和偏执的资本力量，实现人性与物性、个人价值与团体价值的协调。政府应当给各种非政府组织以良好的生长空间，借助非政府组织的自愿活动联系起广大公民，在不断参与的过程中，有望在公民间逐渐培育起高度共享的社会共识。

（二）可以追问的真实意图

公民不服从的正当性在于诉诸社会共识、寻求实现社会正义，但其发生通常始于单个公民的自主意志和内心判断，因此，表现在行为上有时（至少在最初阶段）主要是公民“一个人的战斗”，例如，通过提请行政复议、行政诉讼质疑政府的某个政策规定或行政行为，通过拒绝服兵役来表达对和平主义的坚定信念，通过静坐抗议某个正在讨论的政治事项，通过公民上书对某个法规的修改或拟定新的法规提出建言，等等。公民是一种公共身份，公民行动的理由必须是事关公众、公益的，公民不服从也必须基于公开的公共性理据，易言之，公民的角色要求：只有出于可追问的真实意图的公民不服从才是可以接受的。

“意图”不仅影响到公民行为的内容和意义，而且是评价该行为的重要依据，特别是在“不服从”这一事项中，由于它天然地包含了部分的伤害和实质性的违法，因此，只有在理由充足且无法找到其他可替代的方式之时，公民不服从才是可行的。此时，公民所提出的意图就成为关键。许多赞成公民不服从的思想家也突出强调了基于公益和对法律忠诚的意图之重要性。罗尔斯在分析公民不服从的条件时指出，“第一点涉及公民不服从所针对的适当对象的各种错误。现在，若我们视这种不服从为诉诸社会正义感的政治行为，则令其他条件相等时，将其限于实质性以及明显不正义的情形，特别是阻止了清除其他不正义之道路的不正义，应该便是合理的”①。

“可以追问”是指公民个体可以将不服从的理由和事项清晰地表达出来并且愿意随时接受他人的理性质疑所加以的审视。由执法机关和司法机关做出的检视或审问或许是最具公开性的，因为诚如阿伦特所言，现代民主、法治国家的“法典区分了犯罪和违法，前者必须受到指控，因为共同体作为整体受到了侵犯，而后者只涉及施害方与受害方，受害方有选择是否控告的自由”②。“真实意图”表明公民个体必须言行一致，所要抗议的主题与自身表达的理由在逻辑上是一贯的、在行动上是一致的，否则，就是欺骗或隐瞒，自然也就无法满足公民不服从在道义上的合理性。

众所周知，意图常常隐藏于当事人的内心深处，局外人总是不能马上获知，而且有时即便有所获知，也未必就符合行为者实际追求的那个意图。但同样清楚的是，“意图”并不总是能够完全被深藏起来，它不会永远停留于某人的内心，它总会通过一系列外显的言行得以展示。如果这些

---

① 罗尔斯．公民不服从的定义、证明与作用//何怀宏．西方公民不服从的传统．2版．长春：吉林人民出版社，2011：144.

② 汉娜·阿伦特．公民不服从//何怀宏．西方公民不服从的传统．2版．长春：吉林人民出版社，2011：110.

外显的言行与公民所给出的意图说明是一致的，那么就可以推断公民的意图是真实的。例如，一个适龄公民拒绝服兵役，理由是反对杀生，但他平日里却从不回避食鱼肉，那么，他拒绝服兵役的理由就站不住脚，人们可以合理推断：他的真实意图绝非出于宗教信念，而是逃避公民义务，因此，他拒绝服兵役不仅不应受到尊重，相反，还应受到严厉的惩处。还有这样一个公民，他不断上书表达对某一税收规定的不满，并且他本人也时时拖延缴纳该税种，因为他认为该税种不合理，有违公平，而他平时经常参与公益事业，将很多个人钱财用于扶助所需要者，那么，就可以推断他的抗议所依据的理由是合乎他的真实意图的。总之，只要我们愿意去完整地了解一个人，并且有足够的信息和渠道去了解那个人的言行，他基于公民不服从的真实意图就大致可以得到合理追问。

由于完全私人性的意图是难以了解的，为了保证公民不服从的意图可以被有效追问，公民不服从的事项必须是公开的事项，即那些可以公开讨论的话题。可公开的事项或话题主要意指关涉公共利益、涉及多数人群、影响社会总体发展等方面的事项，相反，与纯粹私人事务相关的事项是不能公开讨论的，自然也不能成为公民不服从的事项，例如：你不能因为你所在市的市长有外遇就抗拒他的行政命令；你也不能因为某个县长与你有个人恩怨就挟私报复，公报私仇。

康德曾提出“公共理性”概念，这一思想得到哈贝马斯的继承，后者将之发展为“商谈伦理”。他们所要面对的共同问题是：在现代城市生活中，人口频繁流动，人员高度匿名化，社会秩序如何建立？关于公共事务的意见如何表达以生成共识和公决？他们主张，每个人都应放弃情绪化的态度，采取理性的方式，同时尊重他人的理性，在围绕特定议题表达自身立场、理由的过程中展开充分讨论，在说服他人之际也接受他人合理的理由和要求，并对自己原有的立场和观点做出适度修正，如此反复多个回合，逐渐达成绝大多数人可以认同的论断和决定。此时，理性被用于相互交涉，同时不断吸收他人理性的声音，理性不再只是个体的生理潜能，而成为谈论公共话题、处理公共事项、解决公共问题的重要工具，易言之，它就成为“公共理性”。以公共理性示人、参与社会活动的人才是真正意义上的社会人，现代合格公民首先应是完整的社会人。

我们在此不妨从公民不服从视角讨论一下王海及其维权活动。1995年3月，王海在北京某国营商场购物，发现所买的东西是假货，自费去检验查证确实是假货，王海又去该商场买了该商品，然后向法院起诉要求按照《中华人民共和国消费者权益保护法》双倍赔偿的规定索赔。此事得到了中国消费者协会的支持，12月，王海成为中国保护消费者基金会设立的“消费者打假奖”的第一位获得者。之后很多人效仿，各地出现了不少人去商场、店铺买假货后向所在地法院起诉，要求双倍赔偿。多地法院协商后做出共同认定：知假买假者不属于消费者，不受《中华人民共和国消费者权益保护法》保护。这些职业打假人在多地败诉，甚至被冠以“刁民”“投机者”“钻法律漏洞的小人”等污名。为什么人们对王海肯定较多，却对王海的追随者们否定较多？这表明公众（包括法官、消协工作人员等）对王海与王海的追随者们做了明确的区分：认为王海勇于站出来，拿起法律武器，体现了对社会共识的认可，而那些追随者们大多只是发现了营利的“门径”，利用法律规定的不周密试图谋取个人之利。笔者认为，王海与王海的追随者们在行为动机上的差别并没有那么大，从正面意义上看，他们都是相信法律权威的理性人，他们对自身利益的维护本身并没有错，甚至可能因此而获利也没有错，《中华人民共和国消费者权益保护法》立法的初衷就是抑制商家，“保护”的本意就是倾斜、惠顾消费者，设定双倍赔偿正是体现了这一立法精神。在制假者、售假者、买假者之间，究竟哪个对社会危害更大？究竟哪个体现了公民的自主意识？答案应该是不言自明的。

公民不服从因为确实表现出了对成文法的违反或对现行政策的异议，所以就有可能对既定秩序带来冲击。因此，从国家层面而言，就需要设置张弛有度、界限明确的言行准则，划分出完全服从的事项和部分服从的事项，对那些放弃或违反完全服从义务的人必须予以惩罚，而部分服从义务的事项则悉由公民自主决定。对公民个人而言，只有在穷尽了其他所有手段后仍无法得到“看得见的正义”，才可以采取公民不服从，将不服从的理由公开显示，并且愿意承担由此产生的全部后果。不难看出，受到公民道德辩护的公民不服从对国家和公民都是一个极好的彼此相互认知、增进信任的通道。

（三）非暴力不合作的手段

“非暴力不合作”这一理念以及相应的行动是由印度“圣雄”甘地明确提出并加以身体力行的，他以此来抵抗英政府的殖民政策。之后这一理念成为检验现代社会运动、群众性抗争、公民异议表达是否可行、合理的重要因素。不过，这一思想有着深远的理论根源，很多思想家都对此深有同感，例如俄国的托尔斯泰、美国的爱默生和梭罗、法国的萨特等，这一思想充分吸收了改良主义、人道主义、和平主义等相关观念，体现了将对方视为同类并试图以道德、信念和自我牺牲去感化对方的精神主义立场①。

甘地自始至终对非暴力不合作所可能带来的困难以及当事人的巨大牺牲都有着十分清醒的认识，他的内心是如此强大，他的目标是如此坚定，他愿意不惜一切代价去实践彻底的非暴力不合作。他曾说：一个非暴力抵抗者的必然命运就是坐牢。因为你拒不服从的是国家的法律，法律必然要对你进行相应的惩罚，区别就在于一个公民不服从者对这种惩罚是预先知道的，是无所畏惧的，并且自愿接受。

公民不服从是现代民主政治的产物，正因为承认了公民权利的不可让渡和不可剥夺，从而确认了公民在与国家关系上的主体性，公民不服从才具有了不可替代的终极意义。但相对于国家的理性设计和组织化运作，无数公民个体在现实中是分散的，因而常常是无力的，为防止国家滥用权力和公民因此而无端受到侵害，公民不服从与公民服从就是一体两面的关系。然而，不排除确实可能有个别公民基于个人自身的原因而提出非分要求，而且任何形式的公民不服从都有事实上的违法，都会带来不同程度的伤害。因此，为了防止公民滥用此项权利并保证公民间权利的相互制约，

---

①　托尔斯泰宣称“不以暴力抗邪恶”，梭罗第一次明确提出“公民不服从”，甘地一生都在进行非暴力不合作的实践，因此他发明的名称最多，如“文明的反抗”“非暴力斗争”“不合作”“非暴力抵抗”“真理的力量”等。在不同的时期，甘地分别使用过英语、印地语、乌尔都语甚至泰米尔语来尝试寻找尽可能接近其本义的名称，他甚至曾经公开征集过恰当的名称，但他对使用过的每个名称都不曾完全满意。到了马丁·路德·金那里，则变成了“消极抵抗”，直到20世纪60年代，学者们才大致统一使用“公民不服从”这个概念。需要特别指出的是，“非暴力抵抗”在中国传统文化中完全找不到对应的词汇，较为近似的词汇也许就是“君子动口不动手”“以柔克刚”了。

就必须约定公民不服从只可采取和平的方式，暴力被绝对禁止，从而将公民不服从有效地区别于其他社会运动、群体性事件，甚至暴乱、革命，这样，公民不服从才可能有效脱离血腥冲突甚至族群械斗。

我们认为善的行为要在意图、手段上都符合基本的善的规定，即便后果上有瑕疵，也应是此行为伴随的；任何用恶的手段达成的行为，即便总体后果是有利的，当事人的意图是无害的，也是恶的。在复杂的社会环境中，很多行为会超出甚至违背当事人的最初意图，所以，仅仅诉诸当事人的意图就远远不够，由于手段是当事人可以明确选择的，也易于被众人观察到，手段的性质就直接影响到行为的善恶性质。公民不服从已经事实上表现出部分的违法或伤害的后果，为了获得公民不服从的充足道德理由，就必须毫不犹豫地选择和平、无害的手段，以减轻后果上的不良，并进一步彰显当事人意图的纯正。“非暴力不合作”是公民不服从唯一可以选择的手段。具体的手段形式千差万别，包括静坐、绝食、占据特定公共场所等，但都必须符合“非暴力不合作”的总体特征。

非暴力不合作式抗争得以实现的制度条件是稳定的民主政治体制和社会生活领域的法治，其中前者是充分条件，后者则构成了必要条件。在现代社会，民主制主要采取的是代议的间接民主制，法治则成为监督代议程序的有力武器，进入各类国家权力机关的人都是公民意志的代表，他们在公务活动中必须展示公共性，因为他们是民意的化身，他们来自不同阶层，应成为不同群体利益较量的表达者，从而最终成为社会价值得到检验的维护者。西方的代议制得益于两个方面的努力：其一是制度创新的政治结构设置和渐进式调整，由此带来了公民不服从的常规化和制度化，使之成为日常政治行动的经常形式；其二是相互争鸣的思想家们所不断提供的理论资源，由此培育了公民间的理性质疑精神和有序抗争的惯例。从历史上看，中世纪西欧自治城市议事会的产生开创了议会选举之先河，英国和法国封建君主时代等级会议的产生方式成为近代议会选举制度的滥觞，这些都是非暴力改良社会、实现权力重新分配的重要制度化形式。霍布斯、洛克、卢梭、潘恩、密尔等启蒙思想家分别提出的天赋人权论、社会契约论、人民主权论和代议制民主论等思想理论，指导和推动了代议制度的不断完善。

以前我们通常说利益是道德的基础，社会主义集体主义原则更强调人们在利益上的一致性。其实，以利益为目的，人们并不自动就会形成相同或近似的道德观念，而且一致的利益诉求即便会促使人们在某些方面达成一致性，但同时也会导致在其他方面的深刻分歧，对这样基于共同利益却有其他方面的分歧或差异，很多国人还不习惯，总幻想有一劳永逸式的解决方案。但在利益诉求和价值观念日益多元化的今天，公民不得不接受更加现实的态度，因为快刀斩乱麻式的一揽子解决纷争不仅几无可能，而且在结果上会严重伤害另一部分公民的权利，留下无穷后患。当代中国需要在各种公共讨论中，怀着促进公共利益的目标，各个利益或阶层的代表站在不同立场上理性地协商解决。公民要认同这样理性的生活方式，才能认清自己在公共生活中的使命和责任，在积极参与公共生活的实践中培养和提升自己的公民素质。

由于公民不服从需要诉诸社会共识，所涉及的事项是可以公开讨论的话题，且表达不服从的真实意图必须经得起公众的理性追问，所以，这样的公民不服从所能采取的手段在性质上就应当是可以重复使用的，即任何其他公民在类似情况下可以同等使用此手段去表达不服从，这就只能是非暴力不合作的手段了。相反，那些通过以暴制暴的激烈手段，或者不那么激烈却特殊化的手段，例如找有关领导批条子、上级部门打招呼、基于个人私交而获得法外开恩等，都不是建设性的，也丧失了起码的公共性，故而都是有问题的。即便所能解决的问题也可能是重大的民生问题，当事人的意图也是善良合理的，但由于这样的手段不可公开，也不可重复使用，并且具有过于强烈的差异化、排他性特征，所以显然都不符合公民角色的内在规定，也完全超出了公民不服从的范围，公民不服从必须无条件地拒绝使用这样的手段。

最后，需要特别重申的是，我们反对使用“采取合法的手段”这一行政命令来限定公民不服从。其理由如下：第一，公民不服从的对象有时就是现行的法律法规，一些既定的法律规定具有明显的缺陷，还有一些则远远滞后于生活实际，这些都已经并且正在给许多公民带来伤害。如果一定要求人们采取合法的手段，那就将绝大部分公民不服从的事项预先排除了，结果也会排除公民在修正和改良法律方面的可能贡献；第二，法律的规定并非最高的尺度，公民不服从是依据社会共识，法律同样也不能违背社会共识，从这一意义上说，公民不服从与法律都需要经受社会共识的严格审视，所以，要求公民不服从必须合法，就意味着用现行法律规定来取代社会共识，这就可能使人定法超出其应有的边界，被神圣化了。

三、公民不服从的道德意志

虽然公民不服从是公民的天然权利，但公民不可轻易、随意使用这一权利，只有在国家政策或政治体系、法律制度出现了（或可能出现）严重伤害性的重大后果时，公民才可依据充足的道德理由抵制非法侵害。要用好公民不服从这项权利还应具备相应的美德，在这些美德支撑下的公民不服从将具有完备的道德理性，公民不服从的参与者也因此而被视为好公民。

（一）责任：可以申辩的个体意志

关于“责任”（responsibility）的本质是什么，人们有不同的看法，但负责任的态度和行为方式却无一例外地得到了高度的肯定。“负责任的个体才是有自由意志的个体”，这一判断不仅具有深刻的道德内涵，同样也成为公民道德的主要结论。承担责任就是把社会对自身的要求看作出于自身愿望和意志的要求，这一自觉意识并非出于对惩罚的恐惧，也非出于换取功名利禄的打算，相反，它只是对自身主体性和道德人格的确认。在现代民主政体下，由于公民的地位得到了宪法和法律的保障，并落实在具体的各项法律规定、行政机关的日常工作中，所以，公民就必须以自身的理性、自律、责任来对应此一公民身份。不负责任、逃避责任的公民就是将自身意愿凌驾于法律和他人之上的人，这样的公民名不副实。那些仅享受权利却不尽义务、仅有地位却不负责任的公民实质上就是“平民式暴君”，这样的平民式暴君正是酝酿群体暴政的现实土壤。

责任感体现了现代公民的道德自律精神。任何一个人只有心存社会利益、尊重他人，才可以做出负责任的行为，而无须假借他人是否在先地履行了责任，换句话说，真正合乎道德的责任态度是“他人的不负责任不是我不负责任的理由”。公民的担当精神、负责任态度都是向内求诸自己的道德意志而表现于行动中的。在现代民主政体下，由于公民的地位得到了宪法和法律的保障，并落实在具体的各项行政规定之中，所以，公民就必须以自身的理性、自律、责任来对应此一公民身份。

康德是近代西方哲学史上第一个全面而严谨地论证了道德责任的人。康德相信，每一个在道德上有价值的人都要有所承担，没有任何承担，不负任何责任的东西，不是人而是物件。在康德的论域中，责任就是由于尊重规律而产生的行为必要性。这种必要性可以转化成行为者的自我强制力或约束力，即无论如何都要完成该行为的道德意志。所以，责任不是激情、冲动，而是坚定的理性力量。康德进一步提出了责任的三个命题：第一，人类行为在道德上的善良并不出于直接爱好，更不出于利己之心，而只是出于责任。第二，一种出于责任的行为，它的道德价值并不来自它所得到的或期望得到的效果，而是来自一种形式原则或者准则，也就是履行自己的责任这一至上命令，而不管责任的具体内容是什么。他说："如若想使责任不变成一个空洞的幻想和虚构的概念，那么，这样单纯的与规律相符合性就一般地充当意志的原则，不须任何一个适用于某些特殊行为的规律为前提，而且必须充当这样原则"①。第三，责任是出于对规律或法律的尊重的行为必然性。

在公民道德语境下，责任问题与公民服从问题高度相关。一般而言，公民服从可以分成两类：一类是出于义务（duty）的服从，另一类是出于责任（responsibility）的服从。前者是法定义务所提出的要求，此时的公民服从主要表现为对既定法规、国家权威和行政机关所做出的限制性要求的遵守，不超出、不违反其规定就是基本合格的公民。多数公民都可以做到出于义务的服从，这样的服从是维护法律尊严和社会生活秩序所必需的，履行了这些服从义务的公民不会因此而受到褒奖。相反，只有极少数公民基于内心强烈的道德感，履行出于责任的服从。

从强度上看，出于义务的服从又可被称为完全服从。出于责任的服从则是服从人类共同价值和社会共识所提出的要求，此时的公民服从包含了自主判断，属于选择性服从，因此，出于责任的服从又可被看作不完全服从。公民不服从主要是在这一层面立论的，此时公民看似对现行法律、政策做出了不服从的举动，实质上却是出于对自身公民角色的认可和对普适

---

① 康德. 道德形而上学原理. 苗力田，译. 上海：上海人民出版社，1986：51-52.

价值的追求而履行自身的责任。恰当的公民不服从表现为既在行动上违反现行法规或行政命令，同时又力图伸张人类共同价值以矫正眼前的不义，并自愿接受自身的违法行为所招致的相应惩罚。可见，出于责任的服从与公民个体对自身角色的判断，对人类共同价值的敏感性等复杂意识相关，此时的公民表现出了强烈的主体性。尽管他们会因意图的纯正、手段的正当和后果的总体善而受到敬重，但他们不得不在改进法律、修正行政决策的过程中承受各种困难，经受部分公众多方面的质疑，这是他们为听从心中的道德律而必须付出的沉重代价。只有那些责任意识明确、理性判断清晰和道德认知明了的人，才有勇气迈出公民不服从这一步。

在现代社会，人们不得不身处于分工与合作的复杂体系之中，伴随着科学技术的发展和跨国公司的出现，产生了各种巨大型组织或集团，技术的专业性、组织的庞大化、工作的程式化等，越来越导致公民间的相互疏离，其中相当一部分公民变得自甘平庸，倾向于以深陷其中的集团责任、领导责任来逃避个体责任，这就是人们通常提到的“责任流失化”现象。看起来，任何事件都有前因后果，都应有人为此负责，但责任却被“上级领导”“有关部门”“集体决定”等模糊化了，再也找不到承担责任的那个个体。这也是与现代高度科层制、组织巨大化所造成的个体间亲近度降低和个体力量丧失相伴而生的消极后果之一。

在多数发达国家，这样的情形就表现为公民“去政治化”倾向。由于政治事件以及公共事务具有不确定性，需要公民个体花费时间、精力去了解和介入，公民参与越来越成为“有成本”的行为；超强大和复杂化的各种国家机构或社会组织，又进一步将许多公民置于无力、无能从而被迫放弃自身权利的“不作为”状态，对政治事件听之任之。在发展中国家，由于民主建制不完善，加之市场经济的利益诱导，公民责任的流失同样触目惊心，所表现的形式与西方大为不同，主要是很多公民倾向于公私不分、以公化私，不再相信“私”之外的公共利益，不愿维护具有广泛价值的公共善，导致腐败在众目睽睽下盛行。

公民道德产生于公民政治生活之中，体现的是公民作为独立主体的政治自觉性和相应的地位、角色意识。易言之，公民道德是通过现实的活动体现出来的，借助具体公民与其所处的政治-法律社会的关系显示出来，而并非自上而下的政府安排、社会倡导和领袖示范的结果，所以，必须诉诸公民个体的理性精神。公民道德不同于人的一般道德要求，“如果一个城邦不可能完全由善良之士组成，而又要求每一位公民恪尽职守，做到这一点又有赖于各人的德行；那么，既然全部公民不可能彼此完全相同，公民和善良之人的理性就不会是同一种”①。现代西方社会生活中被广泛接受的公民道德仍然主要表现为自律性的德性伦理，公民道德通常被表达为一系列德性要求（civic virtues），即体现为特定公民（公务员、法官、军人等）的不同角色要求（如责任、使命、忠诚）和普通公民的平等行为要求（包括爱国、守法、尊重善良风俗等）。在本书中，我们依据公民角色视角将公民道德理解为“公民在参与社会生活以及探知与其他公民类似意愿之过程中所表现出的合理行为倾向”。所谓合理，有两层意思：一方面，它是被目前政治-法律制度所认可的，即可以采取现存政治-法律制度所提供的条件来实现主要的意愿；另一方面，它是可以公开讨论的，从而可以接受其他公民的质疑或辩难，并且也可以被仿效和复制。

在公共领域，面对公共事务，公民主要展示的是公共理性，此时，公民行动上的责任必须转化成客观责任，即从行为后果、行为可行性以及自身对行为的课责（accountability）等方面谈论的，这与传统的个体责任不同。传统的个体责任实质是一种主观责任，即强调保持自身的言行一致。主观责任是无论他人合作与否，个人都要完成的自主意志，如兑现承诺、善待他人等。但是，公民行动，特别是公民不服从必须体现共通性、公共性的目标，追求看得见的正义，即“公民不服从必须具有公开且有限的目标。其所显示的目的，不可在于私利，也不可系于商业利益，它必得在某种程度上关系到正义概念与公共善”②。具有担当精神的公民责任，就可以有效抵御商业主义的侵蚀，获得有实际效果和绩效的抗争结果，一步一步提升我们的生活处境和政治制度水平。

---

① 亚里士多德. 亚里士多德全集：第9卷. 苗力田，等译. 北京：中国人民大学出版社，1994：79.

② 克里斯蒂安·巴伊. 公民不服从（《国际社会科学百科全书》）//何怀宏. 西方公民不服从的传统. 2版. 长春：吉林人民出版社，2011：206.

（二）敬畏：对支撑政体基本价值的确信

“敬畏”（awe）是一种内在化了的恭敬，是对被视为神圣事物如信仰、真理、良知等的自愿服从。中国古代的“天”“道”观念曾经是文人志士、黎民百姓敬畏的对象，西方历史上的基督、理性、自由也构成了无数西方贤达和善男信女的敬畏对象。持有敬畏之心的人，并不仅仅心中崇敬这些神灵或信念，更是以这些敬畏对象为参照和根本尺度来衡量、评价自身的行为，所以，才会有孟子的舍生取义、苏格拉底的慷慨赴死、萨特自愿接受牢狱之刑等豪情壮举。

由于敬畏是一种基于对人类基本信念或价值的认可而始终一贯地遵守、执行的意志，所以它包含了虔诚的态度、执着的行动力和定向式（判断是非）的评价尺度三个方面的内容。正因为有了敬畏，一个人才成为大写的人，不会为蝇头小利而斤斤计较，更不会将自己委身于滚滚红尘。同样，具有敬畏之心的人们很容易惺惺相惜，视彼此为同道，无论他们各自敬畏的对象或敬畏的依据是什么，他们都可以相互欣赏，在肯定对方人格和精神价值的前提下达到高度的态度契合。

具体到公民这一主体，敬畏就表现为对民主政治体制基本价值的信奉，如自由、平等、权利等，目睹与这些价值不符的言行或政策，会采取积极行动去抗议；自身的公民不服从也只是诉诸这些基本价值，为了阻止违反政体基本价值的决策和法规而行动起来，并且也只是为着恢复和再现这些政体基本价值而行动。从这一意义上说，一个具有敬畏之心的公民是虔诚、自律、审慎的人。

公民不服从者因持有对支撑政体基本价值的确信而体现出的敬畏使自身具有乐观主义情怀，同时也将感染和打动公众，由此唤起公众思考有关政体的基本价值。比多（Hugo Adam Bedau）认为，公民不服从力图透过公共讨论或公开违法来诉诸公共良心，它具有公共道德教育（public moral education）的作用。公民不服从的首要目的是教育或劝说大多数人回归理性与正义，并认真思考其共同的正义观是什么，一旦不服从行为能使多数人拥护正义，那么矫正不正义的力量就能大加展现，从而推动达成不服从所要实现的目标。可以说，公民不服从是现代社会公民生活的一部分，是实现法律改革策略的具体行动①。

必须重申的是：公民不服从不等于“刑事不服从”，后者是单纯的不法，因自身利益的偏好而违法，并且只要有可能就逃避法律惩罚，它是对法律意志的僭越和破坏。公民不服从尽管也有违法的行为和后果，但这是为了改进现有不公正的法律规定，是对法律精神的维护，是出于对法律意志的敬畏，正因为如此，公民不服从常常被视为“良心不服从”或“良心拒绝”（conscientious refusal）。但罗尔斯指出，至少在以下两个方面良心拒绝有别于公民不服从。第一，良心拒绝不是一种诉诸多数人的正义感的请愿形式，“那些准备不服从的人认为可能并不存在互相理解的基础；他们没有寻求机会把不服从作为一种陈述他们的主张的方式”②。第二，良心拒绝不是必然建立在政治原则上，“它可能建立在那些与宪法秩序不符的宗教原则或其他原则之上”③。不难看出，“良心拒绝”是一种单纯个体意志的表达，尽管也是深沉价值追求的外部表现，但它所体现的价值并非公共价值，更非政体价值。公民不服从的道德意义在于行动者诉诸公共理性，以维护政体基本价值免遭现实不义的侵害，公民不服从者以自我牺牲和高度忠诚来呼吁公众对政体基本价值予以关注，这就好比人群中的“牛虻”，在和平、庸常的生活中时刻警惕政体基本价值的沉沦。

西方之所以在近代出现了风起云涌的民主运动，并最终确立了民主体制，其中一个重要原因就是近代早期的文艺复兴为之做出了充分的思想准备并提供了取之不竭的理论武库。然而，现代工业文明的推进和科学技术的渗透同时带来了世俗化的加速，人们在远离宗教、信仰、神灵的同时，也开始远离良知、美德、理性等具有深度价值意义的内容。在标榜实证至上的科学主义思潮下，精神性、信念性的内容就会因“不可知”“不可验证”而被打入另册，敬畏之人则被视为“守旧”“古板”而受到嘲弄。敬畏在现代社会变得越来越稀有。这也是西方现代社会批判家们反复呼吁人们注意并试图阻止其颓势蔓延的社会问题（有时又被称为“西方病”，其

---

① Hugo Adam Bedau. Civil Disobedience. New York：Pegasus，1969.

② 罗尔斯. 正义论. 何怀宏，何包钢，廖申白，译. 北京：中国社会科学出版社，1988：358.

③ 同②.

实，严格地说是一种“现代病”）。

具有敬畏之心的公民所实施的公民不服从就可以摆脱狭隘的眼前利益，而努力张扬普遍的、永恒的最高价值。因为任何当下的物质利益或个人福利都是千差万别甚至相互矛盾的，超出这些变化多端的经验事实的只能是先验性的、形式主义的最高价值。以此最高价值为出发点，才能合理构建共同体的集体意志，在此集体意志感召下，共同体内的全体成员形成持久的精神沟通和思想认同。任何现存的政体所给出的基本价值都是这些政体所维护的共同体之集体意志的再现，公民不服从者通过诉诸这些基本价值，唤起人们警惕并阻止当下正在发生的不正义可能对这些基本价值的危害，以维护政体基本价值的完整。因此，公民不服从者是对政体基本价值充满敬畏的人。

（三）宽容：求同存异，容忍渐进性变革

宽容（tolerance）之所以必要并且构成了公民不服从的要件，有两个根本原因：其一是存在人类的理性不及。真理并非客观事实，而是人们建构出来的，没有谁掌握了绝对真理，因此，每个人所看到的都可能只是真理的一部分或相对真理，否认无数他人的相对真理，我们就永远无法获知真理的真相，从而无法全面了解这个世界。让每个人说话，即便他说的话你不爱听；只有在“众说纷纭”中，事件的多个面相、认识的多个角度才能得以呈现，我们才会离真相、真理更进一步。其二是存在无数完全不同且无法通约的个体。每个个体的差异和多样性是人类生活的常态，接受差异、承认多样性应成为现代人持有的现实主义态度，正是差异和多样性为人类社会发展提供了动力，也是保证民主制度活力的前提。

苏格拉底虽饮鸩毒，万世推尊为圣哲；布鲁诺虽遭火刑，千载追奉为英杰。可见，对言论、思想的宽容在西方有一个由道德诉求发展、进化为法律条款的过程。制度化宗教曾经是非常严厉、苛酷的领地，特别是西方基督教会长达千余年的专制统治制造了许多惨剧，以强迫人们改宗皈依正统。历史的吊诡之处在于，也正是在西方基督教会内部首先产生了宗教宽容思想。在中世纪后期、近代前夜，教会内部围绕对异端、异教徒应持有怎样的态度等问题而展开的持续讨论，使“宽容”得到了普及，并成为宗

教改革后处理宗教教派之间、不同宗教信仰者之间关系的最基本的道德原则。近代以来，这样的观念广泛波及世俗生活，普通公民之间的关系、日常生活的交往、政治派别之间的争论等都开始强调相互间的宽容。相比较而言，中国古代文化提供了许多这方面的思想资源，例如，和而不同、求同存异、取其中庸等观点都包含了宽容的思想因子。中国古代的礼仪制度在处理“涂之人”关系时主张“相敬如宾”，也给出了不同之人如何共处的安排。孔子提出“出门如见大宾”①（《论语·颜渊》）。出了门，要把在外面遇到的人都视为宾客，即以尊重之心对所遇之人施以礼貌。现代公共生活的一个显著特征是“差异共在”，处于公共生活之中的是一群具有个体独立性的人，同时他们在利益、认知、信念、价值观乃至身份认同等方面都存在种种不可抹杀的差异，而且由于没有任何一种利益、认知、信念、价值观具有预设的优先性，参与公共生活的每个成员就不得不处于“多元”“差异”的共在之中。从这个视角看，中国儒家提倡的也非现代意义上的宽容，因为儒家并不主张差异持续、客观地存在，相反，更加强调“人同此心，物同此理”的合一或和合，即调和后的折中状态。

个人与社会的关系问题是一个与人类社会相伴随的永恒问题，但在现代，这一问题的解决变得更加棘手：随着信息技术的发展和社会的日益分化，个人独立的愿望越来越强烈，而且个人独立的手段也越来越多样，此外，由于现代教育、职业培训、社会流动性、社会竞争、现代居住方式以及对自我调整要求的提高等综合因素的集聚，产生了一种价值观上的个人主义化压力。社会日益成为“非群体化社会”或“个体化社会”，个人与社会之间的张力空前加剧。曾经的集团社会所造成的隐蔽形态的社会控制使部分人或群体的权利得不到保障，今日的社会分离化又导致个人间交往与沟通的困难，无助、冷漠与绝望感成为现代人的通病。人们很难以个人之力在短时间内判断什么是合理行为，因此，对他人给予更多的“同情式理解”就变得日益重要起来。

---

① 不过，中国古代文化不是以宽容来看待人际差异的，而是仅仅以维护秩序、彼此共生的自然主义观念来处理的，所以，还不具有现代宽容精神。

从政治社会学或社会运动理论角度看，公民不服从属于一种具有政治要求的抗争。抗争政治对现存政体的影响程度不仅取决于抗争政治参与者的行动策略和要求目标，同样也取决于现存政体的反应。但是，已有的研究成果表明，单纯镇压或一味绥靖都是失败的。“世界各地的不同政体之间的两大区别对抗争政治影响最为重大，这两大区别是政府的能力以及民主的程度（或民主的缺失）。能力指的是政府行为影响其所辖领土范围内的全体居民、（人们的）活动以及各种资源之特性及其分配的程度。……民主则指的是隶属于某一特定政府当局的民众，在拥有广泛、平等的政治权利，对政府职员及国家政策施加重要而直接的影响（比如，通过具有竞争性的选举和公民投票），以及得到保护的免受警察、法官和公共部门官员之类的政府代理人专断行为之害方面所达到的程度”①。政府的能力和民主的程度之间的恰当取值也与如何理解和实现宽容这一现代政体价值有关。

“公民”常常要被置入一个国家或政治共同体内才能得到说明。每个国家都有权决定设置何种条件来获得该国的公民身份。无论人们为公民身份注入了怎样的重要性和价值观，无论人们关于公民身份的理解是否一致或有所变化，人们都普遍同意公民身份意味着在国家之中的完全的政治、社会生活。对一个普通公民来说，公民身份的重要性只有在他迈出他偶然出生的国家大门时才会出现，并影响到他的政治忠诚的归属。因此，国家与公民的关系揭示了有关公民身份定义的最小公分母。然而，在确认公民身份的问题上，国家如果设置的条件过多、过高，就可能造成公民身份“精英化”；如果设置的条件过低乃至全无，就会导致公民身份的无意义。现代民主国家走过的历程显示：公民身份的条件是逐渐放松、放宽的，整个社会的公民身份向公众的扩展呈现出渐进的开放进程。

“宽容”有时候也表现在个体德性上，对执政者或政治领袖来说更加重要。具有宽容美德的人就是中国古人视为具有“雅量”的人。《世说新语》中有一个“雅量”门，记录了 42 则三国两晋刘宋时名士们的雅量故事。《清稗类钞》中也设有“雅量类”一门，收集了 98 则清代名人的雅量

① 查尔斯·蒂利，西德尼·塔罗. 抗争政治. 李义中，译. 南京：译林出版社，2010：69.

故事。在国人看来，雅量反映了一个居高位者（君王、诸侯、名士、贤达等）的素养和品行。所以，雅量原本属于道德范畴，一个人有没有雅量，有什么样的雅量，主要靠他的内心自觉，而不是外力强制。统治者们可以满足人们的“雅量”期望，也可以不满足，因为那还只是一种道德自省，所以，人们对此只能企盼而无权强求。中国传统儒家要求民对君、下对上、幼对长应尽的忠孝义务等道德准则至迟在曹魏时就被写入了律典，应当说早已固定化为法律的基本原则。但是儒家要求君对民、上对下、长对幼应尽的宽仁、慈惠、友善义务等道德准则却迟迟未能形成法律条文①。有无雅量完全取决于居高位者的道德自觉，而不是制度设计，同样也没有上升为中国传统政治的基本制度性价值。因为儒家政治道德主张，最高政治领袖的法定权力来自道德的合理性。最高政治领袖若有这个道德觉悟，就会表现出亲民、纳谏、慎行等作风；若丧失了相应的道德觉悟，民众可谏言，但谏言能否被接受仍然取决于最高政治领袖的道德自觉。

在西方，许多公民道德方面的价值曾经也只是道德价值，之后才转化为法律价值或政治价值。譬如欧洲大陆法系民法上的“诚实信用”原则、英美法系的“诚信”（good faith）原则起初均来自道德准则，但逐渐地都被具体法律条文加以诠释和明晰化。在当代西方，民主政体和政党轮替制的确立才使宽容成为基本的政体价值之一，各国现行的法律普遍保护国民的信仰和言论自由的权利，议员在议会议政还享有言论免责权。公民有批评政府的法定权利，而政府则有倾听和接受公民批评的法定义务。公民与政府的关系并非单向的服从和被服从的关系，双方之间存在讨价还价的余地，公民不需要领导者的“雅量”，领导者也无须依靠“顺民”来满足自己的虚荣。

宽容的一个主要表现就是求同存异，但我们过去常常错误地理解求同存异，以为“存异”只是手段，“求同”才是目的，通过部分地、策略式地存异来实现求同。这种行事方式有机会主义之嫌，并非真正的宽容，而是隐含了对差异的偏见和歧视，仍然执迷于“只有同才是美好的”幻想。其实，求同与存异并没有主次之分，而是并列的，既要求同，又要存异，

① 苏亦工.“雅量”与法治.南方周末，2007-04-19.

不能用求同来掩盖存异，更不能把存异仅仅看作阶段性的、不成熟的表现。我们认为，在今日中国非常有必要重申存异的价值，并做出积极的制度安排和社会结构调整，以便更多地、更直接地接纳各种异议、异行，保证异议者的正常权利，促使我们的社会成为更加开放、文明的社会。

在现代中国，由于传统的大一统政治格局和社会主义民主集中制体系的深刻影响，仍然没有为存异提供充分的制度保证，甚至在舆论、观念上也缺乏对存异的广泛理解和接受。我们在构建民主、法治的现代国家过程中，不仅要大力倡导宽容的理念，更要积极创造宽容的制度安排，为普通公民参与和监督国家权力的行使、政治政策的制定、法律的修正改进提供广泛、现实的渠道，消除对持异议者的迫害，杜绝无端剥夺公民权利的事项。

既然要对各种合乎法律或者有其传统承接的不同意见、分歧表达等给予宽容，那么，针对人们的观点差异、利益差别、思想分歧等，其解决之道就只能采取渐进式改良主义或者个案式的一事一议，必须放弃疾风暴雨式的革命或一刀切式的群众运动。在社会发展和人群关系上，要容忍一点一滴的缓慢变化，持有高度的耐心去跟有意见分歧的人群进行交涉或谈判，学会游说、说服与己不同者的议事技巧，过度依赖国家权力来推进所谓的“理想蓝图”（有时只是某位领导个人的意志或喜好而已）或简单地以行政命令来压服对方的方式有违公民道德。毫无疑问，渐进式变革将是一个充满妥协、退让、折中等内容的过程，但是，只有讨价还价、反复磋商和切磋等和平、理性的行动，才可体现宽容的真谛。片面效率化的追求会扼杀包含了平和、容忍和渐进要求的宽容美德，并最终摧毁留存于社会中的公民道德。

第六章　我国当代公民道德的实证研究*

全面实施改革开放政策以来，中国社会发生了翻天覆地的变化，几代国家领导人都坚持经济发展这一大政方针，全力推进中国现代化进程。然而，正如我们在前文所分析的，“现代化”是一个完整的系统工程，经济发展只是其中的一个方面，即便是最基础的方面，若没有其他方面的同时推动和变革，国家现代化目标就不可能完全达成。应当承认，在四十余年的改革过程中，中国在政治、社会、文化等方面的发展步伐较慢，甚至间或有停滞，这也导致当代中国公民道德的发展水平之持续积累与增长严重受阻。实证调查的数据也充分显示，中国普通公民不仅在习得公民道德等价值性问题上表现得非常不足，而且在认可公民身份、争取公民地位等存在性问题上模糊不清。本章将通过公民认知、公民交往、公民教育三个具体领域来揭示当代中国公民道德的现状，并提出有针对性的解决思路。

一、公民认知的现状及其道德审视

公民认知既是公民行动的预先准备，又构成了公民行动的内在环节，二者相互增益，有了公民认知，公民的参与、交往等行动就会更加自觉，富有成效；不断的参与和广泛的交往等公民行动又加深、拓展了公民认知。公民认知并非单纯的认识行为，同时还包含了复杂的意志、情感、态

---

* 本章内容参考了《公民日常行为的道德分析》（人民出版社 2004 年版）部分章节的文字。

度等多个方面，公民认知一旦发生，就意味着该公民脱离了孤立状态，摆脱了静止、无为的方式，有了初步的行动意愿，进而处于与他人、群体的广泛联系之中。较高水平的公民认知将会带来更加成熟的公民道德。

（一）何谓公民认知

概括地说，公民认知就是公民对与政治、法律事项以及国家相关事务之类公共事务的总体看法。之所以是公共事务，是因为：一方面，它提供了公民现实化的呈现空间；另一方面，它也是公民普遍身份的本质规定。借助公民认知，具体公民由此获得了有关公民行为、权利、角色等方面的知识，并由此构成了公民日常行为的常识。具体而鲜活的公民认知通常得自该公民在与国家相关事务或者公共议题上的日常经验的凝结，可见，公民所具有的认知水平和深度将切实影响到他们对公共事务的态度以及参与程度。完整且合理的公民认知离不开政府给予的配合或协助，其中最关键的就是政府的信息公开。

1. 政府信息公开：公民认知的前提

公民首先是一种政治、法律身份，但仅仅满足于政治制度或法律条文所给予的地位而没有任何个人性作为的公民只是潜在的公民，这样的公民徒有公民之名，并无公民之实。要将公民身份、公民地位落到实处，就必须让公民了解一系列必要的政治、法律知识，掌握相关的参与技能，达到足够的认知深度，从而夯实成为现实公民的有关条件；并在此基础上，通过自我修养、教育、交往等一系列实践环节，进一步成为理想公民。只有那些具有了一定公民认知并按公民规范去行动的人，才是现实的好公民。可见，公民认知是一个不可或缺的环节。由于公民认知始于公民对国家（包括其机关、其行动）的了解，在现实性上，公民首先要能够知道国家相应部门（即政府机关）的所作所为，所以这就意味着政府信息公开是公民认知的前提。

信息如同货币，只有公开并充分地自由流动，才能产生最大的经济效益与社会效益。公民相互之间的同胞感或同类感来自对共同所处的生活世界和彼此处境及其态度的了解，保证信息公开，维护公民的知情权，才能增进公民间的彼此了解，减少陌生感和敌意，从而形成有效的公民认知。

易言之，与公民利益切近相关的政府信息公开对公民认知具有极其重要的意义。

政府信息公开方式分为两种：一种是政府主动通过官方网站、政府公报、出版手册等方式公开信息；另一种是根据申请人的申请，对申请人公开信息。有不少人担心政府信息公开是否会泄密。其实，政府信息公开与保密法并不冲突。但现实中，许多政府部门在保密问题上有泛政治化倾向，对国家安全的理解太宽泛，对国家利益的规定太随意。严格说来，所谓国家机密是那些公开后会损伤国家利益的信息，主要集中在外交、国防等特定领域。动辄以“保密”为由阻止政府信息公开所导致的严重后果是，政府倾向于把决策人员限制在一个小圈子范围内，那些本来可以提供深刻洞见的专业人士、社会贤达、利益相关者等都被排除在讨论范围之外，“闭门”决策的质量也就难如人意；而且，这还可能形成一个恶性循环，随着政府决策失误的增多，政府官员怕承担责任，转而寻求自我保护，就更不敢公开信息，决策圈子变得更小，决策质量也就每况愈下。在所有现代国家，政府都是最大的信息所有者和控制者，高效政府和责任政府的一个重要要求就是政府信息资源的有效开发与利用。

1946 年的联合国第 59 号决议和 1948 年发布的《世界人权宣言》都将信息自由视为“表达自由权利的组成部分”，很多国家和机构都颁布了相应的信息公开法。例如，欧盟在 1999 年发表的信息社会中的公共信息资源的绿皮书中，从经济、社会发展与欧洲的一体化等许多方面提出了公共信息资源是欧盟的关键资源的观点，并对政府信息利用过程中的立法、适用范围、政府信息定价、公平竞争、版权保护、个人隐私保护与商业秘密等问题进行了全面的检讨。

2001 年度诺贝尔经济学奖获得者施蒂格利茨（Joseph E. Stiglitz）专门分析了政治市场“公共信息”的问题。很多人以为，政府掌握的信息天生归属于政府，应该由政府自由配置。但是，施蒂格利茨否认了这种成见。因为公众已通过赋税等方式支付了政府信息收集所耗费的成本，因此这些信息应该为公众所普遍享有，这与政府的桌椅和建筑设施以及其他固定资产为公众所有是完全相同的。也就是说，公共信息的获取成本是公众支付的，其产权及收益也应该自动归属于公众，而不是政府，更不是政府官员。公众产权的代理人——官员对公共信息的任何屏蔽、窃取、扭曲都是对公众产权的一种侵犯，甚至也可被视为一种腐败，即“信息腐败”。

一般说来，为对付上述代理人的“信息窃取”和“信息扭曲”，公众作为委托人有两个可行的防范机制：一是退出机制，二是言论机制。所谓“退出机制”，就是用脚投票，走人，另寻其他可靠之人来简便地获取和使用公共信息。所谓“言论机制”，指通过有效的自由言论和批评性讨论评议，及时用嘴、用笔制止“信息窃取”和“信息扭曲”。但政府是天生的垄断性组织，一些官员敢于大量且经常地隐藏信息，是因为他们很清楚这里不存在竞争，在私人产品领域卓有成效的“退出机制”在此难以发挥作用。对付政府部门的信息腐败，往往只剩下“言论机制”，如果这一招不健全，或者被破坏而不灵，那么官员的信息腐败就难以得到有效遏制。

必须明白，信息公开是政府的一项义务。政府履行信息公开义务的深远意义在于：切实解决公众与政府掌握信息不对等、脱节的状况，以促成政府行为的透明化，便于公众监督，防止政府及其雇员腐败，同时也便于公众参与到公共事务之中，这将有利于行政决策的民主化。信息腐败现象的成因非常复杂，但其中有两个非常重要的原因：一是权力高度集中，缺少制衡机制；二是权力的行使缺少透明度，容易搞暗箱操作或权钱交易。因此，从源头上防止腐败，一方面要形成权力行使的合理制衡机制，避免掌握权力的人滥用权力；另一方面要改变权力行使的方式，使其全部过程处于公众的监督之下。通过赋予公众获得信息的权利以及获得司法救济的相应权利，对政府权力的制衡机制才能有效建立起来。

在当代中国，2003年春爆发的“非典”第一次真正地引起了公众对政府信息公开的广泛呼吁，成为加速政府信息公开的重要契机。为此，政府相继推出了一些变革措施，例如逐步推行基层政府组织的信息公开，村务、检务和警务公开等，但这些政务公开形式至今仍停留在办事制度全部公示的层面，而且公开的政府信息的层级依然很低。此外，是否公开、怎样公开、何时公开的主动权全部掌握在政府手中，什么信息公开和公开多少信息都由政府决定，公众只是被动接受的对象而已。

中国的政府信息公开远远不够，这一方面是受到了传统政治文化的负面影响，在我国长期的封建社会，诸如“民可使由之，不可使知之”（《论语·泰伯》）、“刑不可知，威不可测，则民畏上也”① 等观念影响甚远。另一方面信息的控制者往往能从垄断信息中谋取实惠，一些地方政府及其部门借掌握的信息资源谋取不当利益的现象还普遍存在，这就使得在我国建立政府信息公开制度尤为困难。政府透明度不足一直是一个比较突出的问题。据有关方面统计，我国有用信息的80%由政府掌握，但这些信息大多处于不对外公开状态，严重地制约了中国公民真实了解并实际参与到现实的社会事务之中。2009年1月7日，上海律师严义明将他本人起草的“政府信息公开申请”交到国家发改委，要求后者公布中央新增四万亿投资中已经通过审批的项目情况。许多学者指出，此举虽有意义，但不会有实质结果，严义明对此十分清楚，他说：“我希望以此引起各界对信息公开的关注。如果被拒绝，我会申请复议，复议不成，我会提起行政诉讼，行政诉讼失败，我明年会再次申请”②。《政府信息公开条例》早已于2008年5月1日生效，但据此推动各级政府信息公开的努力却鲜见成功，主要问题是该条例本身缺少配套的具体操作细则，而且未对不予公开的部分列出明确的清单，留给政府部门的裁量权太大，“国家机密”成为挡箭牌，换句话说，该条例过于维护政府部门的权威和现存秩序，忽视了公民的知情权，未能在二者之间取得恰当的平衡。

2. 公民社会化：公民认知的过程

公民认知需要在社会生活中展开，且与公民个体的社会化进程相关，我们应当将公民认知与整体的公民社会化关联起来思考。

公民社会化是政治社会化的一个重要方面。在现代国家，由于整体的社会进步和政治文明的发展，“公民”这一政治身份和法律地位已经被普遍地赋予一国内的全体成员，每一个具体公民并不需要付出个人性的特别努力，就可以享有广泛意义上的公民身份。这样的进步是无数前人奋斗、抗争的结果，但现代人在享受这些进步成果时，常常把它们当作唾手可

---

① 十三经注疏　春秋左传正义：下．北京：北京大学出版社，1999：1227.

② https://china.caixin.com/2009-5-31/100060903.

得、理所当然的东西，既不视之为可贵、难得，也不愿为此花费心血将自身的公民身份现实化，养成了“搭便车”的心理。相当一部分人的公民意识甚至公民权利都处于“休眠状态”。不少人终其一生一次都没有运用过自己的正当权利，更未提出过自己的合法要求。

公民社会化首先要让公民走出封闭、狭隘的自我，去面对他人，实际而全面地步入社会生活。一方面，要在心理、思想上摆脱排他的自我意识；另一方面，要努力投身到更加广泛的各种社会活动之中，如投票、讨论、选举等。正是通过不断参与式的行动，习得各种规则，获知其他公民的真实状况，进而消除彼此间的误会和偏见，增进共性，达到同质化，创造彼此的信任感，建立更大规模、更高层次的公民互动。

公民认知确认了公民个体的自主性，为公民的理性、富有建设性的行为提供了前提。如何劝说没有血缘关系的邻居组成自治小组以维护住户的利益？如何动员其他消费者一道向生产商施加压力以保障共同的权益？这些现代社会的大众问题的解决都需要各种技巧，公民认知就在这样的公民互动过程中产生并发挥着作用。各种社会性活动或者说具有社会意义的行为，对于公民社会化都是必要的，但最直接促成公民社会化的主要还是以下这两种活动：一种是政治参与，另一种是维权活动。前者属于政治行为，后者属于法律行为。公民的维权活动绝不只是公民的个体性行为，它具有榜样意义，可以产生唤醒、激发作用，一次公民维权的成功就可以对无数公民产生积极的示范效应。公民要切实地参与到社会性活动之中，才能告别单纯私人生活的偏狭、琐碎，扩大眼界，将其他公民的行为、将国家或政府活动纳入自己的生活世界。

公民社会化的主体是广大公民，虽然在公民社会化的过程中，政府可以发挥积极作用，如推广教育、普及公民知识、制止不法侵害等，但公民社会化最终必须落实到公民身上。中国政府的扶贫工作就曾走了很大的弯路。改革开放后，为了扶持落后地区及其群众，国家从1986年开始划定国家级贫困县，最初划定了258个，1993年增加到592个。数目之所以有较大增加，一方面是划定贫困的标准随着国民人均收入的提高而提高，因此，被划定为贫困县的县也有所增加；但另一方面（也是更重要的）是，地方政府发现被划定为国家级贫困县就意味着可以源源不断地得到来自中央政府、国有企业、对口支援城市的各种扶持，于是纷纷“争取”、强烈“要求”被划定为国家级贫困县。中央政府之后也意识到了这一问题的存在，将扶持贫困的重点缩小、调整为村，划定了14.8万个贫困村。然而，问题仍然存在，最主要的是扶贫的思路或者说扶贫工作的总体思路还是没有调整过来，仍然是政府间对接，中央财政转移支付到地方政府的账户上。实际上，扶贫不只是瞄准贫困户，即对贫困人口进行直接到户的帮助，更应对贫困户所在的乡村做出综合社会治理，赋权村民，提升他们的发展能力。当然，这意味着相关行政部门的工作量会急剧增加，但这没有关系，因为所增加的工作恰恰是以前应该做而没有做的，而且，中央政府如果确实意识到消除贫困、扶贫战略的工作如此重大，那就应将此列为重要的行政工作，就应调整扶贫工作的行政部门和人员设置。此外，对贫困户的点对点扶持，必然意味着赋权给基层民众，让村委会和村民小组成为村民自治的组织，利用政府提供的资金扶持来解决它们认为最需要解决的问题。消除贫困，只有成为身处于其中的村民的共同意愿，只有让村民切实参与进来，才有望达到预期目标。

公民社会化并非杂乱无章的自我成长过程，公开且稳定的规则的引导和重要公民（例如官员、教师、名人等）的示范，不仅将缩短公民社会化的时间，而且可以保证公民社会化始终采取理性、自律的方式，例如，公民若能轻松了解法律权利和义务，便捷获取政治参与的条件、过程方面的知识，以及随时可以获得表达异议的渠道和公共信息等，个体公民的社会化就将快速实现。

在今日中国，影响公民认知的重要阻碍之一就是公民社会化程度不高。我国社会经济、政治发育仍然存在诸多问题，例如政治活动的封闭性，社会参与的机会较少，社会认知的途径有限，社会教育的内容过于单一，等等，这些都造成了公民与实际社会生活的隔绝，为数不少的公民置身于社会视域之外。民众对于政治运行规则、政治资源等大多缺乏了解，也没有渠道去接近这些内容，与政府官员乃至其他有相同志趣的人所进行的相互交流非常有限，这将在很大程度上削弱他们的政治热情，认知的半径基本上就是生活的半径，这就迫使他们退回到私人生活的狭小天地。与此相应，他们的公民社会化也会受挫甚至停滞，因为公民的认知愿望来自现实的需要，若没有这样的需要，就无法产生认知愿望。

然而，公民个体间的认知水平千差万别，这是无论如何都改变不了的事实。必须充分尊重所有公民的个体差异，如性别、种族、宗教信仰等所造成的在实际公民认知上的不同。不应用理想的公民认知状态苛求现实的公民，忽视他们的实际生活状况。要知道：提高公民认知既是紧迫的任务，又是漫长而艰巨的使命。这意味着，当个体公民的自主意志得到了认可，并且有充分的条件可以获知当下的行为相关的资讯等，这将有助于当事人预见行为后果，从而做出自愿选择，这样的行为就是经过了公民认知之后的自觉行为，就应当被接受，被视为可行的行为。

3. 公民身份的确认：公民认知的结果

公民身份是成为公民并承担相应责任和享有相关权利的条件，一般认为，凡是具有某国国籍的人就是这个国家的公民，从而获得相应的公民身份。如我国宪法第三十三条规定："凡具有中华人民共和国国籍的人都是中华人民共和国公民。"就是说，凡具有中华人民共和国国籍的人，不分民族、种族、性别、年龄、职业、家庭出身、宗教信仰、教育程度、财产状况、居住期限等，都是中国公民。在我国，公民的概念与国籍一致，取得国籍是确定我国公民身份的唯一条件，中国公民就是具有中国国籍的人，受到中国政府和法律的保护，同时要服从中国政府的管理，并遵守中国的现行法律。

公民身份决定了公民的政治定位和公共生活中的角色。作为一种稀有资源，公民身份只有确定了某些界限才能保证一部分人拥有。公民身份是对持有某种共同属性（如政治权利及其他相关权利）的诉求，自然地，它是排他的。说我是某国的公民就包括两层意思：我把我自己划归到与其他相似公民的联系中，无论是主观的联系还是客观的联系；同时，也排除了不是公民的其他人，表明我只是特定政治-法律归属集团中的一员。换句话说，公民间的平等意味着公民与非公民、内部人与外部人的不平等。在被认为是民主源头的古希腊城邦国家，妇女和奴隶都不是公民。在古罗马，公民身份的地位（the status of citizenship）只给予古罗马的定居者，并用以区分居住在被征服领地的其他人。为争取公民身份，人类所进行的斗争一直没有中断。直至20世纪中叶，欧美各地时常发生的工人罢工、民权运动其目的也只不过是修改选举法以让更多人成为选民，成为具有公民身份的人。

获得公民身份的条件包括以下一种或几种：在某一领土内出生，从成为公民的父母那里继承，与某国的公民通婚，归化。这体现了两个不同的原则：一是出生地原则，无论其父母的公民身份如何，一个人出生在该国的领土内就可因出生而获得公民身份；二是血缘原则，只要在他出生时，父母中的一人具有某国公民身份，那么，他无论出生在何处，都可以获得与父母相同的公民身份。美国和英联邦国家都采取出生地原则，但也承认由于继承而获得的国籍，不过对此有非常严格的限制。其他国家广泛采纳血缘原则，并辅之以其他条件，如出生并忠诚于该国，与父母同样出生在该国，等等。有些人虽然在法律上是某国的公民，但却可能与该国的社会、公众保持隔离甚至敌意；还有些人可能被排除在某国的公民身份之外，但却能通过永久居留与当地人发展出较深的社会联系。这两类人的差别正源于各自具有不同的公民认知水平，从而对自身的公民身份采取了不同的定位。

女性通过婚姻获得公民身份，这是直至第一次世界大战时的主要倾向。在这样的制度下，妻子和孩子分享作为家庭主人的丈夫或父亲的国籍。20 世纪 20 年代兴起了要求男女平等的思想和妇女运动，逐渐确立了一个新的体系，即女性的国籍不再受制于婚姻。此外，由于不同国家的规定不同，就会形成双重国籍的问题，即一个人同时是两个国家的公民。同样，有时又会因为缺乏对认同和丧失公民身份的普遍规定，也会产生失去公民身份的问题，如无国籍者现象。这些问题的解决需要主权国家间的相互交涉和共同约定。例如，多国籍者婚姻所带来的子女国籍归属问题，许多国家把这一权利交给妇女和儿童，让他们自行选择。

公民道德视野中的公民身份意指被包容进更大共同体的归属感。公民身份强调的是“多中的一”，它承认个人判断自身生命价值的权利，并且相信这些都不受种族、宗教、阶级、性别或其他个人独特性的干扰。作为公民道德的公民身份，并不意味着只向个体提供利益，它还交互着其他社会观念，包括对他人的义务。权利总是要求一个支撑体系，以使权利获得承认，也要求一系列途径，以保证权利得到落实。这样的社会体系包括法庭、学校、医院等。它们都要求公民履行自身的义务以促使它们正常运转，这就意味着公民身份既有权利，也有相应的义务和责任。正如福克斯(Keith Faulks)所言："公民身份是一种成员地位，它包含了一系列的权利、义务和责任。这种成员地位意指平等、正义和自主。公民身份的本性和发展，在任何特定的场合，通过相互的情境、内容、深度和广度上的沟通而获得理解。富有建设性的公民身份的意识只能在实现它的障碍被认知并被清除后才能实现"①。

在欧洲历史上，关于公民身份的理论存在自由主义模式（以洛克为代表）与共和主义模式（以亚里士多德为代表）两类。

自由主义模式起源于自然法，如洛克认为，公民身份是外在于国家的，同时也是先在于国家的，国家权力的基础与合法性根据都是出于公民部分自然权利的让渡。自由主义模式强调公民权利，尤其是公民的政治权利，将它们视为公民身份最核心的内容。自由主义者主张保护个人免受专制迫害，反对国家权力对公民私生活的干预。因此，他们更看重消极的善，即公民间彼此不伤害的责任。自由主义者主张尽可能地限制国家公共政治生活的范围，同时扩大个体私人生活的范围，在他们看来，政治进步的过程就是国家控制日益缩小，而公民自由活动空间不断扩大的过程。总之，自由主义者强调限制国家的权力，从而增进个人的利益。新自由主义的代表人物罗尔斯，立足于契约论和康德的哲学，提出了分配正义原则及福利国家之正当性的问题，并从个人主义角度对权利问题进行了重新思考。

以亚里士多德为开端的共和主义模式建立在古希腊城邦的政治理念基础上。亚里士多德认为，公民身份是与国家密切相关的。公民身份意味着与其他人分担责任、共享社会生活的某些益处。当代学者麦金泰尔也持这一立场。他把政治组织或共同体视为公民实践的产物，因为自我的经济利益不能提供社会关系的基础，社会关系必须被包容在共同体网络或公共利益之中，社会的权力必须被直接用于实现公共利益，公民充分分享社会权力从而有机会参与上述过程。共和主义公民身份理论主张，国家必须保

---

① Keith Faulks. Citizenship. Routledre，2000，13.

证以公正的方式分配财产，以使所有公民有兴趣为公共善做贡献并从中获益。国家应当提供的公共利益包括：协作性的工作关系、公民资格、娱乐设施、公共交通、环境保护等。丹尼尔·贝尔（Daniel Bell）甚至提出，国家可以强制性地使公民做一些这样的事，公民目前尚未认识到这些事对自己的好处，但以后将会认识到这种好处。

当然，除上述两个主要流派之外，在公民身份问题上还存在其他不同的立场。例如，卢梭认为，在任何大一点的国家里自由公民资格都是无法实现的，但与柏拉图和亚里士多德限定公民身份、减少公民数量的做法不同，卢梭将公民身份扩大到共同的人性，即他十分强调的“公意”。萨拜因（George Holland Sabine）认为：卢梭对城邦的理想化，是他的政治哲学为什么从未紧密联系同时代的政治加以论述的一个原因；在撰述自己的学说时，从未设想建立民族范围内的国家，而在论述具体问题时，他的观点又同自己的学说少有联系。这种矛盾只能解释为卢梭事实上就是在民族国家的架构内阐述其政治学说的，但这一架构在卢梭看来又是不必着重说明的。

公民身份本质上包含了内在的道德性，它规定了公民作为道德主体、经济行为者、投票人，以及其他所有我们卷入其中的政治世界中的多种角色。使这些角色协调、统一的是道德上的诚实，即享有作为公民应享的权利和履行作为公民应尽的义务。公民活动的空间是参与社会事务，或者更具体地说，是参与政治事务。古希腊人所讲的公民主要活动——政治事务——恰恰是与“家政”（house-hold affairs）区别开的。具有公民身份就意味着与其他公民一道认可公共机关的权威，并有能力使用权利。符合公民道德的制度和社会习俗将有利于实现公民认知，从而落实公民身份。

（二）我国公民认知现状

从一定意义上说，公民认知意味着一种公民权利，公民可以而且应该了解政治、法律等方面的知识，并具有相关的技能，国家应该为公民获得这方面的认知和技能提供充分、便捷的方式。相应地，公民认知同时就是国家的责任，同时包含这两层含义的公民认知才是完整的公民认知。我们将结合社会调查的实证数据，考察中国普通公民、相关政府部门在公民认知问题上的水平。

1. 对“公民”的理解

在现代社会，公民已经是一个人最基本的地位，这与他本人是否意识到无关。然而，一个人是否对此有所察觉仍然有着重要的意义。公民必须具备一定的知识、能力，才可以较好地履行各项行为要求，成为真正合格的公民。事实上，一个自认为了解“公民”含义的人，更可能在实际活动中展示自己的公民角色，更可能提出落实、伸张自身权利的要求，或者更希望与他人一道平等地履行义务。

我们在调查问卷中设计了这样一道题：“您了解‘公民’这个词的含义吗?”受访者主观认定就可以，即他们自认为对“公民”概念的了解程度，这一主观判断很可能与实际的了解状况不完全一致，至于他们实际的了解状况则可以通过其他反映其实际行为选项的分析得出。

表 6-1 性别与对“公民”概念的理解之列联表

问题		您了解“公民”这个词的含义吗?					合计
性别＼看法		完全不了解	比较不了解	一般	比较了解	非常了解	
男	人数（人）	133	104	197	332	104	870
	百分比（%）	15.3	12.0	22.6	38.1	12.0	100.0
女	人数（人）	156	114	176	31.5	64	744
	百分比（%）	21.0	15.3	23.7	32.8	8.5	100.0

总体上说，不了解的比例（“完全不了解”和“比较不了解”之和）达到了31.4%，自认为了解（“非常了解”和“比较了解”之和）则为45.5%（表6-1显示）。不同性别对“公民”一词的了解程度差异非常明显。女性对“公民”一词的了解程度低于男性，不了解程度则高于男性。不难看出，中国公民，特别是女性公民，在主观上自认为不熟悉“公民”概念。

我们又进一步考察了公民的自我意识问题，即一个人在什么时候最强烈地感觉到自己是一个公民。这种感觉很重要，它是公民确认公民身份的一个重要认知提示。但很遗憾，在调查中，有不少受访者回答“从未有过这种感觉”（13.3%）和“说不清”（4.0%）。在做了肯定性回答的受访者中，大部分人选择“投票选举”（28.4%），其次是“自己的权利得到有关部门的保障”（16.5%）和“参加工作”（14.6%）等活动（表略）。

我们将政治面貌作为一个变量做了分析。表 6－2 揭示出，中共党员的回答与总体比例（或平均变化）非常符合，其他人群则有一定的出入，共青团员和普通群众都把“从未有过这种感觉”当作了第三项选择。这大概也反映出由于中共党员受到的政治教育较多，而且他们很可能大多是工作单位的骨干，对社会生活的介入机会也要多于其他人群，所以，他们中就有更多的人能够真切地产生公民意识。

表 6－2　政治面貌与对公民的认知之列联表

问题		您在什么时候最强烈地感觉到自己是一个公民?									合计
政治面貌＼看法		说不清	从未有过这种感觉	纳税时	投票选举时	参加工作时	自己的权利得到有关部门的保障时	国家危难时	参加成人仪式时	其他	
中共党员	人数（人）	8	20	30	103	51	59	33	5	4	313
	百分比（%）	2.6	6.4	9.6	32.9	16.3	18.8	10.5	1.6	1.3	100.0
民主党派	人数（人）		3			1	2	1			7
	百分比（%）		42.8			14.3	28.6	14.3			100.0
无党派人士	人数（人）							1			1
	百分比（%）							100.0			100.0
共青团员	人数（人）	11	56	15	88	37	63	32	30	11	343
	百分比（%）	3.2	16.3	4.4	25.7	10.8	18.4	9.3	8.7	3.2	100.0

续表

问题		您在什么时候最强烈地感觉到自己是一个公民?									合计
政治面貌＼看法		说不清	从未有过这种感觉	纳税时	投票选举时	参加工作时	自己的权利得到有关部门的保障时	国家危难时	参加成人仪式时	其他	
普通群众	人数（人）	34	97	82	186	106	95	37	15	12	664
	百分比（%）	5.1	14.6	12.3	28.0	16.0	14.3	5.6	2.3	1.8	100.0
合计	人数（人）	53	176	127	377	194	219	104	50	27	1327
	百分比（%）	4.0	13.3	9.6	28.4	14.6	16.5	7.8	3.8	2.0	100.0

2. 对权利的认识

中国公民最看重的权利是什么？表 6-3 给出了城乡居民对此问题的不同回答。可以据此得出这样三个结论：第一，城镇居民所做的选择比较分散，农村居民的选择比较集中；第二，城镇居民依次看重受教育权（22.9%）、个人财产权（21.8%）、投票选举权（19.6%）和言论自由（17.0%）；第三，农村居民依次强调个人财产权（31.9%）、投票选举权（27.1%）和受教育权（20.5%）。

表 6-3　户口所在地与对权利的认知之列联表

问题		对您最重要的公民权利是什么?								合计
户口所在地＼看法		说不清	投票选举权	个人财产权	受教育权	监督公务员公务行为的权利	知情权	言论自由	其他	
城市	人数（人）	3	175	195	205	60	88	152	17	895
	百分比（%）	0.3	19.6	21.8	22.9	6.7	9.8	17.0	1.9	100.0
农村	人数（人）	2	112	132	85	14	28	39	2	414
	百分比（%）	0.5	27.1	31.9	20.5	3.4	6.7	9.4	0.5	100.0

续表

问题		对您最重要的公民权利是什么？								合计
户口所在地	看法	说不清	投票选举权	个人财产权	受教育权	监督公务员公务行为的权利	知情权	言论自由	其他	
其他	人数（人）		2	1	6		6	1		16
	百分比（%）		12.5	6.25	37.5		37.5	6.25		100.0
合计	人数（人）	5	289	328	296	74	122	192	19	1325
	百分比（%）	0.4	21.8	24.8	22.3	5.6	9.2	14.5	1.4	100.0

数据统计显示，是否看报与对不同类型权利的强调确实存在明显的相关性（见表6-4）。例如，选择“投票选举权”的比例，随着看报频率的增加而逐渐减少。这大概缘于很多人通过读报知道了公民权利的现实与理想的差距，投票选举权的神圣性大大降低，从而更看重可以实际发生作用的权利。相反，选择“监督公务员公务行为的权利”的比例随着看报次数的增加而增加。对“知情权”的选择也体现这一特点，这还是十分符合今日中国人的常识经验的。需要指出的是，我们从其他多项列联分析还发现，在多种传播媒体（如电视、广播、报纸、杂志、网络）中，报纸与公民认知的关联度最高。

表6-4　看报与对公民权利理解之列联表

问题		对您最重要的公民权利是什么？								合计
看报情况	看法	说不清	投票选举权	个人财产权	受教育权	监督公务员公务行为的权利	知情权	言论自由	其他	
说不清	人数（人）							1		1
	百分比（%）							100.0		100.0
从不看	人数（人）	1	23	19	16	1		5	3	68
	百分比（%）	1.5	33.8	27.9	23.5	1.5		7.4	4.4	100.0

续表

问题		对您最重要的公民权利是什么？								合计
看报情况	看法	说不清	投票选举权	个人财产权	受教育权	监督公务员公务行为的权利	知情权	言论自由	其他	
偶尔看	人数（人）	2	61	88	47	6	14	38	3	259
	百分比（%）	0.8	23.6	34.0	18.1	2.3	5.4	14.7	1.1	100.0
有时看	人数（人）		68	68	80	16	28	31	6	297
	百分比（%）		22.9	22.9	26.9	5.4	9.4	10.5	2.0	100.0
经常看	人数（人）	2	137	153	152	51	80	117	7	699
	百分比（%）	0.3	19.6	21.9	21.7	7.3	11.4	16.8	1.0	100.0
合计	人数（人）	5	289	328	295	74	122	192	19	1324
	百分比（%）	0.4	21.8	24.8	22.3	5.6	9.2	14.5	1.4	100.0

3. 对各级领导干部的认知

对国家现任执政党领袖或各级领导干部的认知构成了中国公民认知的最基础的方面。但这方面的认知其实与个体公民的日常生活关联不大，知道或不知道并不会带来什么可见的利或害，因此，有不少人对此无动于衷。虽然我们已经身处信息化时代，各种传媒手段非常发达，大量资讯充斥于每日的生活之中，但仍然会有许多人对非日常层面的政治知识乃至更广大范围的公民角色知识缺少兴趣。

对与自身利益相关的基层领导干部的认知又如何呢？

城市中的街道主任是城市生活的基层领导干部，农村中的乡长则是农村生活的基层领导干部，但相比于党的总书记、国家总理，他们在民众中的知晓率相对低多了。从城乡情况来看，虽然错误率相差不大，但就正确率而言，城市人口要比农村人口低近十个百分点，而就不知道的比率而言，城市则比农村高出近十个百分点。由此可以推断，村民对基层领导干部的了解程度要高于城市居民（详见表6-5）。

表 6-5　户口所在地与对街道主任（乡长）的认知之列联表

问题	您知道街道主任（乡长）是谁吗？							
看法 / 户口所在地	不知道		正确		错误		合计	
	人数（人）	百分比（%）	人数（人）	百分比（%）	人数（人）	百分比（%）	人数（人）	百分比（%）
城市	780	80.5	159	16.4	30	3.1	969	100.0
农村	448	71.3	160	25.5	20	3.2	628	100.0
其他	17	100.0					17	100.0

4. 对“好公民”的认识

“好公民”不同于“好人”，后者只是通常道德意义上的乐于助人、善待他人的人，即履行了个人道德义务、信守了基本道德规范的人；但好公民则是从政治、法律层面立论的，是从较好地处理了与国家的关系以及与其他公民的权利义务关系来判断的。好公民是现代法治社会、民主政治的理想成员。然而，由于中国正处于现代化的进程中，公众对“好公民”的认识仍然存在许多模糊之处。

表 6-6　对好公民的看法与对公民权利的认知之列联表

问题		对您最重要的公民权利是什么？								合计
看法 / 好公民标准		说不清	投票选举权	个人财产权	受教育权	监督公务员公务行为的权利	知情权	言论自由	其他	
说不清	人数（人）				1					1
	百分比（%）				100.0					100.0
有能力	人数（人）	1	26	34	14	4	5	5		89
	百分比（%）	1.1	29.2	38.3	15.7	4.5	5.6	5.6		100.0

续表

问题		对您最重要的公民权利是什么?								合计
好公民标准	看法	说不清	投票选举权	个人财产权	受教育权	监督公务员公务行为的权利	知情权	言论自由	其他	
有权力	人数(人)		3	8	3	1		2		17
	百分比(%)		17.6	47.1	17.6	5.9		11.8		100.0
积极争取自己的合法权益	人数(人)		40	33	21	7	18	21		140
	百分比(%)		28.6	23.6	15.0	5.0	12.8	15.0		100.0
有道德修养	人数(人)	1	68	112	106	32	48	77	9	453
	百分比(%)	0.2	15.0	24.7	23.4	7.1	10.6	17.0	2.0	100.0
遵守纪律	人数(人)	2	120	84	116	15	29	58	7	431
	百分比(%)	0.5	27.8	19.5	26.9	3.5	6.7	13.5	1.6	100.0
关心集体	人数(人)		12	12	18	4	4	1		51
	百分比(%)		23.5	23.5	35.4	7.8	7.8	2.0		100.0
能够与周围的人和睦相处	人数(人)	1	16	35	16	10	12	26	2	118
	百分比(%)	0.8	13.6	29.7	13.6	8.5	10.2	21.9	1.7	100.0

续表

问题		对您最重要的公民权利是什么？								合计
好公民标准＼看法		说不清	投票选举权	个人财产权	受教育权	监督公务员公务行为的权利	知情权	言论自由	其他	
其他	人数（人）		4	10	1	1	6	2	1	25
	百分比（%）		16.0	40.0	4.0	4.0	24.0	8.0	4.0	100.0
合计	人数（人）	5	289	328	296	74	122	192	19	1325
	百分比（%）	0.4	21.8	24.8	22.3	5.6	9.2	14.5	1.4	100.0

对“好公民”的不同理解也影响到了人们对最重要的公民权利的认识。从表6－6可以看出，在主张“好公民”就是关心集体的受访人群中，选择对自己最重要的公民权利是“受教育权”的人所占百分比最高，为35.4%，在主张“好公民”就是“积极争取自己的合法权益”和“遵守纪律”的这两个受访人群中，选择对自己最重要的公民权利是“投票选举权”的人所占百分比最高，分别为28.6%、27.8%；在其他受访人群中，选择对自己最重要的公民权利是“个人财产权”的人所占百分比最高。有学者指出，“道德判断常常仅限于认知层面而不涉及行为，所以一般不大影响我们的个人利益。这就使我们可以一方面从同情心出发，做出合理的道德判断，另一方面又不放弃与这一道德判断相冲突的个人利益”①。认知未必涉及正误是非，很可能只是间接反映了社会的通行观念。

（三）公民认知中的道德

一般情况下，人们探讨认知问题大多是从认知现象入手的，主要关注的是认知对象的特性，虽然也会涉及认识者的主观方面，但最为核心的仍

① 慈继伟．正义的两面．北京：三联书店，2001：248.

然是认知所指的对象。“公民认知”与此有别，它更强调以公民这一社会角色出现的主体所进行的有意识的、主动的认知活动，因此，与公民认知相关的美德也主要体现在公民认知过程中的自主精神和主动求知上。公民认知中的美德就包括了公民尊严、理性的政治认同、权利-义务对等意识这样三个方面。

1. 公民尊严

公民尊严强调了公民的独立性，公民尊严来自公民对自身主体意志和现实存在的自我确认，体现了公民的自重和自信。公民因作为公民的地位和角色而得到自我认可，这与公民人数的多寡没有任何关系。一个具体公民在其他公民或公民团体或公权力机关面前并不因人数少而相形见绌，倚靠其他公民的多数就无视某个具体公民的正当要求其实就是对公民尊严的践踏。

正因为每个公民都具有独立的自我意识，正因为每个公民都可能犯错，对他人的言行就不应当盲目听从，适度怀疑就体现了作为主体的公民对自身尊严的维护。出于公民尊严，一个人就不再简单地相信自己的感觉或他人的表面意见，而要深入了解事情真相，排除陈见或偏见，努力接近事实。具有怀疑精神的现代公民的行为是适宜的，态度是温和的，判断也是经过了冷静的思考和周全的规划的。适度怀疑还体现了公民的自主精神，即始终保持改变现状的热情，清醒地认识到现实中仍然存在许多尚待改进的方面，并不断呼吁人们关注这些问题，做现存制度的“牛虻”，蛰醒人们对现实的麻木、对现状的无奈。适度怀疑显然不是怀疑一切式的虚无主义。其实，获得了公民自我并对现状有充分了解的公民所持有的适度怀疑是不大会发展为虚无主义的。与哲学意义上的怀疑主义或虚无主义不同，生活世界中的怀疑主义或虚无主义并非只是认识问题，主要还是生活态度和价值观的问题，即一个生活没有着落、对未来不抱希望的人常常容易陷入怀疑主义或虚无主义之中，而这些与我们所说的适度怀疑完全不在一个话语体系之中。

应当承认，因为出于公民尊严，公民认知的结果与国家意识形态的推动既有一致、重合之处，也有矛盾、脱离的方面。从历史上看，在高度集权、思想钳制的社会，国家倾向于通过各种手段促成公民接受唯一的评价体系和行为准则，完全无视公民尊严，强制维持公民认知与国家意志的高度统一。例如，在中国传统社会，秦始皇统一六国后，建立起一系列以维护中央集权为目的的制度，如郡县制、统一度量衡、修建官道、统一法律、设置常备军等，并焚书坑儒，控制意识形态。这些“大一统”具有积极的作用，但在维护个体性、保护多样性等方面是失败的。秦以后的各朝在加强中央控制力上都进行了不同的制度创新，使政治力量全面渗透进社会经济之中，并形成了体系完善的意识形态，为权力提供了有效的认知辩护。然而，今日的我们已经越来越明白：公民认知的内容与国家意志的适度分离或偏离，不仅是正常的，而且是非常必要的。正是由于存在这样的偏离，才有改进国家体制的必要，并且可以从公民不服从中寻找制度创新的动力和智慧之源。

此外，当代社会公民基础的扩大意味着民主政治的繁荣，但无限且无个人担当的扩大之最终结果却可能是民主政治的死亡。柏拉图和亚里士多德试图通过限定公民身份来挽救城邦命运的努力虽然失败了，但他们对于公民地位专有性带来的对公民尊严的认识却被卢梭继承，卢梭将其与民族国家的构建结合起来。卢梭试图将民族自豪感视为公民尊严的政治基础，这为近代民族主义树立了新范式，即将公民个体牢固地与国族、民族捆绑在一起，但这又包含了侵蚀公民尊严的极大风险。应当强调公民尊严的开放内容，即力求维护自身公民尊严的公民可以通过寻求公民同伴之间的共识，即他们相互间的近似或共通的价值观，建立起公民同胞爱。亚里士多德曾说：“一个政治团体应有的友谊和交情……世上倘若没有友谊，就不成其为社会；……一个城邦作为一个社会而存在，总应该尽可能由相等而同样的人们所组成（由是既属同邦，更加互相友好）”①。

最重要的是，强调人的尊严才会有独立、大写的人，人的现代化才可能真正实现。现代社会早已抛弃了一元化思维：一方掌握了全部真理，另一方一无所知、一无所得。哪怕其中一方是利维坦式的国家或政府，这样的做法或政策指导思想也是错误的。1986 年诺贝尔经济学奖得主布坎南（James Buchanan）认为，政府由个人组合而成，政府是不会思想与行动

---

① 亚里士多德．政治学．吴寿彭，译．北京：商务印书馆，1965：206．

的，政府的一切作为都是其构成分子的行为，也就是整个官僚体系的作为，这包括经由人民选举的政府官员与民意代表、经由各类考试录取的公务人员以及一些经由政治任命的人员。就因为政府由具体的人构成，政府的决策就不一定比一般人更高明。因此，政府不能取代个体，更不能将政府意志凌驾于公民尊严之上。

2. 理性的政治认同

在现代，政治认同之所以如此重要，一方面是因为融合多元利益集团的需要，另一方面则是因为代议制民主所必备的社会心理条件。在人口众多、国土面积广大、多民族杂居的国家，不可能采取直接民主的方式，虽然“任何形式的代议都远非理想，因为它使民主远离了道德讨论的认知价值最大化的目标。但是，很显然的事实是，唯有代议制民主是制度化公共协商的恰当的形式”①。政治认同应建立在丰富的多样性，而非单一的纯粹性基础上，这就要求对共处于政治体制中的不同文化和人群采取更宽容、开放的态度，即持有理性的政治认同。

政治认同是可以通过有意识地培养加以确立和深化的。政治认同的形成与教育紧密相连。这既包括公民个人在态度和观念上的不断提升，也包括国家和地方政府在制度上的改进和公共教育上的投入，创造条件以使公民的政治认同得到普及和深入。此外，无数事实还表明，政府政务公开透明、受教育机会的增加、基层地方组织的民主实践等都有助于政治认同的成长。开发各种政治活动，如志愿者活动、社团活动等，还有与传播媒介的接触，也是有益的公民教育过程。

公民应对既成的国家、政治、法律制度等保持适度的认同，即接受它们的合法权威，并服从它们对自身行为的限制，同时，基于独立的理性判断并且以和平、理性的方式促成国家、政治、法律制度等的改善。所以，理性的政治认同的前提是持有健康、理性的国家心态。传统中国的国家观表现为自大的天下观。在遭遇近代的挫折、屈辱之后，又转变为盲目的仇外，这些都是消极的。我们要客观地评价自己的国家和国民，要了解他国

---

① Agustin Jose Menendez. Constituting Deliberative Democracy. Satio Juris，2000，13(4)：416-417.

的文化和政治，不因某个人的反华言论而激怒，也不因某个党派的亲华举动而感激涕零，要始终坚持国家的最大利益，有理、有利、有节地对待民族情绪和民族历史的问题，采取克制、理性的态度，积极、有为地步入国际社会。

理性的政治认同不仅指向了政治权威或国家意志，而且提供了全体公民间的心理纽带和价值归属。许多德国思想家在反思第二次世界大战的教训时深刻批判了在当时德国民众中广泛存在的对犹太人公民权被侵害的冷漠现象，这就是为数不少的德国民众在政治认同方面持有相对性标准，将同为公民的犹太人排除在外，歧视甚至伤害他们。德国新教牧师马丁·尼莫拉（Martin Niemöller）曾对当时人们事不关己的“不惹事”心态做了揭露，他说：“在德国，起初他们（纳粹）追杀共产主义者，我没有说话——因为我不是共产主义者；接着他们追杀犹太人，我没有说话——因为我不是犹太人；后来他们追杀工会成员，我没有说话——因为我不是工会成员；此后他们追杀天主教徒，我没有说话——因为我是新教教徒；最后他们奔我而来，却再也没有人站出来为我说话了”①。正是当时无数普通德国人对其他公民受侵害的无动于衷、对政治组织的盲目服从，才导致灾难一再发生，德国陷入军国主义泥潭。

实现了理性的政治认同的公民就有望形成建设性的行为模式，促成公民个体乃至公民团体走出他律、不自由状态，达到自律、自主的行为水平。在正确、充分的公民认知指导下的公民行为模式将有这样五个方面的表现：第一，确认自身的法律、政治地位。努力了解与自身利益相关的法律、政策的明文规定，使自己的行为“行之有矩”，始终保持理性、清醒的状态。第二，建立起自己的人际交往网络，利用现有的社会资源，习得运用各种有效表达意愿、参与生活、展示能力的平台和手段。第三，意识到他人的存在和他人的同等要求的合理性，以对话、协商的方式处理相应的纠纷和矛盾。摈弃“赢者通吃”的霸王逻辑，倾向于采取妥协的立场，愿意回旋，思考中为对方留有余地，以尽可能形成双赢、共赢的局面，不

① http://www.ushrnm.org/wlc/en/article.php?ModuleId=10007392. Accessed on June 15, 2014.

接受“终极解决”或所谓“圆满结局”，容忍渐进式改良。第四，对权威者或权力机关保持适度的尊重，尊重其合法性，但不以牺牲自己的人格、放弃自己的合法权益为代价。出现不法侵害时，可以并愿意据理相争。第五，对不公平现象、不人道行为、不民主方式进行“有理、有利、有节”的抵制，抵制的方式可以有很多种，例如，采取直接、明确地披露或拒绝的方式，也可以采取间接、委婉地回避的方式，还可以采取沉默、不合作的方式，等等。

3. 权利-义务对等意识

公民认知如果表达成公民的现实要求，就会体现为一系列的权利或义务，对个体公民而言，达到较高水平的公民认知就意味着具有明确的权利-义务对等意识，即享有的权利与履行的义务对等，努力维护自己本应得到的合法、正当的权利和收益，并积极履行应尽的义务。

无论对人还是对一般的社会责任或职业中的工作职务，权利-义务对等意识都是合适的。公民要理直气壮地维护自己的权益，这一点对普通中国人而言有着特别的意义，因为传统中国社会中的“‘政治’一词与（西方）所熟知的‘管理’（government）有着不同的意义。‘政’意味着纠举更正行为，使之正直，使之符合仪节。‘治’则意味着治疗、医治。‘政治’用来描述中国的权力系统意味着，权力拥有者自身必须奉行正确的行为仪节，并纠举不合礼仪者，使之合度”①。在政府及其工作人员面前，普通社会成员往往首先在认知上就矮了一截，向政府及其工作人员提要求似乎就是一种过分或不合理。这一政治理念不利于现代公民道德的培养。

当代中国确实出现了个体化的趋势，许多公民的权利意识被唤起，然而，正如胡珀（Beverley Hooper）尖锐指出的，中国个体维权的对手不是国家而是市场，因此她把中国的个体称为“消费者公民”。必须承认，中国公民在权利-义务关系问题上并不总是理性的，这一方面源于部分公民个体的素质较低，另一方面同时也是更重要的是“中国的个体化进程确实给个体公民带来了更多的流动、选择和自由，但国家却没有给予相应的制度保障与支持。中国的个体未来寻求一个新的安全网，或者为了再嵌

---

① 韩格理．中国社会与经济．台北：联经出版事业公司，1991：125.

入，被迫回到家庭和私人关系网络中寻求保障，等于又回到他们脱嵌伊始的地方。而且，在没有福利国家制度保障的情况下，中国的个体化进程也加速了社会经济分化，导致经济和社会地位意义上的两极分化，而不是仅仅在实体建构和生活政治意义上的社会多元化”①。

可见，权利-义务对等意识不只是具体公民的德性要求，也应成为政府制度设计的基本价值原则。凡是与公民切身相关的事项，凡是法律所赋予的公民权利，都应得到有效的落实。例如，城市规划应设立公民参与的环节，但中国的公民似乎只有接受规划的义务，很少感受到真实参与同自己生活的城市紧密相关的包括规划、改造等在内的事项的权利。在此方面，发达国家有许多成功经验。美国很早就在理论和实践上探索市民参与城市规划的方式与途径，在社区中非常重视发挥市民参与的作用，在社区内设有“社区委员会”“社区服务顾问团”等机构，社区委员会是半官方组织，每个社区委员会都有50名不领工资、由区长任命的任期为两年的委员。社区服务顾问团由各专业职能部门的代表组成。社区委员会、社区服务顾问团是政府和市民进行联系的桥梁与纽带。新加坡政府专门设有社区发展部，主要职责是最大限度地促进公民对城市发展的参与，增加社会凝聚力，协调基层组织和政府的关系。城市社会的主体是普通公民，城市文明的主要创造者和享受者自然也是广大公民。在城市的规划和建设过程中，只有通过公民的直接参与，才能培育公民的归属感和认同感，才能有效地整合城市的各种资源，发挥城市在社会发展中的独特作用。

在当代中国社会，社会生活过于行政化，政府权力过于强大，过于强调公民义务，严重忽视公民权利，这些都是极其不利于培养权利-义务对等意识的。在一个较小的村落或社区，即使不搞民主选举，人们彼此熟识，习惯、传统的作用也会在居民间建立起初步的权利-义务对等意识。如果政府权力直接干预民众日常生活，直接触及所有社会领域，就需要建立起对每一个国家工作人员的认可，这就要预先提供廉洁、自律的高素质工作人员队伍。但偏偏在这种垂直控制之下形成权利-义务对等关系及其意识的成本很大，尤其在中国这样人口众多、幅员辽阔的国家，是很难做

---

① 阎云翔. 中国社会的个体化. 陆洋，等译. 上海：上海译文出版社，2012：343.

到的。为此，就需要限制政府的触角和公共权力的过度使用。因为滥用权力的结果就是扼杀民众自发的权利-义务制约、平衡关系。换句话说，要对成年公民的自愿、自主且无社会性伤害后果的行为给予尊重。

由于种种历史和现实的原因，公民权利的落实在我国还存在许多不尽如人意的地方，例如，法律和政策的各项规定可能很完备、合理，但在实际中却大打折扣；一些政府部门在宣传、教育中只讲成绩，不讲问题，对问题揭示得不够。尽管这样，我们仍应看到在社会主义国家落实公民权利之必要和必然。随着改革开放的深入、政府职能的转换和公民意识的觉醒，公民权利必定会得到落实和改善。

二、公民交往的现状及其道德拷问

交往体现着人的本质，也是人之所以为人的存在方式。马克思的名言“人是社会关系的总和”就指明了这样一个真理：现实的人通过交往结成了有意义的社会关系并成为社会网络中的有机成员，社会无非这样的成员间互动的关系结构和状态。交往的必然性根源于社会分工的片面性与人类生活要求的全面性之间的矛盾，人与人之间既相互独立又相互依赖的关系，决定了现实的人无时无刻不处于各种形式的交往之中。

（一）日常行为与公民交往

日常行为指每日发生的经常性行为，它有重复性、简单性、稳定性等特点，体现了每日生活和行为的平淡无奇，同时这也是生活的常态正轨。从形式上看，它区别于应急性（冲突）或临时性行为；从内容上看，它区别于政务行为，包括家庭、工作单位、社团等场所中的各类活动。日常行为虽然反映的是行为中的常俗性，但这并不意味着日常行为是低劣的，事实上，每个人都是通过日常行为而习得所处社会的基本规范和本民族的主流传统文化，并形成与同类的共性。从一定意义上说，多数社会成员的日常行为水平直接影响到一个社会政治文化的生态。

日常行为具有丰富的多样性，从结构上它至少包括：（1）时空场景，即时间和空间范围。日常行为会呈现出地域性和时代性的特征。这一层面的日常行为逐渐凝练出相对稳定的礼仪，从而为人们提供不同场合或针对不同对象的对待方式，减少每个人重新归纳的烦琐过程和时间成本，使日常行为有章可循，日常生活由此而变得井然有序。(2) 交往，这反映了人们的互动状况。日常行为并非孤立的个人式行为，每个人的日常行为总是在与他人的交往过程中完成。但由于文化形态和社会发育程度的差别，交往的对象范围等会有所不同。在静态社会（农业时代），人们的交往对象主要限于熟识的族人、乡人、邻人，交往的内容也大多表现为婚丧嫁娶之类的生活性常规活动。而动态社会（工业时代）发生了重大变迁，交往对象扩大到陌生人，交往的重点向陌生人倾斜，交往的内容也出现了各种性质不同的商业、政治、社区活动。(3) 常识，它提供了当事人的背景知识。就具体个人而言，常识是先在于他的，他开始日常行为时，首先是接受既存的常识，并以习得的常识为指导去对待他人或看待自己。但每个人又不是被动地身处常识之中，每个人的言行也会程度不同地影响常识的延续或变动。当多数人遵循某一常识而为时，该常识就被坚持；相反，当多数人背离某一常识时，该常识就逐渐被抛弃。在剧烈的城市化过程中，由于新旧常识的快速更迭，会出现“常识真空”，导致人们行为的普遍失序和无所适从。

公民区别于普通人的地方在于公民之“公共性”，公民会在参与社会事务或政治活动，特别是与国家、行政机构、司法机关、公民团体等发生关系时呈现出特定的行为角色和意识特征。虽然国家机构、公民团体等总是存在于日常行为之外，但普通公民最早接触上述公共机构的方式毫无疑问是日常行为。例如，他的家人（父母、亲属等）与上述机构打交道的经历或他们对上述机构的评价会成为他的第一印象，并影响到他日后如何与这些机构打交道。只有考察公民日常行为，才能对公民交往的属性做出正确把握。

具体而言，公民日常行为的实质性内容包括：(1) 可直接参与的基层公共生活，如所在社区举行的公共事务讨论、公共事务负责人的选举等。(2) 共通的行为规则。它从习惯发展而来，得到了多数人的确认，并适用于所有相关者。当前中国公民最大的困惑就是日常行为杂乱无章，一方面缺少以细节规定为主的行为规则，另一方面人们对现存的规则大多采取游戏的态度，这源于目前的行为规则普遍缺少共识基础，公众对这样的规则缺乏敬重。(3) 超越私人关系之上的交往。除了与家人、邻里等因血缘或地缘结成的自然关系，公民更经常地与其他非血缘或非地缘的社会成员交往，如与志同道合的人组成各种社团，与有共同兴趣的人相互联络，开展志愿活动等，这样的交往建立在理性认知和个人自愿前提之下，公民交往是自主的，通过无数日常的交往活动公民个体实现了对社会的认同，同时增强了对影响社会生活和公共事务的效能感，可以说公民交往保证了公民多层次个人需要的满足。

总之，公民不可能在封闭状态中产生，公民个体身处丰富的日常生活世界并保持较高频率的公民间交往，这提供了公民道德产生的基本情境，扩大而言，这就要求该社会的政治格局保持应有的公共性以及众多普通公民间的一体合作。虽然道德的最终标准是道德要求的逻辑合理性，但道德的现实标准主要来自大多数人的共识，这样的共识只能从日常行为中引申出来。只有落实到日常行为，公民道德才能实现。

(二) 我国公民交往现状

公民交往不仅体现了公民的实际存在，而且直接反映了公民的思想意识之现实化，因为不同的公民交往内容和形式都受到了不同的公民意识、公民认知的支配。从实证调查的结果来看，我国公民交往现状不容乐观，总体上存在如下问题：公民交往范围过窄，公民间交往不够深入，公民与政府及社会组织的交往十分消极，等等。下面，我们通过具体的统计数据和图表予以说明。

1. 我国公民交往中的社会关系水平

公民交往是有意识的活动，实际的公民交往行为都被打上了相应的公民意识的烙印。公民意识清晰、公民认知水平较高的公民会在公民交往中有更加积极、主动的表现，换句话说，这样的公民有更加强烈的意愿持续进行公民交往，落实自身的公民身份。正如我们在前文所分析的，公民认知的内容包括了公民对所处社会（及其制度）的了解程度，对他人评价的倾向性以及周遭可以利用的参与机会或渠道的熟悉情况等多个方面。具体而言，我们通过如下四个问题来揭示我国公民交往中的社会关系水平。

其一，“人们对当前的人际关系现状有多种不同的看法。您认为，下面这些说法中哪种最准确?”结果是，48.9%的受访者认为是“人与人是互助的”，这显示中国公众对社会人际关系持有积极肯定的态度，但同时也有 18.8%的受访者认为“人与人之间互相利用”和 17.1%的受访者认为“人情冷漠，各人顾各人”，二者之和接近 36%。此外，还有 11.0%的受访者认为“熟人才可靠，陌生人靠不住”，这折射了对陌生人的防范意识，这很可能会在行动上将陌生人排除在信任的对象、进一步排除在交往的对象之外。在此问题的回答上，城乡公民的回答存在一定的差异，农村公民对社会人际关系性质的评价相对消极、负面（见表 6-7)。

表 6-7　城乡公民对当前人际关系的不同看法

户口所在地 \ 看法		人与人之间互相利用	人情淡漠，各人顾各人	熟人才可靠，陌生人靠不住	人与人是互助的	不清楚	合计
城市	人数（人）	176	165	83	495	49	968
	百分比（%）	18.2	17.0	8.6	51.1	5.1	100.0
农村	人数（人）	124	108	92	286	18	628
	百分比（%）	19.7	17.2	14.7	45.5	2.9	100.0
其他	人数（人）	3	3	2	8	1	17
	百分比（%）	17.6	17.6	11.8	47.1	5.9	100.0
合计	人数（人）	303	276	177	789	68	1613
	百分比（%）	18.8	17.1	11.0	48.9	4.2	100.0

其二，“您认为，当前我们社会中存在着不公平现象吗?”结果是，回答“很多”的受访者占 31%，回答“比较多”的受访者占 47%，二者合计 78%，而回答“没有”的受访者仅占 7.5%，尚有 1.4%的受访者认为“说不清”。不难看出，多数中国公民认为我们社会存在不公平现象。进一步追问“您认为，不公平现象主要体现在下列哪个方面?”时，53.2%的受访者认为体现为“官民差别”，20.3%的受访者认为体现为“城乡差

别”，12.7%的受访者认为体现为“地区差别”（见表6－8）。

表6－8 对不公平现象之主要体现的回答

问题	您认为不公平现象主要体现在下列哪个方面?							合计
看法	城乡差别	两性差别	民族差别	地区差别	官民差别	年龄差别	不清楚	
人数（人）	303	84	24	189	793	26	73	1492
百分比（%）	20.3	5.6	1.6	12.7	53.2	1.7	4.9	100.0

其三，“您认为，我国当前的‘村民自治’实际上是什么?”（表略）对此问题，有37.0%的受访者认为是“村民共同参与，共同决定公共事务”，在观念上肯定了“村民自治”的合理性，但也有25.4%的受访者认为“大小事务由上级政府决定”，16.3%的受访者认为“由能人当家”，此外，还有14.3%的受访者认为“说不清”。可见，人们对此问题的认识存在明显的分歧。农村公民与城镇公民对此问题的回答也有显著不同。例如，只有26.6%的农民受访者认为“村民自治”是“村民共同参与，共同决定公共事务”，却有31.9%的农民受访者认为“大小事务由上级政府决定”。

其四，“您参加过当地或单位公共事务的讨论吗?”（表略）在有效问卷中，选择“从来没有”参加过的受访者比例高达78.5%，“每次都参加的”为13.4%。在参加过当地或单位公共事务讨论的受访者中，近70%的人期望在当地或单位重大决策的制定、管理上的合理化建议、规章制度的建立、工资/福利分配、干部的选拔和任用等方面有建议权，但他们并不奢望“有决定权”，同时也较少人选择“不管不问”。可见，中国公民对参与、交往还是有极高热情的，但他们对自己的参与能力和实际参与的影响力并没有过高要求。

2. 我国公民交往中的行动水平

公民交往无疑属于一种社会性活动，公民交往本身构成了社会存在和社会关系的一部分。然而，由于制度设置和落实进程等方面的限制以及公民文化的深浅差异，公民交往并不总是呈现出自发、正向的形态。有时公民交往会表现出“被接受”“被操纵”的痕迹，作为实际交往者的多数普通公民对正在进行的交往活动并未达到身心一体、自主自觉的水平。所以，我们仍然可以从“行动水平”这一维度来考察我国公民交往的实际状况，并试图发现所存在的问题。在此，我们也主要通过两个方面来测量中国公民交往的行动水平。

(1) 公民在公共事务中的作用

对于“作为一个公民，您认为应该怎样对待公共事务?”(表略) 这一问题，37.9%的受访者认为“任何事务都积极参与”，34.6%的受访者认为“根据个人的兴趣，有兴趣就参与，没兴趣就不参与”，此外，14.9%的受访者认为“只有与自己的利益有关的，才积极参与”，6.1%的受访者认为“任何事务尽量少参与”。总体上，我国公民倾向于主张应在公共事务中发挥更大作用，公民应更主动介入、投身其中。

如果将“公共事务”限定在当地，将公民发挥的作用予以具体规定后，受访者会怎样回答呢? 追问“您认为普通公民在当地公共事务中应该发挥什么作用?”结果，41.8%的受访者认为“积极向当地政府提供意见和建议”，20.7%的受访者认为“每个人管好自己的事情即可”，20.0%的受访者认为“由他们直接投票决定公共事务”。此外，还有 12.2%的受访者认为“当地政府让做什么就做什么”(见表 6-9)。即便与自身利益切近相关的“当地公共事务”，绝大多数中国公民还是选择了与地方政府的一致性态度，只有五分之一的受访者希望公民能够自己直接决定当地事务，这反映出中国公民对自身行动持有较低的效能感。

表 6-9　对普通公民在当地公共事务中应该发挥什么作用问题的回答

问题	您认为普通公民在当地公共事务中应该发挥什么作用?					合计
看法	由他们直接投票决定公共事务	积极向当地政府提供意见和建议	当地政府让做什么就做什么	每个人管好自己的事情即可	不清楚	
人数(人)	323	674	198	334	85	1614
百分比(%)	20.0	41.8	12.2	20.7	5.3	100.0

(2) 公民参加选举的动因

在我国，受到法律保护并且得到落实的公民交往形式并不多，县级人大代表的投票选举、农村村委会委员和村委会主任的选举以及城镇居委会负责人的选举都是常见的、得到实践的例子。遗憾的是，始于20世纪80年代初期的基层民主实践一直未能得到持续推进和有效坚守，中国的民主实践在很多领域止步不前，这就直接导致现实生活中普通公民的交往领域、方式受到极大限制，而且普通公民无法切实影响实际的政治进程和具有政治意义的行动，久而久之，无力感甚至脱政治化就成为许多公民的无奈选择。

“请回忆一下您当地最近一次进行人民大会代表或（居委会）村干部选举时的情景。您认为当时人们去参加选举的主要原因是什么?”（表略）对此问题，30.9%的受访者认为主要原因是“完成上面派下来的任务”，26.1%的受访者认为是“行使自己的权利”，17.8%的受访者认为是“支持自己拥护的人”，还有10.9%的受访者认为“说不清”，2.2%的受访者认为“收了人家的好处”。选择“完成上面派下来的任务”的受访者的比例大于选择“行使自己的权利”的受访者的比例。这绝不能解释为中国公民不珍惜自身的权利，毫无公民意识，真实情况更可能是：上级有关部门不受限制的权力远远大于公民毫无保障的权利，上级随意干预式的违法行径经常公然地在各地上演，许多公民对此敢怒不敢言，久而久之，对选举权就变得淡漠无感。

将此问题与上述有关“村民自治”的认识关联起来看，不难发现，认为“村民自治”只是“大小事务由上级政府决定”的受访者的比例高达25.4%，与将基层选举视为“完成上面派下来的任务”的受访者的比例（30.9%）很接近。不过，人们对“村民自治”似乎更有好感，因为最高比例（37.0%）的受访者选择了“村民共同参与，共同决定公共事务”，而在回答对基层选举的认识时，只有26.1%的受访者认为是“行使自己的权利”。两相比较，可以得出如下结论：第一，中国公民很在意“村民自治”之类的基层民主形式，这反映了中国公民有强烈的自我管理、自我组织的要求。第二，人们对选举的普遍不良评价折射了现实中选举程序和选举后果所存在的诸多问题，这些问题若不能得到有效解决，政治选举就无法在公民交往中发挥更加积极的作用。第三，在公民权利与政府权力的关系上，政府权力不仅权重更大，而且频繁、粗暴地介入涉及公民权利的事项之中，对公民权利的行使造成阻碍，因此，必须严格限制政府权力，并对政府权力的滥用有所惩戒，这样，基于公民权利的公民交往才有望在当代中国牢固地建立起来。

3. 我国公民交往中的他者

交往通常是在多个主体之间进行的，平等、理性的交往一定是主体间的交往。但现实的公民交往往往有明确的主动施予者和相对被动的接受者之分，相对被动的接受者就是公民交往中的他者。在现代法治社会，公民交往既然基于共同遵守的法律准则，同时又以相互增益为前提，那么公民交往中的他者就并非固定的，即任何人、任何组织都可能成为他者。然而，在今日中国，在公民个体间的交往中，他者会出现互换，但在公民与政府的交往中，由于个体公民的社会资源较少，政府的权力垄断过于强大，公民通常是被动的接受者（呈现出固化趋势），是政府的他者。此外，在公民与社会中间组织（或民间社团）的交往中，社会中间组织显然处于未知的他者之境地，它们能否有效进入公民个体的交往视域受到多方面因素的制约。

中国公民对政府政策的关心度普遍较低。例如，在回答“您平时关心各级政府的政策吗?”这一问题时（表略），10.3%的受访者回答“从不关心”，回答“很少关心”与“比较不关心”的受访者之比例之和为36.6%，而回答“非常关心”的受访者只有5.8%，还有26.0%的受访者回答“比较关心”（其他项回答，如“不适用”“说不清”未计入）。那么，具体到与普通公民切身利益相关的当地政府的政策又会如何呢？在回答“您感觉当地政府的政策对您的日常生活有影响吗?”这一问题时（表略），有11.2%的受访者认为“没有影响”，14.7%的受访者认为“影响很小”，认为“影响较大”与“影响很大”的受访者之比例之和为27.7%，尚有2.5%的受访者回答“说不清”（其他项回答未计入）。将上述两题联系起来看，不难发现，二者存在一定的关联：正因为公民认为政府政策对自己的日常生活影响较小，所以平时就不愿关心各级政府的政策。但殊不知，这二者并非决定与被决定的关系，而是具有显著的正向激励关系：公众具有关心各级政府政策的强烈愿望，就会形成现实的压力，成为政策制定的正输入变量，政府政策就会影响公众的日常生活，公民的这种愿望越强烈，政府政策的影响就越大；反之，公众疏于了解政府政策，自动放弃对政府的监督权、建议权，就使得政府政策与公众生活质量改善的愿望出现越来越大的差距。当然，不能由此完全指责中国公民的“低素质”，根本原因还在于多数公民在实际生活中缺少关心政府政策的渠道，也缺乏可具体操作的路径以便接收公民的意见和倾听公民的心声。例如，在我们的受访者中，有321人（26.1%）回答“曾经受到过某个政府部门或官员的不公正待遇”，进一步询问“受到这次不公正待遇后，您是怎么做的?”，结果，有高达54.4%的受访者选择“忍了算了”，只有10.6%的受访者会“向国家其他部门或领导申诉”，还有14.7%的受访者会“托关系寻求解决”，仅有接近8.0%的受访者会“联合同样受过不公正待遇的人去找有关部门或当事人理论”。

与跟政府打交道的被动相对照，中国公民在对待其他公民的态度上就积极、外向得多。在回答“您如果出差或旅游到了一个新地方，发现当地人的风俗习惯、行为方式和思想观念与自己有很大的不同，您觉得应该怎样对待?”这一问题时，有37.5%的受访者认为应该“互相尊重，求同存异”，43.6%的受访者认为应该“入乡随俗”，还有17.0%的受访者认为应该“互相学习，取长补短”，只有0.7%的受访者认为应该“想办法改变他们”。从户口状况来看，城市人口中，43.9%（最高比例）的受访者选择应该“互相尊重，求同存异”，而农村人口中，则51.0%（最高比例）的受访者选择应该“入乡随俗”。此外，农村人口中，有更多人主张“想办法改变他们”和“说不清”。可以推断，农村人口对此问题更倾向于采取消极的方式，并且有相对较多的人不太习惯宽容异己者（见表6-10）。

表6-10　户口所在地与对异己者态度之列联表

问题		您如果出差或旅游到了一个新地方，发现当地人的风俗习惯、行为方式和思想观念与自己有很大的不同，您觉得应该怎样对待?					合计
户口所在地＼看法		说不清	想办法改变他们	互相尊重，求同存异	互相学习，取长补短	入乡随俗	
城市	人数（人）	6	3	425	155	379	968
	百分比（%）	0.6	0.3	43.9	16.0	39.2	100.0

续表

问题		您如果出差或旅游到了一个新地方，发现当地人的风俗习惯、行为方式和思想观念与自己有很大的不同，您觉得应该怎样对待？					合计
户口所在地＼看法		说不清	想办法改变他们	互相尊重，求同存异	互相学习，取长补短	入乡随俗	
农村	人数（人）	13	9	169	117	321	629
	百分比（%）	2.1	1.4	26.9	18.6	51.0	100.0
其他	人数（人）			12	2	3	17
	百分比（%）			70.6	11.8	17.6	100.0
合计	人数（人）	19	12	606	274	703	1614
	百分比（%）	1.2	0.7	37.5	17.0	43.6	100.0

加入“是否经常看报”这一变量进行列联分析（见表 6－11），不难发现，主张应该“互相尊重，求同存异”的受访者的比例呈现出随看报次数的增加而逐渐上升的倾向，与此相对，主张应该“入乡随俗”的受访者的比例则呈现出反向关系。这大概说明，从不看报的人很少能够获知有关他人的信息，也很少能够不断习得公民技巧；经常看报的人就可以始终保持与他人的联系，对他人的宽容程度会大大提高，而且他们也从报纸上了解到了更多的行为技巧，行为的主动性大大增强。

表 6－11　看报与对异己者态度的列联分析

问题		您如果出差或旅游到了一个新地方，发现当地人的风俗习惯、行为方式和思想观念等与自己有很大的不同，您觉得应该怎样对待？					合计
看报情况＼看法		说不清	想办法改变他们	互相尊重，求同存异	互相学习，取长补短	入乡随俗	
不适用	人数（人）					1	1
	百分比（%）					100.0	100.0

续表

问题		您如果出差或旅游到了一个新地方，发现当地人的风俗习惯、行为方式和思想观念等与自己有很大的不同，您觉得应该怎样对待？					合计
看报情况＼看法		说不清	想办法改变他们	互相尊重，求同存异	互相学习，取长补短	入乡随俗	
说不清	人数（人）					1	1
	百分比（%）					100.0	100.0
从不看	人数（人）	11	5	42	33	122	213
	百分比（%）	5.2	2.3	19.7	15.5	57.3	100.0
偶尔看	人数（人）	4	1	102	54	162	323
	百分比（%）	1.2	0.3	31.6	16.7	50.2	100.0
有时看	人数（人）	1	3	112	66	156	338
	百分比（%）	0.3	0.9	33.1	19.5	46.2	100.0
经常看	人数（人）	3	3	349	121	261	737
	百分比（%）	0.4	0.4	47.4	16.4	35.4	100.0
合计	人数（人）	19	12	605	274	703	1613
	百分比（%）	1.2	0.7	37.5	17.0	43.6	100.0

回答“有人说，‘您怎样对待别人，别人就会怎样对待你’，您认为事实是这样的吗？”这一问题时（表略），中国公民个体间交往的相互性、对等性就更加明显。认为“总是这样”“经常是这样”“有时是这样”的受访者之比例之和达到83.6%，认为“经常不是这样”“完全不是这样”的受访者之比例之和仅为14.1%。不难看出，中国公民已经不再是“内向、木讷、缺少行动力”的传统形象了，他们不仅承认他人的存在，而且在意识上倾向于将他人视为平等的主体，愿意接受互利、互惠等积极性合作。

新中国成立后，执政党强化了自身对社会、文化、经济等各个领域的一元化领导，民间组织、非政府组织等逐渐被改造或被取缔，到改革开放初期，除了极少数官方的人民团体、半官方的各类经济协会，真正意义上的民间组织荡然无存。近几十年来，随着市场经济体制的建立和利益分化的加剧，公民通过自愿结社以满足自身多种需要的组织化行动开始涌现。但受到现存管制政策的严格制约，民间组织的合法登记、注册非常困难，即便成立了，也因工商管理和税务方面的苛刻规定，日常运营步履维艰。非政府组织、民间组织的数量和活动频率相对于中国的总人口、公众极其多样的需要而言仍然是供不应求。

在我们的 1 615 份有效问卷中，仅有 52 人明确表示“参加过非政府组织”，仅占 3.2%。正因为较少参加，绝大多数人对非政府组织不甚了解，在回答“您了解非政府组织吗?”这一问题时，只有 1.9%的受访者认为“很了解”，却有 58.9%的受访者认为“完全不了解”，加上“了解比较少”（16.8%）的回答，高达 75.7%的受访者不了解非政府组织（如图 6-1）。

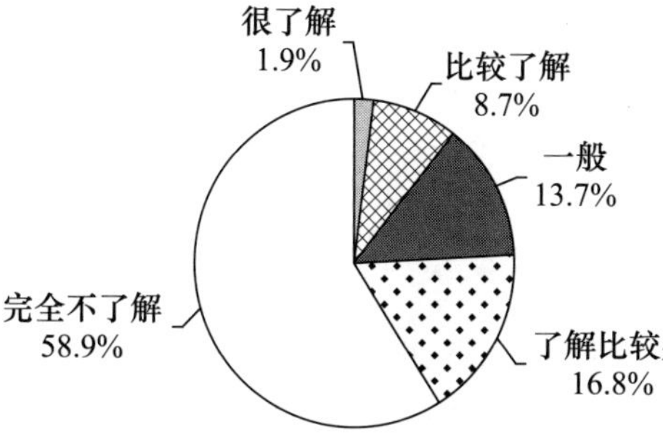

图 6-1　对“您了解非政府组织吗?”的回答

进入 21 世纪以来，国际社会的很多非政府组织开始进入中国，迎接国际竞争和全球化挑战的中国深受影响，随后也出现了各类非政府组织井喷式发展。有研究者在国内部分地区进行调查时发现，经过正式登记的民间组织数量只占民间组织实际数量的 8%～13%，这反映了人们旺盛的结社需求，许多社会成员，特别是白领人士、中产者、意见领袖、活跃的基层社工、公共知识分子等，表现尤为抢眼。2004 年自然之友等 9 家民间环保组织向有关部门呼吁，停止虎跳峡“一库八级”梯级水电站的建设①。当欧盟宣布对中国打火机进行反倾销调查后，温州烟具协会奋起应对，组织“中国民间第一团”前往欧洲各国游说、抵制，最终获胜②。可见，非政府组织、民间组织不仅满足了公民之社会参与、公共交往的需要，而且在营造共同体意识、维护公共利益方面发挥了极其重要的作用。

（三）公民交往相关的道德

公民交往是公民道德形成的现实条件。公民交往的道德含义就是有意愿与他人进行平等对话，持有自己的独立判断，并随时准备与其他公民争论、探讨，在对话基础上形成具有约束力的共识。在由传统向现代转型的过程中，社会文化价值必然向多元化发展，与之相应，处在社会结构变迁过程中的具体成员的态度和观念也会呈现多元化特征，甚至不乏离奇和偏激的因素。公民这一主体在公民交往中若能始终保持基本的反省精神，基于对共同准则和政治共同体的认可，将自身置于一种可以广泛交流、沟通的状态，就有望成为社会秩序重建的现实力量。

1. 公民自治

在古代汉语中，“自治”有多重含义：（1）自行管理或处理；（2）修养自身的德性；（3）自然安治；（4）自营，但不常用。近代开始接触西方文明，直至1895年，“自治”的主体都只是指国家。与此不同，严复将“自治”理解为“民的自我做主”，例如，他说：“是故富强者，不外利民之政也，而必自民之能自利始；能自利自能自由始；能自由自能自治始。能自治者，必其能恕、能用絜矩之道者也”③。但这种用法在当时并不普遍。1900年以后，“自治”主要用于“地方自治”，特别是对中国绅士自治传统的继承和发展。梁漱溟、晏阳初等人于1916年推行的“新乡村运动”就充分利用了“地方自治”思想，他们一方面发掘中国传统文化的资源，另一方面试图唤起乡民的自觉行动和观念自主，在运动的进行中提出

---

① 汪永晨，薛野，汪晖．留住虎跳峡，留住长江第一弯．天涯，2004（6）：66-69.

② 黄少卿，余晖．民间商会的集体行动机制——温州烟具协会应对欧盟打火机反倾销诉讼的案例分析．中国制度变迁的案例研究，2006（00）：560-582.

③ 严复．原强//严复卷．北京：中国人民大学出版社，2014：14.

了个体的“自治”要求。

自治其实是人的自主要求的扩展。自治不仅具有社会学意义，而且从经济学角度而言，也是最划算的选择，自治的结果将增进社会形态的自动选择和淘汰功能，增强社会的活力。正是在自治的自然发展中，人们渐进地发现彼此最适合的对待方式，自治避免了“专家设计道路”等可能出现的主观偏差。甚至有人断言，最好的秩序是自治。

从社会治理的角度看，自治意味着给一个特定社区提供按照自己的方式去尝试和追求幸福生活的一种可能，同时也就给在这个社区居住的普通人提供了施展才能的机会。民主制度最初就源于人的自治要求，它是一种自下而上地形成的治理形式，这就是民主的草根性。要知道“社会完全由个人组成。它不具有同其成员的人格分离并比它们优越的独特的人格”①。美国社会就以社区自治为根基，强调社区互助。美国人对当地选情的关心有时远远超过对总统大选的关心。家长为了送孩子进常青藤学校，就积极鼓励孩子参与社区建设。从小学到大学，孩子都通过打义工积累社会经验、磨炼组织才能、培养领袖气质。此外，美国的自治也给不同的理想提供了实验机会。例如，在美国就有“共产主义”社区，在那里，一些有着“共产主义”理想的人聚集在一起，按照他们理想的原则生活。假如这样的实验型社会被普遍认为是“更幸福的”，那么参与的人就会多起来，社区就会扩大，否则，它就是极少数人对自身理想的共同聚合，而不再具有显著的社会意义。

国外政府的高效廉洁除了得益于严刑峻法，更主要的是得益于公民团体无处不在的监督。例如，“公民反对政府浪费”（Citizens Against Government Waste）协会号称美国首屈一指的纳税人的监视团体，在全美国有成员和支持者 100 多万。该组织由工业家格雷斯（J. Peter Grace）和专栏作家安德逊（Jack Anderson）于 1984 年发起，为继承简称为格雷斯委员会的“总统私人领域浪费调查小组”的衣钵而成立，其使命是致力于消除联邦政府的铺张浪费、管理不善、效率欠佳等现象。例如，1982 年到 1984 年的两年间，凭借私人企业自愿赞助的 7 600 万美元，161 名企业

---

① 霍布豪斯. 自由主义. 朱曾汶，译. 北京：商务印书馆，2007：64.

管理人员和社区领袖带领着 2 000 名义工对整个联邦政府内的铺张浪费进行了深挖细掘，提出了近 2 500 项建议。如果这些建议能一一实施的话，就可以在 3 年内为纳税人节省 4 244 亿美元。

我国正处于社会转型期，社会利益正在迅速分化，利益分配间的矛盾愈益突出，利益协调成为紧迫课题。不同阶层利益的协调不可能听从一个部门的安排，而必须让这些阶层建立自身的利益代表机构，代表机构间的协商、博弈才能为各自所代表的群体创造持续的收益。在利益调整过程中，代表各自利益的种种协会等组织的发育和成长就十分重要。例如，对于那些相对于资本而言居于弱势的员工群体来说，能真正代表其利益、维护其权益的如工会之类的组织、机构就十分重要，它们远比政府的劳动监察部门更能发挥作用。在这个博弈过程中，如果一方力量过弱，利益分配就必然严重失衡，这正是社会产生严重矛盾的根源。我国现有的社团组织管理条例有两个政策目标：一个是限制社团组织的过多过快发展，另一个是严格约束社团组织的日常运营。这两个政策目标既远远落后于实际国情，无法满足民众结社的需要，也加剧了社团组织管理上的混乱和无序。由于登记、注册繁难，大部分社团组织不登记，由于不被官方认可，处于灰色地带，一些开展实际活动的社团组织难以吸引社会资源，精准服务公众，更无法被有效监督，这些又使得中国多数社团组织管理质量严重偏低。

除了企业工会组织，行业协会也是公民自治、实行自我管理的一种重要方式。在我国，现有的大多数行业协会并不是真正的自治性组织，它们大多由原来行政性行业管理机构翻牌而来，或者是至今仍然行使着行业主管职责的行政机构派生出来的，实际上是专门用于分流人员、安排离退休人员的所谓事业单位。这类颇具官方背景的行业协会的权力，是自上而下强加的。其会长、秘书长、理事长往往是政府实权部门的原部长、局长、处长之类人员。这些半官方协会的权威不是来自其道德号召力和高超的经营才能，不是来自行业内部的普遍认同，而是由行政权力转化而来，或者由行政权力的“魔杖”点化而成。从法律上看，这些协会处于权力与市场的中间地带。一方面，协会与行政机构具有千丝万缕的联系，对于行业内的企业具有一定的强制力；另一方面，它们又不属于行政序列，因而不受相关法规和行政伦理的约束。结果，协会往往蜕化为内部人依靠出售权力——甚至仅仅是权力的影子——而聚敛钱财的工具。

目前的户籍管理、社团登记、工商管理等制度和规定方面的不合理，使纯粹的草根性民间社团难以生存，甚至吸收不了优秀的人才献身社团活动。人们常说工业化时代的一个重要变化是服务业的兴起，其实，服务业不只是涉及餐饮、旅游、购物等物质生活层面，精神层面的服务日益变得重要，如环保、慈善、健康生活运动、对未成年人的道德教育等。这些事情过于庞杂、琐碎，政府无法全部承担，又由于它们无利可图，企业不愿意理会，这就需要大量的民间社团将分散的个人集合起来。但我们的现行政策对各种社团的审批、登记、检查等都非常严密，严重限制了公民交往的空间。一旦“消除了社会中间组织后，社会中只剩下指令、服从与执行，没有了交易与交换的自由空间，也就没有为兑现诺言与否留下经受考验的机会。当社会没有在其日常生活中为道德实践留下空间时，信任几成无本之木”①。

与此形成鲜明对比，在中国经济发达特别是民营经济发达的地区，例如浙江温州，活跃着数百个行业协会或商会。它们大多是自下而上自发形成的，从一开始就是为增进行业内会员企业的利益而成立的，是真正意义上的草根性民间组织。它们代表本行业与政府部门、大众传媒或普通公众打交道，更重要的是，它们根据自身的经验和会员的要求确立同行业企业之间的交往规则，以自律并相互约束。这些协会的领导人也是自下而上涌现出来的。他们的权力（或者不如叫职责）来自他们所有或所在企业的规模、多年的经营成就和自身的道德号召力，而且，他们对会员企业的权力是非常有限的，他们大多不太容易滥用自己的权力。

健全的市场秩序离不开管制，但并非所有的管制都需要政府来强制实施。在市场中，大量的管制应当是自愿性管制，政府的管制范围就可大大缩小，从而节约政府运作成本。比如，由行业协会制定和执行行业安全、卫生、质量控制标准可能更为有效。事实上，由于面临信息局限，政府在这方面不可能做得比了解内情的行业协会更好。自治性行业协会可以使优秀

---

① 郑也夫. 信任论. 北京：中国广播电视出版社，2001：122.

的企业家借助同业的力量，更有效地服务社会。此类行会也可为企业家提供扩大影响力、培养治理技艺的机会，从而使其有可能进入更为广泛的治理领域，运用企业家的创新精神和成本-收益意识，提高整个社会的治理水平。

为什么普通中国人的日常生活中有那么多的管制？奥妙就在于：某些政府部门依赖管制而生存，人为制造、放大管制需求。根据专家的保守估计，我国企业负担的三分之一，特别是个体、微型和中小企业负担的一半来自非税收费用开支。以 2020 年为例，全国行政机关的非税收入就达到 28 585 亿元。如果 2 万元非税收入解决一个劳动力就业，则被非税收入扼杀的就业机会为 14 292.5 万个。当然，管制不可能一概取消，但毫无疑问，凡是公民能够自我管理的领域，公权力就不应该进入，就应该让公民自我管理，这样才会降低社会管理的成本。

四十多年的改革开放已经在中国社会中形成了这样一个共识：改革的过程应当是行政权力收缩的过程，政府应当把协会的创建、组织、管理完全交给现代社会生活的主体即普通公民，或市场主体即企业家，让他们自我组织、自我治理。特别是经济领域，行业协会还可以发挥更为积极的作用，必须打破一个行业由一家行业协会独家垄断的局面，为企业家创建自治性协会提供空间。自治性行业组织的发育，不光有利于行业自治，更有益于中国商人整体素质的提高。只有在自治性群体中，人们才有可能遵守公共生活的道德规范和职业伦理，这将最终有利于构建合理的市场体系和法治秩序。

被誉为改革开放的窗口的深圳市在此方面就有所创新。2004 年 12 月 24 日，深圳市政府三届 138 次常务会议专门审议并通过了《深圳市行业协会民间化工作实施方案》。根据这一方案，至 2004 年底，首先实现组织“民间化”，所有国家公职人员必须辞去所担任的协会职务，所有协会办公场所、财务建账必须独立。2005 年上半年，实现运作机制“民间化”，选举、重大决策、内部纠纷调处都由协会自主决定，协会逐步承接和行使政府部门转移、委托的职能。

2. 公民理性

脱离私人生活、进入公共领域，就要用公民理性来鉴别、判断当下行为是否恰当，可以说，公民理性是公民交往的重要道德素质。英国近代思想家斯密从“经济人”的理性出发，强调以个人利益为出发点是人的理性的最初表现形式，这样的理性人离不开社会习俗和现行法规提供的行为准则，以避免人与人的直接对立，促成具有不同利益的人和平共处。可见，斯密所讲的理性“经济人”通常也持有一定的公民理性。

公民理性体现了公民身份内在具有的公共精神，它促使公民身份获得了社会内容。公民理性使公民将自身始终置于公共人的位置，看到每个人作为人所独有的尊严和人格，始终不只是把自己和他人当作手段。运用公共理性也使公民个体对自身提出了自主性的行为要求，它允许自身受到批判，从而获得自我发展的内在动因。

公民理性并非一个事实性描述，而是对公民将理性运用公共化的价值要求，通过公民理性，公民在交往、互动中积累的经验才能提升为共识。实证调查结果显示，我国公民基本认同自己的公民身份，也逐渐开始践行自己的公民身份。由于一些负面因素的影响，总体上我国公民道德水平仍然较低，例如很多人仅仅把各种法规理解为上面或领导授权制定的，很少人能够意识到正式的成文法规无非人们之间相互博弈和妥协的理性产物，来自社会成员的共同意志和现实参与。

对于理性在公共事务中的运用，康德最早进行了详细的阐述。他区分了理性的公共运用和私人运用，并强调理性的公共运用①。理性的私人运用是“一个人在其所受任的一定公职岗位或者职务上所能运用的自己的理性”②。人在社会中居于某种地位，担当某种角色，就应当按照这种地位和角色的要求行为。当“理性运用于这些规定的情境”③ 或臣属于其他的特殊目的时，人的理性就是进行私人运用，其首要美德就是服从这个位置的要求。某人在社会中扮演一种角色时，例如士兵、纳税人、教士或公务人员，“他由此发现他自己处于一个被规定了的位置，在这个位置上，他不得不运用特殊的规则、追随特殊的结果”④。但在政治领域，私人的理

---

① 需要指出的是，理性的公共运用并不适合那种要被推翻的邪恶政治制度。

② 康德. 历史理性批判文集. 何兆武，译. 北京：商务印书馆，1990：25.

③ 米歇尔·福科. 什么是启蒙？//汪晖，陈燕谷. 文化与公共性. 2 版. 北京：三联书店，2005：427.

④ 同③.

性必须得到公众的检验，这样才能保障公共利益及其实现。公共理性被置于公众领域，从而为公众所认识并做出审查，才能保证它的公共性，从而与公共利益发生关联。当理性的公共运用与现行的法律制度议题相关时，它并非简单地批判某种法律制度的合法性，而是在承认其基本正义性的基础上修补一些漏洞，从而从外部推动法律制度的健康发展。因此，康德指出，与理性的私人运用相比，在理性的公共运用中，公民必须对其表达的东西有充分的了解，通过深思熟虑洞察这个东西的全部优点及缺点，并且以合乎逻辑的方式将其表达出来。此时，公民不仅作为人，更是作为“整个共同体的乃至作为世界公民社会的成员”，要将自己完全置于全部公众面前，用纯粹理性的光芒照耀公共领域的每一个角落。

哈贝马斯认为，现代社会由于工具理性的过分扩张，科学技术的意识形态统治使“公共领域”渐趋衰落，交往理性受到压制，要化解现代社会的危机，根本出路在于重建交往理性①。哈贝马斯突出了公共领域公民的理性运用所具有的建设性意义，他强调理性的公开讨论是公共领域道德共识重建的唯一合理方式。他指出，由于国家权力的膨胀和商业化原则的盛行，公共领域在当代发生了三个方面的重大转型：第一，国家日益干预经济，使得经济系统不再作为独立于国家的私人领域而存在；第二，公共领域受到市场化原则的侵蚀，商业化、功利主义渗透于社会文化生活领域之中，文学艺术、新闻出版、广播电视都把追求商业利益放在首位，大众文化变得低级庸俗；第三，技术统治意识的扩张压制了公共领域的自由讨论。国家力图把各种政治问题限定为只能由专家来解决的纯技术问题，反对交由公众讨论，公共领域日趋衰落。这种科学技术的意识形态通过抬高技术问题，排除实践问题，或者说将政治问题转化为技术问题，把实践问题“非政治化”了，人们也因此而变得明哲保身，丧失政治意识，失却公

---

① 哈贝马斯认为，“公共领域”是一个社会生活的领域，在那里人们可以提出有关公众利益或事务的要求；也可以对这些问题进行讨论和争论，而不必求助于传统习惯、教条以及强制力；还可以通过理智的辩论来解决观点的分歧。公共领域要求具备这样一种社会交往方式，这种社会交往的前提不是社会地位平等，它根本就不考虑社会地位问题。只有通过这种社会交往，私人才能构成公众。（哈贝马斯. 公共领域的结构转型. 曹卫东，王晓珏，刘北城，等译. 上海：学林出版社，1999：41）

民理性。由于公民日益远离政治讨论和政治事务，政治系统本身也由此而出现了“合法性危机”①。公民之间难以展开正常的对话，彼此冷漠、不理解，缺乏欣赏的眼光，沟通的土壤少之又少，“交往理性”失落无余②。

面对既成的国家、政治、法律制度等，公民保持适度的认同即可，即接受它们的合法权威，并服从它们对自身行为的限制，同时，基于独立的理性判断并且以和平、理性的方式改善国家、政治、法律制度等各种公共制度设置。所以，公民理性的前提是持有健康、理性的国家心态。

在流动性急剧增加的今天，人们每日都要接触到许多完全不同于自己的人，而且必须与各种各样素昧平生的人打交道。以前有人说，多与人接触，多跑些地方，就可以开阔眼界。但事实并不总是如此。其实，从更根本上说，人们只有首先打开心胸和眼界，有了开阔的胸怀，才能容纳百川。特别对公民而言，更是如此。先在行为和态度上接受异己者，并实际地与他们来往，人们才会在互补中有所增益。可见，开放的心态和理性的精神既是必备的心理素质，同时也是非常重要的技巧。

三、公民教育的现状及其道德警示

在传统社会，“我国之教初学，向用《大学》《中庸》等书”③。传统教育所授多是“教人以洒扫应对进退之节，爱亲敬长隆师亲友之道，皆所以为修身齐家治国平天下之本”④。20 世纪 30 年代，国民政府调整了国民教育的重点，开始转向公民教育。国民政府所宣示的公民教育目标是发扬民族固有的道德，以忠孝、仁爱、仁义、和平为中心，并采取其他各民族的美德，具体内容包括公民的体格训练、德性训练、经济训练和政治训练⑤。然而，国民政府所做的公民教育和公民道德研究却未能接续下来。由于战乱、政治运动等种种原因，关于公民教育的研究沉寂、断裂了 60

① 哈贝马斯. 哈贝马斯谈哲学、社会历史及政治. 阎克文，译. 国外社会科学，1986 (2).

② 奂平清. 哈贝马斯交往行动理论及其在我国的现实意义. 甘肃社会科学，2002 (3).

③ 蒋智由. 小学修身书. 东京：同文印刷社，1910：1.

④ 朱熹. 朱文公文集：卷七十六 小学序//孟宪承，等. 中国古代教育史资料. 北京：人民教育出版社，1961：363.

⑤ 赵夐，胡钟瑞. 复兴公民教学法（高小用）. 北京：商务印书馆，1934.

余年，直至21世纪初才迎来了复兴。

（一）公民教育的核心任务

美国学者阿尔蒙德将人类文化分成三类，即科学文化、人文文化和公民文化，以说明任何政治制度和国民的政治生活都有一定的公民文化的支撑。仿照他的做法，笔者将社会教育也分成三类：科学知识教育、人文素质教育、公民教育。科学知识教育提供的是基本的科学学科理论、科学理性能力和基本科学知识等，人文素质教育则提供文化传统习俗、人文艺术熏陶、情操培育等，公民教育重点在于建立恰当的公民与国家的关系、公民身份地位的认可、公民共同体的营造等内容。相对于科学知识教育和人文素质教育已经引起了高度重视并广泛普及而言，公民教育在当代中国仍然十分欠缺，不仅未引起足够的关注，而且已有的公民教育存在不少问题，特别是在公民教育的目标设置上存在与思想品德教育、思想政治教育、中华传统道德教育等相混淆的问题。为了准确理解现代公民教育的目标，首先必须合理界定公民教育的任务。结合中国目前的实际，我们认为，谋划思想启蒙、营造共同体意识、构建社会信任是今日中国公民教育的三大任务。

1. 谋划思想启蒙

教育的首要问题在于培养健全的人格。这是古今中外教育的通例，因为教育的根本目的是让人学好，具有教养。早在20世纪初，晏阳初就曾指出中国农民问题的核心是“愚贫弱私”四大病，主张“学校式、社会式、家庭式”三大方式并举，“以文艺教育攻愚，以生计教育治穷，以卫生教育扶弱，以公民教育克私”四大教育连环并进的农村改造方案。以公民教育“克私”突出了公民教育在唤起人们的公共意识、培养社会的主人翁意识方面的作用。公民教育体现在对待公共事务、参与公共活动、与其他公民相处等一系列活动之中，要求公民从中确认自身、承认他人、接纳公共意志和公共理性。只有经过如此的明示、开蒙后，才能摆脱“小我”，以开放的态度面向社会和他人，从这一意义上说，公民教育的实质就是现代进步思想的启蒙。

公民教育应以启蒙（enlightenment）为原则，教育者要启迪受教育者，开启他们的心智，让他们在理性的氛围中获得精神滋养，走出蒙昧状态，向他人和世界敞开心胸。公民在意识上获得启蒙，在行动上就会从私人世界中解放出来，真正成为国家的有机分子。因此，好的公民教育意味着在人格养成中教育者和受教育者在心灵上共同成长、相互尊重，在思想意识上获得进步和解放。

思想启蒙是一个时代的使命，对于中国这样一个仍然处于现代化追赶过程中的国家来说，公民意识的觉醒、公民道德的养成和公民地位的落实等都未进入成熟阶段，还有沉重和艰巨的工作要做。必须充分明确的是，公民教育不是哪一个人群教育另外一些人群的问题，而是一种全民教育，涉及每个社会成员，所有人都有必要进行公民学习和教育。公民教育渗透到社会的各个方面，在全社会通过群众性的社会参与实践，培养合乎社会价值和国家长远利益的好公民。从“公民”角度提出道德建设问题，既是一种公民道德教育，当然也是一种公民教育。

有西方学者指出，完整的公民教育目标体系包括如下三个方面：第一，公民身份意识的觉醒。要为受教育者提供作为一个合格公民所必须具备的知识，这些知识将促进公民个体对国家历史、政府结构和政治生活过程的理解。第二，公民身份的现实化。要让受教育者学会如何做公民、完成与公民角色相符的社会行动，即切实地参与社会的活动。第三，公民身份的提升。要通过各种途径，促成受教育者在知识与理解、技能与态度、价值与性情等方面真正行使公民的职责①。

结合思想启蒙这一目标，笔者认为，与此目标相符的当代中国公民教育至少要包括如下内容：第一，开启权利意识。传统社会和传统道德不乏义务、责任方面的宣传与教育，但现代社会的基本道德倾向是注重对等性的要求，即权利与义务的对等，反对片面强调义务而忽视权利的做法。中国公民自古长久生活在无权的境地，较少参与公共事务，政治、法律地位十分模糊，公民权利更是经常被忽视，开启权利意识就应构成当代中国公民教育的一个重要方面。第二，习得公民理性。公民理性有别于私人理

① O’Byrne, Drren. The Dimension of Global Citizenship Political Identity beyond the Nation-State. London: Frank Cass, 2003: 5-10.

性。每个人都有对自身利益的本能式关注，并且会计算个人的得失，这是私人理性发挥作用的方式。私人理性可以帮助个人处理自身事务，但不足以解决社会交往、公民参与的问题，更不能提供解决集体行动困境的策略。公民理性则站在一般公众的立场上，以普遍意志和准则来思考问题，检视自己的选择。此时，“我”可以替换成任何一个“他/她”，过滤掉个体的任性，基于公意达成的共识、常识做出合理的判断，并采取恰当的行动。此外，公民教育切忌大而无当、空泛模糊。用富有煽情意味的文学性语言进行教育，其效果也值得怀疑，因为这容易将公民引向情绪化的短视行为。第三，接受妥协。妥协是承认彼此利益的相关性，为了更高价值和更大利益而接受次优方案，以维持合作局面的策略。在人员流动和变迁加剧的现代社会，你死我活式零和游戏已经被抛弃，赢者通吃或败者为寇的行为方式会为下一次对抗埋下隐患。社会的持续稳定取决于每个成员都有部分权益的满足，每个人都可以从社会的合作体系中获益。这就要求每个社会成员放弃霸道逻辑，接受妥协，在维护自身基本利益的前提下，通过放弃局部、较小利益来换取他人的合作，从而维持基本的社会秩序，以保证可持续的社会合作。

公民个体千差万别，实际的公共生活复杂纷繁，但有了一视同仁的程序，公民的行为就有了凭借。在现代法治社会，公民间的平等往往体现为程序面前的平等。公民是通过互动联系在一起的，公民之间虽然有公共利益这样的目标，但公民个体却未必清晰、直接地关注到它，这就要求在公民间培养切身的共同利益感，这种共同利益感的基础就是公开、透明的程序或者说形式公正。维护每个公民在日常生活中实际接触到的具体程序，以程序办事，不以个人任性破坏它。这也是放弃任意妄为、尊重共同规则和公开程序的思想启蒙。

不承认个体精神的独立性，就不会有真正的个体意识和主体道德观念，缺乏精神丰富、思想深刻的个体观念，思想启蒙的任务就无法完成。在公民教育的意义上，必须牢固树立个体本位的观念，真正大写的个体才会有对共同体的关注和奉献。中国文化传统以维护宗法秩序为价值核心，没有为完整的“个人”留出充足的空间。“五四运动”中知识分子虽高举“个性解放”的旗帜，但也是以光大宗邦为旨归，并未发展出成熟的“个人”意识。及至当下，有人虽借镜一些西方思想提出“个人优先”观念，却只是侧重个人的物质功利层面，而较少肯定其超越性的精神层面。

总之，公民教育是公民道德建设的基础，这将是一项长期的社会工作。《公民道德建设实施纲要》明确提出，“通过公民道德建设的不断深化和拓展，逐步形成与发展社会主义市场经济相适应的社会主义道德体系”。公民道德建设就是要动用各种社会力量，动员全部社会成员开展广泛、持久的公民教育，但是，不能认为公民教育存在唯一负责的某个部门。与通常的行政职能不同，公民教育是有关国民素质、社会道德风尚和公民人格等的重大问题，不可能一蹴而就，更不可能由哪个政府部门或突击一段时间就可以达成，必须要从思想启蒙这一宏大叙事层面来理解公民教育，才可以从容规划、严谨布局和系统推进，若干年后公民教育的成效才会显现出来。

2. 营造共同体意识

要保证公民人格的健全发展，就要在全体公民中营造共同体意识，在目前的中国特别需要养成你、我、他共容、共存的共同体意识，公民和国家依托这一共同体意识确认各自的地位与利益，不仅要有大家共同承认的政治权威、公共规范，更要有勇于担当、自身先行的主人翁意识，其间既要强调公民为其他公民、为国家做贡献，也要突出公民的正当权益，要落实国家为公民所应尽的义务、职能。公民道德视域中的共同体意识充分承认个体意识。个体与共同体、个体意识与共同体意识的高度关联不只是一个理论结论，更应成为现实的生活经验和常识。

在西方各国，因其政体或政治文化的不同，公民道德的具体要求也有所侧重。英国经验主义者，如洛克、斯密等，倡导“教养”“理性”，这些品质与贵族气质的传承有关。而法国公民道德的兴起与民族统一、国家利益的出现同步，因此公共性、普遍性更受关注，启蒙思想家爱尔维修、孟德斯鸠等都大力提倡“爱国主义”。

共同体意识通常是在切身体验共同体在场的过程中获得的，所以，鼓励公民结社等都是非常重要的公民教育从而也是营造共同体意识的重要方式。要求公民有品德，就要给公民提供发展品德、展示品德的机会和空间，鼓励他们运用在参与社会活动的过程中培养出来的品德和知识，挑战既有的偏见和权威。民间组织的发展不仅可以缩小政府活动范围、严格限制政府权力，而且正是在结社和参加社团的活动中，公民获得了相互了解，并习得了必要的社会知识和与人交往的技巧，由此成为自觉而理性的公民。

在中国城市经常可以看到这样一幕：城管一出现，就搅得鸡飞狗跳，但城管不管，街头又会被小商贩挤占，让人寸步难行。有什么办法既能保障小商贩自主营生的经济权利，又能保障行人使用道路的通行权呢？北京革新西里居委会主任夏素明做了创新。由居委会出面与小商贩谈判，双方达成协议：小商贩自主经营，但必须严格自律，不影响社区秩序，最初效果很不错，但最终还是夭折了，因为城管部门不答应。本来，社区是否可以摆摊属于民事范畴，可以让社区居民自我调整，但城管部门却非要插手，社区只好出让自治的权利。按理说，公共部门之所以存在，是因为它们能提供公民自身无法提供的公共服务。本来只应为社会公共善充当工具的部分政府机关却成为自身利益的维护者，这就是马克思所说的“国家废物”的主要症状，也是我们必须警惕的危险趋向①。

一些活跃的境外非政府组织较敏锐地意识到了这个问题，它们开展活动的重心有所调整，开始着力培养受助对象的公民个体自我意识以及对身处其中的共同体之意识。在此，我们以香港乐施会在中国内地的扶贫项目的经验为例来进行说明②。1992年，乐施会进入中国内地。最初通过技术推广和基础设施建设在云南、贵州开展扶贫，但效果不是很好。以后做了反思：在贫困地区，一家一户单独应对贫困非常困难，把大家团结起来，通过组织的力量对抗贫困才是根本出路。从1997年开始，乐施会的主要策略方向调整为在扶贫点建立新的社区组织。乐施会工作人员住进村里，与村民建立感情后，询问他们的需要，在充分倾听所有人员意见的基础上把大家普遍反映的问题集中成话题，然后交由全员大会讨论，经过反复议论和表决，拿出方案。他们发现，社区组织仅有结构、制度还不行，还要关注制度产生的过程，通过由全体村民充分参与的选举产生的执委会才能

① 笑蜀. 最好的秩序是自治. 南方周末，2007-05-17.

② 林楚方. 新乡村建设运动. 南方周末，2004-02-12.

获得村民的信任和支持。

例如，在云南省禄劝彝族苗族自治县翠华乡安心田村，村民们强烈反映有病无处医，到最近的卫生所也要走两个小时，即使医院就在家门口，高收费也无法承受。村民讨论和表决，决定建设医务室。项目实施采取的是“赋权”模式。赋权模式就是项目办工作人员和村民一起商量医务室该建在哪里、怎么建、建了怎么管、谁来管，这些事情都让村民来决定，若有分歧就多次讨论、辩论，意见无法统一就投票解决。村民们投票选出医务室项目建设小组，建设小组召集村民出工出力，还组织人做监督工作。医务室建成后，召开全体村民会议，制定管理制度，选举管理经营者，并确定医务室的一系列服务规章。乐施会认为村民是解决社区贫困的主体，机构只是社区发展的协作者。以社区为主体的发展，才是有生命力的发展，包办代替的发展是不可持续的。

为了鼓励妇女参与，乐施会在社区委员会选举时提出硬性要求，主任必须由妇女担任。偏僻乡村的妇女一般不出门，平时的活动就是看孩子、养牲口、做饭。项目办组织了妇女培训学校，让她们谈谈男女的差别，谈谈自己的愿望，让她们知道其他女人是怎么想的。长了见识的妇女开始有了一些独立的想法，酝酿成立妇女小组。因为这里的妇女往往离娘家很远，甚至几年都不回娘家，容易把自己封闭起来，有时为了一点点小事就可能自杀。妇女小组的成立增加了农妇在一起开会、交流、活动的机会。在活动中，妇女小组成员提出男人喝酒容易引起家庭矛盾，就在制度中加进了劝男人戒酒的规定。同时妇女们也提出，少喝酒是为了健康，女人也要爱惜健康和生命，于是，男人喝酒的少了，妇女自杀的也少了。

乐施会进入每一个社区，始终把以赋权为核心的参与性作为社区发展的最基本的手法。通过项目的实施，一个不同于既有的村民委员会、村民小组的社区组织慢慢建立起来，这个社区组织叫社区委员会（简称CO）。社区的决策一定要保证所有人都知道要讨论什么，要做什么，和自己有什么关系，还要在讨论过程中让所有人都充分发表意见，投票的时候保证每个人都有投票权。决定后的事情，全体村民要有监督权，还要设置反馈和再决策机制，使村民的不同意见得到表达。另外，由于CO成员都是没有报酬的，当选就意味着奉献，所以，CO机制的移入培育了一批热心社区公共事务的人，而这种人就是社区精神的主要再现者。乐施会理念的输入使村民们的精神面貌发生了根本的改变，通过引水工程、学校等项目载体，社区组织生根发芽，社区精神也在近乎废墟的地方崛起。

成功的公民教育是立体的、全方位的教育，是融于社会组织、国家行政机关日常活动之中的，即社会组织的健康发展、国家行政机关的依法行政等都是良好的示范。只有将社会成员间的关系、交往、互动纳入公共领域，化作公共事务，从中确立公共理性的地位和追求公共善的共识，习得判断的标准和解决分歧的依据，全体社会成员最终才会在内心逐渐生长出对作为其中一员的成员身份的认可，获得“我们”的观念。

但营造共同体意识绝非一朝一夕短时间内完成的，需要几代人付出几十年的持续努力，特别是要有稳定的制度、客观的公共理性等方面的条件做铺垫，在长久的互动过程中依托上述稳定条件才能缓慢生长出共同体意识。然而，不仅对共同体意识的破坏容易，而且破坏后恢复起来极其困难。政府的失信行为，不公的司法判决，践踏公意行为不受制裁的恣意横行等，都会造成对共同体意识的极大伤害。从这一意义上说，虽然每个人都是共同体意识的营造者，但国家工作人员、社会知名人士等因极高的曝光率和公众期待，应首先自律自省，责无旁贷地承担起维护、夯实共同体意识的公共责任。

3. 构建社会信任

现代公民教育最迫切的任务是培育积极、充分的社会信任，一个有良好个人信任的人未必是一个合格公民，但发达的社会信任环境却可以培育出无数的合格公民。

社会信任是指在全体成员间存在着的、对待社会性活动或公共机构运作所持有的一整套普遍而近似的态度。这种态度上的一致又为全体成员的互动提供了一种高于各自立场分歧或自身差异之上的共同观念，这些共同观念包括社会一体化意识、相似的政治观念、对合法权威的服从、对他人可预期行为的确认、对共有传统文化的信念等诸多方面。

一个国家的社会信任程度与所谓的民族性并没有关联，与其具有直接联系的是制度变迁造成的“路径依赖”，即特定制度所养成的社会观念及其态度。现在我们一般认为西方发达国家的社会信任程度比较高，但在它们的历史上却不是如此。欧洲特别是西欧和北欧的民族以航海以及海上战争为发迹的起点。当挪威海民发现冰岛是一个非常适合殖民的绿色世界的时候，他们却把它叫作“冰岛”（Iceland），那是告诉其他欧洲人，这里冰天雪地，不适合人生存，不要来这里，以便自己独享这个世界。当一部分冰岛人发现格陵兰这个真正的冰雪世界，但想要吸引移民的时候，却谎称这里是鸟语花香的绿色世界，即“格陵兰”（Greenland），结果第一次大规模移民就发生了悲剧，25 艘船有 10 艘葬身海底。经过漫长的血腥战争，西欧的国家边界在 17 世纪以后才慢慢稳定下来，一些现代制度文明（如议会制度、私人所有权、股份制度、核算制度等）逐步产生并推广，商业活动的环境获得改善，社会信任程度才开始提高。

中国的传统社会反倒比欧洲的传统社会拥有相对较高的社会信任程度。中国除了周期性的动乱之外，其他时期的生活环境相对稳定，不像欧洲那样，即使没有战争，也往往处于战争的预备状态，所以，中国传统社会容易在民间建立起社会信任。最大的问题发生在官府和民间的“交易”上，但在封建社会，中国的官府常常是赤裸裸的掠夺，问题的性质主要不在于信任与否，而在于对暴力的服从与否，所以，中国民间对官府历来以畏惧为主，不敢去想改变自身与官府的关系。

即便在今天，普通中国人也从不缺乏个人层面的信任，我们至少会对父母、家人保持足够的信任，对熟悉的同学、同乡、同事等给予一定的信任。但现代社会信任并非个人间信任的自然延伸，社会信任在如下方面明显区别于个人信任：第一，个人信任常常是自然形成的，如出生地或生长过程所伴随的亲人、邻人间的关系及信任；社会信任由于主要针对陌生人，即那些并非直接交往或谋面的人，因此，社会信任的基础来自理性判断。第二，个人信任以情感、私情为主，有时即便对方做出了失信行为，仍然会一如既往地施以信任，如父母与子女间的信任、兄弟姐妹间的信任；社会信任则是沟通、互动、共同遵守规范之后的结果，一旦有一方不如此做，另一方就会退出。有时甚至即便对方并没有实际做出失信行为，当一方“感觉到”对方可能失信时，也会采取防患于未然的“安全”措施。社会信任更经常地面临着背叛或毁弃的威胁。第三，个人信任主要满足人们的心理、精神需要，信任双方并不总是对等地付出，甚至每一方都宁愿更多付出；但在社会信任中，人们希望得到多重的满足，如经济利益、有效率的集体行动、公共物品的供给、社会美德的树立等，但人们总是理性地、有限地付出。第四，个人信任在单个的自然人之间就可以建立，社会信任却是在一系列社团、网络组织中结成的，在现代，国家的作用也不可低估。

社会信任的构建需要当事人的主动参与，这包括取信于人和施信于人两个方面。取信于人是首先在行动上付出值得信赖的言行，做到“言必信，行必果”（《论语·子路》），表现出稳定、持续的行为特性，从而让对方对自己的未来行为做出合理的预期。取信于人可以减少未来的不确定性，降低行为的风险，从而创造顺利的交往、有效的沟通和便捷的生活环境等。施信于人则要在观念上设定对方是可以信赖的，从人性上做出善意的推测，不苛责他人。取信与施信是相互依存的，共同的基点是“法由己出”，是己方的主动付出或明确的意志表达。如果我们不去行动，我们就永远不会结成信任关系，就永远不会有对他人及其行为的起码信任。所以，社会信任不是被动给予的或自然生成的，而是需要当事人预先付出对信任本身的敬重和对他人值得信任的适度期待，即要想催生信任，人们必须对他人及其相应的行为保持开放，至少要以“好像”信任他人的方式来行动。我们的日常生活中并不缺少信任的动机，因为从常识经验中就可以得知，信任可以减少矛盾，降低成本，使合作得以建立。然而，实际上，很少有人主动地付出信任。这主要由于我们常常不敢确信自己对他人的信任之举能否换回同样的信任。担心成为“冤大头”，结果信任就在人人都盼望却鲜有人主动践行中流失了。可见，信任并非合作的前提条件，而只是一种副产品，是合作与友谊的伴生物，是基于共同道德观并经常进行的社会参与行动的产物。信任不是一种随着使用而减少的资源，而是相反，越用才可能越多，信任是由于不用而减少的。

社会信任虽然首先体现在广大公民之间的日常信任关系之中，但公民之间信任关系建立的前提是国家或国家行政机关合法而有效的行为，正是出于对它们存在之合法性的确信，公民才能信任其他公民（特别是素昧平生的陌生公民）。而且，在不同的政体中，由于国家与其成员之间的关系状况不同，彼此的信任也非常不一致，不同的国家在催生公民间信任中起到的作用和效果是非常不同的。托马斯·雅诺斯基（Thomas Janoski）提出，“公民对国家的信任，在社会民主政体国家中高，在传统政体国家中次之，在自由主义政体国家中最低”[①]。人际间信任和合作的态度在发达的民主制国家更为常见，这是因为人们可以形成与保持对政治制度和政治领袖的适度信任，虽然绝大多数公民实际并不会深度参与政治活动，也不会时时监督政客们都做了什么，但一旦发生不信任，他们就可以获得有效途径或手段表达心愿并做出新的选择。因此，“社会的信任促进了公民之间的政治合作，如果没有这种信任，民主政治便是不可能的”[②]。

现代社会信任的形成受制于这样一些条件：(1) 存在相对稳定的社会分层和相对开放的社会流动。没有分层和流动，人们彼此完全一样，就没有信任与否的问题了，正是因为有差异，并且这样的差异是透明、公开的，人们才对他人和自己的行为做出预期，从而产生信任的动力。(2) 水平网络组织的有效活动。水平网络组织的有效活动不是依靠权力、政府力量支撑的，这就保证了网络组织的自愿性。在水平网络组织内部，成员间的关系是平等的、相互的，没有谁比谁享有更多权利而较少尽义务，如此就可以保证组织成员间的互补性。而且，水平网络组织的存在可以缓解来自以纵向分权为特征的官僚体系和行政权力的压力，为限制公权力的扩张增设了缓冲地带。现代民主政府大多对公民结社给予了充分支持，允许个人自发尝试，鼓励公民自主创新，在后果、有效性乃至合法性并不明朗的情况下，不做简单、粗暴的干涉。水平网络组织可以是营利组织，如各种咨询、服务机构，也可以是非营利组织，如谋取公共利益的环保、救济、慈善等社团。不同类型网络组织的存在可以满足社会成员的多重需要，并为他们了解其他有相同兴趣和共同话题的人提供了平台，也就创造了社会信任的基石。(3) 存在相对独立的社会空间。这里讲的“社会”是一个狭

① 托马斯·雅诺斯基. 公民与文明社会——自由主义政体、传统政体和社会民主政体下的权利与义务框架. 柯雄，译. 沈阳：辽宁教育出版社，2000：127.

② 加布里埃尔·阿尔蒙德，西德尼·维巴. 公民文化：五个国家的政治态度和民主制度. 徐湘林，等译. 北京：华夏出版社，1989：537.

义概念，指公民日常生活的社区空间。

许多学者的研究成果表明，国家、政府并不是社会信任的提供者，甚至可能成为社会信任的破坏力量，如城市改造计划就可能严重摧毁旧城区居民原有的社会信任关系和行为模式；资助贫困乡村政策很可能仅仅强调了外力源的输入，却忽视了当地久已形成并积淀下来的内部机制。西方学者在讨论与政府相关的问题时多用“合法性”（legitimacy）概念，而不是“信任”（trust）概念。信任是在“社会”中产生的，而不是在与国家、政府的关系中产生的，公民与国家的关系是带有强制性的关系，你必须接受（当然在极端情况下，你也可以完全不接受，如移民等）。而社会信任却是可以选择的，选择的自由和多样性只能在“社会”中进行，若上升到国家层次，就会带来经常性的重大政治动荡。现代政治结构通常都高度肯定社区的基础性作用，并给予政策性倾斜，从而完善社区结构和功能，使社区成为多样性交往、社会信任的生长点。

近代西方国家在发展资本主义的过程中经过了许多曲折，历时数百年才建立起了相对完善和丰富的社会信任，这其间包括教育的普及和推广、知识分子在社会生活中独立作用的确认、专家智囊的设立、利益集团的谈判程序和协商机制的确立以及公正司法体系的建立等。但是，落后国家在追赶西方国家的过程中，不再有足够的空间和时间在自身内部缓慢地积累社会信任的基础，例如，日本采取了以国家权威全力开展社会整合的国家主义方式，自上而下地推动工业化、城市化的进程，成效显著。但付出的代价也非常高昂，对外侵略就是转嫁国内矛盾和社会各阶层利益冲突的后果之一。二战后的日本开始注重培育民间力量，行政机关积极辅助而不是全权取代民间组织的发展，获得了很大成功，维持了战后至今的健全社会结构和经济成就。

最近的100多年间，中国社会经历了数次重大变迁，出现了许多新元素，导致了众多不可忽视的结果。例如，传统文化的影响力大大减弱；确认了国家机构及其目标的绝对至上性；军事、政治、经济等活动轮番占据国家生活的统治地位，成为压倒一切的支配力量。总体上说，目前中国的社会信任严重不足。尽管人们可以在表面上服从组织及其权威，但在内心里并不认同它们；尽管人们每日进行各种交往、结成各种关系，但存在

“资本化”“功利化”等倾向，这又反过来使人们对交往、关系活动的兴趣大大降低，最严重的是，人们缺乏彼此默认的共同行为规范以及支撑这些规范的共同信念。我们今日所要努力建立的社会信任，不仅应当满足社会主义市场经济和民主政治的要求，而且还要确立社会信任本身的独立价值，在广泛的公共政策、社会事务等之中加以落实，并使之与公民道德的内在要求相一致。

以构建社会信任为宗旨的公民教育需要在如下方面着力：一是提升公民的理性能力。例如，从哲学、文学、教育学等学科的学习入手，经过认识和推理活动，在观念上接受人的目的性以及信任对社会生活的必要性，承认信任的内在价值。这种理性能力离不开普及而逐渐递进的人文教育，学校这样的正规机构是重要的提供者，报纸、广播、网络等的宣传和引导也扮演了不可忽视的作用。二是对潜在利益关系的洞悉和接受。例如，在充分竞争的市场环境下，每一个自由的参与者在无数次博弈之后，将学会与不同的群体或集团进行合作与交换，从而实现自身的利益，即以信任为前提的互惠行为。这样的互惠行为逐渐增多，就会成为他们的习惯，他们身处其中的社会之社会资本也会相应提高增量。所以，市场经济体制的建立、个人参与范围的扩大、工业化、都市化生活的经历都会促使人们打破封闭、狭隘的自我，意识到他人的客观性，并学会采取利人利己式的双赢方式。三是维护中立的公共权威。公共权威主要指体现在国家政策或法律之中的权威。民主、科学的国家政策不仅将减少官员的个人主观性、随意性，而且可以为社会信任的形成创设平台。同样，依法治国也可以确认社会生活的客观依据，从而促使人们对彼此的行为产生预期，并进一步形成对他人、对社会的信任。

（二）我国公民教育现状

我国公民教育的理念肇始于梁启超的“新民”说，他批判中国传统道德只讲“五伦”，道德教育只传授了私德，忽视了群己关系，即公德问题。突破血缘亲族关系原则而在道德理性上把自己视为与其他人一样的普通人，追求公共生活中平等、自立的人际关系，这就是“公德”。民国政府建立后开始在公立学校进行公民教育，但主要是党国教育，即将国民党执政的合法性与民国政府的正当性混为一谈，开展的公民教育之侧重点是党化教育。尽管这样，还是对公共生活道德、现代文明交往礼仪及观念等进行了普及。新中国成立初期，在除旧布新中，完全否决了民国政府在公民教育上的合理内容，以至全面中断了公民教育。进入 21 世纪以来，中共中央发布了《公民道德建设实施纲要》，这标志着对公民问题的重新认识和公民教育的渐进推行，但囿于路径依赖，无论在教育内容、教育方式上，还是在教育阶段、教育层次上，都还存在许多问题。我们的实证调查数据显示：绝大多数中国普通公民对公民角色的认识十分模糊，仍然以计划经济时代的主从关系视角看待公民与国家的关系，还不能清楚区分公民道德教育与思想道德教育、好公民与好人等概念。要解决上述问题，今后还需要在教育指导理念和社会行动上付出更加艰苦的努力。

1. 公民教育的内容

现代社会既存在公共领域与私人领域相分离的二元结构，同时又提供了不同领域相互贯通的各种活动形式。这就造成了现代人的多重身份和行动上的多种角色。每个人只有依据场合、情境、关系等扮演好自己的角色，才能形成合理的社会秩序，这就离不开持续、有效的公民教育。

事实上，我国的中小学公民教育尚不普及，多与德育、思想政治课混同起来了。在德育课教学内容中，主要包括爱国主义教育、道德教育、法制教育、人生观教育以及良好的个性心理品质教育①，其中要求最为详尽的是爱国主义教育、道德教育以及法制教育。这种教育也影响到了人们对“好公民”的理解，在有效回答中（见图 6－2），位居于前三项的选择依次为有道德修养、遵守法律、积极争取自己的合法权益，其所占百分比分别为 34.2％、32.5％和 10.5％。此外，也有部分（8.9％）受访者回答“能够与周围的人和睦相处”，这表明在一部分人眼里，公民首先是一个善于与他人相处的人。积极争取自己的合法权益、善于与他人相处的人是有可能发展为当代中国社会的好公民的。

---

① 孙学策. 我说德育. 北京：开明出版社，1997：231－234.

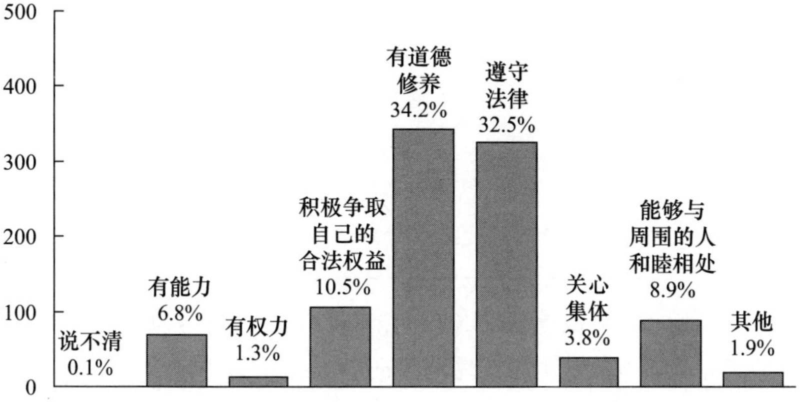

图 6-2　您认为，判断一个人算不算“好公民”，最关键的标准是什么？①

现有思想品德课的教学主要是一种灌输式教育，灌输教育强调正确的价值导向，注重培养学生对祖国和人民的情感、积极进取的精神，以及为国家和社会献身的高尚情操。在问及“学校关于思想品德方面的教学内容，什么给你留下的印象最深”时，位居前两位的是“热爱祖国，国家和民族的利益高于一切”（26.7%）以及“没有共产党就没有新中国”（23.6%），可以看出德育教育还是给为数不少的人留下了深刻印记，但紧随其后的回答是“没有留下什么印象”，占有效回答的 21.4%，这也反映了灌输教育的困境（见表 6-12）。

表 6-12　学校关于思想品德方面的教学内容，什么给你留下的印象最深②

	人数(人)	百分比(%)
公民享有受到法律保护的基本权利，也必须履行应尽的义务	2	0.1
说不清	2	0.1
没有留下什么印象	323	21.4
不适用	205	13.6
热爱祖国，国家和民族的利益高于一切	402	26.7
没有共产党就没有新中国	356	23.6

① 在全部问卷中，回答本问题时有 289 份答案无效，有效问卷为 1 328 份。

② 在 1 617 份问卷中，回答本问题时有 110 份答案无效，有效问卷为 1 507 份。

续表

	人数(人)	百分比(%)
领导干部是为人民服务的公仆	58	3.9
社会主义国家是人民当家做主的国家	94	6.3
其他	65	4.3
合计	1507	100.0

邓小平曾指出，改革开放以来的最大失误在于教育，联系公民教育的现状来看，改革开放前也存在教育上的失败，主要是放弃了公民教育，用政治服从、政治忠诚取代人格培养和理性判断，导致了畸形的社会人员关系。“文革”的发生就是其中一个恶果。

改革开放以来教育方面的总体失误在于，教育的功利化日益显著。系统的学校教育除了技能传授，还可以影响人的性格、社会心理、行为方式等的形成，公民教育应当全方位地重塑社会人。然而，近些年来，我国教育出现了严重的扭曲，基础教育只为升大学做准备，而大学教育则大多又只为谋取高收入的职位做准备，人文学科的教育受到冷落。金融、工商管理、计算机等无疑都是重要的，但掌握这些方面知识的人若没有健全的心灵、健康的人格、良好的生活方式，是难以胜任推动社会发展的重任的。同样，仅仅以追求个人实物、实利为目标的人，也很难具有独立人格和公民精神，也就不会对整体的社会进步做出有益贡献。

2. 公民教育的形式

对普通公民来说，他的日常生活离不开家庭、社区、单位（在单位制削弱的行业，职场成为类似单位的地方）和其他场景。在这些场景中，他会受到他人的生活经验、生活际遇，以及媒体传递的若干信息的影响，因此，公民教育不能忽视日常生活场景。公民教育不是哪一个人群教育另外一些人群的问题，而是一种全民教育，涉及每个社会成员，所有人在自己的一生中都应该有过接受公民教育的经历。除了在学校实行公民教育外，体制内的企业、机关等提供的单位教育也可以构成公民教育的重要部分，政府部门的行为所产生的示范效应有时远远大于任何学校或媒体的宣讲。如何将关乎公民的教育贯穿于广义的社会学习中，这是一个很值得人们认真研讨的主题。

师生关系模式是学生参与政治与社会生活前的一种模拟和训练，学生从这种模式中可以习得诸多相关的公民品质。在传统中国，老师具有很重要的地位，“一日为师，终身为父”强调了老师对学生的尊长地位。即使在今天，“尊师重教”仍然十分重要。那么，如果学生有与老师不一致的看法，他会采取怎样的行动？老师允许学生持有不同的看法吗？从表6-13可以看出，随着年龄的增长，有效回答中选择“从不允许”的比例逐渐增加，而选择“经常允许”的比例逐渐减少，这揭示了时代变化与学生参与气氛的改善之间的正相关关系。

表6-13　本人年龄与读书时老师允许提出不同看法的列联分析

年龄 \ 看法		不知道	说不清	经常允许	有时允许	一般不允许	从不允许	合计
18～25岁	人数（人）	1		189	204	58	11	463
	百分比（%）	0.2		40.8	44.1	12.5	2.4	100.0
26～35岁	人数（人）	4	1	74	166	100	26	371
	百分比（%）	1.1	0.3	19.9	44.7	27.0	7.0	100.0
36～45岁	人数（人）	6	9	51	160	91	36	353
	百分比（%）	1.7	2.5	14.4	45.3	25.9	10.2	100.0
46～55岁	人数（人）	8	5	39	100	55	37	244
	百分比（%）	3.3	2.0	16.0	41.0	22.5	15.2	100.0

续表

年龄 \ 看法		不知道	说不清	经常允许	有时允许	一般不允许	从不允许	合计
56～65岁	人数（人）	5	3	10	23	17	15	73
	百分比（%）	6.8	4.1	13.7	31.6	23.3	20.5	100.0
合计	人数（人）	24	18	363	653	321	125	1504
	百分比（%）	1.6	1.2	24.1	43.4	21.3	8.4	100.0

我们进一步请受访者回忆受教育期间印象最深刻的三位老师，结果发现，绝大多数受访者印象最深刻的老师集中在小学阶段和初中阶段，可见，小学与初中时代老师的言行对学生的影响较之其他阶段要大。而且，受访者在回忆这位印象最深刻的老师之主要表现方面时，人品方面和知识方面的印象位居前两位，分别占有效回答的 39.9%和 23.5%。这表明，人们更倾向于从道德层面来认识和归类对自己有影响的人。

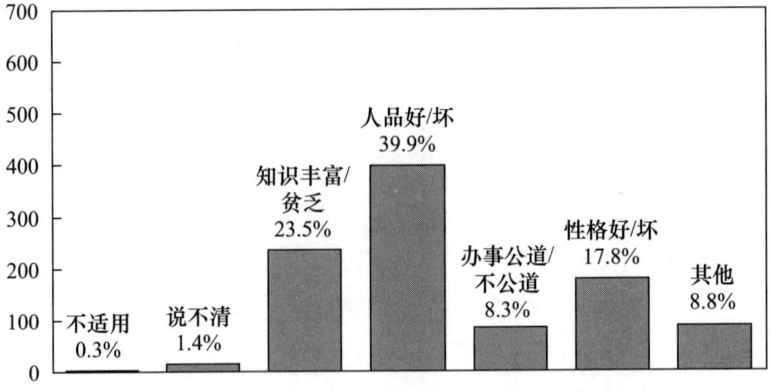

图 6-3　请您回忆一下，甲老师留给您最深刻的印象①

我们也发现了微妙的性别差异（表略），受访者对男性老师的印象多集中在人品和知识方面，分别占有效回答的 36.6%和 33.8%，而对女性

① 共发放 1 617 份问卷，其中 167 份答案无效，有效问卷为 1 450 份。

老师的印象则集中在人品和性格方面，分别占有效回答的 44.3%和 23.5%。受访者对不同性别的老师所产生的影响进行了有意识的区分，对男性老师更强调他的知识，而对女性老师则更强调她的性格。

中国家庭历来注重对子女的家教，特别是品格的培养和知识的传授，但在政治参与方面，基本持一种淡然处之的态度，这可以从受访者对以下问题的回答中反映出来。在问及“18 岁以前，家里关于政治话题方面的讨论多吗?”时（见图 6－4），35.3%的受访者和 33.2%的受访者选择“比较少”和“几乎没有”，仅有 8.7%的受访者和 1.5%的受访者分别选择“比较多”和“很多”，这表明，即便在今天的中国家庭中，作为成人的父母、长辈也较少主动与子女、晚辈谈起政治话题，更鲜少进行政治事务的观点引导。人们对政治参与普遍持一种冷漠或回避的态度。

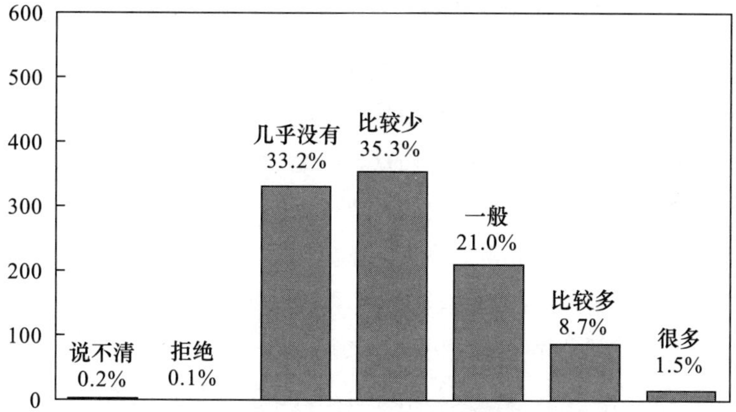

图 6－4　18 岁以前，家里关于政治话题方面的讨论多吗?①

不过，情形也在发生缓慢且明显的变化。在问及“18 岁以前，关于政治方面，家里讲得最多的是什么?”（表略）时，有效回答中比例最高的是“从未讲过”，这与绝大多数家庭对政治话题不感兴趣基本一致。排在第二的是“要积极追求进步”，排在第三的是“要听政府的话”。从年龄分布来看，选择“从未讲过”的，56～65 岁组比例最高（41.2%），18～25 岁组比例最低（26.0%）；选择“要积极追求政治进步”的，18～25 岁组

① 发放之 1 617 份问卷对这道题的回答都是有效的。

比例最高（32.7%），56～65 岁组比例最低（11.3%）；选择“要听政府的话”的，18～25 岁组比例最低（12.3%），56～65 岁组比例最高（29.9%）。可以推测，社会观念正在缓慢改变，在一个崇尚竞争的社会里，今日的中国父母愿意鼓励子女积极参与竞争，获得竞争中的优势地位。

3. 公民教育的载体

虽然公民大多通过日常生活逐渐获得一些与公民活动相关的知识，但这样的知识比较零碎，而且这样的过程比较漫长和不确定，因此，系统且持续的公民教育就显得必要。一个人要完成从自然人向公民的转化，首先就要实现观念上的转变。要保证多数公民都具有一定水平的公民道德，仅靠个体公民的分散力量是不够的，需要社会的整体倡导和有计划的推动。

在近代西方，公民道德与公民教育两个概念是同时提出的。新兴资产阶级在试图创立不同于封建王权和教会的新社会制度时，意识到必须培养具有进步观念与合理行为方式的民众，因此，改造国民、培养新的国民气质成为资产阶级登上历史舞台时的首要任务。许多当时的风云人物都投身到了社会教育事业之中，例如洛克、孟德斯鸠、卢梭、霍尔巴赫等都大力倡导公民教育，他们所提出的学说也为西方公民教育奠定了理论基础，至今，西方各国仍然非常重视公民教育，并取得了突出成效。

在现代社会，学校日益成为培养合格公民的最重要的场所，不仅发达国家无一例外地重视学校公民教育，发展中国家也将公民的训导纳入国家意识形态建设和社会成员养成的宏大计划之中。在健全的学校公民教育体系中，既有公民、伦理、社会等专门课程，又开发和采用了新颖、生动的课堂教学形式，如角色扮演，模拟国会或法院，参观社会机构或政府部门，不定期地参加义工活动，案例法①、两难法②也是经常被运用的教学

① 教师讲述已经发生的故事或生活事件后，向学生提问，并做出点评，促进学生深入思考。

② 由教师给出一个情境，在此情境下，任何一种选择都可能造成不当的结局，在对选择及其理由做出充分检讨的过程中启发学生认识到实际生活的复杂性，告诉他们要尊重每个人的特殊利益，同时每个人都应当主动地面对自己的问题并努力加以解决。

法。这对培养未来社会成员的主体性和理性行为方式都有积极意义。

社区活动是公民教育的一个重要场所。在近代西方，“公民”源于“市民”，它是13世纪以后随着新兴资产阶级的壮大和城市的形成而出现的。与乡村的“熟人社会”不同，城市中的市民以利益为驱动，与各种素不相识者打交道，形成了城市生活方式，这就是社区活动的雏形，它包括公益活动、维权活动、邻里矛盾的调节等。社区活动使生活在其中的人消除了陌生感，改变了各自为政的行为方式，产生了相互关系，从而共同合作，促成公共利益的实现。中国城市的起源及功能都与西方不同，城市主体即市民的行为也有很大差别，与此相应，社会关系和交往方式也非常不同。在中国，人们的社交对象绝大多数是熟人，包括亲戚、同学、同事、朋友；而在欧美，人们的社交对象常常是素昧平生的人，彼此互不认识的人通过晚会、酒会、派对而结识、相知。日本社会曾经也不同程度地存在这一问题，即城市居民认同程度低，共同活动少。20世纪70年代以后，在国际化潮流的影响下，日本各地方政府开始注重这一点，发起了许多运动，借助民间力量，促成“地方振兴”“邻里和睦”，这些都加深了日本社会内部的关联，也推动了面向世界的开放，公民教育也在其中获得深化。

公民教育还需注意性别参与的问题。前文曾谈到，性别差异与对政治话题的关注程度具有明显的关系，男性较之于女性，对政治话题更感兴趣。在中国，传统女性的角色主要是妻子、母亲，而非职业劳动者，她们一直被排除在政治事务之外。在公民教育中引入性别视角十分必要：一方面，应当给予女性参与机会的适度倾斜，使她们经受政治事务的锻炼，从而培养兴趣，积累经验；另一方面，既然男女有别，就应当采取或开发出更多的公民参与、交往的现实渠道、载体，以便女性自如选择。

朋辈的交往也具有公民教育的意义。一些具有社会性的观念和行为方式会通过朋辈间的议论、模仿而得到强化或被放弃。我们的调查结果也表明，朋友之间对政治话题的关心会切实地影响到公民的政治参与意愿。表6-14显示，与朋友谈论政治话题的受访者一般比较关心各级政府的政策，从不与朋友谈论政治话题的受访者中有23.5%的人从不关心各级政府的政策，而经常与朋友谈论政治话题的受访者中有47.3%

的人比较关心各级政府的政策，这两组数字形成强烈的反差，朋辈之间是否谈论政治话题表明了他们的参与意愿，同时也正向强化了他们的参与行为。

表 6-14　您与朋友之间谈论政治话题吗？您平时关心各级政府的政策吗？

是否谈论政治话题 \ 是否关心各级政府的政策		从不关心	很少关心	比较不关心	一般	比较关心	非常关心	合计
说不清	人数（人）		1		1	1		3
	百分比（%）		33.3		33.3	33.3		100.0
拒绝回答	人数（人）		1					1
	百分比（%）		100.0					100.0
从不谈论	人数（人）	35	43	14	25	28	4	149
	百分比（%）	23.5	28.9	9.4	16.8	18.8	2.6	100.0
一般不谈论	人数（人）	31	137	32	77	62	10	349
	百分比（%）	8.8	39.3	9.2	22.1	17.8	2.8	100.0
有时谈论	人数（人）	26	89	46	116	154	30	461
	百分比（%）	5.6	19.3	10.0	25.2	33.4	6.5	100.0
经常谈论	人数（人）	4	18	7	25	70	24	148
	百分比（%）	2.7	12.2	4.7	16.9	47.3	16.2	100.0
合计	人数（人）	96	289	99	244	315	68	1111
	百分比（%）	8.6	26.0	8.9	22.0	28.4	6.1	100.0

媒体有着传播信息量大、涉及面广、形式多样的特点，对青少年的影响不容忽视。表 6-15 是从年龄与媒体接触频率之关系来看不同年龄段人

群接触各种传媒的情况。网络作为一种新的传媒方式，受众群体明显年轻化，18～25岁的受访者中有41.1%的人经常接触，与56～65岁的受访者中有95.8%的人从不接触形成鲜明的对比。传统传媒中电视的受众面很广，在年龄层次上没有太大的区别，绝大部分人经常接触电视。央视市场研究公司2003年9月发布的《全国卫星频道覆盖率普查》显示，全国电视机普及率达到85.88%，高覆盖率使之成为公众接收信息和娱乐消遣的主要渠道。从公民教育的意义上说，电视这一为大众广为接受的媒体可以发挥相当大的作用。不过，深入来看，报纸、电台的作用可能更加重要。

表6-15　年龄与接触网络情况的分析

年龄＼接触网络情况		从不	偶尔	有时	经常	合计
18～25岁	人数（人）	72	80	122	191	465
	百分比（%）	15.5	17.2	26.2	41.1	100.0
26～35岁	人数（人）	191	50	50	104	395
	百分比（%）	48.5	12.7	12.7	26.3	100.0
36～45岁	人数（人）	294	32	28	32	386
	百分比（%）	76.2	8.3	7.3	8.2	100.0
46～55岁	人数（人）	214	29	13	12	268
	百分比（%）	79.9	10.8	4.9	4.4	100.0
56～65岁	人数（人）	92	3		1	96
	百分比（%）	95.8	3.2		1.0	100.0
合计	人数（人）	863	194	213	340	1610
	百分比（%）	53.6	12.0	13.2	21.2	100.0

公共图书馆和博物馆以及公立公园等都可以成为公民教育的载体。在美国，各地的图书馆就很好地发挥了这个作用。在美国各地，“图书馆”和“医院”一样，是专门在路标上加以特别标示的。美国公共图书馆传达了两种主要精神：一种是“公共图书馆是城市最主要的免费公众空间”①。公共图书馆注重对市民的全面服务功能，突出提供专业性的公共教育。图书馆通过图书这个媒介，促使人和人之间发生联系。所以，美国图书馆除了让市民能够随时进来读书、用书、借书以外，还把举办各种文化讲座、文化聚会、社区的公共社交等放在突出地位，并且坚持向不同族裔的市民开放，方便各个族裔市民进行文化传统研讨和群际社会联络。另一种就是“图书馆是读书、用书的地方，而不仅仅是藏书的地方”。进入美国任何图书馆，每个人都可以是图书馆各种服务的中心，所有读书、用书的便利都因读者的具体需要而设。

公民基于责任感而提起的公益诉讼也是一种公民教育。提起诉讼的公民将因经历完整的诉讼过程而了解国家的司法、行政组织，增长见识，其他公民同样会因这个事由而得知某个法律的本意和公民在国家中的地位。近年来，全国各地都有公民针对政府信息公开、项目工程环境测评、城市自来水水质、药品原料成分和毒副作用提示等关系国民切身利益的民生问题向法院提交诉状。虽然大多数公益诉讼的结局不太令人满意，当事人也身心疲惫，但这些诉讼都显示了正在萌芽的中国公民的权利意识和社会连带感，他们关注、参与公共事务的行动，以和平的、建设性的方式推进着中国社会政治生活的现代化，这些都是非常值得赞许的嘉言懿行。

(三) 重申共和国精神是最好的公民教育

我国是人民共和国，不断重申、始终维护共和国精神，应成为我国公民教育的基本指导思想。

1. 坚守公正价值

公正，是人民共和国的一个核心价值。公正不应只是抽象的观念，还要以看得见的方式呈现，让全体公民在每日生活中就能充分感受到，这就

---

① 英文里的 free 包含“免费”和“自由”两种含义。

要求国家及其组织机构夯实各项维护公正的制度。

现代社会的有序发展离不开各项稳定而合理的制度，公正的制度恰当设置了公民与国家的各自权限，均衡分配了公民间的权利与义务。一旦确立了公正的制度，公民教育的一个目标内容就是将此公正的制度视为根本，培养具有现代制度意识和遵守制度的合格公民。

现行的《中华人民共和国宪法》是1982年第五届人大五次会议通过的，以后经历了五次较大程度的条文修改，但主体内容得到了延续，该宪法承诺了公民的若干基本权利与义务，也确定了诸多原则，如“法律平等原则”“尊重社会主义道德原则”等，这些都构成了我们的共和国精神。对共和国精神的维护应成为一切国家机关、国家工作人员、普通公民日常化的行为，此间所显示的公民自主、理性、尊重等道德意识正是公民教育所要达到的目标。无论各级政府还是公民个体，倘若在实践中对共和国精神缺乏尊重，都应当受到谴责并得到及时制止。

依共和国精神而设置的社会制度安排不会自动形成，而是从各种社会力量尤其是各阶层间漫长的利益博弈过程中逐渐生长出来的。即便是国家最高制度的制定者，例如全国人大常委会，也面临着均衡各个利益相关者之利益的难题，经常陷入左支右绌之中。令人欣喜的是，中国的两会制度一直在贯彻共和国精神中不断改革，人大代表和政协委员的社会阶层利益代表范围也在不断扩大。十七大以来，越来越多的新阶层代表和委员在“两会”中崭露头角，他们有十分强烈的政治参与愿望，人们也相信这样的新兴阶层会越来越成为公众的代言人，并对国家公共事务建言献策。在之前官员代表和官员委员过多的时期，“两会”上的博弈主要是以官员为主体的地区间、部门间的利益博弈，各新兴阶层的代表和委员增多之后，社会各个阶层的利益诉求就有望成为公共议题，从而影响国家的重大决策。

公民教育属于公民道德建设的一个方面，但全民性的公民教育并非知识性教育，而主要是通过制度改进、机制完善来达到公民行为水平的提高，其核心问题是解决好权利与义务、个人与国家等方面的关系。

培养学生的现代公民意识，校方首先要模范地遵守宪法和法律，依法办事才是最重要的教育方式。然而，中国现有学校管理工作的价值导向一直都把维护学校的秩序作为着力点，强调行政权力至上，形成了以学校权力吸附学生权利的“权力本位文化”，很大程度上削弱了学校在公民教育中的主导地位。例如，对受教育阶段的未成年人的严厉纪律处罚，其实是放弃了学校在对学生心智启蒙方面的责任。有这样一个事件，北广附属实验中学的张阳，报到的当天就被开除了，因为他在宿舍抽烟。学校校长解释：做出此决定是因为“很多家长反映校风不好”，虽然“并没有具体处罚条例”作为依据，但“我们学校管理比较严”。没有校规的明确禁止，因为一个似是而非的理由就用开除学籍这一重罚，根本不给犯错学生改正的机会，这显然是非常不合适的。学校本是教育人、培养人的场所，但如此处理一个犯小错的学生，我们如何能指望它培养出人格健全、具有完整的权利意识、知道自尊也尊重他人的现代公民呢?

“公民”既可以指代全体，也可以指称某个具体人，但维护共和国精神的主体主要指具有充分理性、完整权利的公民个体。从古希腊的德尔菲神谕“认识你自己”，到文艺复兴时期蒙田的家族徽章“我知道什么”，再到19世纪末尼采的“重估一切价值”，都提醒着这一真理：个人最深刻的道德增进和精神成熟的基础是超功利的智慧认知。换句话说，个体或个人概念具有丰富的精神内涵。继承了现代文明成果的共和国精神也鼓励独立、有责任担当的个体。

现代法治社会的公正首先体现为制度公正，它来自共和国制度这一基本共识的重申。从内容上看，制度公正对公民个体而言就是恰当的权利-义务分配，对社会而言就是稳固的产权制度。从字面来理解，“产”(property)在法律上指资产（尤其是地产或房产），但在经济学上指有竞争性的经济物品，包括消费物品。但“产权”或“财产权”是一个非常抽象的经济学概念，指“归属清晰、权责明确、保护严格、流转顺畅”等意涵的一系列权利，即权利束。在提供了现代国家逻辑证成的学说——社会契约论看来，财产权是在国家诞生之前就为个人所拥有的自然权利，在国家诞生之后成为个人的法律权利，财产权先于国家被视为公民与生俱来的权利，而非“人为权利”或“社会权利”。财产权为公民个人分散持有，国家或各级政府只是靠税收维持自身的日常运转，即便拥有部分公共财产，绝不具有对这些公共财产的财产权，更不能以敛财、积累财富为目的。

产权理论的大家巴泽尔（Y. Barzel）曾说：“个人对资产的产权由消费这些资产、从这些资产中取得收入和让渡这些资产的权利和权力构成。运用资产取得收入和让渡资产需要通过交换；交换是权利的互相转让”①。产权的行使需要政府提供保护，但政府又有可能损害产权，这就是“产权悖论”：产权离不开政府的保护，没有政府不行，产权离开了国家的强制力便不能得到有效的落实；但政府权力又会损害产权，造成“所有权残缺”，因为政府是垄断组织，政府损害产权的情况一旦发生，后果就十分严重，必须予以约束。现代西方已经发展出多种解决这一悖论的成熟方案，那就是通过法治来约束政府的绝对权力。

现代企业制度实际建立在公民自由的基础上。由于存在市场不确定性、人的机会主义行为、人的理性有限性和客观物资资源的专用性等不可克服的难题，人类之间的交易必然会有成本。经济学家科斯（Ronald H. Coase）指出了产权与交易的密不可分的关系。如果产权被完整界定，交易成本一定为零；如果交易成本大于零，产权就不能被完整界定。交易成本最低的制度安排是最有效率的，这就要求政府权力受到节制，同时运转有效，从而保证转让、获取和保护产权的成本最低。

公正的制度要保障权责对等、赏罚分明，有权做决定的政府部门必须承担决策的后果，做出违法行为的人必须接受相应的惩罚。而且，还要在全社会范围内分配权力，构成权力的相对分散、适度行使和有效制衡的合理关系，国家权力应在公民（公民权）、社会组织（社会权）、政府部门（行政权）之间恰当分配，任何一方的权力都应有充分的救济渠道而不至于被吸纳或吞没。完整的“社会存在可以划分为三个领域：私人领域、社会领域和政治领域。私人领域是个人私自生活、家庭生活的领域；社会领域是人们私领域之外的社会生活范围，包括社会行为、活动、市场和对于公共事务的议论；政治领域是政治权力系统覆盖的区域，包括执掌和行使政治权力的人及其行使权力涉及和覆盖的区域范围”②。公正的制度应当

① 巴泽尔. 产权的经济分析. 费方域，段毅才，译. 上海：上海三联书店，1997：2.

② 葛荃. 社会性与公共性析论——兼论中国社会三层次说及其方法论意义. 学习与探索，2013（10）：49.

在这三个领域做出合理的权衡。

应当看到，政府部门的行为所产生的示范效应要远远大于任何学校的宣讲。如果政府政策因人而异，朝令夕改，如果政府部门在城市改造、招商引资等公共事务中与企业、与私人资本“眉目传情”，公众的利益就无法得到保障。政府失信行为的频繁发生将不断破坏社会制度的公正价值。不难想象，政府的每一次失信行为或粗暴违法行为都会给公众造成强烈的冲击，导致政府公信力下降，并进一步造成败德、无良、失信等不道德行为在社会中的传递，破坏社会风气。政府的权力不仅要有法律依据，而且必须以合法的方式行使。

世界银行的研究表明，法治成功必须满足四大条件：一是政府本身受到法律的约束，二是社会上的每个人在法律面前都得到平等对待，三是法律保护每个人的人格、尊严，四是所有人都有权获得司法保障。据此不难明白，现代中国的当务之急显然不是从知识上教育公民，而是从立法上消除对公民的身份歧视，以公平的、可预见的、透明的方式来制定和应用法律法规，为良法的实施提供稳定的制度环境。此外，各级政府部门应率先成为守法的模范，让宪法以看得见的方式得到执行。

令人欣喜的是，中国的立法参与者们正在越来越直接地表达自己的意见，而各利益相关方对自己的要求也毫不隐藏，例如，2007 年 6 月 24 日全国人大常委会会议审议了《劳动合同法（草案）》《突发事件应对法（草案）》《就业促进法（草案）》等。中央军委针对《就业促进法（草案）》提出，现役军人家属作为特殊群体，其就业问题直接影响军心士气和部门稳定，建议明确对其进行扶持。国家安全部建议把《突发事件应对法（草案）》中的“大规模恐怖袭击事件”修改为“恐怖袭击事件”，国家信访局建议明确将信访问题引发的群体性突发事件归入社会安全事件的范畴，而国家环境保护总局（现中华人民共和国环境保护部）则建议把“环境事件”列为独立的突发事件。虽然各个部门都有自身部门利益的考虑，但只要将这些话题变成公共话题，并与其他部门一道平等协商、讨价还价，它们的活动就属于公共事务，就具有公民教育的示范意义。

2. 促成公民的身心协调

从一定意义上说，公民的身心协调是公民道德的前提。现代社会的公民道德养成，通常一方面借助日常生活和传统文化的熏染，另一方面则借助正规、常态的公民教育。但是，公民道德不只是指公民的受教育水平，还指公民持有的开放胸怀和善意心态，以及妥协的行为习惯，自如地实现个人角色与社会认知之间的协调。

前文已经指出，公民自治、公民结社等都是非常重要的公民教育形式，而且公民在社团中的自治有利于身心协调。“公民身份需要某种抽象的和精致的思维能力。一个公民需要理解：他的角色所包含的地位、忠诚感、义务的承担、权利的享有等，首先不是针对另一个人，而是针对一个抽象的概念——国家”①。民间组织的健康发展与缩小政府活动范围、限制政府权力呈现出正相关关系。无数普通公民正是在结社和参加社团的活动过程中相互了解，掌握政治、法律信息，并习得必要的社会知识和公民交往的技巧，知道如何表达自己的意见并被他人接受，从而成为自觉、理性的公民。

针对国内广泛争论的房地产税问题，从培养公民道德的角度，我们可以做出如下思考。一般而言，一个人在某地买了房，安了家，哪怕是为了自己的利益，也会对本社区的公共环境有所贡献，因为“有恒产者有恒心”。个人财产同时意味着个人责任。从发达国家的经验来看，房地产税不仅意味着个人对社会的义务，而且是地方自治的基础。房地产税之所以下放给基层的行政组织，主要是因为工业发展所产生的一系列社会问题，如公立学校、公园、公共图书馆、供水排水系统、公路等，无法通过远在天边的中央政府来统一解决。最了解一个社区内问题的，是该社区的居民。征收房地产税的权力，就应该交给这个社区的自治体。征收多少，要取决于这个社区的居民愿意在自己的居住环境上投资多少。而这个社区的居住环境的好坏，又直接关系到居民所拥有的房产的市场价格。只有这样，才可能提高居民的纳税意识，把纳税从义务转化为责任。如今中国正在高速城市化，仅仅靠政府，无法有效地解决复杂的城市公共管理问题。随着私人房产的普及，居民对本社区的地域观念也将越来越强。这就为试

---

① Derek Heater. Citizenship: The Civil Ideal in World History, Politics and Education. London: Longman, 1990: 2.

行基层的公民自治提供了基础。只有鼓励地方社会自己解决自己的问题，基层行政才会有效率，基层公共物品的提供才会源源不断。显然，在熟悉的生活世界，公民的身心协调较易达成。

在今日中国，各种不平等的规定和现象还大量存在。例如，就业不平等或歧视随处可见。不少人认为存在一定的就业歧视是“不可理喻的必要”。就业人口过剩，健康人都找不到工作，对有缺陷的人做些限制也就可以理解了。还有人认为，就业和 GDP 的增长比起来，其实是太小的代价。然而，生命对每个人只有一次，一个人不管先天或后天有什么样的缺陷，都有追求幸福的权利。就业歧视的结果会严重影响到这些公民的基本生存权，也阻碍了公民自由权的行使。在公务员录用或企业录用中，一个工作岗位设一定的条件不是不可以，问题是所设的那些条件是否为该工作所必需并存在高度的匹配。没有必需和恰当性，该条件限制就构成歧视。如银行工作，就与身高、长相、性别、年龄、民族等条件无关，而与相关学历和专业、经验有关，规定前面的条件就是歧视，规定后者就不是歧视。

广泛的公民平等一定会促成公民的身心协调吗？答案是未必。对公民平等的强调及其相应政策的落实会带来公民基础的扩大，这一方面意味着民主政治的繁荣，但另一方面公民基础无限扩大的最终结果却可能是民主政治的衰退，即使在今天的社会条件下，这一悖论也无法最终解决。在日益扩大的公民范围、门槛极低的公民身份的时代，公民的身心协调不只是个人的心理问题，更是关联着社会福利政策、国家政治制度安排。

20 世纪 90 年代初在国内兴起的“市民社会热”的学术讨论有意强调相对独立于国家权力的社会力量和民间压力的作用，力图肯定由自发、自主的民间创新激发社会的发展活力。市民社会研究的一个重要成果是确认了“公共领域”。以前，人们认为国家与个人只有政治关系，因此主要是服从与被服从的关系形态，但“公共领域”概念的提出修正了这样的偏见。从公共领域角度看待国家，国家不再是绝对至上的存在，国家只能是没有自身的理想与事业的公民联合，即国家不能有自己的目标和事业，而只能为公民实现自己的目标、完成自己的事业提供一个良好的制度环境。这样的国家-公共领域-公民的关系结构，将对中国当代公民道德的具体内容规定以及公民的身心协调提供不同于以往的新设想。

第七章　公民道德问题的比较研究

近现代“公民”和“公民道德”概念均产生自西方，但传输、引入东方世界之后，各国各地依据自身的社会发展状况有所取舍，而且各国各地已有的国民-国家关系模式也深刻影响了各自公民道德构建的历程。从可资借鉴的视角而言，本章主要选取了中国香港①、新加坡、日本加以简要说明，重点分析三地公民道德建设中的历史变迁和重要论题，从中展示富有启发性的特点和经验，以提供公民道德建设的世界性眼光和综合性立场。

一、香港公民道德发展的经验②

1842年鸦片战争失败后，清政府与英国签订了《南京条约》，香港岛被割让；1860年第二次鸦片战争再败，清政府不得已签订了《北京条约》，割让九龙司地方一区；1898年英国强行租借新界北部及附近岛屿，租期为99年，自此，整个香港全境被划入英国的殖民统治之下。英国对香港的统治政策是，将它变成自由港，以增进自身在远东的长远利益，因此，港英政府对香港本土文化和地方社会结构都未做过多干预，也未在民生、社会福利等方面有太大作为，但为了保证经济发展所必需的秩序，港英政府通过独立司法、总督负责制等确立了以法治港的原则。长此以往，

① 考虑到1997年后中国恢复对香港行使主权，香港成为中国的一个特别行政区，这里主要比较香港回归之前的情况。

② 此节部分内容参考了拙文《当代香港社会的公民道德主题》[《昆明理工大学学报（社会科学版）》2015年第4期]。

守法、重契约、一心赚钱不谈政治的经济主义价值观就在香港扎下根来，这些也成为现代香港社会道德观念的主要来源和显著特征。1997 年香港回归后，中央政府主导或授意的社会主义道德观念开始被引入香港，为香港公民道德的发展增添了新成分。

（一）香港公民道德的产生

英国在香港建立起了直辖殖民地式的统治制度，权力高度集中在由英王委任的总督手中，同时采取近似种族隔离的政策，英人与华人分区而居，设立了华民政务司专职管治华人，但对华人的风俗并不直接干涉，例如，在华人集中居住的新界实行理民府和乡民自治并存的管治。有人说，作为一个强大的殖民政府，港英政府有四“不”特点：不负责任的政府、不自治、不具代表性的立法机关、不民主的制度。这比较形象地概括了港英政府的总体特征。前后相继的多位港督都奉行“积极不干预政策”，即坚持自由市场的理念，尽量缩小公共部门的规模，这确实促进了香港人不靠政府靠自己的自立精神，也因政府较少作为，创办企业几乎没有门槛，企业在市场竞争中自生自灭，侥幸做大做强的香港本地企业或因抓住了商机或因强人掌舵，香港企业家完全秉持英美自由市场的理念，与西方主流社会的价值观高度一致。同样，大型银行和大型贸易公司等的扩张完全不受干预，大浪淘沙，适者生存，结果形成了弹丸之地的香港却拥有无数世界级“顶尖的发展型机构”的格局。因为是英国的殖民地，不少香港人拥有英国国籍，他们对宗主国英国抱有复杂的情愫。

1. 殖民地时期的社会道德

港英政府最初定下了一条影响深远的政策：华人可以自由地进出香港与内地，不管是不是香港原居民。迟至 1934 年，号称殖民地自由港的香港首次实行入境管制，各国人士都要持有签证才能入境，但是华人依然保有可以免签进出香港与内地的自由权。这种向华人示好的开放政策使香港成为内地华人避战乱、逃灾荒的最后避难所，在 20 世纪三四十年代，香港与孤岛的上海、沦陷区的北平、大后方的重庆和昆明以及被称为革命圣地的延安一道被视为中国的文化重镇。新中国成立后，因为内地人大量涌入，港英政府不得不于 1951 年设立边界，规定没有合法签证的内地人不得进入香港，但又留下了一个缺口：成功偷渡入境的内地人，只要不被抓到，到达市区后就可以在香港居留。后因冒险偷渡客太多，难以招架，1980年殖民政府做出新规定，以阻挡难以数计的偷渡客：偷渡者不管到了香港的什么地方，一旦被抓，都将立即被遣送回内地①。治理措施的这些变化折射出香港在很长时间内对中国内地具有巨大吸引力的事实。

上述政策直接影响了香港的人口构成状况。除了极少数原住民，绝大多数香港华人都是内地移民及其后代。由于香港不过由几个面积狭小的岛屿组成，早期来此的华人很少有扎根下来的想法，他们来此的初衷或者是逃避战乱，或者是等待转道第三国，或者是寻找发展机会后再返乡。作为移民，他们大多抱有难民心态，既没有长远打算，也没有融入本地社会的意识，所以，对一般性的政治事务、公共活动不感兴趣，而将主要精力放在个人营生、买卖、学问、修身养性等之上，但为了在异地他乡获得互助，宗亲会、同乡会、同友会等草根组织得到普遍支持，参与者众多，华人大多借助这些民间草根组织实现了经济救助、社会同化、文化传承等社会需求。香港发达的民间组织在一定程度上承担起港英政府有所不为的社会事务。特别对华人而言，一方面，这些民间组织将传统的“社”“会”“帮”的结社惯例保留下来，相应的地方文化、行业传统、帮会意识也有所发展；另一方面，这又进一步限制了许多华人对香港公共事务的投入，盛行的是“香港的广东人”或“香港的上海人”式的地方、血亲认同，“香港人”意识非常淡薄。香港华人形成了自己的世界，他们与港英政府、外籍人士各自为政，互不存在于对方的视野中。就华人而言，殖民地时期的香港社会道德与同时期的内地具有深切关联。

实际上，英国殖民者并不鼓励香港人的国家意识和本土意识，故而对香港人的家族主义、自利主义听之任之。殖民地时期的香港社会道德是在关注和支持内地发展、经历日本占领以及英国重返的变迁中逐渐生发出来的，它反映了香港与内地、港民与港府的复杂关系。港英政府迟至20世纪50年代才提出在学校开设“公民科”的要求，讲授内容主要是资本主义基本制度及其价值体系，70年代公民科被改为“经济及公共事务科”，

---

①　陈冠中．我这一代香港人．北京：中信出版社，2013：25-37.

经济活动及其规则的介绍成为重点，同时强调培养公民的守法和服从意识。港英政府以保护民主为名义，对香港居民的政治自由进行了法律上的限制，例如《治安条例》（*the Public Order Ordinance*）就被认为是防范国际共产主义势力渗透以守护香港安全的必要措施。殖民地时期的香港社会道德的突出特点就是淡化政治观念，淡化国家民族意识，同样，也不鼓励对本土社会的认同。

英国的统治当然不可能没有任何积极的输入和产出，它带来的最大改变并成为日后最重要的政治遗产的，就是司法制度的移入和守法精神的确立。“英国占领香港，带来了英式的政法制度，以及一个国际网络（香港成为大英帝国或后来英联邦之一员），在周遭的动乱环境中，英国人的统治又使香港成为一个区域性的避难所，并因纳入资本主义的世界体系之中而得以和国际网络接轨，得到诸如商贸、金融、投资、交通运输、出入境等便利。英国把香港作为没有出入管制的自由港，为香港缔造了条件，就是使香港社会无论在人口、资金和商品方面都具有高度的流动性，同时奠定了香港作为世贸中心的基础”①。但又必须指出的是，“殖民地统治者把英国法律引入香港，原意在于社会控制而非建立法治。以下的史实可印证这一点。英国管治香港岛首三年（1841—1844），英国曾尝试保存殖民地‘原来’的法律制度（即‘中国法律与习惯’）。即香港岛原住华人由中国法律与习惯所管辖，而英国人及其他外国人由英国法所保护。至1844年，殖民地政府摒弃原来实行的所谓‘双法制’（dual system），改为通过《最高法院条例》（*Supreme Court Ordinance*），宣布在香港全面实行英国法律，除非有关法律不适用于本地的情况”②。

“香港梦”就产生于殖民地时期，也可以说是那个时代香港社会道德的缩影。因为它成为许多普通香港人对本地社会之态度和自身价值之确认的最初表达。简单地说，“香港梦”就是“水涨船高大家明天都更好”。对普通香港人来说，别人好了，并不意味着自己就差了，相反，别人好了、

① 谢均才．历史视野下的香港社会//谢均才．我们的地方、我们的时间——香港社会新编．香港：牛津大学出版社，2002：6.

② 吴建明．立法的理想与现实//谢均才．我们的地方、我们的时间——香港社会新编．香港：牛津大学出版社，2002：298.

发迹了，就有更多消费，就会创造更多就业机会，自己也会好起来。市场的自发调节，财富、机会、个人成就等目标将会在陌生人之间传递。殖民地时期的自由放任政策使香港人无法向政府伸手，更不会坐等他人施舍，每个人都不得不投身市场，向市场要效益和产出，殖民地时期的香港社会道德——实干精神、港式精明、效率观念——就孕育而生了。

总体上说，当时香港社会层面的道德意识相对薄弱，绝大多数香港人既不热衷公共事务或政治事务，也不积极参与社会运动，任何形式的政治动员和组党结社的社会基础都十分脆弱。学者刘兆佳和关信基将普通香港人的道德观归结为“处境式道德观”（situational morality），即多数香港人把纯道德的考虑置于功利的计算之下，把道德标准相对化、处境化和实用化。这一观点抓住了当时香港社会道德的重要方面和主要特点。

2. 转换时期的公共道德

从 1984 年 12 月 19 日签署《中英联合声明》到 1997 年香港主权回归中国，这一时期被称为过渡时期或转换时期。但实际上，香港的社会过渡比政治统治过渡出现得更早，可以追溯到 20 世纪 60 年代的剧烈社会冲突及相应的社会关系恢复时期。

香港的“难民社会”状况在“六七暴动”之后发生了改变。有学者认为，正是在 1967 年的政治风暴中诞生了香港的市民社会和公共空间，这是真正意义上的公民觉醒，虽然它还没有成为多数香港人的意识，而且这一市民社会和公共空间的萌芽并未得到持续的发展，但不可否认，它初步显示了民主诉求对本地香港人来说是真实的，普通香港人同样有对政治事务的关心，这一改传统香港华人政治冷漠的态度。香港人的本土意识、自我认同开始产生。“六七暴动”的直接后果是：一方面，港英政府调整了对香港的统治方式和政策方向，开始注重社会建设和本地化建设，香港人的自我认同——“我们香港人”的意识——开始形成；另一方面，受内地极左思潮影响所导致的暴力冲突也令部分香港民众产生反感，与内地的亲近感急剧下降，内地社会和内地人开始受到排挤，两地之间变得陌生、隔阂起来，两地分离乃至对立也由此产生。

20 世纪六七十年代发达国家的资本开始在世界范围内流动，世界贸易出现了转向，香港逐渐从从事单一的转口贸易转向在本地发展制造业等，香港工业初具规模。这一华丽转型再次提升了香港的国际化程度，巩固了自身的发展基础。必须承认，这也得益于新上任港督的“新政”。港督麦理浩在其执政期内（1971—1979 年）先后推出了一系列建设香港、塑造新型香港社会的计划，主要包括：（1）房屋计划。1972 年宣布十年建屋计划，为此政府公共财政投资 80 亿港元，这成为香港有史以来最庞大的公共发展计划。（2）城市基建。1972 年海底隧道正式通车，1975 年动工建造地铁。（3）公共教育。1971 年推行免费小学教育，1972 年筹建理工学院，1978 年免费教育扩大到初中，全面实施适龄学童全部享有“九年免费教育”。（4）社会事务方面。1971 年推出了社会援助计划，1972 年发起“全港清洁运动”，1973 年举行“扑灭罪行运动”，1974 年成立“廉政公署”，1981 年首次成立区议会①。港英政府从正反历史经验中深刻意识到，一定的社会福利，如公共医疗、教育、住房等的普惠式提供，都是有利于经济增长的，所以，它对上述社会事业增加投入不仅具有积极的政治意义，也产生了良好的经济效果。例如，公共住房的提供降低了租金，不仅让居民安居乐业，同时也降低了劳动力成本，使香港持续多年保持着较为明显的低廉人力资本的优势。

生机勃勃的社会建设也加速了香港人对本土社会的认同，形成了非国籍、非族籍的城籍意识——香港人意识。“港府于 1969 年推出民政署计划，加强官民沟通，消弭双方隔膜，并积极推行社区建设，提供社会服务，改善生活条件，以建立市民对香港的归属感。1969 年以后举办的‘香港节’，一系列的歌舞、巡游和以香港为题的国际展览会，加速了香港意识的定性”②。港英政府直接推动的社会建设和本地化运动对香港人重新获得自我身份的现实载体——本地文化的形成奠定了基础，也成为日后转换时期社会发展的最主要的路径依赖的通道。

进入转换时期之后，港英政府继续进行社会建设，同时加速了政治发展进程，特别是民主化进程，先后推出了“去殖民化”“行政改革”“开放

---

① 洛枫．流动风景——香港文化的时代记认．杭州：浙江大学出版社，2011：6-7.

② 谢均才．历史视野下的香港社会//谢均才．我们的地方、我们的时间——香港社会新编．香港：牛津大学出版社，2002：13.

社会空间”“增大市民参政领域”等政策。这既为香港社会注入了新的共同体道德概念，如民主、参与、协商等，矫正了过往经济主义价值主导一切的偏差，激发了普通香港人对政治事务的关心，社会问题的讨论和抗争开始变得活跃；同时也埋下了隐患，因为它催生了日后香港居民对新的执政者——特别行政区政府、中央政府——提出更加开放、民主的诉求，但官民、干群观念上的分歧却未被政策制定者清晰捕捉到，最终酿成了难以调和的纷争。

许多学者都指出，20 世纪 70 年代是香港本土文化和香港人本土身份认同的萌芽期，此时“香港意识”逐渐出现。“香港意识”既有别于对宗主国——英国的归顺或臣服意识，也有别于华人的宗乡观念——承接内地的传统文化，或者左翼政治激进观念，香港人开始寻找并确实构建起了带有自身独特印记的文化。他们通过各种方式，借助各种平台，为形塑共同的独特传统或历史记忆而呼吁，曾经一盘散沙、无心公共事务的香港人对自己生活的城市变得在意，他们经常为事关香港人的对外形象、切身利益的事情而聚集起来。“我们香港人”成为越来越多定居香港的人们的共同观念。这之后香港出现了许多社区运动、文化遗址保护运动、香港口述史的民间拯救运动等旨在加强港人联谊、促成“香港意识”的社会运动。

然而，“香港意识”自产生之初就命运多舛，一方面，受到国际上全球化趋势的冲击，与全球化相适应的世界主义、普遍主义观念持有者质疑香港意识的狭隘性，同时来自内地的中央政府坚持意识形态的同一性，也强烈希望削弱香港意识中的地方主义、分离主义倾向；另一方面，香港现代化进程的加速所带来的大城市病也在吞噬香港意识中的地方记忆和民间社会资本，“从五六十年代的匮乏到八九十年代富裕的消费社会，市政建设初具规模，也开发了更多资源（空间）和环境，在急剧的城市化过程中，香港岛乡郊也所余无几，城市发展重建往往破坏和瓦解了已存的社区文化（communal culture）和社区关系，也大大降低了居民的归属感，直接造成人际关系的疏离”①。面积狭小的香港在急剧全球化的经济大潮下

① 谢均才．历史视野下的香港社会//谢均才．我们的地方、我们的时间——香港社会新编．香港：牛津大学出版社，2002：24.

左支右绌，难以招架，好不容易萌芽的香港意识尚未积淀、传承下去，就遭遇了碎片化的冲击。

由于推行发展主义的经济政策，英国港督一向极力淡化香港人的家国意识和政治观念，只是维护作为基本生活秩序的乡规民约、现代市场经济必需的现代法律体系和培养基本技能的学校教育，港英政府甚至都不直接经营任何类型的社会机构和学校，即便是义务教育阶段的中小学，也主要通过预算拨付、绩效考核后的奖励兑现等经济手段来施加间接影响，在教育内容上更是较少干预。所以，迟至1984年的《政制发展白皮书》中才首次出现“公民教育”一词。为了细化相关理念，便于学校操作，1985年又颁布了《学校公民教育指引》（简称《八五指引》），这表明政治教育、社会事务等方面的内容自此才在香港社会受到官方重视，并被有意识地引入基础教育之中，以便系统、全面地改变香港人中广泛存在的政治冷漠、经济价值至上的错误意识。1996年重新修订并颁布了新的《学校公民教育指引》（简称《九六指引》），进一步强调要使学生成为有理性、有政治意识、有责任的公民。

简·雅各布斯（Jane Jacobs）在他1961年出版的经典著作《美国伟大城市的死与生》（*The Death and Life of Great American Cities*）里，扼要地列出了一个好的、生机蓬勃的城市在形态上的四个特点，即用途要混杂、街区（街廓）要小，以及不同年龄的建筑物要并存、密度要够大。香港曾经符合这些特点，因此成为环太平洋地区最有活力、最自由的城市，然而，20世纪八九十年代以后，大资本利益集团的形成和政府发展主义的行政理念都暴露了过度城市化的弊端，同时加剧了社会阶层的分化和撕裂，不断繁荣的富人区、金融区和不断衰落的穷人区、边远郊区日益对立，这也给香港人的社会融合、“我们香港人”意识的缔结投下了阴影。

（二）香港公民道德的主题

公民是独立的个体，公民道德体现的是这样的个体在公共事务中持有的价值观念和行为方式。在香港的华人世界，人们作为个体出现的场合首先是经济领域，即个体首先是市场竞争的参与者及其后果的承担者，由此延伸到成为生活中责任——如成家立业、抚养子女、子承父业等——的自主承担者。由于长久的殖民传统，绝大多数香港人与政治事务保持距离，对政治活动不甚热心，但借助宗亲联谊与近邻或亲友保留了传统的互助。然而，日益扩大的城市化改造致使有利于传统文化延续的居住方式受到了破坏，迁入独楼大厦居住的人们不再相互熟悉、亲热。庆幸的是，由宗教组织和世俗热心人士创办的非政府组织开始承担起建设社会、团结邻里、塑造超越个人狭隘身体空间的观念构造物——“我们”意识。20世纪80年代在港英政府“还政于民”的行政改革和颁布学校“公民教育指引”的过程中，公民道德开始在香港生长、扎根。香港的政经制度设计和民众与政府间关系的类型，使得香港公民道德的兴起主要是自下而上式的。香港公民道德的主题突出体现在三个观念之中，即法治、自由、民主。

1. 法治中的秩序

香港继承了英国普通法传统，将法律严格区分为实体法和程序法，不仅要求实体法的规定符合人权、正义等基本法治精神，而且主张法律必须以看得见的方式得到实现，即程序设计和执行也必须体现公正，为此严格遵守无罪推定原则、非法证据排除原则、较高的举证标准等公认的程序正义理念。

在香港，公民与公民之间的纠纷、公民与政府之间的纠纷，大部分都是诉诸法律途径加以解决的。法律之所以受到广泛尊重，是因为香港在立法过程中采取了各种手段以充分体现民意，例如公开辩论、反复咨询、采取“三读”立法程序等，同时规定，所有不公开的政府文件均不能作为政府行使权力的法律依据。为此，港府新闻处的一个重要职能就是将已经颁布或修改的法律广而告之。新闻处的宣传科编印了多种刊物，同时印刷了各种传单、便览和相关书籍，免费向公民发放。

法治的前提是有一套内部逻辑一致而且体现全体社会成员共同意志的法律规则，法治实质上就是规则之治。法治首要的约束对象是行政组织，即行政机关、行政人员发布的任何命令都必须得到法律授权，只有行政权力受到有力约束，公民的权利才能得到有效保障，公民与行政机关的关系才能取得平衡。香港法官具有极高的社会威望，他们廉洁自律，完全处于利益纠纷、世间热闹之外。法官的高素质来自法官的任免具有非常严格的程序，任职条件也十分苛刻，例如区域法院的法官必须具有律师或大律师资格，以及最少五年的执业经验，高等法院和终审法院的法官必须是律师或大律师，并具有最少十年的执业经验。法官的专业性、深居简出、超然事外的地位，使得“法官大人”的形象深入人心。法官因自身“英雄伦理”般的高标准而获得了民意支持，也获得了充分行使自由裁量权的自主地位，可以说，“法官独立判案及原则上免受诉讼”构成了香港司法独立的核心内容。

香港之所以被视为法治地区，是因为它与其他法治社会有着共同的特征，包括：法律被普遍视为社会的首要规则，现行法律能充分保障平等、自由的价值，公民对法律的信仰和自觉遵守，行政权力和政府行动受到法律的严格约束，法院独立公开审案，司法制度保持内在一致性并显示出不可撼动的权威，发达的律师界和传媒界可以发出独立的批评声音，等等。总之，法治不同于法制，仅有一些法律条文或司法机关并不会自动实现法治。“法治的最高层次是一种信念，是对人的价值的尊重。法治的理想就是去创造和维持一套原则、规例、程序和机构，以保障每个人的权益，防止它受到政府或其他人的侵犯，使每个人都有机会过一种合乎人的尊严的生活”①。

英格哈特（Ronald Inglehart）曾指出，现代发达社会在价值观变迁上出现了一个重要的新趋势，即正在从“物质主义”价值观转向“后物质主义”价值观。香港在价值观的转变上明显晚于其他发达地区。尽管香港早在20世纪80年代就已进入后工业社会，在富裕条件下成长起来的年轻一代本应较少关注经济安全、更多关注后物质主义价值，但是，20世纪90年代多次举行的全港价值观调查都发现，只有很少一部分受访者可以被划入“后物质主义”价值观持有者之列。

2. 自由及自负其责

在将曾经同属英国殖民地且华人居多的两个地区即香港与新加坡进行对比时，人们通常会得出如下结论：香港有自由无民主，新加坡有民主却无自由。此话虽有过于偏狭之嫌，但还是大抵揭示了香港社会的核心特

---

① 陈丽君，等．香港人价值观念研究．北京：社会科学文献出版社，2011：200.

征：香港的自由被世界公认。作为自由港的香港，其自由首先并一贯体现在经济自由上，相应的迁徙自由也得到了维护，对民间文化的保育自由、教育自由也得到了肯定。其他法定的自由，如言论、出版、结社等方面的自由，也都有充分的保障。即便殖民地时期对一些社团活动和新闻报道有所限制，但大体上还是有基本自由的。

自香港被纳入英殖民地势力范围起直至20世纪50年代初，香港不设边防，人员进出自由，人口流动频繁，且多数人只是将香港视作暂住地，或日后返回内地，或去往第三国，因此，港英政府放弃了为本地居民提供福利的义务，这些内容就由家庭和民间慈善团体承担。这一方面强化了香港人的家族观念，延续了中国传统各自为政的家庭组织形式，形成了功利家庭主义（utilitarianistic familism，刘兆佳语）；另一方面也为民间中介组织的兴起留下了空间。这是香港的社会自由及自负其责的一个重要表现。港英政府的无为一定程度上促成了各种民间社团的活跃，同时也提供了社会整合的渠道，使社会利益调节和公民情感得以缓和。香港堪称世界上社团密度最大的地区，据不完全统计，香港现有社团八万多个，门类齐全，包括商会、行业协会、专业协会、工会、同乡会、宗亲会、青年会、妇女会、老年会，以及各种宗教团体、政治团体等。

在香港，经济自由是人们最看重的自由。作为公民道德的要求，经济自由也受到了推崇。香港证券业与房地产业高度发达，跑马、六合彩、赌球、弹子房等赌博性质的娱乐业也十分普及，这些也导致了为数不少的香港人形成了投机的心理和行为习惯。这也可以看作经济自由下各负其责的一个缩影，只要是成年人的自愿行为，并且不对具体他人造成直接伤害，用自己的钱财进行即便不那么高尚、励志的活动，也可以被广泛接受。

虽然看似对一切自主的成年人都同等适用，但在不同的社会阶层经济自由实现的程度却是非常不同的，比较而言，与劳工权益相关的自由明显弱于雇主或资方的经营自由和资本获利自由。例如，20世纪八九十年代，香港政府将大量公营服务设施私营化以减轻政府负担，这导致许多雇员失业、低收入家庭生活成本提高，虽然有多次雇员游行、公民投书试图阻止私有化进程，但上述方案仍然被强制推行，因为大财团向港英政府施压，要求扩大私人市场的空间，减弱对环境污染和劳工保障的管制，从而提升利润，赢得在经济全球化过程中的竞争优势。那么，港英政府有失公允、一味讨好资方的政策是如何合理化的？“一个主要原因是香港人，包括政府官员、政策制定者、普通公民，都相信经济发展是很重要的，经济主导的论述极之普遍，例如：社会服务开支过大会拖垮经济、社会福利养懒人、经济政策要量入为出、‘经济发达，人人受惠’等，是香港人耳熟能详的言论。这些论述大致上可称为‘经济理性’（economic rationality）论述，主要论点包括两方面：第一，经济发展使所有人受惠；第二，社会政策必须从属于经济政策，配合经济发展，重视经济效益，社会服务开支不能太大，否则会拖垮经济”[①]。发展主义行政指导和自由主义社会观使得对自由竞争后果的修正或市场机制的弥补等行动常常滞后，并缺乏持续且有效的动力。“在香港，贫富不均的程度和恶化速度向来都很严重，以基尼系数为例，1986、1992、1996、2001、2006 及 2011 年的数值，分别为 0.453、0.476、0.518、0.525、0.533 及 0.537（香港特别行政区政府 2012：81），是已发展国家中贫富悬殊最严重的社会之一”[②]。庞大的穷人数量也凸显了贫富对立的严峻。

老龄化也是特区政府必须面对的一个棘手问题。2003 年香港 65 岁以上的人口已经达到 11.7%，2033 年将上升到 27%。日益加剧的老龄化，不仅意味着劳动人口的减少，税收、公积金入账的减少，同时也意味着医疗、看护、养老等方面的公共支出将大幅度增加。如何平衡代际要求以实现各方都接受的公正，将考验特区政府的行政能力。然而，在社会服务问题上，特区政府与居民的沟通不是很通畅，对居民的教育也很欠缺，这使得特区政府在许多社会事务的决策上难以有所作为[③]。

3. 吸附式民主及其转换

英国在对香港进行殖民统治的初期实行的是港督专制，政治上毫无民

---

① 陈锦华，梁丽清. 社会政策与“积极不干预”//谢均才. 我们的地方、我们的时间——香港社会新编. 香港：牛津大学出版社，2002：325.

② 丁国辉. 香港夫妻的性别观念与感情关系//杨文山，尹宝珊. 面对挑战：台湾与香港之比较. 台北：“中央研究院”社会学研究所，2013：183.

③ Chack Kie Wong. Squaring the Welfare Circle in Hong Kong. Asian Survey，2008，48(2)：342.

主可言，依据《英皇制诰》《皇室训令》《殖民地规例》等宪制性文件管治香港。港督作为英王的代表，是香港的最高行政长官，行政局和立法局只是港督的咨询机构，其成员均由委任产生。“与绝大多数亚洲国家及地区不同（日本和中国台湾除外），香港人对父道主义和道德立国的主张较少认同。香港也比许多其他亚洲地区更赞同多元主义、监督和平衡，但支持度仍然低于日本和韩国，而与越南、印度尼西亚几乎处于同一水平”①。可见，香港和其他国家及地区一样，在政治文化、民主实践方面具有自身的特点，不存在千篇一律的模式，更没有出现完全西方化的样本。

二战结束后的十年间正是世界各地民族解放运动风起云涌的高潮时期，中国、朝鲜、越南、印度、以色列等都是在那个时期建立新式政权或独立建国的。然而，香港华人对政治的普遍不关心就为英国政府重返香港提供了群众基础，不过也由此带来了香港战后的经济平稳、快速发展。二战后，港英政府强化了新闻检查和社会治安，采取高度集权的统治方式，政治领域封闭专权，民主这一价值目标完全没有成为公民素质的内容。

与台湾不同，香港普通居民大多没有参与到争取民主的运动之中。20世纪70年代以后，在回应居民政治参与需求、缓和社会矛盾和释放社会流动压力的过程中，港英政府逐渐增大了社会福利，同时也开始开放上流社会成员参政的通道，通过设立各类委员会提供不同形式的协商、议政、质询、听证等政治性活动，从而为少数华人精英提供了有限的政治空间，但这些措施也促使民主议题开始进入香港人的视野。港英政府又进一步于1981年设立区议会并引入选举，1985年立法局也引入选举，1991年立法局实行直接选举，并将行政与立法完全分开。斯各特（Ian Scott）认为，港英政府每次解决在港统治合法性危机时都采取了扩大精英圈范围的方式，逐渐地就建立起了更具包容性的合作式政体②。“合作主义”（corporatism）作为合法性共识，曾经成为香港地方研究的一个十分热门的话题。

---

① Ma Ngok. Value Changes and Legitimacy Crisis in Post-industrial Hong Kong. Asian Survey，2011，52（4）：695.

② Ian Scott. Political Change and the Crisis of Legitimacy in Hong Kong. Hong Kong：Oxford University Press，1989.

港英政府积极变革，港人有力发声，良性互动中民主作为公民道德要求开始被香港人接受。特别是从20世纪80年代初开始，港英政府突然放松管制，快速驶上民主通道。1984年12月《中英联合声明》签署后，香港进入过渡期，在此期间港英政府一改过去的执政惯例，采取还政于民的方式以抵制1997年后的还政于中，开始大幅度扩大结社、游行自由，放松报刊管制，这极大地加速了香港政党政团政治的迅猛发展，快速催生了香港人的“民主”意识、“参与”意识。“1980年和1990年代初，香港大多数人都受惠于发展型社会经济的成功。然而，随着发展型社会的模式日渐成熟，香港人不再唯唯诺诺，而是开始发声表达自己的意见，特别是有关民主的事项，从而削弱发展型精英的势力。1995年第一个也是唯一完全由选举产生的立法会，证实了港人对民主的诉求”①。虽然香港的民主总体上还属于吸附式民主，它源于港英政府的“馈赠”，但香港人在习得了民主之后便义无反顾地向着直接民主、自由民主的方向迈进了。

但对民主的珍视仍未超出对法治、自由的在意程度，香港人较不热衷单纯的民主事务，除非它与法治、自由议题相关。例如，“香港七大政党（即民建联、民主党、自由党、港进联、民协、前线）的党员总数加起来才约四千人，与本港超过六百万的人口比较，可谓微不足道。与西方相比，八十年代末，在11个欧洲国家当中，政党党员数目占这些国家参与投票选民总数由2.9%到21.8%不等，平均为10%；反观香港，以1998年立法会直选为例，前述本地政党党员总数只占148万参与投票选民的0.3%。单从这些数据做出判断，本地的政党均似乎没有发展成群众政党（mass party）之倾向，它们更接近选举专业政党（electoral-professional party）之组织形式”②。

“吸附式民主”本身是一种过渡状态，并非民主的完全状态或合理形式，吸附式民主并未从根本上解决港府与港民的关系，也无法有效保证特区政府与港民变得更加互信。

① 施维恩，王卓祺. 香港“发展型”社会模式的终结和社会政策的发展//杨文山，尹宝珊. 面对挑战：台湾与香港之比较. 台北：“中央研究院”社会学研究所，2013：276.

② 谢均才. 我们的地方、我们的时间——香港社会新编. 香港：牛津大学出版社，2002：281.

（三）香港公民道德的走向

总体上说，香港公民道德主要体现在一系列社会运动所追求的目标以及社会价值变迁中依然受到重视的核心价值上。一方面，绝大多数普通香港人并不直接投身于政治事务之中，主要关心的不过是自己的工作、家庭和日常生活；另一方面，许多知识分子，如教师、律师、记者、医师等，都有明确的政治倾向，还有为数不少的关心社会的青年、基督教会的工运人士、改良主义的民间压力团体等，成为香港社会价值的代言人。由各界文化人士和各种社会团体在不同时期发起的社会运动，不仅反映了人们集中关心的公共事务，而且传递了为香港人所接受的公民道德价值及其观念。例如 1967 年的“争取中文成为法定语文运动”、1971 年的“保卫钓鱼岛运动”、1973 年的“反贪污，捉葛柏”事件等。青年学生与市民的街头反贪污示威，促使政府下决心成立了廉政公署。1997 年 7 月 1 日香港的主权归还中国后，中央政府力图推行旨在影响青少年的学校公民道德教育，也就是将爱港爱国与爱党结合起来的身份认同教育。香港公民道德将何去何从正在经受着严峻的考验。

1. 公民身份认同的问题

在 1951 年设立边境之前，内地的中国人进出香港完全自由，文化也互通，当时的香港华人大多数以“中国人”自居。设立边境之后，在冷战意识形态支配下，由于内地和香港分属完全不同的阵营，加之经济发展水平和制度变迁方向越行越远，两地间的社会和文化隔阂逐渐形成，香港人开始产生新的身份认同，即萌生出本地意识。

在工业化高歌猛进的过程中，香港人受益无穷，孕育了香港梦。香港梦是许多普通香港人的主观印象，在香港这片充满机会的土地上，通过个人努力就可以向上提升，这就是香港人对出人头地的自我意识和对敢拼才会赢的香港社会的认同。每个人都可以拥有香港梦——水涨船高大家明天都更好，这种积极向上、实干、讲效率的“香港精神”推动香港快速成为工业发达地区和繁荣的商业之都。香港优势也得到了充分显现：税率低、行政效率高、法治、廉政、言论自由，以及无严重的宗教、城乡或族群间的冲突。

香港当代著名作家西西的小说《我城》之所以受到广泛欢迎，是因为深刻揭示了今日香港人在文化身份上的困境，这既折射了香港国际大都会的独特魅力和香港人由此而产生的自豪感，同时也充分表明普通香港人依然在政治和文化认同上与内地同胞存在隔阂。“香港文化的解殖化过程，是‘本土意识’的萌长，而不是‘民族意识’或‘国族身份’的代时而起，换句话说，解除殖民的统治，并不意味回归国族的统一与民族身份的认同，而是归向认同本土独特的文化体系与生活形式”①。

谁更中国？在这个问题上，内地人常常想当然地认为答案很明显：内地才是真正的中国。然而，中国历史文化和传统惯例、基本制度又有多少留存在内地呢？相反，中国传统文化的很多内容在香港并未被殖民政府系统改造，也没有经历新文化运动的冲击，更未受到 1949 年后由国家发动的全面破除传统文化的各种运动的侵扰，所以，中国传统文化的某些内容在香港可能保留得更多。例如，国民政府早在 1920 年就颁令使用白话文，香港却到了 1929 年坊间仍大量使用文言文写作；民国甫一成立就废除了清律，在香港最后一条有关婚姻习俗的大清律例迟至 1971 年才被成文法取代；以香港中文大学为代表的文化机构已经成为海内外公认的中国传统文化研习的重镇。

不过，我们应当承认，长时间的发展主义政策也在公民道德养成上留下了负面遗产。投身经济世界、较少关心更广大范围且不具有直接经济后果的公共事务，这一社会心理大大降低了香港人的公民身份认同的程度和水平。普通香港人的社会参与程度较低，十个人中只有四个人（42.4%）加入至少一个社会组织，与此相对，根据 20 世纪 90 年代初的世界价值观调查的数据，至少加入一个社会组织的比例分别是：美国人 82%、新西兰人 85%、西德人 67%、加拿大人 65%、英国人 54%②。但是，绝大多数香港人（85.4%）认为自己有值得信任的朋友，这表明香港人尽管不是社会组织的热情参加者，但也绝对不是游离社会之外的无关看客。他们与更加宏观社会的联系主要是通过直接的人际交往而非借助正式组织的方

① 洛枫. 流动风景——香港文化的时代记认. 杭州：浙江大学出版社，2011：14.

② Everett Carll Ladd. The Ladd Report. New York：The Free Press，1999：133.

式进行的。此外，有学者指出，“尽管社会与政府之间的联系非常淡薄，公众大多不信任政府，但是香港居民仍然关心政治，他们中的绝大多数人会参加投票，香港社会没有冷漠政治，这总体上要归功于媒体的作用，特别是电话访谈和电台谈话节目”①。

不可否认，香港人构建自己的身份不只是以宗主国英国为标本，同时也以中国内地为参照，以至于有学者指出，“香港人和香港身份，主要是相对于中国内地而建构出来的，背后的历史原因无关民族认同，而是对共产党在内地建政和政绩的回应。这点不能回避，否则不可能理解香港问题。内地的每一个改变，也改变着港人。坏的事情如‘文革’把港人推远；好的转变如改革开放、经济增长把港人拉近。香港人心回归，很大程度上取决于中央是否能把内地的事情做好”②。

不过，香港人的公民身份认同并非铁板一块，不仅存在种族（华人、欧人、东南亚人等）的分歧，更存在政治立场、经济地位上的差异。有研究表明，自 20 世纪 80 年代以来，香港人的认同包含了十分显著不同的政治意涵，那些将自己视为“香港人”的人对自由、民主的价值更为认可，而自认为是“中国人”的人则在政治上持保守主义③。

正是处于中西文化的夹缝之中，不少香港人对自己的族群归属持有一种十分矛盾的态度：香港人在内地人面前的自傲与在西方人面前的谦恭同时并存。当香港华人遭遇内地人，二者的不同通常被理解为是香港人的西化、现代、文明开化所致；当香港华人遭遇西方人，二者的不同又总是被看作香港人的中国属性所致。相反，西方人大多将香港的现代性视为非常熟悉的西方性，只有香港的华人热衷于解释香港人与西方人的不同。部分香港人对中国现代文化和中央政府的过多负面评价也意在抬高香港文化与香港人的地位。对香港的许多民主人士而言，香港确实有受到世人称赞的自由和法治，他们引以为荣，但他们明确主张若没有民主做后盾，自由

① Joseph Chan，Elaine Chan. Charting the State of Social Cohesion in Hong Kong. The China Quarterly，2006，187：657.

② 陈冠中. 我这一代香港人. 北京：中信出版社，2013：86-87.

③ Lau Siu-Kai，Kuan Hsin-Chi. The Ethos of the Hong Kong Chinese. Hong Kong：Chinese University Press，1988.

和法治就都不可能长久存在，最主要的是，他们相信香港可以扮演中国政治改革先行者的角色，在宗教信仰自由、新闻自由、反贪防腐等方面，香港有许多值得内地学习的地方，他们有信心在民主化道路和人权落实方面为内地起到模范生的作用。

2. 公民道德教育的问题

1985年颁布的《学校公民教育指引》（简称《八五指引》），是港英政府首次正式对学校公民教育做出官方指导和建议。其实，此时港英政府已经将德育、公民教育引入教育改革的四大关键任务之中。“公民教育的目的究竟是什么？对执政者来说，最好是能培养出公民的爱国心，凝聚社会的向心力，国家、人民团结一致，社会才能稳定发展。但对追求民主宪政的公民来说，公民教育则可能被要求为宣扬民主、自由、平等等观念的宪法精神。而‘一国两制’概念下草拟成的《基本法》，被视为香港的小宪法，是否可以消弭两者之间的矛盾？让人期待”①。深入思考就不难发现，公民权原则与社会平等原则经常处于冲突状态：公民权原则强调的是公民个体的自由；而社会平等原则主张自由对社会正义的服从，市场力量对国家力量的服从。现代法治国家同时协调、均衡好上述原则确实十分困难，没有一个国家在此方面做出了一揽子式完美解决，每个国家都只是依据时代和民意的变化而不断做出调整，故而公民教育的目的设置也就不可能是凝固不变的。

由于各类学校均由社会组织、营利性机构等操办，港英政府并不直接控制学校，所以，香港学校的公民教育具有高度的自治性和灵活性，形成了校本（各校自主）的特点，各所学校十分注重结合不同年龄段学生人群的生理、心理特点，设计了大量生活实践，以生活经历为切入点，让学生在日常学校事务和个人生活的方方面面感受到公民教育的要求。例如，在个人成长方面，让学生习得自律上网；在家庭生活方面，则要求天天做家务；在学校生活中，参与选班长、参加升国旗仪式、增进同学间交往、全

---

① 江素惠．公民教育中的民族主义与宪法精神//香港特别行政区民政事务局，香港公民教育委员会，郑州大学公民教育研究中心．21世纪中国公民教育的机遇与挑战．郑州：郑州大学出版社，2008：79.

面理解校规的意义等；在社会生活中，讨论社会热点问题、参观重要历史古迹、参与社区活动等。

由于香港学校都是独立的办学单位，所提供的教育内容就存在许多差异，在有了学校评级和升学率的考核后，虽然多数家长看重的是学校的教学质量，会优先选择升学成绩出色的学校，但是仍有为数不少的家长会依据自己个人的观念、家庭条件以及孩子的天资而选择不同类型的学校，因此，各种类型的学校在香港都有市场，这也使得学校更愿意保持自身的独特性，以差异优势来吸引潜在的求学者。“在学校教育事务工作上，香港没有发展出单一和庞大的官立学校体系。政府设定课程，便交由众多的办学团体来管理。就此而言，香港学校的公民教育向来便是相当校本的。政府的介入形式限于选伙伴、资助和课程把关。行之经年，我们看到的是一个低度政治化的公民教育”①。公民教育在香港是开放的，内容也更加偏重社会化、社会-经济方面。“今天香港公民教育工作大抵由教育团体、政治团体、社区组织、港民及倡议、环境团体，及国际跨国组织分头进行。其他如地方区议会、平等机会委员会和妇女事务委员会也进行很多全港性或地区的公民教育工作。这些团体，既有本地的，也有来自外地的国际支部。它们既有本地的，也有国际的议题”②。

因为好的、有效的学校教育将会得到政府的财政支持，所以，香港学校和各种教育机构都十分注重教育形式、成效等方面的研究，特别是实证性研究非常发达。许多学者依据实证调查数据指出，传统的说教型教学方法在公民教育中成效十分低，很难对学生的政治倾向、道德意识产生深远影响，与之相反，电视的政论类脱口秀、非正式的新闻报道则容易引起青年学生的关注，某些电视频道、电视主持人和因特网的重要门户正在成为青年学生获取信息、接受政治影响、了解社会事件的主要渠道。动手能力的培养和与现代媒体接触的经验都会增益公民教育，香港很多小学和初中都设有自己的校园广播与电视台，这也成为锻炼学生自主能力和让学生接

① 谢均才. 公民社会与政府，相生相克：香港推广公民教育的经验//香港特别行政区民政事务局，香港公民教育委员会，郑州大学公民教育研究中心. 21 世纪中国公民教育的机遇与挑战. 郑州：郑州大学出版社，2008：150.

② 同①153.

触社会的平台，学生们在媒介的内容制作中获得了创造和分析技能，培养了合作精神，可以说受益匪浅。

回归前，英语和粤语都是官方语言，回归后，特区政府将普通话列为中小学校的必修课，在课外教育中，投入巨大人力、物力，全面开展包含了中国历史、政治制度的“国情教育”。特区政府在 2002 年推出奖励活动，以鼓励各中小学校在毕业式、每周的朝礼上升国旗。

香港具有公认的宗教信仰自由，受众较多的宗教，如佛教、基督教、天主教、伊斯兰教、印度教自不用说，华人信奉的宗教，如道教、孔教、一贯道等也随处可见，更令人称奇的是，民间宗教也无处不在，如妈祖庙（出海打鱼的渔民崇拜的神）、黄大仙祠（道教的神仙）、车公庙（祛除瘟疫、送去福寿的神）、包公庙（匡扶正义、施恩百姓的忠臣）等。上述宗教机构不仅兴办学校，提供卫生福利设施，给地方居民以实实在在的好处，而且起到了社会教化、守望相助、心灵慰藉的精神作用。

公民道德教育的更大空间存在于广泛的社会生活之中，香港赫赫有名的廉政公署经常扮演比学校还重要的公民道德教育主体的角色。廉政公署 1974 年成立以来一直采取执法、预防和教育“三管齐下”的策略打击贪污。廉政公署的信条是：除有效执法外，只有抱持高度的诚信操守与道德水平，才能有效预防贪污舞弊，维持香港公平、公开和廉洁的环境。廉政公署对公职人员、政府官员的严格监督和制裁自不必说，其还十分注重对私营机构的反贪防贪建设。为加强私营机构的防贪意识，作为抵御贪污舞弊的首度防线，廉政公署社区关系处于 1995 年 5 月创办了香港道德发展中心。该中心的工作受由六大商会代表组成的道德发展咨询委员会督导。其使命是：致力于同商界建立伙伴关系，携手在香港长远推动商业道德和专业操守建设，以维持香港公平公正的营商环境。廉政公署对上市公司、股份公司的违规行为也进行积极介入。例如，曾有一名上市公司首席经理利用职务之便向多名承建商收贿索贿数千万元，被廉政公署起诉，并最终判刑 4 年，没收财产千万余元。廉政公署为此案给出的“防贪锦囊”包括：制定员工纪律守则，严禁职员就公司业务索取和收受钱财；为员工制定申报利益冲突的机制和守则；就建筑及翻新工程制定认可承建商名单，以防止职员因私人理由偏袒任何承建商；若合约总值达到某个金额，规定职员在审批时须先获公司最高层批准，以减少贪污机会。廉政公署还承担起了教育公众廉洁自律、守法自重的任务，它会结合重大案件或具有代表性的案件进行总结，提出预防性措施，为公司改进管理、堵住漏洞建言。例如，廉政公署为外地来港投资者专门制作了“诚信营商——企业成功之道”的资料册，介绍香港的反贪体制，提供在香港守法营商的诚信锦囊，介绍廉政公署专为商界提供的免费咨询服务等内容。廉政公署提供查处案件、广泛宣传等各种积极措施，例如，2013 年 6 月推出“理财有‘道’——银行职员诚信操守教材”；11 月发表跨境营商防贪指南；12 月廉政专员访美交流反贪工作；2014 年 3 月面向中小企业宣讲“加强监控，防贪有道”的营商理念；3 月廉政公署专员与外国驻港商会举办交流会；等等。廉政公署不懈努力，将廉洁、诚信等价值传递给每位香港人，使之成为香港人耳熟能详、高度认同的重要价值，也极大提高了香港人的公民道德意识和行为能力。

二、新加坡公民道德培育的回顾①

1819 年英国东印度公司的莱佛士爵士（Sir Thomas Stamford Bingley Raffles）登陆新加坡，新加坡沦为英国东印度公司的资产，1926 年为英属海峡殖民地的一部分。1959 年新加坡宣布自治，1963 年加入马来西亚联邦，1965 年 8 月 9 日退出，成立新加坡共和国。在此期间，新加坡经历了英殖民、日占领、加入马来西亚联邦、独立自主等几个迥异的时期。新加坡宣布独立自主时面临着诸多内忧外困：内部是缺少自然资源、国力不足、多民族间存在价值冲突，外部是马来西亚的排挤、各种国际势力的渗透。然而，李光耀领导的人民行动党逐步将新加坡发展为国际公认的富裕、整洁、有序的花园城市国家。新加坡的成功经验之一就是注重全民教育，特别是注重“新加坡意识”的培养，有了高素质的国民才能创造出令人感叹的社会成就。

---

①　本节部分内容参考和引用了拙文《新加坡公民道德建设及其反思》[《徐州工程学院学报（社会科学版）》2015 年第 1 期]。

(一) 新加坡的建国及其执政党

今天的新加坡属于法治国家(也许更准确地说是“法制国家”),这得益于它从前英国殖民者那里获得了现代司法和民主政治的遗产,所以,人们又将新加坡称为后殖民社会(a postcolonial society)。现代新加坡包含了多重文化资源和政治思想的源流。

1. 新加坡共和国

新加坡国土面积719.9平方千米,截至2017年,总人口561万。东南亚十国,除了泰国,都曾是欧美的殖民地,二战后陆续独立。英国统治马来亚60余年,本地的各种政治力量相互交织,但在争取独立这一点上存在共识。随着民族意识的觉醒,人们的独立要求更加强烈。特别是日本的侵略,使东南亚人民看到宗主国并不强大,一遇到外敌就逃跑,完全没有意识和能力保护殖民地人民。与英国相比,日本的统治非常严酷,遇到的抵抗力量也变得很大。不过,抗日的主要人群是华人,中国国内的抗日使华人普遍看清了日本人的阴谋,也与中国国内保持了一致抗日的行动①。在抗日运动中,领导力量主要是以华人为主的马来亚共产党。

马来亚共产党成立于1931年,第三国际派代表胡志明到马来亚发展共产党,马共的第一任秘书长也是越南人。日本投降后,马共犯下了一个历史性错误,它没有组织力量积极抵抗英国的重返,马来亚又沦为英国的殖民地。英国早在殖民期间就培植了亲信自己的地方势力,通过英式教育,使一大批中产阶级和上流社会人士都视英国的国家治理是理想的、成功的,这些人成为支持英国统治和渐进改良的拥趸。英国重返马来亚初期也拉拢马共,宣布马共合法,以换取马共的不抵抗和交出政权。三年后英国统治稳定,对马共的政策出现了大逆转,不仅宣布马共非法,而且开始大屠杀、大逮捕,大批马共党员被迫逃入森林。在残酷镇压面前,马共内部开始出现分化,一部分人主张继续武装斗争,一部分人转而支持议会道

---

① 印度人长时期受英国的殖民统治,幻想通过日本的力量摆脱英国的统治,所以他们没有太多抵抗。日本人占领时采取分割而治的策略,拉拢马来人,鼓动他们的原住民意识,承诺以后会将主权交还给马来人,而且傀儡政府也大多采用马来人,所以马来人抗日也不是很积极。

路，还有人提出走独立自主的第三条道路。

与以前相比，英国的接管不再那么令人信服了，英国采取的铁腕统治也加剧了与本地人民的冲突，要求独立的呼声开始高涨。但如何争取独立？有主张武装斗争的，也有主张议会斗争的。一批留学英国、向往西方民主的人士，包括李光耀、吴庆瑞、拉惹勒南（Sinnathamby Rajaratnam）等，于1954年成立了人民行动党。该党最初提出了开放、包容的方针，主张不分种族、意识形态、宗教的本土团结，集合了右翼（支持西方民主的人士）、左翼（马共）等各派力量。但右翼力量明显受到了英国的支持，发展较快。1957年马来亚联合邦宣布独立，殖民宗主国在撤出时倾向于将政权交给温和的民主力量，其选择李光耀就是基于这个考虑。1959年新加坡宣布自治，新成立的新加坡自治邦采取了选举和议会道路的国家治理方式。但马共坚持不妥协的阶级斗争路线，反对入阁，人民行动党分裂，左派领袖人物被关进监狱，在政府打击下，左派势力日益减弱，人民行动党成为比较保守和右翼分子的政党。1963年在英、美撮合下，新加坡、沙捞越、沙巴、马来西亚组成马来西亚联邦，但因政见分歧以及对人民行动党势力的恐惧，新加坡被迫于1965年退出联邦，当年8月9日新加坡独立。

新加坡的司法机关由法院、总检察署和政府律政部组成。新加坡的法律渊源及主要依据大致可以分为如下几个方面：新加坡共和国宪法、被延续下来的英国法令、新加坡国会制定的法令、成文法或称制法；新加坡法庭的判例；有关部长根据法令拟定的辅助条规，即附属法规；风俗习惯。例如，新加坡的刑法就主要取自英属印度殖民地，“鞭刑”实际上不是新加坡人的发明，而是从英国法令中习得并保留下来的。可以说，英国的法律传统、实践、判例以及立法程序等已经渗透进入新加坡的法律血液之中①。新加坡的法律涉及内容之广、涵盖事项之细，可以说是无以复加的。例如，一名新加坡中年男子在家一丝不挂地随意走动，被对面邻居看

---

① 以1993年颁布的《英国法适用法令》为界，1993年以后英国法令不再直接适用，但在这之前已经成为新加坡法律的英国普通法继续适用，英国颁布的法令经过新加坡的必要修改以后，仍可全体生效或部分生效。

到并报警，警方以猥亵裸露、恶作剧等罪名，将其告上法庭。因为这名男子触犯了新加坡法律第 184 章《杂项》第 27A 款第 1 条：任何人在公共场所或可以暴露在公共目光下的私人场所裸体，都构成违法，并被处以不超过 2 000 元的罚款，或入狱不超过 3 个月，或两者兼施。该男子虽然是在自家裸露，但邻居通过窗户可以很清楚地看到这一举动，于是就满足了上述法令的第二个条件，从而构成违法行为。在新加坡，自杀未遂也是犯法的。新加坡刑法律第 224 章《刑法典》第 309 条规定：任何人试图自杀，或做出任何行为将导致这一结果的，将被处以入狱（入狱时间可能长至一年），或罚款，或两者兼施。

偏居东南亚一隅的新加坡在国际事务上常常处于防御地位，国内政策也不得不受制于大国关系，例如，新中国成立后，新加坡与中国中断了几十年的往来。相互都不许对方的国民进入，也就断了华校的师资。新加坡华人一方面去中国台湾留学或聘请教师，另一方面自己培养人才，南洋大学就是在这样的背景下创办的，凭借的完全是华人社群的民间力量。为了筹建南洋大学，东南亚的华人纷纷解囊，所有的华人社团都给予支持，各个阶层出钱出力，包括义卖、义驾等，“福建会馆”捐土地，华人企业家陈六使捐出巨额个人财产，1955 年动工，1959 年第一批学生毕业。新加坡政府一开始就极力排挤南洋大学，先是不承认南洋大学的文凭，后出面终结了南洋大学，将其合并到新加坡大学，十年后迫于民间压力才批准其独立，改组为现在的南洋理工大学。可见，政府支持、默许还是反对某个看似民间的自发行动，在很大程度上与政府所要对外展示的国际形象之取向有关。

2. 新加坡执政党及其领袖

人民行动党的执政模式被学者们分别称为行政主义、法团主义或父道主义政治，人民行动党的执政理念强调的是精英主义、儒家主义和实用主义，人民行动党政府建立了非常严密的政治控制体制，给反对者、异见者仅仅留下十分有限的空间。必须承认，人民行动党每一次在大选中取胜都是选民支持的结果，都获得了半数以上国民的选票。从理论上说，人民行动党若没有赢得足够的议会席位，就得下台，新加坡国会具有实质和程序的重要地位，在立国者、强人李光耀去世后的第一次全国大选（2015 年 9

月 11 日）中，人民行动党仍然获得了 69.86％的得票率，最近的 2020 年选举中，人民行动党的得票率有所下降，但仍居第一位，61.24％。新加坡自 1965 年独立以来共举行过 13 次大选，人民行动党得以蝉联执政的一个秘诀就是，维持了一个相对开放的政党体系，它不断在全社会寻找甚至争夺人才，你只要在自己的领域取得成功，就可能被邀请加入人民行动党，或者代表人民行动党参加大选，成为执政党的政治精英。这样的政策使得反对党长期面临无人可用的尴尬境地。

人民行动党执政，除了对共产党采取铁腕手段，对其他异见者、反对党没有采取“拉一派打一派”的严酷方式，还在法治原则前提下努力促进各族群的相互理解、平等尊重。新加坡最为可取的地方是通过合理的具体制度设计来保障各个族群的权益，促成各个族群相互之间的沟通。新加坡宪法规定的国语是马来语，但华语、泰米尔语（印度南部盛行的一种语言）、英语和马来语一样，都属于行政语言，官方出示的任何公文、告示都同时用上述四种语言来表述。为了提高国际竞争力，学校全部实行英语教学，国家提供统一的课程、教材、师资和考试要求。新加坡政府先后将各个族群创办的学校，如华文学校等，关闭或兼并、收编，各个族群的语言，如华语、泰米尔语等，只在选修课等特色课程中使用。

人们津津乐道的新加坡高薪养廉政策也不失为保持政府高官廉洁的一个手段。新加坡政府根据会计、法律、银行、工程、跨国公司、本地制造业这六个领域内收入最高的八个人的薪资水平设定基数，并以此基数的三分之二拟定为部长薪资。2008 年 1 月的数据显示部长的薪资为 126 万美元，总理李显龙的薪资则高达 253 万美元。但必须指出的是，新加坡是少有的公务员薪资与国家经济表现挂钩的国家。例如，2008 年第三季度新加坡经济表现不佳，2009 年一开年，总统与总理就被减薪 19％，部长减薪 18％，议员减薪 16％。公务员工资并非只是单线式上升或一成不变，而是直接与国家经济成就挂钩，这就迫使公务员将全部精力用于服务公众和谋求经济发展。在“透明国际”的全球廉洁排行榜上，新加坡多年来都位居前列，超过了美国和欧洲的绝大部分国家，在它之前的只有瑞士、新西兰以及北欧国家。在世界银行 2007 年发布的《全球治理指标报告》中，新加坡政府在效率方面排名全球第二。同时，新加坡还被誉为亚洲最清廉的国家。世界闻名的新加坡贪污调查局在20世纪80年代仅有34位调查员，却负责全国15万名公务员的廉洁问题。

新加坡是个小国，但新加坡政府却是名副其实的巨大且负责任的现代政府。有为政府的影子无处不在，留给国民个人的空间少之又少，但新加坡政府总体上是高效廉洁的，而且在新加坡国家形象和公民道德的制度、理念、价值等方面确实做出了独立自主的思考与选择，也解决了一些困扰人们的难题。例如，人民行动党不断加强党员和公务员的“心治”教育，提倡党员和公务员与国民的一体感，淡化个人的族群身份，敦促他们养成自觉的国民表率的意识。新加坡政府始终认为，差异和多样性是一个国家活力的源泉。创新不可能在一潭死水中发生，一定是在各个不同元素并存、相互激发的环境下才会发生。新加坡高度竞争的教育体系也为政府的人才选拔提供了有力的支撑。新加坡的大学在给学生评分时严格执行比例制，每门课程获得优秀成绩的学生不会超出全部学生的五分之一。

新加坡政府在信息技术发展和应用方面一直处于世界领先地位。20世纪80年代初，新加坡就推出了国家层面的通信产业发展规划。根据埃森哲咨询公司2014年的研究，新加坡在“电子政务”方面排名世界第一；在“全球最佳互联网国家”评估方面，世界经济论坛发布的《2014全球信息技术报告》将新加坡排在第二位。例如，新加坡樟宜机场内每个洗手间都有二维码，旅客如果发现设施需要维修以及有卫生问题，就可通过扫描二维码对该洗手间进行定位并投诉，帮助快速解决问题。新加坡国家图书馆的网站为每个公民提供了免费账号，成功登录后就可以查询、复制和下载想要的各种馆内信息资源。2014年6月新加坡政府提出要打造“智慧国”，建设覆盖全岛的数据收集、连接和分析的基础设施与操作系统，根据所获数据及其分析结果预测公民需求，提供更周到、更个性化的公共服务。

讲到新加坡就一定要提到李光耀，他是新加坡共和国和新加坡执政党人民行动党的主要缔造者。李光耀留学英国多年，从政前是一位知名律师，他从小受到的是英语教育，并未接受系统的华文教育，对华人文化不太了解，感情很淡。而且，由于新中国成立后推行极左的社会主义路线，普通华人与新中国联系紧密，李光耀担心中国势力的渗透，对华文教育和华人活动都进行了严厉的限制。李光耀十分向往西方议会民主，同时又对当时新加坡的国民素质和经济生活水平十分担忧，于是提出了以经济发展为主导的治国方针。他说："新加坡只有一个机会，那就是不断往上爬，加紧努力些，更有纪律些，来踏上经济的阶梯。如果你放松些，你不会掉到软垫上，而是又冷又硬的水泥上，粉身碎骨"①。2013 年 10 月已退位转而担任资政的李光耀 90 寿辰，很多政府官员出席了他的庆典会，他的地位在新加坡无可替代。他自己一直以身作则，而且有着清晰且可行的治国思想，思维十分敏锐，善于吸收其他国家的经验，及时发现问题，他是新加坡的宝贵财富。可以说，在普通新加坡人的心中他作为"建国总理"的地位难以撼动。

3. 新加坡政府的社会政策及其理念

世界银行将社会政策的目标确定为"消除贫困，促进包容和社会公正，使边缘群体进入全球经济和社会的主流"，新加坡政府努力将社会政策与经济政策结合起来，最成功的措施之一就是教育政策与人力资源的培养紧密配合。这就是坚持教育公平与精英培养相结合、素质教育与职业培训相结合的原则。在新加坡，参与社会治理的社会主体分为政府基层组织、慈善机构等非政府组织和公民个人三个层次，在政策执行方面作用最突出的仍然是由人民协会、民众联络所、公民咨询委员会、居民委员会、社区发展理事会等构成的政府基层组织系统②。

总体上，包括新加坡在内的"亚洲四小龙"都是走了这样一条社会发展道路：先发展经济，后进行社会建设，最后进行政治改革，即先生产，让人们有饭吃，然后进行分配改革，使绝大多数国民都能分享到经济发展的好处，最后进行政治开放。日本曾在 20 世纪 50 年代提出了"国民收入倍增计划"，中国台湾扶持中小企业发展，新加坡推出了公共住房建设等，都是这方面有代表性的努力成果。绝对不能从经济发展直接过渡到政治改革或政治开放，在这之前必须要有持续和稳健的社会改革，依次开放社会

---

① 亚洲小巨人——新加坡为什么自豪?. 台北：经济与生活出版事业股份有限公司，1984：70.

② 人民协会和民众联络所属于政府机构，成员既有公务员，也有志愿者；居民委员会则是居民的自治组织，没有公务员，都是志愿者。

空间，通过孵化社会，有了社会自我组织的力量，才能为日后的深度政治改革提供缓冲空间。西方人经常将人视为政治动物，将很多问题都政治化，这是不对的。人不都是政治人，但人一定是而且首先是社会人。要拒绝将人全部政治化，将社会生活全部政治化的极端主义做法。其实，西方的现代化也经历了先有社会后有国家的过程，国家或政治是建立在与既存的村落、庄园、城镇的领主及其代言人讨价还价的基础上的。经济发展也是这样，要有宽松的社会空间，要尊重社会的基本秩序和传统，长久的经济发展才有可能。

新加坡政府一直坚持发展主义路线，将推动经济进步、充分就业、国民收入增长当作中心工作，为此，采取了一系列措施，事实证明，其中相当一部分措施是行之有效的。新加坡政府大规模实施中央公债金（Central Provident Fund）方案，公民必须将部分收入存入自己的中央公债金账户。中央公债金账户的储蓄可以用来支付各类社会服务，包括住屋和医疗等，这意味着新加坡政府协助公民储蓄换取他们所需要的社会服务。新加坡的房屋拥有率高，在很大程度上证明了这种以资产为本的社会政策是有效的。同样，在公屋的提供上，新加坡政府也成为各国的楷模。据相关统计，新加坡每40分钟即可盖成一间四居室的公共住房，超过八成的新加坡公民向政府购买公寓。由于很早就启动了“居者有其屋”计划，房屋从来没有成为新加坡政府不得不面对的棘手问题。这些都得益于新加坡政府积极推动的以资产为本的社会政策，上述惠及全民的社会福利政策并没有额外增加国家的福利开支，更未成为国家的负担。佩雷拉（Pereira，2008）指出，新加坡成功维持发展型社会模式的两个重要原因是：其一，新加坡政府专门与跨国资本家合作，因而能够有效管理本国的金融全球化的进度，也因为如此，国内资本家未能发展成一股自主、强大、能挑战发展精英权威性的社会力量。其二，基于有效的管治，新加坡政府成功地塑造了一个服从性较强的公民社会，能有效地管理民主化的进程。新加坡的工人阶级共享了发展型国家的经济成果，工会则受到国家的严密监管。换言之，经济富裕并没有带来自治性强的中产阶级，国家仍能紧握社会运作。

西方媒体对新加坡的报道常常持有十分矛盾的立场：一则赞叹它的经

济成就，也对它的整洁有序备加赞赏；二则对新加坡政府的家长主义治理方式颇有微词，同时也对新加坡社会空间不开放、公民个体自由不充分大加批评，甚至将新加坡视为“新威权主义国家”。不过，绝大多数亚洲国家对新加坡的总体印象都是十分正面、良好的。为什么会有如此显著的差异？这主要源于东西方在评价新加坡时所看重的内容不同。西方人比较看重政治因素，特别是西方人普遍接受的现代民主政治的因素，如多党轮替、差额竞选制、政治参与、权力制衡等。而东方人则看重文化因素和经济因素，例如自身的传统文化是否得到保存和延续，经济是否稳步发展，民生是否得以改善。东西方观察问题角度的差别起因于现代化兴起的不同方式。东方民族是被迫接受现代化的，现代化好不好，是否成功，关键要看它是否在经济上有优势，是否能够较好地融合原有的自身传统。有人说，新加坡有民主没有自由，这句话有一定的道理。但新加坡的民主也不是西方式民主，而是指导式民主。有多位新加坡知识分子向笔者阐明：民主不一定就是西方那一套，何况西方也不都是很民主的。民主的核心是政府为国家做了什么，民主应以民生而非政治为主，即便政治，也要服务于民生。民主不是局外人的标准，而是当地人的感受。他们在这个国家或体制下可以获得像样的生活，他们就会满意，也自然会认可这个政体和执政党。多数普通新加坡人正是在这一意义上看待新加坡独立自主以来所走过的历程的。在开展公民道德建设和评价公民道德问题上也是如此，包括新加坡在内的大多数国家都首先强调了经济、民生以及家庭、社区、工作单位内人际关系的调适等方面的内容。不同于私德的公德意识及其习惯的培养就成为最主要的方面。

新加坡的经济体量不大，但人均产值非常高，而且经济发展一直保持不错的势头，国民的满意度高。新加坡除了有一个深水港，没有任何其他自然资源，连食品、水都要从邻国进口，但现在已经进入发达国家行列，这是非常了不起的成就。1960 年，新加坡人均名义 GDP 为 428 美元，1991 年人均 GDP 为 14 504 美元，这 31 年间的年均增长都在 12%以上，2013 年则达到了 55 183 美元。新加坡政府一贯强调行先知后，干了再说，用实际的好效果来证明当初决策的正确，以实用理性来引导公众关注民生、日常生活的改善，不太注重系统的理论论证和强有力的道理说服，在公民道德建设上导致重行动轻理论总结、重事功轻心志培育、重规范引导轻自愿参与的结果。新加坡的大众传媒和政治领袖们已经在事关公民道德建设的诸多问题上达成了默契，无法完全扮演“社会公器”“代言公众以监督政府”的角色。例如，新加坡的大众传媒在产生全球化含义的“当地常识”方面就与官方高度一致，形成了新加坡人对全球化的共享观念，即竞争、创新、创造、企业家精神和外国智力，这些认识已经在新加坡人的意识中扎下根来。

（二）新加坡公民道德培育的主体

新加坡政府较早着手推进了包括知识教育、技术教育和品德教育在内的全民教育。公民道德教育也是在政府的计划、指导下展开的。李光耀曾指出，“如果伦理和道德价值观的水准低落，新加坡就会日渐走下坡。因此，我们是否能维持稳定和保持我们的优势，问题不仅在于经济发展方面，而在于社会的道德结构”①。从新加坡公民道德培育的历程来看，最初的公民道德只是一种“公德”培养，以后才开始部分承认社会团体的作用，承认国民的自主选择，开始转向有别于群体、伙伴关系道德的社会道德。到了21世纪，随着互联网的全面渗透，以及大量接受英美教育的年轻人返回新加坡，新加坡人的自由式公民意识越来越清晰，与公民权利伸张、社会领域开放相结合，公民道德转向了共识道德，国民间互信、共享的价值观得到了肯定。在前两个阶段，新加坡政府“看得见的手”无处不在，发挥了积极引导作用，在后一个阶段，积极的社会活动分子广泛介入其中，这个进程的结果如何，还有待进一步观察。

1. 新加坡国民间的共存

新加坡的国民构成从种群来看主要包括四个族群：华人、印度人、马来人、欧亚人。新加坡国民中超过70%是华人及其后裔。1942年以前，华人很少有意在新加坡长期居留，大部分华人到此的目的只是讨生活和赚钱，他们仍然把中国当作自己的根。新中国成立后，国共两党间的政治对抗令海外华人无所适从，他们被迫放弃归属、站队，开始将各自居留国当

---

① 李光耀．伦理道德水平若低落，我国就会日渐走下坡．联合早报，1994-08-14．

作自己的永久家乡。由于英国近200年的殖民统治，毗邻新加坡的南印度人陆续迁徙、移民至此，那些无知识、出卖苦力的印度人大多到橡胶园工作，受过教育、英语较好的印度人则担任了警察、国民军人、文官等，进入上流阶层。马来人因其原住民的优势在英殖民和日占领时期都曾获得优待，他们曾是旧政权的相对受益人。欧洲人与当地亚洲人通婚后所生的后代即欧亚人，他们的人数相对较少，但因他们的语言优势和曾经的社会身份优势，总体处境比较好。上述四个族群的文化传统和宗教信仰非常不同，历史遭遇也差别很大，相互之间存在隔阂和不信任。如何防止各个族群的直接对抗乃至冲突，成为新加坡政府必须面对的现实问题。

仔细考察就不难发现，即便是华人，新加坡华人也分很多种：一种是指与当地马来人通婚后的后代，他们基本上本地化了；一种是系统接受了华文教育、对华人传统文化有高度认同的人；一种是接受英文教育，比较西式，极力淡化自身族群特点的人。在政治态度上，新加坡华人也有很多类型，分别接受了国民党、共产党和西方文化或本地文化的不同影响，持有不同的政治信念。

对平稳的社会秩序来说，多元主义是必要的，但对经济发展来讲这还远远不够，多元主义无疑可以保持一个国家的活力和国民间的长久和平，但经济发展还需要明确的世俗化的价值。例如，印度号称世界上最大的民主国家，国内的各种宗教信仰都得到了充分的尊重，但任由它们占用太多社会资源，就造成了不同地方间、族群间的冲突频发。印度的多元主义没有为全体国民提供超越宗教信仰之上的基本共识，缺少这样的基本共识，社会生活的规则就很难建立，经济发展也会因不断发生的规则破坏或无规则可守的情况而变得困难。新加坡是高度世俗化的国家，虽然不同族群有各自的信仰，但这些不同的信仰都没有成为国家的主导意识形态，所以，就没有成为经济发展的阻力。例如，新加坡政府迫使国内的伊斯兰委员会同意禁止引入境外阿訇，穆斯林女性在学校禁止戴面纱、必须着统一的校服，等等。再比如，为了避免某个族群独大，新加坡的选举法设立了集选区，规定一个集选区内必须有不同族群的代表比例，而且鼓励少数族裔成立政党，以切实保证少数族裔的基本权益。因为新加坡的华人占全国总人口的70%以上，如果按照西方一人一票式的民主，每次选举都肯定是华人候选人当选，根本不会有印度人、马来人的份儿，这显然会带来非华人族群的怨恨和不满。

新加坡独立数周后，政府便确定英语为工作语言，李光耀给出的理由是：我们作为依靠国际贸易的国家，只有加强英语学习，才有好日子过。随后不久又开始推出了“双语教育改革”。晚年的李光耀回忆，这场“世界上最大最复杂的语言实验之一”是他一生的挑战，是他“多年政治生涯中推行得最艰难的政策”。“双语教育”政策规定，全国的小学教学 70％的时间用英语，中学教学 80％、大学教学则 100％用英语。这一教育改革的结果是：到了 1985 年新加坡二十周年国庆时，全场观众已经能用英语合唱国歌了。

美国过去讲“大熔炉”，并且以此为荣，但“熔炉”的做法是有问题的，因为它只是将所有的族群同化成一类人，忽视了对不同族群既有传统的尊重。新加坡在这方面就做得非常好，它只讲共存、共和，给每个族群生存的空间，让每个族群都有保持自己文化传统的权利。新加坡最为可取的地方是，通过合理的具体制度设计来保障各个族群的权益，促成各个族群相互之间的沟通。例如，买组屋，一般同一个族群的人会约着买同一个楼，这样好相互走动和关照。但住建局在分配房号时会特意将不同族群的人安排在同一个楼，将同一个族群的人打散。组屋分配充分考虑一定的族群构成和比例，不让同一个族群的家庭聚集在一个组屋里，而是不同族群的家庭混居在一起，你的邻居很可能是一个马来人或欧亚人，就近入学读书时你孩子的同学就可能是印度人、马来人、华人等不同族群的人。这对增进族群间的了解、建立社区凝聚力显然具有十分积极的意义。

志愿活动和社区服务也被新加坡政府积极引入，广泛分布在各类学校和社区中的草根性青年组织之中，为此，新加坡政府还设立了国家志愿者中心，以推动和指导全国的志愿者活动。社区服务的时限、次数等成为申请各类政府奖学金的一个重要指标。

尽管新加坡政府是在公民道德建设、国民身份认同方面的主要推动力量，但它不是唯一的推动力量，而且政府的力量在公民道德方面的表现并不总是令人满意。例如，在新加坡国家形象塑造上并非政府一种力量所为，前后有不同的推动力量在促成新加坡国家形象的真实性上发挥了作用。独立前的马来文学运动就是一例，该运动主要在乡村开展，马来的知识分子、文化的生产者为马来的农场主和农民代言，表达他们对马来民族和民族主义的想象，借此确立道德和文化上不变的本质。该文学运动后来发展为对马来传统的追溯，逐渐演变为通过改进马来文字、文学而提倡进步的、同时接续传统合理成分的价值观，包括忠诚、反殖民主义、正义、自由、团结、发展等。

在执政党人民行动党内部也存在一个问题。推行不断面向全社会吸引高端人才的政策确实维护了该党的生命力，但也为党内基层干部的上升设置了障碍，在商界、学界精英不断加入人民行动党并代表该党参选的同时，很多长期埋头于社区工作、和普通选民打成一片的基层党员却无法获得国会议员候选人的资格。人民行动党如何安抚这些基层工作人员，也是一个十分棘手的问题。

2. 社会组织的成长

新加坡政府虽然号称世俗政权，但它将公民道德、国民精神生活视为政府可以有所作为的重要领域，直接扮演了公民道德的重要倡导者的角色。新加坡政府在实践中逐渐发现一些社会组织，如工会、邻里互助会、宗亲会等，也可以在公民道德建设上发挥作用，于是，积极鼓励和支持上述社会组织发起的一些活动，特别对那些涉及具有普遍意义的道德问题、事关全体国民之精神世界的活动，都会给予倾斜。例如，如果工会举行的是只针对本会员的活动，政府大多不介入，也不予以支持，但若是跟全民相关的活动，则会给予直接帮助。

华人一直有结社、组团的传统，在历史上他们都有很强大的相互联络、扶持的民间组织，这些组织被称为华社。华人祖先初到南洋时，人生地不熟，这就逼迫他们必须依靠集体的力量。宗亲会是同姓的人聚合在一起组成的民间组织，成员间一般有血缘关系，如郭氏宗亲会、李氏宗亲会。乡亲会则以地域区分，有共同出生地或籍贯的人联合在一起，如海南公会、福建公会、厦门公会、福州公会，新移民中也陆续成立了天津会、四川天府会、华源会。另外，还有各种形式的校友会，如同一个大学、中学毕业的学生的集合等。民间社团本身是一种稳定力量。华人要保持自身的文化传统，就需要借助各种各样的民间社团。在推广传统文化方面，华人社团不同于政府，主要从文化内涵、身份认同的角度来看待传统文化。早期的华校都是由民间社团创办的，不仅办了中小学，还办了大学，如南洋大学①。

新加坡南洋孔教会就是一个突出的例子。该会成立于1913年，创始人陈焕章是康有为的弟子，对孔子学说十分信服。第一任会长林文庆曾担任厦门大学校长，十分尊重中国传统文化。该会的主要宗旨就是做文化复兴工作，不参与任何政治活动，也不表明政治立场，只是集中精力传承和推广文化。华人在新加坡谋生打拼，离开了本土文化，要活下来就要有文化上的信念，还要回应来自基督教和伊斯兰教的影响，要与它们抗衡，南洋孔教会就是通过文化继承和复兴工作将华人团结起来，建设与维护华人共同的文化记忆和信念。该会目前所做的工作有两项：一项是针对华人群体的，在他们中保留和推广中国传统文化，留住华人的共同文化根基；另一项是针对全体公众的，让他们了解中国传统文化，加强相互的认识。如果是前一项工作，政府不会给予支持；如果是后一项工作，就可以向政府有关部门提出方案，申请资助，获得人员和场地等方面的支持。例如，2007年、2008年前后，新加坡政府提出建立“家庭赡养和社会扶助”相结合的养老模式，政府通过立法来规定某种赡养父母的行为，做不到就要被处罚。但效果不太好，因为不可能监督每个人具体是如何对待其父母的。南洋孔教会就发挥了特殊作用，通过联系人民协会，借助其下属的民众联络所和居民委员会来推广儒学中的孝亲思想。上述主张首先由中区②市长提出，于是该会最早与中区人民协会建立了联系。该会的现任秘书长陈华明先生指出，儒学的一些具体提法可能存在问题，也有一些观点是不对的，但可以对儒学做出新的解释，因为儒学本身包含了与时俱进的思想内容。例如，儒学主张尊贤，人们要听贤者的意见，贤者要多承担责任，这些都是对的。还有孝，古代的一些具体做法现在不合适了，但孝的核心是内心虔敬，而非特定的外在行为。你应该有对父母的孝心，这一点任何

① 新加坡政府先后关闭了这些学校，现在新加坡已经没有义务教育阶段的华校了，有些学校以开设较多的华文课为特色，但所有的中小学都按照政府的统一要求，在课程设置、师资配备、考试要求等方面有全国统一的标准。这对华人文化和教育是一个很大的打击。

② 新加坡共有东区、中区、西区三个区，每个区的行政长官都叫市长。

时代都是需要的。

南洋孔教会完全属于民间机构，开展活动都是利用民间力量，现在的办公场所也是现任会长无偿赞助的，是他公司的用房。董事和会员都是兼职，工作完全是义务性的，没有报酬，只有几位办公室专职工作人员才有薪水。该会的董事会每三个月开一次会，讨论各种议题，包括决定下一阶段的工作内容，审核财务报告、会务报告。每年有一次全体会员大会，过去一年的财务审核、工作总结都要向会员汇报，全体会员大会通过后，才能提交给政府税务部门。在新加坡，所有社会组织都要到政府的“社团注册局”登记注册，政府对此有各种明文规定，包括基本规章制度、建制、章程、会长人选、董事名单等，手续齐全才可注册，一旦注册，就要按照这些制度、章程等行事。非慈善性的社会组织每年还要照章报税。十几年前，新加坡南洋孔教会加入了“宗乡总会”，成为它的准会员团体。

现任会长郭文龙先生接手后做了许多革新，为了强化董事会领导，改组了董事会；重新招募新会员；开展一系列活动；同时与其他类似或关联组织特别是文教组织合作，扩大了孔教会的影响，也重新确认了孔教会的组织定位。每次举办活动，都要先在董事会上讨论。一旦确定了活动主题，就会成立相应的筹委会，讨论各自的分工，布置工作，全体会员尽可能参与，动员自己的资源，同时招募志愿者。活动结束后，会写出总结，并向董事会做汇报。要对活动的全部过程进行检讨，当然，检讨针对的是事而非人，不具体批评哪个人。现在会员有 300 人，比之前增加了 4 倍多。他本人还捐出 100 万新币，设立“孔子基金会”支持文化活动，推动孝道，还召开了防止暴力、建立新型生死观等研讨会，面向普通公众开设了儒家经典课程讲座，并与外地，包括中国内地（大陆）、香港、台湾以及马来西亚、印尼等的孔教会①或类似组织建立起联系。

新加坡孔教会以华语为媒介，以学校华人学生、华社为对象，重点是华人的青年。它的会员包括各种各样的人，有老华人，也有新移民，甚至

---

① 印尼孔教会是一个宗教团体，因为印尼排华，而且伊斯兰教是其国教，只有宗教团体才可以合法存在，所以，孔教会只有申请为宗教团体才可以注册。香港的孔教会带有一定的宗教色彩，因为很多香港人将儒学中的一些人物宗教化，过于注重儒学中的仪式。

还有一些印度人和马来人。入会一般是个人首先提出申请，然后交到董事会上讨论。通常有两类会员：一类是核心会员，有选举权和被选举权；另一类是普通会员，他们只是出席活动，缴纳会费，没有选举权和被选举权。协会是否活跃跟会长个人的关系很大。如果会长自己投入很多，非常积极，又有想法，协会的活动及表现就会更加主动。郭文龙会长相信，道德的特点不是自上而下的号召，相反，必须要有民间自下而上的参与，民众的自主行为才是道德最重要的根基。例如，在他倡导下，南洋孔教会在2013年推出了评选本土的"二十四孝"活动。郭会长指出，法治天下，那是政府的事情，政府当然不能以儒学为指导；但民间团体要做的可以不同于政府，民间团体代表的是一部分民众的愿望和要求，也代表了他们对这个社会的不同认识。在他看来，目前的新加坡政府一切都以法律来约束国民，并不好，很容易让人产生只有人管着才守规矩的习惯。既然是民间文化团体，工作的重点就主要是民风建设和家庭伦理建设。新加坡的孔教会因为只是一个纯粹的文化团体，所以就专心做与文化传统相关的活动。民间团体可以在民众中起到凝聚人心的作用，但不可以批评其他族群或组织的活动或观点，新加坡在这方面制定的法律规定非常严格。

在此再介绍一个有着官方背景的学术机构——新加坡华文教研中心，它是由国家设立的、隶属于南洋理工大学的教研中心，主要承担教育部委托的师资培训、教学研究、教学效果的检验等工作。该中心现有9个部门，相当于大学学院的编制。国立教育学院负责新加坡学前、中小学和高中所有教师的职前培训，新加坡华文教研中心负责上述阶段华文教师的在职培训，换句话说，该中心专职负责华文师资的在职培训和教学研究工作。新加坡是多元族群的国家，政府一贯主张各族平等，因此，新加坡教育部还相应成立了英文、马来文、泰米尔文等其他学科的教师在职培训中心，其他未单独设立培训中心的科目，教师在职培训课程则由"新加坡教师学院"统一承担，可谓环环相扣、严丝合缝。

华文教学涉及的问题比较复杂，因此，华文教研中心肩负的任务就显得较重。华文教研中心主要有两项任务：一是提供华文教师在职培训课程，协助他们提升教学水平，解决不同语言背景的学生学习华文的问题；二是开展华文教学研究，主要是与华文学习相关的教学法、教育科研项目，即华文的教学和科研。华文教研中心通常会和学校任课教师合作，针对教学中的难点进行教学研究，开发有效的教学策略，同时也根据不同语言背景的学生学习华文所面临的困难，研发学习资源，协助学生更有效地学习华文①。

笔者在新加坡访学期间（2013 年 9—12 月）专程拜访了该中心的院长陈之权博士。他告诉笔者，新加坡社会在近十余年来发生了很大的改变：一方面，华族社群家庭的语言环境日趋复杂，出现了以英文为主、以华文为主、双语并用等多种家庭语言环境，社会语言环境的巨大改变对华文教学也产生了冲击；另一方面，由于政府推行引进人才政策，近年来学校进入了很多新移民或在本地居留工作的外国人士的孩子，除了来自中华文化圈的新移民孩子必然修读华文以外，一些非华族文化地区的新移民或居留人士的孩子也要求修读华文，因此，学华文的学生群体发生了变化，对华文的学习方式和学习内容提出了新的要求，需要进行研究，以便更好地了解不同学习群体的学习需要。此外，学校里教授华文的老师分别在不同的年代完成师范教育，需要接受再培训，以更新自己的知识，更好地面对新教学环境下的挑战。

陈博士还指出，以前的华文教材承载了太多的思想价值内容，和学生的日常生活离得比较远，而且对中小学生来说过于沉重，可能会让他们厌学。今天谈华文教学，首先要让学生喜欢并愿意使用华语，让华语成为他们生活的一部分，然后才会有兴趣进一步接触华语背后的文化或历史。换句话说，华文教学必须始终以学生为中心，激发学生的探索意识，培养学生的自主学习能力。

华文教研中心还有国际合作的任务，因出色的成绩和扎实的理论研究，该中心早已经进入本区域的师资培训市场，如东南亚的文莱、印尼、泰国，通过派出讲师或特级教师到当地授课，和当地教师分享华语教学经验和科研成果。该中心虽然是政府全额财政资助单位，但并非“养老”“赋闲”单位，工作人员都有比较大的工作压力，必须不断开拓新领域，

① 在新加坡，还有其他一些社会机构或民间团体一直在做华语推广工作，如中华商总会就在自己的会馆做华语普及工作。

这是因为政府每年按照他们完成的工作量给予拨款，教育部以他们完成的师资培训人数和时数以及产出的教学平台、论著、研究成果等来决定资助额。该中心还可以通过申报课题项目获得科研经费。一句话，政府是将产出作为拨款依据的。华文教研中心虽然附属于教育部，但仍然要不断地以自身的业绩、成效、工作内容来证明自己，并由此获取应得的资助。

3. “新加坡人”意识

新加坡一度被称为“东南亚的以色列”。建国之初，它身处以马来人为主的伊斯兰教徒的包围之中，它确立了“小国大外交”的策略，笃行务实、均势的外交路线，在大国间平衡，在诸国间斡旋，提出了“黄蜂战略”（黄蜂不会致人以死地，但会造成伤害，令人敬而远之）、“毒虾理论”（毒虾通常具有鲜艳的颜色，警告旁人别碰自己!）。

新加坡公民道德建设的一个重要内容就是“新加坡人”意识的培养。这也成为贯彻一切官方行动和社会事务的指导原则。关于什么是“成为新加坡人”的问题，李光耀曾经做了如下回答：“在一个不断变动的时代，什么是确认一个新加坡人的东西？那就是一种接受多元文化主义的态度，容忍持有不同语言、文化、宗教的人们的共处，以及相互竞争的平等基础。这些内容也使新加坡人显著区别于周边所有国家的人”①。新加坡政府开发出多种渠道促进各个民族之间的相互理解。例如，18 岁的男子一律都要服兵役。在军营里，你的班长可能是印度人，你的战友可能是马来人，你与他们一道站岗、执勤，你与他们的感情就会扩展到其他印度人或马来人身上，他们不再是看不见的、抽象的人，而是跟你一样普通的人。这其实就是培养一种社会意识，增进各个族群相互理解和加强国民对国家的切身感受。教育部设立了“种族和谐日”，各个学校要在这一天结合自己的特点开展相应的活动。在这一天，各个族群的学生会围绕本民族的语言、文化、传统等举办各种活动，让大家切身感受到其他族群的生活、习俗与文化。

学校教育在推动“新加坡人”意识的形成上功不可没。1967 年新加

---

① Han Fook Kwang, Zuraidah Ibrahim, etc. Lee Kuan Yew: Hard Truths to Keep Singapore Going. Singapore: Straits Times Press, 2011: 291.

坡教育部在全国中小学推行“公民课”，以取代过去的“伦理学”或“规范行为”课程。中学“公民课”的教学目标是：第一，帮助学生发展成熟的个性、友善的态度、良好的身体和一系列好习惯；第二，激发学生对国家和人民的爱，培养所有种族间相互帮助的意识，使学生成为未来的社会栋梁。1974年取消小学的“公民课”，代之以“社会教育课”。小学“社会教育课”的教学目标是：第一，帮助学生认识到国家建设的目的和重要性，做忠诚、爱国、有责任心和守法的公民；第二，促使学生更好地理解国家如何发展和国家的地理政治环境；第三，帮助学生认识和欣赏东西方传统中有价值的内容；第四，引导学生观察人与社会的关系，进一步理解社会与世界的关系，从而保证他们能够在多民族、多文化社会中寻求和平与和谐。

在今日的新加坡，中小学必修课“公民与道德教育”所要完成的教学目标完全一样，都是向学生传达如下六个价值，即尊重（respect）、责任感（responsibility）、正直（integrity）、关怀（care）、应变能力（resilience）、和谐（harmony），但每个年级的学生所读到的教材中给出的解释、行动要求和授课要点都非常不同。例如，小学六年级课本对“尊重”的要求是“应付同伴压力，有礼的沟通方式，为新加坡争光”，对“责任感”的要求是“做个负责任的青少年，我们要有公德心，做个积极的公民”，对“应变能力”的要求是“面对挑战，不轻言放弃”。高中二年级课本不再简单地提要求，而是说理，对“尊重”做了如下基本解释：“当一个人相信他自己的自我价值和其他所有人都具有内在价值，他就证明了他对自己和他人的尊重。一个懂得尊重的人应当克服酗酒、赌博等陋习，对事物表现出宽宏大量。”对“责任”的解释是：“一个负责任的人会认识到他有对自己、家庭、社区、国家和世界的义务。他会用爱和内心承诺来完成自己的责任。”对“和谐”的解释是：“一个在乎和谐的人会坚持与人友好相处，并推动社会的团结。他会以欣赏的态度看待一个多元社会中的多样性和统一，同时他也会对自己的过失表示歉意，维护新加坡的团结，过一种与环境友好的生活。”

独立后的新加坡政府继承了英国议会民主体系、公务员廉洁制度、多元主义社会治理和市场经济体系等现代政治遗产。新加坡的议员都是直接选举产生的，为了强化他们与选民的联系，保证他们代表选民的利益，国会议员被要求每星期至少一天安排接待选民，利用业余时间在规定地点等待选民前来提问或寻求帮助，以便及时发现选民关心的问题。而且，议员还要在自己的选区做家访，一般是周六日晚上走家串巷、逐户敲门访问选民，向选民说明来意，有问题或建议就记录下来，无问题就递张名片后离开。几年下来，基本就可以拜访到选区内的所有选民。公民作为委托人与作为受托人的议员能够经常性见面，民众可以实际目睹代理人的所作所为，切实感受到自己作为国家主体的地位，从而产生对国家的认可和与社会的一体感。

在华人世界广为人知的是，在20世纪70年代末80年代初新加坡政府提出了复兴儒家伦理的主张，但真实的情况却是新加坡政府的最初意图是提倡复兴包括儒学、佛家、伊斯兰教、基督教在内的所有新加坡境内的传统文化，当华人弟子上儒学课时，其他族群的孩子可以选上基督教、伊斯兰教或印度教等相关课程，上述不同的传统文化受到了完全平等的对待。不过，实施一段时间后就发现，一些宗教色彩浓的传统文化将课堂变成了传教场所，引起了不信教或其他宗教人士的不满，只好被迫叫停。而儒学的宗教色彩较淡，包含了更多生活伦理的内容，将其合理思想加以吸收，对现代社会是有好处的，所以，仍坚持推广儒家伦理，但也遇到了来自其他族群的不少阻力，最后也只能放弃。这也折射出文化建设不可能像经济建设一样立竿见影，最主要的是，政府通常都没有足够的耐心去做一项需要数十年乃至数百年才可见效的文化事业。新加坡华人领袖正是从中看到了中华传统文化的现代价值才不遗余力地加以推广，新加坡多位华人有识之士曾向笔者指出：文化才是最根本、最持久的，国家及其政治都是短暂的。对一个国家来说，人的素质和精神面貌都要靠文化支撑。华人对世界的最大贡献就是悠久的传统文化，华人要立足于国际社会就要依靠传统文化的支撑。

在新加坡也有政治话题方面的禁忌，至少有三类话题是不能随便议论的：一类是其他民族的文化，另一类是其他民族的宗教，还有一类就是种族问题。你不能公开说自己族群的文化或宗教最优越，更不能公开批评其他族群的宗教或习惯有什么不好，丑化它们就完全不可以了。政府不突出某个族群，也不让某个族群单独存在，相反，它着力敦促全体国民在日常生活中实际地接触和了解，最终促成不同族群、不同信仰的人和平共处，切实地成为本国的国民。让人人都有国家意识，国家意识优先于民族意识，这是新加坡政府高瞻远瞩的地方。现在新加坡的国民大都说自己是"Singaporean"，而不说自己是新加坡的"Chinese"或新加坡的"Indian"。他们强调的不是族群价值或宗教文化的认同，而是国家的认同或国家意识。这已经成为新加坡国民的基本常识。

"新加坡人"意识不只是政治性的，也包含了文化内容。因为政治认同或国家认同乃至政治身份等，都是可以随时改变的，如退党、移民等，但对国家背后之共同文化的认同则会更加持久。一般而言，现代国民面临着四种不同性质的认同，即政治认同（主义认同）、国家认同、民族认同、文化认同，国民是在不同的认同之交叉重叠中确立自我的，其中最根本的是文化认同。在全球化时代，人力、资本都在自由流动，新加坡的民族认同、文化认同也可能会消失，新加坡的历史并不久，而民族和传统文化的形成则需要几十年乃至数百年的历史，在新加坡生活的人们坚守各自的传统文化并相互交流、融合所生长出的"新加坡文化"正在为新加坡国民的认同提供恒久的动力。

新加坡有多个民族，所以，政府一直强调超越族群之上的国民身份认同，这个工作通过各个渠道和方式展开，例如，国民服兵役制度，国庆日的庆典活动，教材统编，统一使用官方语言，不鼓励地方方言，在全民性节日开放总统府免费参观，等等，这些手段都促进了国民对新加坡共和国的认同。几十年下来，取得了明显的成效，新加坡社会的国家认同非常成功，有力回击了种族主义、激进革命主义、自由主义等的挑战。然而，跟其他发达国家一样，今天的新加坡政府在国民身份认同上也面临着各种思想方面的威胁，例如激进共产主义、伊斯兰教极端势力、西方自由放任主义等。这些挑战政府执政理念的思想及其组织令政府十分不安，这也是新加坡政府极力限制和严格管控社会组织的一个重要原因。

现在确实有一些年轻人希望新加坡也能像西方一样，让新的政党上台，换换面孔，年轻一代越来越倾向于强调个人利益，而且希望有更多的人权和自由，他们希望变革。但中年以及以上的人较少持有这种想法。关于更多地制约政府的问题，中老年人大多认为制约政府是必要的，新加坡现有的很多制约措施也是有效的，新闻自由、司法独立等，这些都运行得非常好，如果对政府的制约过多，政府就很难有所作为了。实际上，人民行动党并没有拒绝反对党的存在。国民不能失去理智，要负责任地看待国家事务。新加坡的国民间存在代际认识差异。令人欣喜的是，新加坡虽然在发生变化，但变化仍主要是改良和渐进性的。

早在新加坡独立后不久，建国元勋之一拉惹勒南就于 1966 年草拟了一个“新加坡信条”，作为统一全体新加坡人的共同精神和行动原则，总理李光耀修饰补充后呈内阁予以通过，具体内容如下：“我们是新加坡公民，誓愿不分种族、言语、宗教，团结一致，建设公正平等的民主社会，并为实现国家之幸福、繁荣与进步，共同努力。”新加坡政府一直没有停止追求和维护类似共同精神的努力，在行政和社会管理中也不断改进，逐渐开放公民个体的参与领域和程度，容纳更多的声音。进入 21 世纪之后，面对充满差异、分歧的多元世界，新加坡政府开始增加对“共同价值观”的考量，越来越强调动态地发现国民中变化的价值倾向，并积极维护合理且具有最大公约数的共识，公民道德也由此向共识道德转换。

（三）当代新加坡公民道德的新挑战

亚里士多德和涂尔干都曾指明，依据国家的形态不同，国家和公民各自的权利与义务是不同的。不同国家的起源、政体形式和国民构成等都会对该国公民道德的实际状况产生切实而深刻的影响。在全球化时代，国际间人员互动和国民的高度流动又带来了更多变数。当代新加坡公民道德培养同样面临着许多不确定因素。

1. 政府权力与公民权利的关系问题

毫无疑问，新加坡属于强政府大政府类型，政府权力很大，政府责任也很重，与此相应，公民权利的保护就显得乏力。经常受到诟病的就是新加坡的工会体制了。新加坡劳资关系的转折始于 1967 年的一次罢工。李光耀由此强势规定了工会运动的新方向，要消除英国工会的陋习，制止滥用福利和漫天要价，并对唯一合法的工会联合组织“全国职工总会”做出如下功能定位：树立工人积极和富有合作精神的态度。1969 年，确立了政府、劳、资三方联合协商机制；1972年，为了协调政府、劳、资三方的矛盾，成立了由三方代表组成的全国工资理事会。新加坡国会修改和通过了一系列法令，为罢工制定了严苛规定：公共交通、民防、火警、港口码头等“必要服务”行业的从业者需要提前14天向雇主申请，获得同意后才能合法罢工；水、气、电等行业的从业者则完全无权罢工。违反上述法规者会被处以最高一年的监禁和2 000新币的罚款。“全国职工总会”历来与人民行动党有高度合作，它经常站在执政党的立场上，结果，新加坡的工会很大程度上成为人民行动党利益的代言人。它的主要工作原则是建立协商、合作的政府、劳、资三方互信关系，事实上就放弃了会员的罢工、游行等权益。在新加坡，劳工的集体谈判权不是通过工会运动获得的，而是一种政治安排，这种劳资关系的特点体现在政府对工人运动方方面面的限制上：工人在马路上停留、包围建筑、游行、静坐，甚至只是宣称要罢工，都可能导致被处以罚款或监禁。2012年11月26日，新加坡地铁有限公司171名中国籍司机集体罢工，早上5：30和9点，地铁有限公司两次派出管理层人员到员工宿舍协商。27日仍有88名司机继续“请假”。新加坡政府人力部当天将中国籍司机的行为定性为“非法罢工”，并表示对此“零容忍”。5名中国籍司机被起诉。“人权观察组织”亚洲部副主任菲尔·罗伯森（Phil Robertson）12月6日在声明中称，“新加坡用刑诉对付停工的工人，已经侵犯了劳工的基本权利”，该组织要求新加坡当局立即撤回对中国籍巴士司机的控告。这也充分暴露了新加坡政府进行公民道德建设、强化社会组织管控的真实意图，不过是将公民道德当作实现经济发展、维护执政党地位的工具，完全无视道德问题上的自律和国民的内心信念的自我归属等深层意义。

由国家主导，自上而下推进，这可以说是新加坡公民道德建设的一个突出特点。一方面，新加坡是个小国，政治上实行精英主义，由专业的官僚、政治家执掌国家；另一方面，进入官僚队伍的人员具有较高的职业素养和较强的自省精神，他们以父道主义对待国民，不仅率先垂范，而且对有关民众生活的事项无论巨细都加以主动考虑。新加坡公民道德建设重在政府部门，这有利于培养公务员“权为民所用，利为民所谋”的公仆意识，但同时却忽视了通过广泛社会参与、动员公众关注、自主提出权益要求的公民意识，这就严重限制了公民道德的波及范围和作用深度。“新加坡的政治精英更多相信好的政治领导而不是好的公民道德，人民行动党的领袖们都不是平民出身，他们从未意识到自己也可能会犯普通人常犯的错误。……对新加坡的执政精英来说，政治只是关乎领导，他们相信精英主义意识形态的力量建立在这样一个基础上：领导者们是国家命运的最佳判断者，只有领袖才是国家的决定力量。这样的明示态度也影响了新加坡政治精英对公民参与、公众意见的总体倾向”①。有人说“Singapore is a fine country”，但新加坡的“好”可能主要是靠重罚得到的，民众的普遍的羞耻感和对公共事务的兴趣未能得到有效提升。

国民高水平的公民道德直接关系到该国社会资本的总体水平，而推动这样的公民道德与社会资本之良性关系形成的最好方式，并不是全民上下齐动员式的群众运动或激动人心的情感诉求，而是点点滴滴甚至斤斤计较式地对生活秩序、个人权利的坚持与维护。当说到构建我们的社会资本时，我们每一个人都不是被动的看客或消极的等待者，社会层面和制度层面的前提自然是必不可少的，但同样重要的是，身处其境的每个人都承担起自己的责任，为社会资本的建立和增加尽绵薄之力。新加坡建国以来的第一、第二代新加坡人确实为此做出了艰苦的努力，然而，近十几年来，一方面是大量新移民的涌入，另一方面缘于当代新加坡人利用闲暇时间的方式发生了重大改变，大量的闲暇时间花在了看电视和上网上。而看电视、浏览网页都是被动接受的过程，画面的不断切换没有留下思考的空间，强烈的视觉冲击严重干扰了冷静、理性的判断，刺激了过多的情绪反应。电视和电脑使人们的社会认知更广泛的同时也更肤浅，这些都有可能削弱已有社会资本的存量和质量。

当然，新加坡政府“看得见的手”依然发挥着积极作用。例如，新加坡政府倾向于使用“公众社会”（civic society）一词以区别于其他公民组织，特别是具有自由主义色彩的“公民社会”（civil society）概念，后者强调不同于政府的互助空间，在政府势力之外保护和平、安全，以排除对

① Ho Khaiz Leong. Citizen Participation and Policy Making in Singapore: Conditions and Predicaments. Asian Survey, 2000, 40 (3): 444.

个人权利、自治和自主决定的威胁①。在新加坡的工业化和现代化进程中，中产阶级作为新兴的社会政治力量日渐崛起，市民社会不断发展，各种社会团体要求更广泛地参与国家政治生活，改变国家与社会长期处于胶合、同构状态的体制和决策模式。人民行动党却不为所动，仍然对社会团体采取控制、合作、利用并举的政策。新加坡的执政党一直严格控制着社会团体的发展，新加坡现存的社会团体政治色彩很淡，主要为娱乐机构、慈善机构和职业团体，而带有政治背景的社会团体都是半官方机构。例如，“全国职工总会”是新加坡唯一的工会联合组织，也是新加坡最大的社会团体。根据新加坡法律，“全国职工总会”不受人民行动党及其政府的领导，但实际上，它在大政方针、路线和重大问题上都要按政府的旨意行事，在相当程度上受执政党领导，“全国职工总会”的秘书长（该会的人事一把手）由副总理或人民行动党其他高层兼任。从 20 世纪 80 年代开始，从事环境保护、妇女保护、维护消费者权益等活动的社会团体开始增多，并做出了积极努力，而对于涉及政治议题，如言论自由、参政议政等方面的社团组织，新加坡政府依然没有放松管制。对民间社团过于严格的限制和防范虽然维护了“令从官出”的制度及其正当性的唯一出处，但同时却极大削弱了国民自我组织的能力，挫伤了国民个体自发提升自身公民道德的积极性。

2. 现代化的类型：一种好的发展是否可能

新加坡政府推崇科学主义这一现代决策理念，试图将全部社会事项都纳入可预测、可控制的范围之内，包括公民道德，新加坡政府都是有意识地推进的。成功的地方在于它确实在短时间内带来了经济繁荣和社会生活的有序，似乎证伪了哈耶克的“自发秩序”理论。但它令人诟病之处在于，它满足了国民的基本民生要求，履行了现代国家对公民的基本义务，但同时却在一定程度上忽视了公民的个性和自由，这尤其体现在对公民自发结社和社会团体的防范或限制上。在新加坡，“似乎不存在很多私人自

---

① Kenneth Paul，Andrew Sze-Sian Tan. Civic Society and the New Economy in Patriarchal Singapore：Emasculating the Political，Feminizing the Public. An Interdisciplinary Journal of Southeast Asian Studies，2001，15（2）：114.

治的空间，大凡人们的行为方式、生活习惯、个人作风、两性关系，只要被认为事关风俗道德，都可能受到法律的规制”①。

游历过新加坡的人不难发现，新加坡人在日常生活中即便是熟人聊天也较少讨论政治话题。李光耀曾经估计新加坡人口的80%已经成为中产阶级，但这样的中产阶级在政府高官和人民行动党领袖眼中不但缺乏政治兴趣，而且只热衷于自己的职业生涯、生活方式和个人消费。新加坡的绝大多数社会组织也极力回避政治事务，因为人们都不愿意触及“雷区边界”（out-of-bounds，或简称为OB markers）。这样的边界通常不是法律尤其不是宪法明文规定的，而是行政管制和生活中的实例显示出来的，这个边界并非一目了然，一旦触犯，轻则罚款，重则入狱，这种恐惧导致即便是社会团体的活动者，也不敢轻易涉猎政治敏感领域。

围绕新加坡政府的精英主义执政理念，新加坡民间社会也存在许多质疑，例如，一些左翼的文化人士运用马克思主义的无产阶级压迫和阶级斗争学说来解读工人阶级的历史地位，一些自由文化工作者以行为艺术表达抗争，他们借助国际资本主义政治和全球化，通过当代流行文化而对工人阶级居住区加以浪漫化，催生了新加坡波普大众文化成为一种新潮流。还有一些右翼自由主义者则力图倡导人身自由、结社自由等基本人权，以对抗政府过多的管制，并将自由视为社会发展的基本价值。

新加坡独立后持续的经济增长得益于受教育劳动力源源不断的补充，然而，2000年左右新加坡开始进入老龄化社会，人口构成开始变得极其复杂，国民在社会价值上的偏离倾向越来越明显，既有的权威主义政府无法将这些变化全部包括进来并消化掉；随着中产阶级人数的稳步增加，社会阶层的差别已经无可逆转地出现，国民间的差异乃至分歧也无法掩盖；加之消费主义影响到了每个人，产生了无以数计的生活方式的选择项，不同的文化信仰和实践得以充分显示；西方的自由观念加上个人价值的多元化，都在瓦解曾经共享的国民价值。特别是在富裕时代成长起来的年轻一代开始参与到政治生活之中，他们大多受过良好的教育，并更多受到西方的政治文化影响，对于长期执政的人民行动党及其成功的执政历史没有切

---

① 钟庭辉. 说法 新加坡. 新加坡：焦点出版有限公司，2010：30.

实体会和政治依恋，也较少受制于传统威权体制下人身等级观念的束缚，从而可以对现行政治体制和公共政策提出自己的独立判断与见解，换句话说，新加坡的年轻人越来越强调自我认同和自我身份的确认，而不仅仅是国族身份的认同。例如，2011 年新加坡国会大选是其独立以来选民投票最为踊跃的选举，共有 205.77 万人投票，投票率高达 93.06%，其中约有 60 万 21～34 岁的年轻人第一次参与投票。2020 年的大选中，选民人数为 2 535 565 人，投票率为 95.63%。由新加坡政府力推的公民道德无法充分反映上述新变化，对年轻一代的诉求也不能做出有力的回应，这势必严重削弱既有的公民道德在年轻一代中的效力，并影响到未来社会的统合。

人民行动党不断调整国家与社会的关系，其政策导向正在经历从“公众社会”向“积极公民权”到今天“公共协商”的转变。2004 年 1 月，新加坡第三任总理李显龙在新加坡哈佛俱乐部做了一次意义深远的演讲，在演讲中他勾画了国家-社会关系的新形态，他说：“我从不怀疑我们的社会一定会更加开放”，新加坡政府将面临的一个重要任务就是“进一步推动公民参与，继续深化开放的领域”。在此执政目标的鼓励下，新加坡日益活跃的非政府组织及其志愿者活动试图更加接近和争取更多的政治空间，以满足自己参与社会事务的愿望，尽管其间仍然充满了阻碍。总体上说，新加坡的社会组织还不够发达，缺少竞争，组织领袖的更迭还未实现常态化，对新观念和新技术的回应相对迟缓，因此，亟须对社团组织的结构、专业性、财务状况和未来愿景等做出重大调整与改进。有研究表明，新加坡市民中的活跃分子和政府工作人员处于“互惠”关系之中，他们各自处于权力和资源的不同位置，当他们的利益存在重叠时，他们就可能相互合作；但当他们的利益产生分歧时，他们就会各自为政或不予配合①。

20 世纪 80 年代被视为“新加坡亚洲化年代”，在整个 80 年代，新加坡政府都在不断倡导儒家主义和亚洲价值观。已知最早的关于“亚洲价值

---

① Terence Chong. Civil Society in Singapore: Popular Discourse and Concepts. Journal of Social Issues in Southeast Asia, 2005, 20 (2): 273.

观”的讨论始于1975年11月15日新加坡国立大学举办的一个名为“亚洲价值观和现代化”的学术会议，有两篇会议论文对“亚洲价值观”做了定义，将亚洲价值观的内容总结为：第一，强烈的群体团结优先性和父道式劳资关系；第二，重视互助和共同体生活；第三，维护扩展的家庭制度。新加坡政府特别是李光耀对这一动向给予了积极回应，政府为此成立了“道德教育委员会”，并对全国学校道德教育、社会道德教育的现状和如何改进都做了全面的调查、研讨。事实上，也正是在80年代经济持续高度发展后，新加坡出现了很多社会问题，新加坡政府才意识到关闭华校造成了华人价值观断层，儒家价值的积极意义也被忽视，开始从政治角度力主恢复儒家思想，但这一尝试没有维持多久就被迫停止了。因为没有独立的华文学校，推广儒家价值观缺少强有力的平台，20世纪80年代先后提出的“儒家伦理”“亚洲价值观”并未取得预期成果。新加坡政府主要基于政治上的考量，例如对抗西方文化，用心并不在华人文化或儒家思想上，推出的“亚洲价值观”也是从功利、利用的角度出发，这其实是不可能真正传导和培育传统文化价值的。

然而，儒家伦理和共同价值观所起的作用是一样的，它们为人民行动党代言新加坡背书，新加坡政府反复公开声称：新加坡公民所持有的价值与西方的人权、民主、自由观念是根本不同的。而且，由于儒家伦理更加历史悠久，共同价值观更具广泛性，所以也就比西方观念显得更合理。这与其说是新加坡文化融合的产物，不如说是人民行动党自己拉的大旗，它在强化自己执政合法性的同时不惜严重伤害新加坡人的公民权利。正如有学者尖锐指出的那样，“我们需要充分认识到：在新加坡有关人权和民主的争论并非只是两种文化体系的争论，一种是亚洲，另一种是西方。实际上，它是一个现代国家内政治文化应当采取什么形式的争论，是接受父道主义还是宽容多样性”①。

3. 公民道德教育的目标：怎样的公民才是好公民

人民行动党为新加坡确立了“三M核心价值观”，即贤能政治、物质

① Neil A. Englehart. Rights and Culture in the Asian Values Argument: The Rise and Fall of Confucian Ethics in Singapore. Human Rights Quarterly, 2000, 22 (2): 567.

福利和多种族主义。贤能政治的实质就是威权主义、精英主义，物质福利取向就是唯经济发展至上的现实主义、实利主义，多种族主义强调的则是多种族共存互通的世俗主义、本地化政策。

1991年1月，新加坡国会通过了政府提出的“共同价值观”，发表了《共同价值观白皮书》，内容包括：国家至上，社会为先；家庭为根，社会为本；社会关怀，尊重个人；协商共识，避免冲突；种族和谐，宗教宽容。然而，文化复兴工作的难度非常大，政府大多没有决心长时间做，政府官员都有任期，执政党要给选民看得见的政绩，文化工作常常要耗费几十年甚至几百年才能看得到一些效果，这对政治家来说太漫长。

在一个多民族的国家里，每个公民只有在公共政治的领域内以国民和市民的身份出现，在私人的和文化的领域内以民族的成员出现时，才能避免民族与民族之间发生利害冲突，尤其是大规模的民族血腥冲突。但是，如果在公共政治的领域内也将民族作为一个单元，那么在与其他民族相比较、相对立的意识下，“民族”就有可能变成一个排他的利益集团，甚至进而与国家利益发生冲突。因为在民族利益与国家利益发生冲突时，对于一个同时具有民族成员和国家公民双重身份的人来说，难以做到对民族和国家同等忠诚（即双重忠诚）。

在今日的新加坡，民族文化传统、现代性、资本主义等多种思想形式并存，这提供了各种文化体系碰撞的可能，也催生了多元的文化成果，并同时导致了新加坡国家认同的多元性和复杂性。例如，新加坡虽然是政教分离、高度世俗化的国家，但85%的新加坡人自称信仰某个宗教，宗教似乎成为许多新加坡人身份认同和价值体系的核心部分。在世俗化的时代，宗教组织也采取了越来越亲民或高度生活化的形式，在争取民心、关心社会问题的同时，也提出了一个棘手的问题：宗教与非宗教的区别越来越模糊，传统的道德领域、政治领域已经无法排除宗教的影响，换句话说，宗教与政治不再可能是截然二分的，相互的影响需要得到国家的认可。

早在1966年，李光耀与学校校长座谈时就强调，教育制度应该产生包括三个阶层的“金字塔结构”：“上层领导者”、“良好的管理者”和“守纪律且有高度公民意识的广大民众”。“上层领导者”就是那些领导并赋予人民努力热忱、促使社会成功的“精英”，“良好的管理者”所组成的中间层是辅助精英，执行精英们的观念、思想和计划的人，“广大民众”则是那些“要用自我意识和社会纪律来约束以使他们能尊重所处的共同体而不随地吐痰的人。”

新加坡公民道德建设的主体是政府，主要施加影响和力图改造的对象首先是各级公务员，因为相信“官风决定了社会风气”这一信条，而且公职部门行使的是公共权力、处理的是公共资源，他们应首先成为模范公民，他们的率先垂范将会直接决定社会公民道德的总体水平。20 世纪 80 年代政府发起了儒学伦理复兴的讨论，提倡培育儒学的“君子”。儒家伦理的讨论是一场构建国家文化的自上而下的有意识努力。人民行动党明确反对资本主义世界的掠夺逻辑和现代性的任性，认为社会中的某些潮流，如西方化、大众消费主义，将导致价值迷失和文化低俗，主张维护永恒的美德。人民行动党的高层通过儒家伦理的讨论实现的其实是政府主导的对政体的认同驯化，实质所表明的是执政党本身就是“君子”，李光耀就是现代孔子的化身，人民行动党就是具有团结、诚实和奉献等诸多品质，理应担负领导国家重任的政治精英。

新加坡政府同时又看到，公务员都是成年人，基本价值观已经形成，对他们最有威慑力的不是道德感化或道德熏陶，而是严格、完备的立法和外在监督，即提高违反公民道德的成本、加大对触犯公民道德行为的打击力度才是更为直接的约束力量。但这就导致了法治原则至上或者说道德法律化的后果。李光耀十分清楚这一后果，但依然选择了牺牲公民权利，认为这不过是两害相权取其轻而已，他说：“我们在某些形势、在某些范围内，曾离开一些司法常规，特别是一些关于个人自由的原则——为的是保全法庭的存在，为的是要保持须由法官主持审判、决定是非，为的是要维持警方必须提出证人，而某一罪案的证人必须提供确证，而证据必须符合证据法令”①。“紧急法令”的一再延续充分反映了这种理念。尽管人民行动党在上台前坚持要求废除这个针对特殊情况制定的法令，但在上台后却一直没有废除。这个法令授予政府在必要时对于有侵害国家安全及社会治

① 李光耀. 李光耀 40 年政论选. 北京：现代出版社，1994：323.

安的人，尽管证据不充足，也可以禁止其行动，甚至并不需要经过法院的公开审理与判决程序，从而减少和限制他们对社会的危害。

然而，国民并非只是被动接受的顺民。2010 年新加坡国内生产总值增长率高达 14.7%，失业率低至 2.2%，但人民行动党在 2011 年的国会大选中得票率却只有 60.14%。新加坡国民对人民行动党的要求变得更高了，人民行动党长期执政也将一切社会不满都集中到了自己身上。不可否认，人民行动党仍然是高效廉洁的，反对党还不可能对它构成真正意义上的威胁，但普遍的民意要求是增强国会中的平衡因素和制约力量，易言之，应当为目前一党独大的体制增加一些有力的监督和制衡因素。

公民道德建设的主体应该首先是个体公民及其自愿组织起来的公民团体，国家只能是辅助性力量，而不应成为主导或决定性力量，因为任何形式的公民道德都需要借助持久的日常生活、广泛的日常交往和过往的历史传统，缓慢地积淀、传承而成，易言之，公民道德主要是在社会空间生长的。由行政和司法机关所代表的国家，由于对绩效合法性的追求，总是强调即期目标和取悦公众的短视化要求，这与公民道德的本质甚至道德的本质属性是格格不入的。新加坡政府近些年来对此问题有所意识，并开始着手重新调整国家-社会关系，这不仅将有利于进一步明确政府的定位或职能，而且将为新加坡公民道德建设注入新的活力。这充分体现了新加坡政府的学习能力，也是对中国的最大启示。

三、日本公民道德变革的借鉴①

从词源上看，“公民”在日语中有两个不同的词：一个读作おおみたから，指古代律令制时期直接归属天皇或朝廷公地上的庶民，即“公家之民”，这是日本历史上不同于其他东亚诸国的独有现象；另一个读作こうみん，指拥有法定权利、义务的国家个体主人，它在近代从西方传入。前者是一种历史文化现象，后者才与我们现在要谈到的日本公民、现代日本公民道德有关。现代意义上的公民主要是自域外移入的舶来品，因此，公

① 本节内容参考和引用了拙文《近代日本公民道德的兴起及现代转型》（《日本学刊》2013 年第 4 期）。

民与公民道德的成熟就离不开系统的社会启蒙运动和完整的公民教育。明治维新至今，日本政府一直没有停止探索如何开展有效的公民培养工作，其间有过诸多曲折。考察这一历程将为中国今日的公民道德建设提供有益的启示。

（一）公德与国民道德的提出

从其存在方式而言，西方公民道德可以分成英国模式和法国模式两种。英国是在渐进的资本主义化的过程中，通过工业化建立起城市生活，通过习惯法的延续确立起公民间解决纷争、利益协调和义务分担等社会事务的仲裁依据，公民道德主要表现为个人适应城市文明、现代社会交往而养成的德性以及公民间高度一致的心理认同基础，公民道德属于品德范围，公民道德的养成是缓慢的、自发的。英国模式又可被称为公民美德模式。与此相对，法国是借助激烈的政治革命方式，根除了旧传统，通过政府行政和思想家的鼓动以及由此掀起的群众性运动，自上而下地进行了全面的社会改造。法国公民道德带有人为秩序的色彩，公民道德的内容主要表现为与国家意志相符合的、对公民恰当行为的要求，所以公民道德由一系列公民道德规范组成，它们提供了行为是否恰当的评价标准，是一套由各种法律、章程、条约等构成的相互约束的行动准则，法国模式又可被称为公民规范模式。日本现代公民道德总体上属于公民规范模式。日本曾经是追赶式资本主义后进国，战前为了举全国之力，就必须借助国家意志高度动员民众，并促成无数公民在思想和行动上的高度一致，在相当长的一段时间内以牺牲公民的个性、权利为代价。在理论上，先是公德后是国民道德成为日本早期公民道德的主要内容。

1. 公德与私德的划分

“巨大的变革不是由观念单独引起的，但是没有观念就不会发生变革”①。现代化是一个复合性目标的实现过程，包括了经济、政治、社会结构、道德观念等多个层面的调整和进化。与现代政治文明和城市生活相一致的社会道德就是通常所说的公民道德，那些具有充分公民道德的个体

---

① 霍布豪斯. 自由主义. 朱曾汶，译. 北京：商务印书馆，2009：24.

才能成为现代社会的主人。然而，明治维新之际的日本政府对此的认识并不明确，当时的“文明开化”运动主要在经济、军事等宏观领域开展，对个体、权利等与现代公民道德相关的核心内容则采取了几乎完全拒斥的态度。不过，活跃在社会生活领域的部分思想精英和意见领袖则走在了时代前列，其中最突出的代表就是福泽谕吉。

日本启蒙思想家福泽谕吉（1835—1901）在《文明论概略》（1876 年初版）一书中率先提出了“公德”与“私德”的划分，他说：“凡属于内心活动的，如笃实、纯洁、谦逊、严肃等叫作私德”，与此相对，“与外界接触而表现于社交行为的，如廉耻、公平、正直、勇敢等叫作公德”①。“私德”是传统社会下道德的表现形式，在文明时代，“私德”不再通行天下，而是“公德”流布于社会之中。他说：“在未开化的环境下，主张用私德去教化人，人民也服从这种教化，这不仅我国如此，世界各国也莫不如此……然而，随着社会的发展，运用私德就必须选择场所，必须研究运用的方法。……如果把追求虔诚的私德作为人类的本分，以私德支配社会上的一切事物，其流弊也非常可怕”②。

公德与私德的划分，是福泽谕吉深刻洞察东西方文明差异、现代与前现代不同社会形态之后取得的重要认识成果之一，福泽谕吉比之同时代的绝大多数东方人的深邃之处在于，他敏锐意识到西方文明并非只是坚船利炮式的器物文明，还有着十分发达的精神文明，这种精神文明就体现在智德上，虽然东方传统也有丰富的智德因素，但与西方相比，主要是私智（“机灵的小智”）、私德，缺乏可以推动社会发展和文明进步的公智（“聪明的大智”）、公德。因此，福泽谕吉大胆主张，日本人只有不为私智、私德所缚，奋力追求公智、公德，才能快速实现现代化。

正如福泽谕吉所尖锐指出的，东方传统道德（包括儒学、佛教、神道等）确实具有私德的色彩，这样的“道德是存在于人们内心的东西，不是外在的行为。所谓修身与慎独，都是和外界无关的”③。私德鼓励人们洁

---

① 福泽谕吉．文明论概略．北京编译社，译．北京：商务印书馆，1994：73.

② 同①76-77.

③ 同①78.

身自好，甚至离群索居，而不是积极参与社会活动、关心公共事务，结果，即便拥有无数具有崇高私德的成员，因为这样的成员无心于社会事务和国家事务，整个国家仍然不文明，甚至受到列强的欺凌。在现代化进程中认识到道德实体内容上的这一明显差异，并做出公德与私德的划分，这具有非常重要的意义①。倡导公德，就是突出了现代道德与传统道德的根本区别，并充分肯定现代化进程中社会道德转型的必要性，这对日本顺利完成现代化起到了思想引领的作用。此外，公德与私德的划分将道德问题的关注点投射到了传统亚洲人一向忽视的社会领域和公共事务上，即在家庭之外的公共场所或者在与陌生人打交道时的应有态度和行为举止上。

“公德”是现代日本最早形态的公民道德。“公德”所发挥作用的空间是相对独立于国家的“社会”领域，行使“公德”的主体就是每个普通国民而非臣民，更非达官显贵或知识精英。“公德”概念的提出也催生了“社会”概念。在明治初期，society的翻译语并不统一，有多个译语，迟至明治中期，与“国家”相区别的“社会”概念才出现并为人们所接受。许多从事新闻报道的记者、社会活动的组织者以及日本社会发展的关心者开始深入思考国家之外的其他力量和资源，即“社会”问题和“社会”事务。可以说，正是因为在现代化初期就认识到“国家”与“社会”之别，并有意识、渐进地培植公民社会，日本的现代化进程才未中断，稳步的社会转型提供了日本现代化的动力。福泽谕吉、陆羯南等一大批思想家、学者从总体价值观的转型层面进行倡导，各种中间力量进行有力的声援，日本近代公民道德建设就在“文明开化”过程中不可逆转地展开了。

公德与私德的划分无疑具有现代启蒙的意义，但在理论上仍然留下了许多问题，这些问题当时未能解决，甚至也未被充分理解，其中心问题就是：将统一的道德分成“公德”与“私德”两个部分是否合适？在学理上这种划分还需要解决如下三个根本问题：第一，“公”与“私”分别指称什么？是道德上的正邪，还是道德的适用领域，又或者是道德的表现形

① 需要指出的是，英语中并没有与“公德”一词对应的表述。在西方，近代资产阶级革命后，出现了公共领域与私人领域的分离，“道德”从政治、经济事务中退出则早在马基雅弗利、斯密的论述中就开始了，在现代化国家中，“道德”日益成为与良心信念、价值判断相关的个人事务，社会生活通行的是法律、契约、利益等更为客观、中立的话语。

式？福泽谕吉对此并未做出深入分析，但此点恰恰是问题的关键。中国思想家梁启超就对“公德”与“私德”直接赋予了明确的道德属性，“人人独善其身谓之私德，人人相善其群谓之公德”①，“公德”被用以指称“爱国心”和“公益心”，占据了明显高于私德的位置。第二，公德或私德是一种道德品质还是一种道德规范？从福泽谕吉的论述来看，他认为私德偏于内心修养，似乎是一种道德品质，但又认为公德重在行为，表现在事功上，于是，公德与私德就不构成一组对立范畴，而只是分别指代不同历史时期的道德存在方式而已。第三，由于将公德看作是与新时期的道德和文明进化合拍的，无意中公德就有了超过私德的优越地位，这就为以后明治政府借助公德强调忠君爱国的皇权思想和军国主义道德埋下了伏笔。

2. 对传统东洋道德②的批判

德川幕府年间日本人最初接触到西学时，还保留着道德上的优越感，例如佐久间象山（1811—1864）提出了“东洋道德，西洋技艺”的主张，认为只需学习、借鉴西方的坚船利炮，道德不必假借他人。当时风行的“和魂洋才”观念也是这一思想的体现。明治维新后，风气为之一变，中国清政府的不堪一击加速了日本人摆脱或放弃崇敬中华文明的心理，进而提出了“脱亚入欧”的全新观念。人们越来越深刻意识到曾经的传统道德、东洋道德已经成为迈向进步、文明的绊脚石，出现了全面肃清东洋道德的思潮。

福泽谕吉在《掌中万国一览》一文中提出了文明发展之浑沌—野蛮—未开化—开化文明这样的“四阶段说”，他将美国、英国、德国、法国列为“开化文明”阶段的国家，而中国、土耳其、伊朗等亚洲国家则处于“未开化”阶段。以后他在《文明论概略》一书中进一步提出“野蛮—半

① 梁启超. 新民说//梁启超全集：第二集. 北京：中国人民大学出版社，2018：539.

② 日本思想家讲的“东洋道德”通常指由中国传入的儒家道德，但儒家思想传入日本后被改造了，因此有“日本儒家学说”，从这个意义上，“东洋道德”也可以指日本社会前工业时代的传统道德。关于日本儒家与中国儒家在思想旨趣上的不同，我们可以举个例子。忠、孝两个不同的要求在特定的条件下会发生冲突，中国人的做法是舍一取一。取忠者，誉为爱国志士；取孝者，封为孝子。但无论如何，取其一时另一个要求就被无情地破坏了。在日本，解决两难的方法更可能是，当事人以自杀表明心迹，即所谓日本式的剖腹自杀，当事人宁愿选择死亡，也不破坏规则、违背义理。

开化—文明”的“三阶段说”。福泽谕吉晚年还在自传中写道：“拿东方的儒教主义和西方的文明主义相比，那么东方所缺少的有两点，即有形的数理学和无形的独立心”①。

1862年在游历欧洲的过程中福泽谕吉途经香港，对当时的中国留下了十分糟糕的印象，日后在《世界国尽》一书中写到，中国“不修德政，不崇教化，自以为除己之外世上别无他人，因不了解世界而高枕无忧，暴君污吏横行欺压百姓，其恶政终逃不脱上天的惩罚，结果于天保十一年与英国不和而导致战争，战败后求和，赔偿白银两千一百万两，开放五处通商口岸以惩其无智之民。毫无道理地妄自挑起战端，羸弱之兵屡战屡败以至有今日之下场，实在可悲”②。高杉晋作（1839—1867）也在1862年游历了中国上海，在《游清五录》中写下了他的观感，“支那衰微的形势已如上述，但考察其为何衰微，原因则在于支那人不知海上防夷之道。彼既无可凌驾于万里海涛之上的军舰，也未制造可御敌于数十里之外的大炮，更有甚者，彼邦志士所撰之《海国图志》亦已绝版，而徒守固陋之说，因循苟且，空耗岁月”③。1871年受明治政府委派右大臣岩仓具视（1825—1883）率领使节团赴欧美多国考察，在回国后向政府递交的报告书中写道：“东洋各国现行之政治风俗，不足以使我国尽善尽美，欧美各国之政治、制度、风俗、教育、营生、守产，无不超越东洋。将此开明之风移往我国，以使我国迅速进步至同等化域”④。上述思想家和政治家都是对日本社会、民众观念有巨大影响的人，他们无一例外地主张放弃东洋道德，认为东洋道德陈旧、粗陋，已经与时代不合拍，文明开化必须引入西洋观念，才能促成日本人的新精神，推动日本社会的快速转型。

东洋道德毕竟在日本存在了数百年，不可能短时间内肃清，事实上，在接受西学观念的过程中，东洋道德的某些内容成为中介，甚至在明治末年即19世纪末又出现了复活东洋道德、融合东洋道德和西方道德的努力。例如，有关“伦理”“伦理学”的争论就体现了这一复杂的思潮碰撞、交

① 福泽谕吉．福泽谕吉自传．马斌，译．北京：商务印书馆，1980：180.

② 福沢諭吉．福沢諭吉全集：第2卷．2版．東京：岩波書店，1969：594-595.

③ 高杉晋作．游清五录//高杉晋作全集：下卷．东京：新人物往来社，1974：150.

④ 严绍璗．日本中国学史：第1卷．南昌：江西人民出版社，1991：164.

锋所发生的种种变化。虽然“伦理”是一个汉语词汇，而且中国传统儒学中早已存在“伦理思想”，但是，运用西方学术立场来重新解释、界定“伦理”，却是近代日本在伦理思想上的一大新成就。将 ethics 翻译成汉语词汇“伦理学”的首先是日本学者，但众所周知，汉语“伦理”一词与英文 ethics 在内涵上相差甚远，日本学者是“转用”汉字创造了新词。所以，自从明治初年出现“伦理学”一词后，就围绕如何界定“伦理学”展开了热烈的讨论。一些学者认为，“伦理学”就是修身学，即“通礼乐、笃恩义、道德学”；另一些学者则相信，“伦理学”的核心问题是伦理问题，即运用哲学做出形而上的分析，侧重的是概念形态的理论思考。上述两个立场存在深刻的矛盾：将“伦理学”理解为“理论问题”的观念代表了近代启蒙思想的发展路径，强调从个人或个体的角度看待具有伦理意味的行为，是学理性的；主张“伦理学”是一种社会教化的观点则是对近代启蒙思想的修正，向传统思想遗产的致敬，同时主张从国家立场出发，统合国民整体的行为，使道德与意识形态合流。

井上哲次郎（1855—1944）早于 1883 年就出版了《伦理新论》，作为哲学系本科生的通用教材。井上哲次郎在书中特别强调，传统儒家的“伦理”与西方哲学的“伦理”有着天壤之别，同时他还发现，伦理学理论的根源在于现实生活出现了回答“伦理问题”的迫切需要。“伦理问题”表现在两个方面：一个方面是进行伦理教育，特别是面向社会公众、广大国民开展的伦理教育；另一个方面是从哲学上构筑伦理体系。不难看出，井上哲次郎试图调和上述两个立场。这两个立场的矛盾最后以国民道德论的出现、将伦理学视为修身学而结束。

3. 国民道德论的意义和历史局限

明治 10 年代后期至 20 年代后期，即 1880 年至 1890 年，明治政府开始致力于确立近代国家的基本立场，并以此培育国民道德。1879 年颁布的《修订教育令》把“修身科”首次提到所有教学科目的前列，成为“日本国民教育的核心”，日本的近代教育也由此从主知主义转为德育主义，开始全面推进国民道德论。中日甲午战争的胜利进一步加深了日本人和日本政府的自信，以至出现了狂热的民族主义浪潮，在思想领域出现了与启蒙思想相对立的、以训导和钳制国民思想为目的而复活儒教思想的倾向，国民道德论成为压倒性的、“唯一正确的”钦定理论。国民道德既然是新创制的意识形态和统一国民的思想武器，就需要通过广泛的、持续的、系统的正规教育，才能在多数社会成员的心中扎下根。日本政府充分利用了近代学校教育体系，大力推动包含在国民道德论中的“新道德”体系的建设。明治政府积极着手兴办新式教育，把“在全国振兴学校，大力普及教育”作为当务之急。

元田永孚（1818—1891）于1879年禀天皇之意撰写了《教学大旨》，明确提出“自今之后，基于祖宗之训典，专以明仁义忠孝。道德之学，以孔子为主，人人尚诚实之品行。然此，各科之学随其才器，日益长进，道德才艺，本末具备”①。他将道德、才艺分别置于本末的对阵之中，将接受西方影响的范围限定在技术领域，用儒教的“仁义忠孝”作为日本人精神的核心，以对抗西方自由主义、个人主义思想。因为儒家所强调的忠诚和孝的概念非常适合于建立一个统一的君主立宪国家，在这样的国家中必须保持一元意识形态的绝对统治。在他的倡导下，以教化为主的道德教育逐渐取代了明治初年建立在西方启蒙观念基础上的自主教育模式。道德教育开始被看成强化国家的工具，道德的礼教内容及其教化功能等都受到极度推崇。以后，元田永孚又从传统儒学德目中选出了20个作为《幼学纲要》（1882）的主体内容，他相信这些德目是建立稳固的帝国而必须对国民进行的道德教育内容，这20个德目是：孝行、忠节、和顺、友爱、信义、勤学、立志、诚实、仁慈、礼让、俭素、忍耐、贞操、廉洁、敏智、刚勇、公平、度量、识断、勉职。他的思想成为日后颁布并强制推行的《教育敕语》（1890）的理论基础。但元田永孚毕竟是经历了近代启蒙思想洗礼的人，他的复古思想仍然为西学的合理内容留下了少许空间，例如，在20个德目中，“公平”“勉职”都是具有时代精神的，而且他还对一些传统德目赋予了部分新的诠释，如“信义”“立志”“俭素”“识断”等。

西村茂树（1828—1902）力主将伦理学理解为伦理教育。他担忧明治维新之后的日本社会在急剧现代化的过程中出现道德真空，一方面是儒学

---

① 元田永孚．教学大旨//松本三之介．近代日本思想大系：第30卷　明治思想集Ⅰ．东京：筑摩书房，1976：263.

的松弛，另一方面是基督教与日本水土不服，日本将可能因失去传统道德的支撑同时又难以全盘引入作为西方道德基础的基督教而最终导致人们在道德上的无所适从。为此，西村茂树主张结合东西道德之长，创立出适合日本的新道德，即"国民道德论"。他于1887年出版了《日本道德论》，用"道德立国说"批判早期启蒙思想家政教分离的观点，认为依托国民道德实现了国内统一的日本，也可以凭借国民道德确保日本实现国际和外交上的独立目标。但西村茂树并没有简单地照搬传统儒学，而是增添了许多具有时代精神的新内容，他把"道德之教"分成"世教"和"世外教"，前者包括东方的儒学和西方的哲学，后者包括佛教和基督教，他把后者作为"下等社会民众"的信仰而加以排斥，将前者作为"上等社会人物"的道德而奉为国民精神的支柱，换句话说，他力图将儒学和西方哲学综合起来，构成"日本道德的基础"。不过，他所说的西方哲学主要指盛行于近代西欧的、以孔德为代表的实证主义哲学，为此，他舍弃了西方哲学的一般世界观和形而上学立场，以及其他主流的哲学体系，仅仅保留了在理论的精密性和方法论的有效性上具有明显优势的实证主义哲学流派。

井上哲次郎也大力支持社会教化、国民道德论的主张。他的这一思想以承认皇权、国体为前提，他创建了恢宏的国家主义道德体系，他本人被称为东洋道德集大成者。作为东京大学哲学科的第一届毕业生，井上哲次郎很早就受到学界的瞩目，他一生的学术目标都是融合东西方思想，将东方传统思想与西方哲学进行嫁接。以西方哲学的方法和体系来挖掘、整理东方思想的内容，井上哲次郎与蟹江义丸（1872—1904）一道从1901年到1903年编辑、校订了十卷本的《日本伦理汇编》（富山房），卷一至卷三为阳明学派，卷四至卷六为古学派，卷七、卷八为朱子学派，卷九为折中学派，卷十为独立学派和老庄学派。这套书在解释上述日本传统伦理思想资源时，力图将东西方的道德理论融为一体，例如，他们在日本古学派的思想中发现了类似于西方的"自由研究的精神"，认为日本朱子学所倡导的道德学说与德国观念主义伦理学说有异曲同工之处，等等。在《国民道德概论》（1911）一书中，井上哲次郎以德国意志哲学为基础，指出国民与国家是一种有机体关系，国家是一个大家庭，国民是其不可分割的组成成员，天皇则是家长，官吏是兄长，全民要敬奉天皇，服从官吏，日本就可以长治久安。不难看出，井上哲次郎的融合说表现出了“命题之作”的局限，他已经放弃了独立的学术立场，转向极力支持社会教化、国家专制之道德。

实际上，国民道德论最终演变为由国家统治道德教育的国家主义道德运动。客观地看，国民道德论具有历史进步意义。以明治维新为界，日本脱离幕藩体系、逐渐统一为近代的民族国家，怎样面对或有效抵制西方个人主义道德、平等主义权利学说的负面影响，如何解决社会转型时期公众在道德观念上的分歧，这些都成为当时思想界需要解决的重要任务。国民道德论就扮演了这个角色，它一方面将道德意识形态化，以严格控制舆论和国民的精神生活世界，突出以国家整体精神为核心的义务道德内容，但另一方面又力图借助“人格”“有机体”等现代观念构建国民道德中的合理、平等、契约等现代性内容，这又将某些现代社会生活的观念要素引入日本，传递给普通民众。不可否认，国民道德论的核心内容仍然是忠君爱国，这是它的历史局限，特别是由于官方的大力支持，国民道德论在各个方面都得到了强制推行和贯彻，与国民道德论不一致的其他各种主张都受到了排挤甚至严厉打击。“大树底下不长草”，国民道德论碾压了其他道德学说，成为唯一的官方正统学说。

进入大正年间（1912—1926）后，日本国内兴起了民众参与政治和要求社会平等的呼吁，为这样的呼吁做论证的是形形色色的新学说，如吉野作造（1878—1933）的民本主义论、美浓部达吉（1873—1948）的天皇机关说、福田德三（1874—1930）的社会政策论等。随后又出现了折中西方思潮与日本现实政治需要的各种本土化思想流派，如理想主义、教养主义、文化主义等，其中教养主义影响最大。教养主义的倡导者们试图用“教养”概念取代明治时期的“修养”概念，它主要强调完整且独立人的形成（精神、人格层面）的新理念，首先由在日讲学的德国哲学家柯贝尔（Raphæl Koeber，1848—1923）倡导，通过以夏目漱石（1867—1916）及其弟子为中心的学术团体而展开，产生了广泛的社会影响。一些保守人物利用“教养”概念为国家主义、天皇专制做论证，将“教养”变成国民的私德，即以服从、内化的形式来认同政府颁布的道德规范，倡导单方面地服从国家指令。为数不少的进步学者对此做出了批判，例如，桑木严翼

(1874—1946) 从公共立场解释“教养”，认为有教养者确立了“公我”，从而去追求人类普遍的理性。“作为认识主观的‘我’超越个人的‘我’，达到普遍的‘公我’，这样的普遍适用的、先验的、主观的‘公我’为各种价值提供了基础，由此基础出发，才能使人格的生活理想在‘真善美’这样的文化价值中得以实现”①。

即便在军国主义政治高压下，一些日本学者也受到西方自由主义和人道主义精神的鼓舞，坚持对“道德”“伦理”的独立思考，反对单纯地复古或一味地迎合政府教化的意图。例如，井上圆了 (1858—1919) 始终坚持相对独立的伦理学理论研究，他于 1887 年出版了两卷本的《伦理通论》，不久又将此书化约成《伦理摘要》(1891)，作为伦理学教科书出版。井上圆了指出，伦理学绝不是“道德学”、“道义学”或“修身学”，而只是或只能是伦理学。所谓伦理学，就是评价善恶的标准、道德规范，并对人的行为做出指令的学问。传统的修身学建立在“仁义礼让是人之道”这样的臆想推断上，真正的伦理学则要探究伦理学的问题意识，包括语言表达、逻辑体系、概念推演等，总之，伦理学必须摆脱传统儒学的干扰，确立全新的研究立场。大西祝 (1864—1900) 也尖锐地批判了《教育敕语》，认为它不是伦理学研究者自由讨论、学术交锋的产物，而是专制政治、君主意志的体现，它虽然部分反映了政府对国民特定道德或德性的关注，但完全忽视了伦理学的理论争辩的合理性。桑木严翼也指出，伦理学是一种学术研究、理论探索，而国民道德则是一般的修身科目。贬低伦理学、抬高国民道德论不仅是有问题的，而且十分危险。然而，不得不指出的是，相比于国民道德论的喧嚣，这样的理性、批判的声音明显曲高和寡，应声了了。不过，这样独立思考的学术立场作为一种思想潜流，一直存在于部分思想家或大学学者身上，它日后成为日本知识界构建第二次世界大战后具有批判精神和独立意识的公民道德学理体系之核心精神力量。

（二）公民道德教育的相关问题②

日本现代化的开启及其进程始终存在政府这只“看得见的手”的强力

---

① 宫川透，等. 日本近代哲学史. 东京：有斐阁，1976：99.

② 本节内容参考了拙文《形式多样的日本公民教育》(《政工研究动态》2008 年第 8 期)。

作用，不论是经济、外交这样的宏观实体性事务，还是社会道德、国民意识之类的抽象观念性事务，日本政府总是通过颁布政策、派出人员、增设机构等各种行政手段予以全面指导。在公民道德教育问题上，日本政府在各个时期都扮演了不可忽视的重要角色，从公民道德教育宗旨的推出到教育机构、媒介的设立等，日本政府的影响无处不在，政府的过多介入、过高关注所产生的后果自然也是利弊兼具。

1. 公民道德教育的宗旨

明治政府于 1869 年设大学令以统领全国教育事务，1871 年改为文部省，1872 年 8 月确定《学制》，全面采纳欧美的义务教育体制，并发布《关于奖励学务的指示》，鼓励各种社会力量办学。《学制》将日本全国划分为八大学区，每个学区设一个大学校、32 个中学校、210 个小学校。到 1907 年，全国学龄儿童达 818.34 万人，入学率达到 97%①。

日本最早在 1931 年 11 月开始在旧制初中设置公民课，所标榜的宗旨是："获得利于国民政治、经济生活的知识和德性，特别是要养成守法精神和共存共荣的品格，为公共利益做贡献，培养具有良好习惯、善良意愿和自治意识的特性"。1937 年 3 月修正后，突出了国家主义思想，提出公民教育是要培养"日本臣民应有的信念"。此时复古主义道德观已经在社会道德建设中占据了上风。

然而，在思想界，围绕公民道德教育的宗旨，一直存在自由主义与保守主义的深刻对立：前者对国民道德持保留态度，极力主张开放、民主的公民道德教育；但后者则用国民道德取代公民道德，甚至将公民理解为一味服从国家的臣民，公民道德只是义务道德。二者的分歧也影响到了政府的决策，例如，在 1904 年启用的第一期国定修身教科书中，还有肯定近代公民道德是重要思想以及基本人权的内容。然而，在 1910 年修订的第二期教科书中，涉及近代公民社会的道德内容就大大缩减，相反，强调了儒学式的家族伦理②。

---

① 王桂. 明治时期的学制改革. 东北师大学报（哲学社会科学版），1980（3）：117-125.

② 铃木贞美. 日本的文化民族主义. 魏大海，译. 武汉：武汉大学出版社，2008：50.

二战后民主化改革给公民道德教育输入了全新的内容，自由主义、民主主义、个人主义得到肯定，但与此相对的思想，如保守主义、传统主义、民族主义并未退场，特别是在政界、产业界，后者的影响力仍然很强大。所以，学校公民道德教育的宗旨一直处于变动和不断调整之中，尽管总体倾向是肯定多元、自主以及学生的主体性，但这一过程依然有许多反复和冲突，学界与政界的关系尤其值得关注。有时持异议者、反对者赢得了话语权，有时合作的反对者或温和的反对者占据了主导地位，还有时政界一意孤行，完全置学界的声音于不顾。这也反映了二战后日本社会在公民道德、公民道德教育问题上的复杂状态。

庆幸的是，二战后日本公民道德教育发生了显著的、可喜的变化。1949年，一些关心日本社会未来发展的学者（包括社会科学和自然科学等各个领域的学者）聚合在一起，确定自身在保护日本和平发展中的作用，力图“建立起基于理性而保卫和平的准则”，他们组建了名为“和平问题谈话会”的协会，创办了会刊《世界》，他们通过集会、举办讲座、发表论文、参与到各种委员会之中等方式来推动二战后日本维护得到新宪法肯定的和平体制。他们不断重申经济民主是一个和平、健康的经济体的必备前提。在20世纪五六十年代他们热烈讨论“国民的生活”问题，主要关注国民的日常生活和私人生活，以维护国民的生活安全，极力避免将经济发展引向战争时期官方的目标——服务国家利益。为此，他们对各种政府决议、社会政策、国民生活进行点评。不过，该协会的成员间也存在立场和认识上的分歧。例如，重要发起人之一的经济学家中山一郎（1898—1980）在《日美安保协定》问题上的态度是：日本不能进行武器生产，也不应当拥有军队，但日本要建立以商业为基础的经济体，就需要与美国合作，所以《安保协定》对日本来说就是必要的恶。另两位会员、经济学家有泽广巳（1896—1988）和都留重人（1912—2006）则认为脱离与美国军事政府的联系对日本社会和经济都更有利。然而，20世纪70年代以后，日本政府的各个部门开始较少征求大学学者的意见，而更多寻求隶属于它们的各类专业委员会的建议，学界对政界、财界的影响力开始大大下降。

二战后的日本教育界一直存在行政部门与基层教育现场、教育单位的观念分歧。例如，1950年，日本文部省大臣天野贞祐主张在学校悬挂国旗、齐唱国歌，并设立“新修身课”，1951年又推出《国民实践要领》，企图复活“爱国心”教育，但上述努力都因遭到各方的极力反对而失败。1966年文部省的中央教育审议会公布了咨询报告《理想的人》，指出爱国与敬爱天皇是一致的，要培养兼有爱国心和敬爱天皇的国民。但这种论调同样受到了以日教组为首的左翼组织的强烈批判。1999年，日本国会正式通过了《国旗国歌法》，要求中小学必须升国旗、唱国歌。2006年安倍内阁修改了《教育基本法》，提出道德教育的宗旨是“尊重传统与文化，热爱孕育了这些传统与文化的祖国和乡土”。许多观察者都将这些动向视为日本政坛右翼化的表现。日本国民观念的变化也使得偏于左翼立场的教育界人士更加孤立无援。

二战后经过科学实证论证和各个相关学科学者的充分讨论、反复游说，公民道德教育分层次、分阶段地在中小学渐次推进，因为要符合学生的心理认知和行为能力的特点，针对不同年龄段的学生将公民道德的内容予以分解、细化。例如，小学期间的公民教育内容体现在“社会科”中。1948年文部省发布了《小学社会科学习指导纲要补充说明》，指出社会科的目标“一言以蔽之，就是发展出极其恰当的公民品质”，“必须习得作为民主社会中的有为公民而应当具备的必要特性”。具体内容是：(1)能够正确适应自己所居住的世界；(2)能够在这样的世界中结成身心愉快的人际关系；(3)努力促进自己所属的共同体获得进步发展。在学校阶段，培养学生正确认识周围环境和生活于其中的社会，在人格、个性上获得充分发展，即注重学生作为未来公民的健全品性，这可以说是合格公民的基础条件。不仅如此，每隔几年中央教育行政机构都会在各种教育委员会的建议和各类反馈性实证分析的基础上对公民道德相关的课程内容、目标等做出调整。

1951年修订后的学习指导纲要更加强调作为公民素质所应具备的理解力（知识）、态度和技能，提出要充分创造机会使学生学会自主地解决集体生活中的问题，通过这样的自主学习和实践，掌握公民所应具备的行为技能。显然，公民应当具备的知识技能和独立解决问题的能力受到重视，这强调了公民的自主性和自我负责的理性行为方式。1968年修订后的学习指导纲要又进一步对公民教育的具体目标做了更加细致的规定，提出“认真地行使社会生活中被个人认可的权利，相互尊重，并且知道作为具体的地域社会或国家一员有哪些义务和责任，在充分理解这些权利、义务和责任的基础上做出正确判断，采取适当行动”。这一修订与当时世界风起云涌的各种社会思潮有关。在社会变迁中，如何保证公民间的认识统一、保证公民与国家的相互关联，就需要在学校教育中首先培养未来公民正确对待权利与义务、选择与责任的关系，因为始终不忘履行自身义务与责任的公民才是国家的希望。

从课程体系来看，日本在中学阶段才设置了公民课，小学阶段开设的是道德课。这是因为中学阶段的学生有了初步的行为习惯以及思想观念，对相对抽象的公民问题才易于接受。1969年初中的政治、经济、社会三门课合并为一门公民课，这表明公民教育受到高度重视，公民的综合素质要在学校中通过各种方式得到健全发展。初中公民课的宗旨包括：(1) 具备成为符合民主主义原则的国民的自觉意识；(2) 持有成为自己所处地域社会及国家的未来建设者而努力的态度；(3) 为达上述目的而培养起关心政治、经济、社会、国际关系的丰富修养；(4) 在充分理解的基础上，作为权利、义务的主体而自主行动的能力。

在20世纪70年代，文部省对学校“道德教育”课程的宗旨做出了如下规定：“道德教育的宗旨是将道德植入学生内心，使他们成为这样的人：绝不会在同学中失去尊严，在家庭、学校和社会生活的其他领域都能维护自己的尊严，为自身的个体独立性增加丰富的文化内涵，并为民主国家和社会的发展做出自己的努力，能够自愿为和平的国际社会做出贡献。”“道德教育”的教学大纲所推崇的道德价值具体包括：(1) 尊重个人的生活，拥有好的身体，维护安全；(2) 观察社会的习俗以调整个人的穿着、用语和行为，形成礼貌的举止；(3) 保持个人卫生、清洁，同时努力维护周围环境的整洁；(4) 照管好物品，有效地使用它们，认识金钱的价值并知道如何使用它；(5) 合理使用时间，形成有序的生活习惯；(6) 依据自己的信念行动，不要轻易受到他人意见的影响；(7) 尊重自己和他人的同等的自由，对自己的行为负责；(8) 诚实、有信心、真诚，并保持行动的一贯性；(9) 热爱正义，反对不义，正当且充满勇气地去行动；(10) 为了实现自己的目标战胜困难；(11) 反省自己，倾听他人的建议，显示对他人的关心；(12) 在行动中不自私；(13) 总是愉快地与他人合作，随时准备并愿意帮助他人；(14) 温和、关爱地对待动物和植物；(15) 欣赏美和高尚的事物，拥有一颗纯洁的心灵；(16) 认识并增强自己的特殊才能；(17) 坚持追求有价值的目标，为自己设立更高的标准；(18) 合乎逻辑地、理性地思考问题，始终保持学习的兴趣；(19) 将自己想到的想法付诸行动，不断提出新的想法；(20) 友善对待每一个人，关心弱者和不幸的人；(21) 尊重那些服务他人的人，并欣赏他们所做的工作；(22) 信任他人，表现出合作和友好；(23) 对每个人都公平、不偏袒；(24) 理解他人的感情和所处的位置，宽容地谅解他人的过错；(25) 理解和服从规则、纪律，为自己的个人行为树立准则并遵守它们；(26) 用理智评估个人的权利，同时公平地履行个人义务；(27) 欣赏工作的价值，在服务他人中表现出合作态度；(28) 保护公共财产、公共道德和他人的权利；(29) 热爱和尊重所有家庭成员，努力为家庭带来幸福与和谐；(30) 热爱和尊重朋友，努力建立好的学校传统；(31) 以成为一名日本人而骄傲，热爱国家，为国家的发展做出自己的贡献；(32) 理解和尊重世界人民，为人类的福祉而与世界人民合作。

1989年公布的高中学习指导纲要取消了以前的社会科，代之以地理历史科和公民科。公民科的目标是“培养作为公民的资质”。具体地说，是“作为国家、社会的构成者，有对社会的广泛而深刻的理解和健全的批评力，提高政治教养，同时努力参与有益身心的社会生活，深化作为爱好真理、和平的人而存在的意识，尊重每个人的尊严和个性，并完成自己的人格形成。在这些基础上，伸展自己的个性，为文化和社会福利的改进而做出贡献，与他人协作，主动参加到推进和平、民主社会生活的努力中”。在高中阶段，公民教育开始突出学生的参与意识和对社会的有批评力的接受态度，这将保证未来公民能够具有合乎现代民主政治的行为方式，同时又不失保有与他人合作、对他人尊重的意识。

进入21世纪以来，科学技术厅并入文部省，组建了文部科学省，强化了各级各类学校教育目标设立的科学性和连贯性。2016年颁布的《关于社会科·地理历史科·公民科的教育指导》区分了“幼儿教育”、小学

1～2年级的“生活科”、小学3～6年级的“社会科”、初中的“社会科”和高中的“地理历史科”“公民科”几大类。“公民科”只放在高中阶段，小学高年级和初中都设立了“社会科”，小学低年级则设立了“生活科”，对幼儿园的儿童也设立了“幼儿教育”这一科目。该《指导》又明确提出，“社会科”所培育的素质、能力构成了“公民的素质、能力的基础”，高中的“地理历史科”和“公民科”所塑造的素质、能力直接成为“作为公民的素质和能力”。

2016年文部科学省发布的指导纲要做出了较大的修订，强调要在“社会”“地理历史”“公民”这三门通识课中“重点培养学生认识世界的立场”，要教会学生“从多个不同的角度去把握一个现象”，为此，在初中阶段的“社会”课中，要“将社会现象理解为因时期和变化而有所不同，从而明确理解诸多社会现象之间的异同，找出这些社会现象之间的因果关联”。在高中阶段的“公民”课中，则要求“基于公共立场，从伦理、政治、法律、经济等多个相关的视角理解社会现象，在辨认诸多相关理论的基础上，形成自己的观点，深刻理解为了建设更加美好的社会和人际关系我们每个人应该自处和相处的问题，能够对相关问题的提出和解决依据上述理论学说做出自己的思考”。

2. 公民道德教育的机构

在公民道德教育问题上，日本政府始终扮演了重要角色。二战前基本主导了公民道德教育的走向，战后有所收敛，并开始承认其他各种组织、集团的作用，开放了社会空间以推动各种社会活动，同时也注意发挥国民作为公民个体的自主性。二战后日本公民道德教育的机构呈现出多元化势态，除了学校这一正式机构，企业、公立图书馆、公民馆等也成为公民道德教育的推动和实施机构。

日本早在封建时代就受到中国儒学影响，注重教育，而且由于没有真正全面引入中国的科举制，故而免受应试教育之弊害，各种民间教育得以自由发展，如寺小屋（寺庙所办的普及教育）、私塾（民间人士所办的识字教育）、讲堂（著名知识人开办的学堂）等都十分兴盛。到明治维新时期，日本成年人的识字率位居亚洲之首。在现代日本，学校教育的主要方针不是来自文部省的独断，而是在各级、各类教育委员会提案、建议的基础上，经过反复辩论、答申之后才确立的，文部省只是发布、传达和贯彻上述共识性的内容而已。这些教育委员会中影响最大的要数直属文部省的中央教育审议会和由日本重要的经济协会或经济团体所建立的教育委员会。这些教育委员会的成员来自社会各界，特别是产业界、实业界的成功人士或意见领袖，他们会将自己的学识、所在行业对人才的要求、对未来市场竞争的设想都反映在拟定的教育方针中，以引导或影响日本学校的教育理念、教育改革，虽然日本的中小学教育与产业界、实业界在具体操作、运营中并没有直接关联。为了培育最广泛的公民品质，现代日本学校公民教育的核心被理解为“在全体有国籍的人中间确立起共同的价值观”。寻求公民间的同质性、构建最具普遍意义的公民意识的最大公约数，这可以看作当代日本教育界的民主主义与实业界的精英主义相协调的产物。

学校公民教育中还有一个重要环节，那就是首先对教师提出了好公民的要求。第二次世界大战结束后不久，日本文部省发布了《中等学校、青年学校公民教师用书》，提出公民教育意在“培养作为共同生活中良好成员必需的性格以及必要的知识技能”。学校生活应被改造成“共同生活”，同时要由教师们身体力行各种合乎公民身份的性格、技能、品质等。因为好公民不是见闻来的，而是在参与、感受中成长起来的，要首先保证教育者，即各级教师必须具有现代公民观念，他们应该能够向学生示范好公民的言行和理念。所以，培训好公民之教师是培养好公民之学生的前提。

企业内合格员工的培训也可以成为培养合格公民的教育，企业在此意义上就成为公民道德教育的一类重要机构。日本企业的员工教育开展的历史较早，始于19世纪末三井矿山的职工夜校。企业教育一方面保证了员工素质的不断提高，从而获得更高的生产率，另一方面也维持了企业行为与社会要求的一致，将对社会要求的回应具体贯彻在员工教育的内容中，从而促成员工成为合格的社会人。这就不难理解，日本企业内教育的目标不是专业知识的掌握或岗位操作技巧的获得，相反，其目标往往是要在全体人员中培养起共同的价值观念，即以企业组织为原点，以建立工作场所内圆滑的人际关系为实现方式，在职业活动中结成同心同德的集团。具体说来，企业内教育通常由五个要素构成：（1）基本技能，如外语学习和计算机培训；（2）与工作相关的专业知识；（3）本企业特有的价值意识培养，这可以看作企业价值观教育；(4) 职业人员常识，如职业态度、职业作风、职业良心等内容的教育，要求员工掌握社会交往和集团化生活所必备的言行与意识；(5) 对当前热点问题的评述和讨论，例如环境问题、管理文化多样性问题、如何处理区域社会的关系等方面的广泛内容。这体现了企业与社会舆论、国民价值的高度一致，反映了企业的社会意识。日本企业的员工教育方式也是丰富多彩的，包括在岗培训、脱岗培训、各级职务升迁前的教育、海外研修等，此外，向关联企业或下属企业派遣员工也是一种重要的员工教育方式。

分布在全国各地的各级各类公立图书馆也是公民道德教育的重要机构之一。许多社会调查结果显示，公民认知水平与公民的社会参与程度以及公民自我意识的发育状况等都存在着正相关的关系，因此，有效利用公立图书馆就可以促使普通公民在广泛阅读、增加知识的同时，增进对他人的理解。在日本，众多的公立图书馆成为公民们在认知、价值观上产生认同感的平台。日本现代公立图书馆的雏形是创立于 1872 年的东京书籍馆和京都集书院，今天日本的公立图书馆主要有都道府县图书馆和市町村图书馆两类。前者为一级行政组织设立的图书馆，后者为二级行政组织建造的图书馆。虽然规模不同，藏书量不同，但它们都有来自公共财政的全额资助，并且面向全体公民，所有公民都可以免费、方便地使用。这也得到了专门的相关法律的保障，例如《图书馆法》要求，全部公立图书馆必须“供一般公众利用，以促进其教养、调查研究和文娱活动为目的”。图书馆扎根于地方，就以服务地方为宗旨，及时、完整地记录当地发生的重大事件或活动，收集和陈列与当地历史变迁相关的文献资料，举办面向全体居民的公益讲座，开展知识竞赛、读书会等活动。特别是地方图书馆，它们在收集、整理本地的风土人情、历史典故以及地方传统方面下功夫较多，并且有动力向当地居民提供展示、传播等服务。都道府县图书馆则以加强横向联系为主，例如邀请大学教授举办讲座，以及图书馆之间的相互交流等。

公民馆是专门为地方普通公民集会、结社、自主交流而创建的。由国家财政全额资助的公民馆始建于 1946 年，当初设立的意图是使它成为公民在社区内进行自我教育、相互教育的场所，保证基层的各地公民能够简便地享有公共活动空间，至今它已成为遍布日本全国的、综合性的社区教育设施。被视为日本公民馆之父的寺中作雄（1909—1994）对公民馆下的定义是：公民馆就是公民自己的家。普通公民虽然有了法律上的公民身份，但要“获得”公民资格，还必须有实际的活动。通过在公民馆的聚集，他们相互交流，实现行动和意识上的提高，从而具有真实的公民素养。1949年颁布的《社会教育法》规定了公民馆的主要工作，包括：以青少年为对象的文化补习；定期举办讲座、展览会、讨论会；购置书籍、音像材料，供当地居民使用；组织文体活动；为居民的自发结社和学习活动提供场所；等等。

日本虽然有很多专职家庭主妇以及退休在家的老人，但这些人并没有被排除在社会生活之外，他们会经常利用身边的公民馆，公民馆也会针对他们的需求开展各种层次的活动，如家务整理、服装设计、插花艺术、登山踏青等。公民馆的工作人员不仅具有高度的工作热情，而且具有专业知识，能够敏锐地观察到附近公民变化了的需求，有效地设计出各类有针对性的活动。20世纪80年代以来，日本出现了“过密化”（大城市人口过于集中）和“过疏化”（小城市和乡村人口过于稀少）现象，地方上的公民馆就积极配合政府开展乡镇振兴活动，唤起人们对家乡、故土的热爱，以深化地方居民间的连带感。

日本有一个“伦理研究所”，它属于社团法人，工作内容虽然包括生活伦理的理论研究和图书出版，但更主要的是生活伦理的推广、培训、咨询等。该所完全是民间性的，致力于在中小企业和广大家庭主妇等普通公众中推行生活伦理，办得有声有色。它成立于二战结束后不久，创始人丸山敏雄（1892—1951）有感于当时的日本人陷入悲观、失序的生活状态，力主提倡积极、乐观、幸福的生活伦理观，于是创立了该所。该所提出了生活伦理“十七条指南”，具体包括日日皆好日、苦难亦福门、命运自拓、万象吾师、夫妇对镜、子女模仿父母、疾病乃信号、明朗爱和、违约失福、勤劳欢喜、我爱万物、舍己得全、善始善终、心即太阳、信成万事、尊己及人、人生神剧等。该所至今已在全日本发展了几十万名个人会员和十几万名企业会员，对日本社会的公民道德建设起到了积极的作用。

广泛存在的草根性民间组织、各类专业性协会也成为公民道德教育的机构。这些组织、协会不仅让公民有了参与、交往的现实平台、空间或渠道，而且促使公民从中提高技能，加深了彼此间的理解，并且借助自己的实际点滴行动感受到自己的真实存在，获得社会效能感。日本政府也加以积极引导，一方面在大学增设社会工作、社会福利、老人看护、家政等方面的专业，培养相应的人才；另一方面购买民间组织、协会的服务，增强民间组织和协会的活力。日本政府一直深度介入并以行政政策、财力资助、人才派遣等方式引导国内民间志愿组织的成长和发育，纵观日本现代化的历程，不难发现，绝大多数民间志愿组织或者直接由政府委托设立，例如民生委员会，或者通过地方小组而接受政府指导，例如街内会、自治会，上述民间志愿组织都与政府机关保持了密切的联系。

由于国情不同，日本社会工作者提供服务的重点、设计服务的工作流程等都带有突出的自身特点，例如，美国学者马修·马尔（Matthew Marr）在比较东京和洛杉矶的无家可归者现象时发现，东京的社会工作者将重点放在帮助无家可归者寻找工作，而洛杉矶的社会工作者则首先帮无家可归者联系亲属或者寻找像样的住所，同时也帮他们找工作。马尔指出，没有工作和稳定的收入会让一个日本人感到自己就是无家的人，在家里不会有任何位置，也将无法履行在家里的角色，于是只能选择离开家①。

3. 公民道德教育的媒介

如果说诸多公民道德教育机构都是直接参与、主导了日本社会的公民道德教育的话，那么，公民道德教育的媒介则只是间接影响、辅助了日本社会的公民道德教育。然而，从效果来看，后者的作用同样不能忽视。

市民活动的兴起和各种民间组织的发育已经成为二战后日本公民道德建设中一股不可小觑的力量。严格说来，日本的第一次现代化没有经过民间的市民社会、城市自治等的独立、自主发展，自上而下式的改良主要着力于经济、军事、外交，在民主政治、司法独立、公民权利等方面存在极大欠缺，这导致了日本早期现代化中公民的难产和第一次现代化的挫

---

① Matthew Marr. Better Must Come：Existing Homelessness in Two Global Cities，Los Angeles and Tokyo. Ph. D. diss. University of California，Los Angeles，2007.

败。二战后，社会活动的增加、社会参与的扩大以及社会组织的构建都极大改善了这一状况。公民道德教育的媒介不再只是被中央政府控制，开始放开并下放到基层自治行政机构和公民个体，地方行政机构通过各种“睦邻活动”“亲近自然”“振兴商业街”“复兴本地文化”等一系列主题活动加深所在地居民间的连带感；无数公民个体则通过组建、参与各种民间社团来表达自己的心声，解决共同关心的问题或者实现自己的社会化愿望。

通过各种社会活动开展公民间的联系和实现公民共同关心的事务，这是日本二战后公民道德建设的成功经验。例如，唤醒女性的平等社会参与，以扩大公民道德的基盘，因为有充分公民意识的女性又将影响她们的孩子、亲友，成为传递公民道德的一种重要社会力量。为此，1977 年 7 月，日本文部省在全国范围内设立了国立女性教育会馆，2001 年 4 月，会馆脱离文部省，改组为独立行政法人，但其宗旨没有变，主要是：通过女性教育工作者的培训，开展与女性教育相关的专项调查研究，振兴日本女性教育，推动男女共同参与社会事务。例如，女性教育会馆在 20 世纪 80 年代的主题是“性别分工的流动性”，90 年代的主题为“人权与性别，实现变革的力量”，21 世纪初的新方向是“性与增强妇女权利”。至今，日本全国共有 50 多所女性教育会馆，它成为日本女性开展团体活动的重要场所。女性教育会馆在增强女性权利意识、改善女性社会地位、改进家庭关系以及创造男女共同参与社会事务等方面做出了显著的贡献。

日本佛教一直有“护国”的传统，这也成为日本宗教与国家关系紧密的历史渊源。在现代，各种宗教组织也以特殊的方式担当了公民道德教育的媒介。日本历史上从中国引入了佛教、道教，自己本土产生了神道，近代又从西方引入了基督教的各种教派。由于二战后实行宗教信仰自由政策，各种宗教组织获得了极大发展。它们为了吸引民众，积极迎合社会需求，也开展了与公民道德教育相关的活动，例如：在学校设立奖学金，鼓励学生上进；在寺庙设立体验所，教民众体会信仰的力量；进行公开演讲，进行各种教化工作；等等。

佛教所起的作用最大。从佛教的“相生”观念发展出了人际相和、家庭和睦、企业内和谐等意识。相生观念关注人与自然以及人类社会中各个集团间的平等共处，尤其是弱势群体如何被主流社会接纳等问题得到了广泛的讨论，女性的社会参与、残疾人的平等权益、外籍劳工的待遇等都是佛教组织关注的话题。

发掘和传播地方知识也是一个重要的动向。在维护传统工艺、坚守地方特色的过程中，不仅传播了爱乡爱群的观念，而且将公民与国家的关系具体化为对身边可以感触到的地方文化现象、邻里生活场景的体认，将传统文化、地方文化的延续当作本代人、本地人理所当然的义务，从而激发人们产生与历史、与先祖的心理联系，这其实就是将公民视为有历史担当的人，在绵延不绝的历史文化传统的叙述中定位具体公民的角色。所以，那些带有历史印记的古建筑、旧工艺、老样式等都被赋予了公民道德教育媒介的功能。对传统的尊重也维护了日本人对自身文化的好感以及对那些熟练掌握传统技艺的人抱有敬意。保护“人间财”就是一个非常有效的措施。“人间财”是由日本中央政府机关经过特定程序认定的，指那些身怀绝技的人，主要是掌握传统工艺和祖传技能的人，例如制作“和纸”的师傅，烹调极品日式菜肴的厨师，拥有传承了数百年的家族秘诀的建房师，等等。一旦该人被授予“人间财”，国家就会拨出专款，扶持其收徒授艺，将自己的手艺传下去。“人间财”包含了极具现代意义的观念：以人本主义态度对待传统，在延续自身传统中培育公民的民族意识。

（三）当代日本公民道德的重要议题

二战后不久，日本思想界掀起了“反省战争”运动，这在很大程度上起到了新的思想启蒙的作用。对战争期间的理论偏颇、政治高压、传统文化的负面遗产、国民性中的劣根倾向等问题都做了严肃清算。在这一持续了近十年的反省过程中，人们结成了“反省共同体”，得出了诸多共识，例如对和平的尊重、政教分离、司法独立、学校教育内容在价值观上的中立等。公民道德的理论资源也由此出现了多样化的趋势。一些社会学家、文化论者对日本文化、日本现代社会和社会道德趋势等的深入研究，也为日本公民道德建设提供了新的学术资源。有关公民道德的研究开始由教育学、社会学担纲，哲学的关注逐渐退出，公民道德理论研究中的意识形态、形而上学的色彩减弱，转而强调社会心理、交往、信任等层面的内容。

1. 公民自主性问题

早在明治维新之际，西学大量传入日本，其中个人主义、自由主义就得到了介绍，与“个体”概念相关的独立性、自主性、人格等问题也引起了学界的广泛讨论，为日本社会注入了新思想。然而，后因政府全面陷入军国主义泥潭，开始对思想言论进行严厉控制，仅仅推崇忠君爱国的国民道德论，公民自主性成为禁区。二战后日本进行民主化改革，才得以重新认识公民自主性，但公民自主性的实现仍然面临着许多困难。

与古代社会不同，对人群紧密交往和各自利益交错的抽象思考，形成了现代“权利”“利益”“自我”等概念，这也直接导致了对现代人的独立存在和精神价值的承认，这类问题都可以归结为“人格”概念。明治末期，personality一词最早由日本学者翻译成汉语词汇“人格”，当时是为了译介英国新康德主义代表人物格林（Thomas Hill Green）的理性主义思想而创造的，借此新康德主义思想被引入日本，它对明治后期的日本思想界产生了巨大影响，使日本哲学研究由西周时期的实证倾向、中江兆民（1847—1901）时期关注认识论问题转向此后对人格问题的探讨，德国的价值哲学而非英美的实证哲学在当时的日本成为显学。“人格”作为外来语，传入日本时并不只是一个单纯的学术概念，同时伴随着人权思想的普及。例如，中岛力造（1858—1918）提出了“人格实现说”，他试图融合日本的现实政治要求和西方的科学理性，他的努力不仅使“人格”一词深入人心，而且改变了日本人对“人”的认识。自古以来，日本人习惯将“人”理解为整体中的一员或一分子，而鲜少对人本身、人的个体性给予充分的尊重，整体的地位高于个人的地位，甚至全然没有个人的意识。因此，将人的人类性、集团性与人的个体性、独立性明确区别开来，从而为个体、个性等留下空间，这在当时就具有了思想启蒙的意义。至今，日本的《教育基本法》还把“人格的完成”当作国民教育的重要目标。对“人格”而非泛泛的“人”的全面承认，实际上就是承认了公民个体的自主性。

有了自主意识的公民自然就有了较为明确的守规矩、尊重人的良好行为习惯。在现代日本的公共生活中，很多规则、秩序是依靠人们的自觉、自律维护的，例如，在日本，电车、地铁的购票规定是，6岁以下儿童免票，但有不少 6 岁不到的小孩已经长得很高了，看上去有七八岁了，但司乘人员绝不会怀疑那些没有买票的人中隐藏了七八岁的孩子。因为日本的司乘人员从来不会一一查验车票。受到信任的日本民众很少钻空子，占小便宜。

同样，具有自主性的公民个体，在与国家的关系上就不再只是单方面地服从国家，更非附属于国家。福泽谕吉提出的“个体独立”间接表达了这一含义，但他并未充分揭示这层深意。中国思想家梁启超则有更加深切的体会，他在 1901 年就撰文论述，“今世之言独立者，或曰拒列强之干涉而独立，或曰脱满洲之羁轭而独立。吾以为不患中国不为独立之国，特患中国今无独立之民。故今日欲言独立，当先言个人之独立，乃能言全体之独立；先言道德上之独立，乃能言形势上之独立”①。公民依照合法的程序，根据自己认定的信念对国家的某些规定提出“不服从”，包括善意违法、不合作等许多形式，是可以得到合理证明的。早在古希腊时期，苏格拉底就提出了公民应有离国自由权。公民在对国家政策或体制有严重不同意见时，将面临两种积极且不违背自身意愿的选择：一是自由离开这个国家，二是自愿留下来遵守本国的规定并做合法的抗争。如果公民选择自由出国，则法律对此不得禁止。因为公民的离国自由权不是源于法律，而是源于公民的个人意志。持有这样观念的公民在日本已经越来越多，他们不仅能够持有明确的自我意识和自身利益观念，而且能够对来自国家、集团、他人的要求做出独立的判断，这主要体现在有不少日本人开始提出诉讼，公开声明个人权益，挑战人们习以为常的惯例。

然而，日本政府对此还是持有较高程度的防范、戒备，因为日本政府一直将经济发展作为最大目标，一切与发展不一致或相违背的观念都会遭到否决。美国学者查尔默斯·约翰逊（Chalmers Johnson）在其研究日本经济发展史的著作中最先将日本政府形容为发展型国家，并指出日本政府以各种行政和财政手段，引导企业投资到政府属意的产业，例如汽车及电子工业，从而促成这些产业获得迅速发展，在国际社会执牛耳。以后陆续

---

① 梁启超．十种德性相反相成义//梁启超全集：第二集．北京：中国人民大学出版社，2018：285.

有更多的学者循此思路提出了发展型国家模式理论。这个理论包含三个重要论点：第一，发展型国家一般具有很高的行政自主性，可以按照本身的意愿决定经济政策，不受制于社会上的利益集团（例如地主）。第二，政府并不以其绝对权力来谋求个人或小集团的私利，而是专注于发展经济。第三，发展型的样本首先并主要体现在东亚国家，如日本、韩国，其他发展中国家尽管自身条件各异，但依旧可以从发展型国家的经验中吸取有益因素。需要特别指出的是，发展型国家的政府透过市场影响经济发展，而不是压抑市场，国家介入经济的能力在不同的阶级结构及历史条件下保持高度的灵活性。

政府的作用很大，但也不能一手遮天，政府也不得不顺应时势做出改变，同样，普通公民也在不断变化的社会生活中做出选择。随着大众社会的衰退、信息社会的到来，随大流式的从众行为已经不再可行，个人的创造性、自主性和自负其责开始成为时代的主旋律。在当代日本，由专家主导的经济增长时期已经过去，取而代之的是消费者主导的信息社会，个人不可逃避地要自我担当。从20世纪90年代中期开始，日本文部省的中央教育审议会开始建议教育者要引导学生获得“生活能力”，这些能力包括：无论社会发生怎样的变化，学生都应具有自己发现问题、自主学习、自由思考、独立判断和行动、自我约束、与他人友好相处等方面的能力。2002年，中央教育审议会又指出，在未来的“新公共领域”和“富裕型公民社会”，个体将通过广泛参与各种志愿活动而获得成长，因为这些志愿活动将教会青少年深刻领会“交互团结”和“社会一员”的内涵。

2. 公民的社会融合问题

卢梭曾指出，与古代社会不同，民族国家公民身份的获得不再直接来自血缘，而是要追溯到“最初的约定”。唯有同一民族成员才可能通过签订这样的“约定”即社会契约来建立国家，并同时获得公民身份。但在多民族或人群差异巨大的国家就不能单靠社会契约来达成，他说：“单有同类的相似并不产生真正的结合 ，而社会则是‘道德的人’，它产生于把其成员结合在一起的真正联系。一个社会必须有其共同的拥有物，例如共同语言、共同利益和共同幸福，这些东西并不是私人利益的总和，而是其源泉。人类作为整体并不具备此类共同点”①。卢梭相信，多个民族不可能通过社会契约来建立民族国家，而要有彼此认可的公共利益、共同价值，才能在观念上将不同种族、民族、族群的人联系起来，换句话说，实现社会融合，才能有现代公民深度、理性的社会交往，从而为国家政权提供合法性依据。

当代日本公民道德的一个重要议题就是公民的社会融合问题。日本政府对此有较为明确的认识，在行政改革中不断开放社会空间，由国家主导的公民道德（包括理论研究和实践活动）逐渐转变为由社会成员的自愿组织来担当，在充分的社会生活中培育公民的社会共识和公民间的亲近感。公民参与的现实领域大多体现在公共政策的制定、公共事务的处理以及公共事件的关心等方面，这些大多直接或间接地与政府的权力行使模式有关。所以，公民要能实现其参与，还要充分了解有关行政组织机构和立法司法方面的信息、程序，以及具体参与其中的可能途径或手段，这些内容又主要分布在各类政治生活体验和对社会事务的近距离观察之中。

20 世纪 90 年代以来，日本政府积极倡导服务型行政，1999 年颁布了《信息公开法》，扩大了国民对政府行为的知情权、参与权和监督权，为民众参与政策评价制度的形成奠定了坚实的基础。2001 年 1 月，日本政府召开了确立全国各都道府县政策评价的联络会议，并通过了《关于政策评价的标准指针》，对如何开展政策评价、政策评价的实体、政策评价的方法做出了详细的规定。为提高政策评价的可操作性和实效性，进一步取得全体国民的信赖，同年 6 月制定了《关于行政机关实施政策评价的法律》，于 2002 年 4 月开始正式实施。同时，日本政府积极推行政策评价制度，扩大市民与政府的对话，调动社会多元主体对政府制定的政策进行评价，避免了政府单方制定政策的随意性。通过实施政策评价制度，保证了政策制定的科学化与法制化。以日本神奈川县逗子市为例，2000 年该市政府主要围绕如下四个方面对即将实施的具体事业项目进行了全面调查：第一，来逗子海岸水浴场游泳、戏水的人有多少？第二，来逗子市体育馆做体育健身活动的人有多少？第三，利用街区公园从事各项活动的人有多

① 萨拜因. 政治学说史：下. 盛葵阳，崔妙因，译. 北京：商务印书馆，1986：653.

少？第四，每年一次逗子市市民接受身体健康检查的人有多少？每项内容以该市 220 人为问卷调查对象，然后将调查问卷的结果发表在市属官报上。围绕调查内容由政府聘请的专家进行分析，在广泛听取民意的基础上做出总结，以便为政府的服务目标和政策改进提供建议和指导方向。

日本政府二战前严格限制公民社会，只为谋求公共利益的合法个人留下了组建民间组织的狭小空间，二战后，越来越多的个人产生了参与社团活动的要求，如消费者组织、互助合作运动，还有环保运动、跨国间的民间社团活动等。其实，"独立的自愿活动在日本有很长的历史，可以追溯到 19 世纪末、20 世纪初，例如，日本教会分别于 1880 年和 1905 年设立了基督教青年男士会和基督教青年女士会。基督教社会主义者片山潜在 1898 年创立了'邻保事业'，在这一运动中中产阶级鼓励穷人通过自助、教育、个人发展来改善自身状况。片山所发起的运动后来发展为 1923 年东京大地震后救助受灾者的民间组织。1995 年阪神大地震时的自愿活动在很多方面都与它十分类似"①。但日本政府对民间社团的态度总体上仍然并不积极和友好，有不少学者指出，就公民社会的发展水平而言，日本"在国家水平上是较小的，与其他发达国家，甚至与一些新兴亚洲工业化国家相比都算是小规模的"②。

特定社会的架构一旦确立，其表现出的功能是否多样就会在很大程度上决定社会发展的成熟度。功能单一的社会将因缺乏新鲜力量的渗入，逐渐陷入自我闭锁的状态，最终因丧失竞争力而衰败。相反，功能齐全的社会则因较好地适应了各种环境条件，适时地为其成员提供丰富多元的满足需求的手段，从而持续地保持对成员的吸引力，双方进入一种良性循环的关系状态。涂尔干是首位对社会进行功能分析的学者。他提出，前现代社会的功能是机械式团结，人员间缺乏持续、相互的关联，仅仅表现为对外部（自然界、长官等）的畏惧或服从。现代社会的功能则表现出有机式团

① Simon A. Avenell. Facilitating Spontaneity: The State and Independent Volunteering in Contemporary Japan. Social Science Japan Journal, 2010, 13 (1): 73.

② Muthiah Alagappa. Civil Society and Democratic Change: Indeterminate Connection, Transforming Relations//Alagappa. Civil Society and Political Change in Asia: Expanding and Contracting Democratic Space. Stanford, CA: Stanford University Press, 2004: 501.

结，这种团结提高了社会进化的频率，带来了现代社会的活力，加速了社会的进程，由于是有机式团结，人员以互利为基础，社会秩序并不会在剧烈变动中崩溃，而会保持动态的平衡。有机式团结的缔结需要一定的精神条件，这就是涂尔干所说的“共有道德”。如果说机械式团结仅有个别式的私德，那么有机式团结就培育并不断催生出了“共有道德”。这也被涂尔干理解为“职业道德”，即在社会分工中为他人服务、共同遵守相互约定的有差异同时又广泛适用的道德观念。这种职业道德并非只针对同业人员而言，而是借助社会交换完成了对所有人履行类似道德的要求，从此意义上看，职业道德近似于我们今天所讲的“公民道德”或“公共道德”①。

日本二战后不久在占领军的多次要求下被迫推行了农地改革，绝大多数农民由此成为拥有土地的自耕农，这不仅让农民从根本上摆脱了赤贫的境地，而且促使农民有了政治参与、关注社会事务的基本物质条件。战后日本农民高昂的政治参与热情体现在历次选举中的高投票率和对保守的自民党的全力支持上。自民党也报之以桃，在财政预算上扶持、保护农产品和农民利益，在选举制度设计上也直接向农村区域倾斜，自民党政府一直保持原先的选民划分和议员名额，但战后日本持续几十年人口大规模从农村流向城市，形成了农村的“过疏化”和中心城市的“过密化”，结果，与城市相比，农村能以较少的人口产生一位国会议员，农村事实上占有明显的优势。

在20世纪60年代初，岸信介内阁提出了“国民收入倍增计划”，当时被许多人视为目标过于远大而难以实现。然而，接任的池田内阁又进一步提出“国家国民生产值倍增计划”，以保障“国民收入倍增计划”的实现。这些计划显示了自民党这一以保守立场著称的执政党在经济政策方面发生了重大转变，经济增长不再被看作目标本身，而只被看作为全体国民提供福利的一种手段。与此同时，通过建立起日本式雇佣体制，工业关系也得到极大缓和，日本雇佣体制包括三个核心内容：默示的雇佣期限保

---

① 从社会功能的角度看，个体无非各种社会符号的载体，脱离了社会的个体就是“无”，但个体不可与之分离的那个社会必须是丰富的、多层级的，这才可以为无数个体提供意义性指称。因此，在现代，片面要求个体服从社会就显得毫无道理。

障、年功成为衡量工薪和升迁的重要原则、公司内工会及其与管理层的紧密合作。这一雇佣体制从20世纪60年代开始成为日本工业关系的基本形态，它直接导致劳动骚乱、罢工急剧减少，自此，日本工业关系和企业管理以劳资合作而为世人所称道。

20世纪90年代以后受到西方影响，日本实业界开始关注“企业公民”。但与欧美不同的是，日本现代化的实际主体一直由企业担当，企业与政治组织、与社会事务的关系始终非常紧密，企业或经济部门在日本掌握了重要的话语权，对日本而言，“企业公民”所产生的问题不在于如何分别政治与经济的界限这类宏观问题，而在于如何用公民道德的观念来解决企业内部的微观问题。日本企业内部原本一直存在性别歧视、性骚扰、过度加班等问题，这些问题的存在显然是有违公民道德的。一些民间组织开始向企业施压，敦促它们向合格的“企业公民”靠拢，部分大企业也积极示好，先后推出了自己的相应政策，如住友、三井、野村证券等公司都在此方面走在了前面。

高度的社会融合依托于社会资本，同时也会强化社会资本。社会资本的积累与广泛、一致的社会教育紧密相连，国家和各地方政府在制度上的改进与教育上的投入，将创造条件普及公民意识和深化公民认同，从而不断提升公民的社会态度。此外，无数事实还表明，政府政务公开透明、受教育机会的增加、基层地方组织的民主实践等都有助于社会信任的成长。这就要求更加关注民众生活层面的社会-文化内容，特别要对各种地方文化、族群文化、阶层文化等不同形式采取更加宽容的态度。今天的日本公民越来越表现出与其他发达国家公民同步的社会发展要求，他们强调与其他公民建立更广泛的联系，达成与保护个人权利相关的共同点。广泛分布的社会信任促使当代日本公民更加关心不同公民间的相互沟通，以在态度、行为等方面达成相互理解。

3. 公民价值观问题

作为现代国家主体的“公民”，绝不是自然而然产生的，以为支撑现代公民道德之公民间的连带感是对自己的家族和村庄的自然感情延展、扩大的结果，这显然是错误的。对村庄邻居和家族亲人的爱，任何人在日常经验中都可以亲身体会到，因为它们是具体的情感。但是，公民对国家权威的认同以及对无数公民同胞的接纳是一种理性认知的产物，需要经过一系列高度抽象的复杂过程。无论人口数量之大还是所涉及领域之广，都大大超出了个人通过直接经验可以感知的范围，因此，与血缘集团之外的他人的接触，是来自理性的要求，并依赖于各种制度设计和社会安排，如学校、社团组织、报纸等的作用予以促成。在日本，明治维新后持续推行的“富国强兵”“殖产兴业”等政策所带来的社会生活变化就在于：加速了经济发展，并由此造成国民间关系因经济交易、职业分工、社区交往等活动而变得真实和密切起来，与乡村不同的城市生活、契约精神和国家实在感等开始进入公民的日常生活世界。这些新的公民价值观又为现代化过程中社会成员的联合、合作提供了理性认同和观念基础。

日本文部科学省在颁布的《教育指导意见》中提出，现代学校教育应当培育的素质、能力包括知识-技能、思考力-判断力、善于学习的能力-人类特性三个方面。具体到高中，在知识-技能方面，“公民科”的目标是：（1）具有理解构成现代社会的概念内涵的能力；（2）具有理解有关现代社会的政治、经济、国际关系的能力；（3）具有通过统计表、报纸等各种资料有效收集、读取、会总关于现代社会事象①的能力。在思考力-判断力方面，“公民科”的目标是：（1）具有公正地判断有关现代的诸课题，考察与现代社会的社会生活相关联的多个方面，多个角度理解社会事象的意义、特色和相互关联的能力；（2）具有基于如下条件进行讨论的能力，即吸收他人的观点，做出自己的思考、判断并予以说明。在善于学习的能力-人类特性方面，“公民科”的目标是：（1）持有作为主动者欲将现代社会事象作为课题去探究真相的态度；（2）持有将现代社会呈现的问题放入社会的视野中去解决的态度；（3）持有通过多个方面、多个角度做出的考察与深刻理解所获得的个体自觉和爱。《教育指导意见》还建议师生从如下价值出发理解现代社会：对立与合意、效率与公正、尊重个人、自由、平等、法的稳定性等。解决社会问题的观点包括：对立与合意、效率与公正、民主主义、自由、权利与义务、国际合作、可持续发展等。不难

① “事象”是一个日语汉字词，指发生的事情，包括事实和现象。“社会事象”则指社会生活领域发生的事实和现象。

看出，日本的教育行政机关非常重视引导学生培养宏观的国际眼光和个体自立的精神，努力理解和认识身处其中的现代社会；此外，并不回避或讳言现代社会的问题，并鼓励学生通过阅读资料、与他人对话、实际参与社会活动来共同解决上述问题。

公民价值观的形成和深入人心离不开普通公民自下而上的参与，只有切实参与才会获得真实的价值观认同。1947 年，一位立命馆大学的大学生向当地报社反映城市中有许多孤儿和无家可归的儿童。以此为契机，京都的年轻志愿者迅速集结，发起了“大哥哥大姐姐运动”，为此还组建了“京都少年保护学生联盟”。该联盟将“大哥哥大姐姐运动”推向了全日本。自 1952 年起，日本法务省开始将此运动纳入行政部门的指导之下，运动的主题不再是关注无家可归的少年，而转变为预防犯罪，法务省还为运动提供有力支持，运动的组织者扩展为“日本大哥哥大姐姐运动联盟”，自此，该运动转向指导和帮助流落街头、离家出走的问题少年。这个运动对改善当时日本社会的风气起到了非常积极的作用。

共生伦理在日本的兴起始于 20 世纪 70 年代，主要是受到环境破坏的严酷现实及保护环境的居民运动之激励而产生的。“共生”的字面意思是“一道共存”“一同生活”，但它属于外来语，对应的英文词汇有两个：一个是 symbiosis，另一个是 conviviality。symbiosis 原为生物学概念，指“不同种的生物共同生存”，但又区别于“寄生”（parasitism）概念。如今，这一词汇已突破了原有的含义，扩展到了人与自然、人与人的关系之中。Conviviality 的原义指团聚、合作等带来的快乐，在日常语言中的意思是“宴会”，后来指不同的人自由地结成相互激发、有活力的关系，共同经营日常生活。这种含义上的共生包含了用幽默化解紧张感，通过对话在初次见面的人们之间促成新的关系等内容。比较而言，symbiosis 寻求的是“生存的各种形式的调和统一”，conviviality 看重的是“生存的各种形式的杂然生机”。在日本，随着共生理论的发展，二者逐渐融合，形成了多层次、多角度、多立场的共生观。

共生时代强调的是日常生活世界的发现和创造，这明显有别于近代以来的追赶型现代化社会所主张的“进步”概念。“进步”所指的是单一的目标，而发现或创造则立足于人们的自主选择、自由兴趣而生起的活动。

共生时代意味着个性、多样化，每个人都明确地主张自己的个性，以自己的责任和判断做出选择，发现和创造出不同于他人的自己。依据共生理论，人们不仅要确立起自律、理性的个体意识，同时还应平等地与他人交往，结成多层面的社会关系，促成社会的良性发展。要通过独立思考，寻求自己的信念及生活方式的基础，培养重视普遍价值的批判精神，并与他人结成自由、平等的友爱关系。这样的“个体”日本人的出现已经成为共生伦理的积极产物。

与二战前相比，当代日本人的价值观确实表现出了很多自身的特点，它既不同于亚洲近邻，也有别于欧美各国。例如，在对背景是否对个人有影响这一问题的理解上，有一项在38个国家及地区所做的调查，结果显示，日本人比美国人更不看重“背景”，具体数据见表7-1：

表7-1　对“‘有背景’，这对获得地位和财富很重要”的回答①

顺序	国家	百分比%
1	韩国	96.9%
2	中国	95.2%
3	斯洛伐克	94.7%
4	波兰	94.1%
5	斯洛文尼亚	93.8%
7	德国	93.1%
8	保加利亚	92.3%
9	以色列	92.0%
19	美国	87.7%
38	日本	54.2%

在持有公共精神的日本人看来，公共生活是自己与“我”之外的他者共存的领域，因此，只有尽可能淡化“我”的特殊性，才合乎公共生活之本义。而且，公共生活突出的不是主体，而是行为及相应的规则。因有他

① 数据转引自铃木贤志. 日本人对“有背景”回答拒绝，世界多数国家却给予肯定. 东洋经济周刊，2014-03-01（130）。

者在场，公共生活的有关规定就变成了既定的、不可更改的，具有普遍的制约力量。加之近代日本几乎是直接从封建社会进入工业化时代的，封建时期泾渭分明的等级制留下了深刻的痕迹，例如，各种社会场景和生活行为都被详细规定，细致得宛如一幅精密地图。在成长的过程中，日本人学会了把这种繁密的等级制等同于安全稳定。在真正成为社会一员之前，只有适应这种等级分明的环境，才能做到言行自如、得心应手。

日本二战后建立了严格的公务员制度，行政人员、行政活动与政党选举、党派斗争完全切割，“风水轮流转”式的政党更迭频繁，首相走马灯式的撤换，但都未波及日本行政组织，也丝毫不影响公众的日常生活，这使得道德建设、公民的道德培养可以相对独立、持续地开展。文部科学省虽然每隔几年就会根据变化的国际形势、社会状况和舆论需求颁发新的教育指导意见，但基本的教育理念、核心的社会价值不会发生太大的变化，相反，始终保持与国民认可的基本社会价值高度一致。当代日本社会不仅在经济上进入丰裕社会，在社会文化取向上达到了后工业社会，而且在国民价值共享上进入了十分成熟、成型的阶段，这是我们认识当代日本社会时必须看到并承认的基本实情。

然而，必须指出的是，20世纪90年代以来，随着经济衰退，日本国内的民族主义、保守主义有所抬头，特别是针对外籍人士、外国事务的排外主义倾向开始赢得越来越多人的喝彩，自由主义、和平主义、世界主义的价值受到严重削弱，支持者开始减少。例如，在新闻领域，保守的《读卖新闻》和右翼的《产经新闻》大行其道，奉行自由主义的《朝日新闻》则受到同行和政界的夹击。这样的社会思潮的异动将对日本社会的公民道德产生怎样的影响，还有待进一步的观察。

参考文献

中文文献

加布里埃尔·阿尔蒙德，西德尼·维巴. 公民文化：五个国家的政治态度和民主制度［M］. 徐湘林，等译. 北京：华夏出版社，1989.

热罗姆·巴莱，弗郎索瓦丝·德布里. 企业与道德伦理［M］. 丽泉，侣程，译. 天津：天津人民出版社，2006.

爱德华·柏克. 美洲三书［M］. 缪哲选，译. 北京：商务印书馆，2003.

詹姆斯·E. 波斯特，安妮·T. 劳伦斯，詹姆斯·韦伯. 企业与社会：公司战略、公共政策与伦理［M］. 张志强，王春香，张彩玲，等译. 北京：中国人民大学出版社，2005.

C. E. 布莱克. 现代化的动力［M］. 段小光，译. 成都：四川人民出版社，1988.

蔡定剑. 民主是一种现代生活［M］. 北京：社会科学文献出版社，2010.

曹刚. 法律的道德批判［M］. 南昌：江西人民出版社，2001.

陈冠中. 我这一代香港人［M］. 北京：中信出版社，2013.

陈嘉明. 现代性与后现代性十五讲［M］. 北京：北京大学出版社，2006.

陈健民，伍瑞瑜. 众声喧哗——影响香港发展的九大争论［M］. 香港：上书局，2008.

陈丽君，等. 香港人价值观念研究 [M]. 北京：社会科学文献出版社，2011.

陈弱水. 公共意识与中国文化 [M]. 北京：新星出版社，2006.

陈永森. 告别臣民的尝试——清末民初的公民意识与公民行为 [M]. 北京：中国人民大学出版社，2004.

慈继伟. 正义的两面 [M]. 北京：三联书店，2001.

罗纳德·德沃金，等. 认真对待人权 [M]. 朱伟一，等译. 桂林：广西师范大学出版社，2003.

邓正来，亚历山大. 国家与市民社会：增订版 [M]. 上海：上海人民出版社，2006.

菲利克斯·格罗斯. 公民与国家——民族、部族和族属身份 [M]. 王建娥，魏强，译. 北京：新华出版社，2003.

乔治·弗雷德里克森. 公共行政的精神 [M]. 张成福，刘霞，张璋，等译. 北京：中国人民大学出版社，2003.

弗朗西斯·福山. 信任：社会美德与创造经济繁荣 [M]. 彭志华，译. 海口：海南出版社，2001.

富永健一. 日本的现代化与社会变迁 [M]. 李国庆，刘畅，译. 北京：商务印书馆，2004.

福泽谕吉. 文明论概略 [M]. 北京编译社，译. 北京：商务印书馆，1994.

高兆明. 政治正义——中国问题意识 [M]. 北京：人民出版社，2014.

高兆明，李萍，等. 现代化进程中的伦理秩序研究 [M]. 北京：人民出版社，2007.

郭道晖. 社会权力与公民社会 [M]. 南京：译林出版社，2009.

哈贝马斯. 公共领域的结构转型 [M]. 曹卫东，王晓珏，刘北城，等译. 上海：学林出版社，1999.

何怀宏. 西方公民不服从的传统 [M]. 2 版. 长春：吉林人民出版社，2011.

霍布豪斯. 自由主义 [M]. 朱曾汶，译. 北京：商务印书馆，2009.

霍布斯. 论公民［M］. 应星，冯克利，译. 贵阳：贵州人民出版社，2003.

吉野耕作. 文化民族主义的社会学——现代日本自我认同意识的走向［M］. 刘克申，译. 北京：商务印书馆，2005.

贾新奇，等. 公民伦理教育的基础与方法［M］. 北京：北京师范大学出版社，2007.

江宜桦. 自由民主的理路［M］. 北京：新星出版社，2006.

金观涛. 观念史研究：中国现代重要政治术语的形成［M］. 北京：法律出版社，2009.

康德. 历史理性批判文集［M］. 北京：商务印书馆，1999.

科恩. 论民主［M］. 聂崇信，朱秀贤，译. 北京：商务印书馆，2005.

李萍. 公民日常行为的道德分析［M］. 北京：人民出版社，2004.

李萍. 中国道德调查［M］. 北京：民主与建设出版社，2005.

李萍，等. 现代社会管理的伦理分析［M］. 北京：中国政法大学出版社，2012.

梁启超. 新民说［M］. 沈阳：辽宁人民出版社，1994.

梁治平. 转型期的社会公正：问题与前景［M］. 北京：三联书店，2010.

廖申白. 交往生活的公共性转变［M］. 北京：北京师范大学出版社，2007.

林火旺. 正义与公民［M］. 长春：吉林出版集团有限责任公司，2008.

铃木贞美. 日本的文化民族主义［M］. 魏大海，译. 武汉：武汉大学出版社，2008.

刘军宁，等. 市场社会与公共秩序［M］. 北京：三联书店，1996.

洛枫. 流动风景——香港文化的时代记认［M］. 杭州：浙江大学出版社，2011.

莫里斯·罗奇. 重新思考公民身份——现代社会中的福利、意识形态和变迁［M］. 郭忠华，黄冬娅，郭韵，等译. 长春：吉林出版集团有限责任公司，2010.

马长山. 国家、市民社会与法治［M］. 北京：商务印书馆，2002.

戴维・米勒. 社会正义原则［M］. 应奇，译. 南京：江苏人民出版社，2008.

杰克・奈特. 制度与社会冲突［M］. 周伟林，译. 上海：上海人民出版社，2009.

菲利普・佩蒂特. 共和主义：一种关于自由与政府的理论［M］. 刘训练，译. 南京：江苏人民出版社，2012.

沈原. 市场、阶级与社会——转型社会学的关键议题.［M］北京：社会科学文献出版社，2007.

布赖恩・特纳. 公民身份与社会理论［M］. 郭忠华，蒋红军，译. 长春：吉林出版集团有限责任公司，2007.

涂尔干. 职业伦理与公民道德［M］. 梁敬东，付德根，译. 上海：上海人民出版社，2001.

万健琳. 共和主义的公民身份理论：一种观念史的考察［M］. 北京：中国社会科学出版社，2011.

汪晖，陈燕谷. 文化与公共性［M］. 2 版. 北京：三联书店，2005.

王赓武，郑永年. 中国的“主义”之争——从“五四运动”到当代［M］新加坡：八方文化创作室，2009.

王亚南. 中国官僚政治研究［M］. 北京：中国社会科学出版社，1981.

马克斯・韦伯. 学术与政治［M］. 2 版. 冯克利，译. 北京：三联书店，2005.

吴玉章. 民间组织的法理思考［M］. 北京：社会科学文献出版社，2010.

伊安・夏皮罗. 政治的道德基础［M］. 姚建华，宋国友，译. 上海：上海三联书店，2006.

夏勇. 走向权利的时代——中国公民权利发展研究［M］. 北京：中国政法大学出版社，1995.

香港特别行政区民政事务局，香港公民教育委员会，郑州大学公民教育研究中心. 21世纪中国公民教育的机遇与挑战［M］. 郑州：郑州大学出版社，2008.

谢均才. 我们的地方、我们的时间——香港社会新编［M］. 香港：牛津大学出版社，2002.

谢鹏程. 公民的基本权利［M］. 北京：中国社会科学出版社，1999.

熊培云. 重新发现社会［M］. 北京：新星出版社，2010.

托马斯·雅诺斯基. 公民与文明社会——自由主义政体、传统政体和社会民主政体下的权利与义务框架［M］. 柯雄，译. 沈阳：辽宁教育出版社，2000.

晏辉，等. 公共生活与公民伦理［M］. 北京：北京师范大学出版社，2007.

阎云翔. 中国社会的个体化［M］. 陆洋，等译. 上海：上海译文出版社，2012.

杨文山，尹宝珊. 面对挑战：台湾与香港之比较［M］. 台北："中央研究院"社会学研究所，2013.

许纪霖. 共和、社群与公民［M］. 南京：江苏人民出版社，2004.

许纪霖. 公共性与公民观［M］. 南京：江苏人民出版社，2006.

伊佩庄. 社区权力与公民参与［M］. 张雅竹，编译. 北京：中国社会出版社，2003.

恩靳·伊辛，布雷恩·特纳. 公民权研究手册［M］. 王小章，译. 杭州：浙江人民出版社，2006.

应奇，刘训练. 公民共和主义［M］. 北京：东方出版社，2006.

俞可平，等. 中国公民社会的兴起与治理的变迁［M］. 北京：社会科学文献出版社，2002.

俞可平. 增量民主与善治——转变中的中国政治［M］. 北京：社会科学文献出版社，2003.

张博颖. 当代中国公民道德建设——国家伦理与市民社会伦理的视角［M］. 天津：天津社会科学院出版社，2007.

张文显. 法学基本范畴研究［M］. 北京：中国政法大学出版社，1993.

赵鼎新. 民主的限制［M］. 北京：中信出版社，2012.

赵鼎新. 社会与政治运动讲义［M］. 北京：社会科学文献出版社，2012.

郑永年. 保卫社会［M］. 杭州：浙江人民出版社，2011.

周金华. 新公民论——当代中国个体社会政治身份建构引论［M］. 北京：中国社会科学出版社，2010.

黄克武. 从追求正道到认同国族——明末至清末中国公私观念的重整［M］//陇菲，国学论衡：第3辑. 兰州：兰州大学出版社，2004.

邓晓芒. 中国道德的底线［J］. 华中科技大学学报（社会科学版），2014（1）.

李萍. 近代日本公民道德的兴起及现代转型［J］. 日本学刊，2013（4）.

李萍. 新加坡公民道德建设及其反思［J］. 徐州工程学院学报（社会科学版），2015（1）.

李萍. 当代香港社会的公民道德主题［J］. 昆明理工大学学报（社会科学版），2015（4）.

外文文献

R. Freeman Butts. The Morality of Democratic Citizenship：Goals for Civic Education in the Republic's Third Century［M］. Calabasas，California：Center for Civic Education Calabasas，1988.

Bill Jordan. The Common Good，Citizenship，Morality and Self-interest［M］. Oxford：Basil Blackwell，1989.

Kerry Kennedy. Citizenship Education and the Modern State［M］. New York：Falmer Press，1997.

Peter Laslett，W. G. Runciman. Philosophy Politics and Society［M］. Oxford：Basil Blackwell，1962.

Lau Siu-Kai，Kuan Hsin-Chi. The Ethos of the Hong Kong Chinese［M］. Hong Kong：Chinese University Press，1988.

Maurice Roche. Rethinking Citizenship—Welfare，Ideology and

Change in Modern Society [M]. Malden: Polity Press, 1992.

Nancy L. Rosenblum, Robert C. Post ed. Civil Society and Government [M]. New Jersey: Princeton University Press, 2002.

Ian Scott. Political Change and the Crisis of Legitimacy in Hong Kong [M]. Hong Kong: Oxford University Press, 1989.

Simon A. Avenell. Facilitating Spontaneity: The State and Independent Volunteering in Contemporary Japan [J]. Social Science Japan Journal, 2010, 13 (1).

Joseph Chan, Elaine Chan. Charting the State of Social Cohesion in Hong Kong [J]. The China Quarterly, 2006, 187.

Chack Kie Wong. Squaring the Welfare Circle in Hong Kong [J]. Asian Survey, 2008, 48 (2).

Terence Chong. Civil Society in Singapore: Popular Discourse and Concepts [J]. Journal of Social Issues in Southeast Asia, 2005, 20 (2).

Richard Colignon, Chikako Usui. The Resilience of Japan's Iron Triangle [J]. 2001, 41 (5).

Neil A. Englehart. Rights and Culture in the Asian Values Argument: The Rise and Fall of Confucian Ethics in Singapore [J]. Human Rights Quarterly, 2000, 22 (2).

Ho Khaiz Leong. Citizen Participation and Policy Making in Singapore: Conditions and Predicaments [J]. Asian Survey. 2000, 40 (3).

Aegean Leung, Charlene Zietsma, Ana Maria Peredo. Emergent Identity Work and Institutional Change: The 'Quiet' Revolution of Japanese Middle-class Housewives [J]. Organization Studies, 1 Oct. 2013.

Ma Naok. Value Changes and Legitimacy Crisis in Post-industrial Hong Kong [J]. Asian Survey, 2011, 51 (4).

Kenneth Paul, Andrew Sze-Sian Tan. Civic Society and the New Economy in Patriarchal Singapore: Emasculating the Political, Feminizing the Public [J]. An Interdisciplinary Journal of Southeast Asian Studies, 2001, 15 (2).

Robin S. Snell，Neil C. Herndon，Jr. Hong Kong's Code of Ethics Initiative：Some Differences between Theory and Practice [J]. Journal of Business Ethics，2004，51 (1).

Munenori Suzuki，Midori Ito，Mitsunori Ishida，Norihiro Nihei，Masao Maruyama. Individualizing Japan：Searching for its Origin in first modernity [J]. The British Journal of Sociology，2010，61 (3).

Suzanne Hall Vogel. Japanese Society under Stress [J]. Asian Survey，2012，52 (4).

相良亨. 日本人の心 [M]. 東京：東京大学出版会，1984.

司马遼太郎. ドナルド. キーン. 日本人と日本文化 [M]. 東京：中央公論社，1995.

中根千枝. タテ社会の人间关系 [M]. 東京：講談社，2003.

南博. 日本人の心理 [M]. 東京：岩波書店，1963.

野崎守英. 道：近世日本の思想 [M]. 東京：東京大学出版会，1979.

丸山真男. 日本の思想 [M]. 東京：岩波書店，1998.

宫川透，等. 日本近代哲学史 [M]. 東京：有斐阁，1976.

村上重良. 国家神道 [M]. 東京：岩波書店，1990.

村上隆夫. 政治的な学として倫理学 [M]. 東京：未来社，1998.

和辻哲郎. 人间の学としての倫理学 [M]. 東京：岩波書店，1997.

三木清. 东亚思想の根拠 [M] //三木清全集：第15卷. 東京：岩波書店，1967.

后　记

2002 年，我以“公民日常行为的道德分析”为题申报了国家社会科学规划一般项目，幸运地获批。在展开课题研究的过程中，我专程设计了实证调查环节，在八个省市发放了 1 800 份问卷，同时在这八个省市还都做了一到两个深度访谈的个案调查，由此掌握了大量的真实数据和鲜活的第一手资料，自信地认为比较真实地了解了当时中国公民道德的实际水平和总体状况。此外，我将深入阅读和思考的结晶撰写成文，先后独立发表了二十余篇有关公民伦理的学术论文，还与几位学者一道合著出版了《公民日常行为的道德分析》（人民出版社 2004 年版）。

有了这些成果，我于 2004 年面向全校本科生开设了新课“公民美德论”。选课学生的反响超乎预期的好，学期末学生给的评价都很高，而且也经常有选课的学生通过邮件和短信告诉我，这门课让他收获很大，开始学会换个角度观察社会现象、思考自己对身处其中的社会之责任。为了不辜负学生们的好评，我每年开一次“公民美德论”课程，但每次都会增加一些新内容，补充新材料，加进个人的新思考，十几年下来积累了几十万字的课程讲义。

2011 年，我以“现代化视境下中国公民道德研究”为题申报教育部社科基金后期资助，获得成功。我充分吸收评审专家们的意见，对书稿进行反复打磨，于 2014 年结项，结项评审中获得了良好的评价。因相关政策的变化，完成的书稿并没有如愿出版，不得不暂时束之高阁。

2018 年底，看到学校科研处征集“中国人民大学科学研究基金‘百家廊文丛’”项目，我将上述书稿又做整理、修改，填写申请书，提交后顺利通过专家的评审，得到了项目资助。非常感谢诸位评审专家对拙著的认可！十分感谢学校提供的机会！编辑、审校书稿过程中，得到了罗晶编辑、张杰编辑的宝贵意见，编辑部负责人杨宗元博士也给出了中肯的建议，也辛苦了我的研究生刘雪萌同学核实了多处引文，在此对四位致以诚挚的谢意！

从 2004 年第一次开设“公民美德论”课程，到 2014 年完成“现代化视境下中国公民道德研究”项目研究成果，再到 2019 年得到学校的资助，十余年间，我个人的生活方式和工作节奏依然如故，在阅读、思考、写作、授课中周而复始，但周遭的环境却有了显著的变化，有些是令人欣喜的进步，有些是让人扼腕的停滞和徘徊，致使本书中的部分提法不得不做出调整，一些文字做出删除。中国公民角色的实现和政府职能、社会制度所应给予的救济之关系的问题依然需要我们去面对并做出回答。这或许也是拙著对当下我们身处其中的时代和社会的一点价值吧。

李萍
识于北京陋斋
2021 年 5 月月全食日

图书在版编目（CIP）数据

公民道德新论：现代化进程中的中国公民道德研究/李萍著. --北京：中国人民大学出版社，2021.8
（百家廊文丛）
ISBN 978-7-300-29763-7

Ⅰ. ①公… Ⅱ. ①李… Ⅲ. ①公民教育-社会公德教育-研究-中国 Ⅳ. ①D648.3

中国版本图书馆 CIP 数据核字（2021）第 160895 号

百家廊文丛
公民道德新论——现代化进程中的中国公民道德研究
李 萍 著
Gongmin Daode Xinlun——Xiandaihua Jincheng Zhong De Zhongguo Gongmin Daode Yanjiu

出版发行	中国人民大学出版社		
社　　址	北京中关村大街 31 号	**邮政编码**	100080
电　　话	010－62511242（总编室）		010－62511770（质管部）
	010－82501766（邮购部）		010－62514148（门市部）
	010－62515195（发行公司）		010－62515275（盗版举报）
网　　址	http://www.crup.com.cn		
经　　销	新华书店		
印　　刷	北京玺诚印务有限公司		
规　　格	160 mm×230 mm　16 开本	**版　　次**	2021 年 8 月第 1 版
印　　张	24.5 插页 2	**印　　次**	2021 年 8 月第 1 次印刷
字　　数	369 000	**定　　价**	88.00 元